안톤 체호프(1860~1904) 1898년(39세) 초상화

체호프와 어머니, 마샤·올리가 크니페르(1901) 체호프는 배우인 올리가와 5월에 결혼했다.

▶ 〈갈매기〉 모스크바 예술극장 첫 공연 포스터 1898년 12월 17일

▼ 체호프와 〈갈매기〉 출연 극단원들 1899년 5월 희곡 대본 읽기를 마친 뒤.

희곡 《세 자매》 초판본 표지 1901년 문예지 〈러시아 사상〉에 발표.

Антон Павлович Чехов
ЧАЙКА/ТРИ СЕСТРЫ
ДЯДЯ ВАНЯ/ВИШНЕВЫЙ САД
갈매기/세 자매/바냐 아저씨/벚꽃 동산
체호프/동완 옮김

동서문화사

갈매기/세 자매/바냐 아저씨/벚꽃 동산
차례

갈매기…9
세 자매…77
바냐 아저씨…161
벚꽃 동산…223
곰…293
청혼…311
싫든 좋든 비극 배우…333
고니의 노래…343
결혼 피로연…355

체호프의 생애와 작품…375
체호프 연보…411

Чайка
갈매기

등장인물

아르카디나(이리나 니콜라예브나) 남편의 성을 따르면 트레플료바. 여배우
트레플료프(콘스탄틴 가브릴로비치) 아르카디나의 아들, 청년
소린(표트르 니콜라예비치) 아르카디나의 오빠
니나(미하일로브나 자레츠나야) 젊은 처녀, 부유한 지주의 딸
샤므라예프(일리야 아파나시예비치) 퇴역 육군 중위, 소린의 영지 관리인
폴리나(안드레예브나) 샤므라예프의 아내
마샤 샤므라예프의 딸
트리고린(보리스 알렉세예비치) 소설가
도른(예브게니 세르게예비치) 의사
메드베덴코(세묜 세묘노비치) 교사
야코프 일꾼
요리사
하녀

사건은 소린의 영지에서 일어난다. 3막과 4막 사이에 2년의 시간이 흐른다.

1막

소린 영지 안의 공원. 넓은 가로수길이 객석에서부터 공원 저편 호수 쪽으로 뻗어 있다. 아마추어 연극공연을 위해 세워진 조잡한 임시가설무대가 길을 막고 있다. 호수는 무대 장막에 가려져 보이지 않는다. 무대 좌우에는 관목 숲이 있다. 의자 몇 개와 조그만 탁자.

하루 날이 저문 무렵. 무대 위로 드리워진 장막 뒤에서 야코프와 일꾼 몇 사람이 망치질하는 소리와 기침 소리가 들린다. 산책에서 돌아오는 마샤와 메드베덴코가 왼쪽에서 들어온다.

메드베덴코 어째서 당신은 늘 검은 옷을 입고 다니죠?
마샤 이건 내 인생의 상복이에요. 불행하니까요.
메드베덴코 왜요? (생각에 잠겨서) 알 수가 없군요…… 당신은 건강하고, 부친은 비록 부자는 아니지만 유복한 분입니다. 나는 당신보다 훨씬 더 힘들게 살고 있어요. 한 달에 고작 23루블밖에 벌지 못하니까요. 하지만 그렇다고 상복을 입고 다니지는 않지요.

두 사람이 자리에 앉는다.

마샤 돈이 문제가 아니에요. 가난한 사람도 행복할 수 있으니까요.
메드베덴코 이론상으로야 그렇지만 현실은 달라요. 내 경우를 예로 들어볼까요. 어머니, 누이동생 둘, 어린 남동생 하나가 오로지 내 월급 23루블만을 바라보며 살고 있어요. 먹고 마시는 데는 돈이 들지요. 차와 설탕 없이 살 수 있나요? 담배는요? 이러니 무슨 방법이 있겠습니까.
마샤 (무대를 돌아보면서) 이제 곧 연극이 시작되겠군요.

메드베덴코 그래요, 니나가 연기를 하고, 대본은 트레플료프가 썼더군요. 그들은 서로 사랑하고 있죠. 오늘 두 사람의 영혼은 서로 방식은 다르지만 같은 생각을 표현하려는 노력 속에서 하나가 될 겁니다. 하지만 내 영혼과 당신의 영혼에는 공통의 접점이 없군요. 당신을 사랑하고, 집에 있기가 울적해서 매일 6베르스타를 걸어서 여기까지 왔다가 돌아갑니다만, 번번이 당신의 무관심과 마주치곤 합니다. 그야 당연하죠. 재산도 없는 데다가 딸린 식구는 많고……. 먹을 것조차 없는 사람과 결혼하고 싶은 사람이 어디 있겠어요?

마샤 그런 게 아니에요. (코담배를 맡는다) 당신의 사랑은 감사하지만, 난 받아들일 수가 없어요. 그뿐이에요. (그에게 담뱃갑을 내민다) 하겠어요?

메드베덴코 아니, 됐어요.

사이.

마샤 무덥네요. 밤에 소나기가 올 것 같아요. 당신은 늘 설교를 늘어놓거나, 아니면 그저 돈 얘기뿐이죠. 당신 생각대로라면 가난보다 더한 불행은 없어요. 하지만 내 생각엔 누더기를 걸치고 빌어먹는 게 천 배는 더 쉬울 것 같아요……. 물론 당신은 이해하지 못하겠지만…….

오른쪽에서 소린과 트레플료프가 들어온다.

소린 (지팡이에 의지하면서) 얘야, 어쩐 일인지 나는 시골과 잘 맞지 않는 듯하구나. 이곳은 절대로 익숙해지지 않을 게야. 어젯밤 10시에 잠자리에 들었다가 오늘 아침 9시에 눈을 떴는데, 너무 많이 자서 그런지 뇌가 두개골에 들러붙은 것 같지 뭐냐. (웃는다) 점심을 먹고 나서 다시 깜빡 잠들었는데, 어쩐지 그래서 악몽에 시달린 것 마냥 온몸에 맥이 빠지는구나. 결국…….

트레플료프 맞아요. 외삼촌은 도시에서 생활하셔야 해요. (마샤와 메드베덴코를 보고 나서) 여러분, 공연이 시작되면 부르겠습니다. 지금 여기 있으면 안돼요. 나가 주세요, 부탁입니다.

소린 (마샤에게) 마리야 일리니츠나, 개를 좀 풀어 놓으라고 아버지께 부탁해

주겠니. 개가 너무 짖어 대서 누이동생이 밤새 잠을 못 잤다는구나.

마샤 직접 아버지께 말씀해주세요. 전 아버지께 갈 수 없어요. 용서하세요. (메드베덴코에게) 자, 가요!

메드베덴코 (트레플료프에게) 그러면 시작하기 전에 사람을 보내 주세요.

두 사람이 나간다.

소린 오늘밤도 밤새 개가 짖겠구나. 시골에서는 늘 이런 식이지. 난 이곳에서 한 번도 원하는 대로 지내본 적이 없단다. 쉬고 싶은 마음에 한 달간 휴가를 내서 이리로 온 적이 있는데, 온갖 종류의 황당한 일들이 괴롭히는 바람에 도착한 첫날부터 여길 떠나고 싶어졌단다. (웃는다) 나는 언제나 기꺼운 마음으로 이곳을 떠났지……. 그런데 지금은 퇴직한 형편이라, 결국 갈 곳도 없으니 말이다. 싫든 좋든 살아야지…….

야코프 (트레플료프에게) 트레플료프 씨, 저희는 잠깐 강으로 가서 씻고 오겠습니다.

트레플료프 좋아요. 하지만 10분 뒤에는 모두 제자리에 있어야 합니다. (시계를 본다) 곧 시작할 겁니다.

야코프 알겠습니다. (나간다)

트레플료프 (무대를 둘러보면서) 어떠세요, 진짜 극장 같지요! 막도 있고, 전경(前景)도 배경도 완벽해요. 따로 풍경을 꾸밀 것도 없지요. 관객들의 눈길은 자연스럽게 호수 쪽으로, 그리고 그 너머 지평선 쪽으로 향하게 될 테니까요. 막은 달이 떠오르는 시각인 8시 반 정각에 올라갈 겁니다.

소린 멋지구나.

트레플료프 하지만 니나가 늦으면 무대 효과는 모두 물거품이 되고 말 거예요. 이제 올 시간이 됐는데. 아버지와 새어머니의 감시 때문에 집에서 빠져나오는 일이 감옥에서 빠져나오는 만큼이나 어렵다고 하네요. (삼촌의 넥타이를 바로잡는다) 머리와 수염이 헝클어졌어요. 이발 좀 하셔야겠어요…….

소린 (수염을 쓰다듬으면서) 내 인생의 비극이지. 젊었을 때도 언제나 술에 흠뻑 취한 것 같은 그런 외모였단다. 여자들은 날 사랑하지 않았지. (앉으면서) 그런데 왜 네 어머니는 기분이 언짢다는 게냐?

트레플료프 왜냐고요? 따분하고 샘이 나서 그러시죠. (나란히 앉으면서) 오늘 밤 무대에 자기가 아니라 니나가 선다고요. 그래서 모든 게 못마땅하신 거예요. 나도, 공연도, 작품 자체도 말이죠. 대본은 읽어보지도 않으셨으면서 무조건 마음에 안 드신대요.

소린 (웃는다) 그 애가 정말 그러니?

트레플료프 네, 니나가 이 작은 무대에서 환호를 받을 거라는 생각에 울화가 치미신 거예요. (시계를 들여다보고 나서) 어머니 속은 알다가도 모르겠어요. 어머니는 누가 보더라도 똑똑하시고, 재능도 있으시고, 소설을 읽으며 흐느껴 울기도 잘하시고, 네크라소프의 시를 줄줄 욀 수도 있으시고, 뿐인가요, 환자를 보살필 땐 천사나 다름없으시죠. 하지만 어머니 앞에서 엘레오노라 두제를 칭찬해 보세요. 오호—호! 어머니는 〈춘희〉에서 보여준 당신 자신의 놀라운 연기로 사람들의 찬사와 열광적인 호응을 독차지해야만 성이 차는 분이세요. 하지만 이곳 시골에서는 그런 박수갈채가 없으므로 어머니는 따분하고 화가 나신 거예요. 그래서 아무도 자기편을 들어주지 않는다고 심통을 부리고 계시죠. 게다가 이상한 미신을 믿어서 세 자루의 초에 불을 켜는 것을 끔찍이도 싫어하세요. 매달 13일이 되면 불길한 일이 일어날까 봐 두려워하시고요. 인색하기는 또 얼마나 인색하신데요. 오데사의 은행에 7만 루블이나 저금을 하셨으면서 누가 1페니라도 빌려달라치면 금세라도 울 것 같은 표정을 지으신다니까요.

소린 그 애가 네 작품을 좋아하지 않는다는 생각 때문에 좀 흥분했나 보구나. 마음을 가라앉히거라. 네 어머닌 널 사랑한단다.

트레플료프 (꽃잎을 뜯으면서) 사랑한다, 사랑하지 않는다. 사랑한다, 사랑하지 않는다. 사랑한다, 사랑하지 않는다. (웃는다) 보세요, 어머닌 저를 사랑하지 않아요. 그렇고말고요. 어머닌 인생과 연애와 화려한 옷을 사랑하시죠. 그런데 저는 벌써 스물다섯 살이고, 그래서 어머니는 절 보면 당신이 이젠 더 이상 젊지 않다는 사실을 떠올리실 수밖에 없는 거예요. 제가 없을 땐 어머닌 고작해야 서른두 살로 보이는데, 제가 곁에 있으면 다시 마흔세 살로 돌아가야 하니까요. 그러니 저를 싫어할 수밖에요. 어머니는 제가 현대극을 싫어한다는 걸 알고 계세요. 그런데 어머니는 현대극을 사랑하시죠. 당신이 인류와 신성한 예술을 위해 일하고 있다고 생각하세요. 제가 보기에는 그저 틀에 박힌 판박이 무대에 지나지 않지만 말이에요. 막이 오르면, 삼면의 벽으로 둘러싸인 조그만 방 안에서 저 뛰어난 천재들, 성스러운 예술의 대사제들이 우리에게 먹고 마시고 사랑하고 걷고 옷을 입는 온갖 인간군상을 연기해 보여주지요. 따분한 대화에서 무언가 그럴듯한 교훈을 이끌어내려 하고요. 극작가들은 온갖 다채로운 색깔로 포장하지만 결국은 언제나 똑같은 얘기만을 지루하게 반복, 반복, 반복할 뿐이에요. 나는 그런 것들에서 벗어나야 해요. 그 천박함에 질식당하지 않기 위해 모파상이 서둘러 에펠탑에서 도망쳐 나온 것처럼 말이에요.

소린 하지만 우리는 연극 없이는 살아갈 수 없단다.

트레플료프 네, 그래요. 하지만 우리에겐 새로운 형식이 필요해요. 새로운 형식을 찾을 수 없다면, 차라리 아무것도 없는 편이 나아요. (시계를 본다) 저는 어머니를 사랑해요. 진심으로 어머니를 사랑한다고요. 하지만 어머니는 어리석은 인생을 살아오셨어요. 늘 그 빌어먹을 작가에게 정신이 팔려 있으셨죠. 어머니는 신문 기사를 볼 때마다 겁을 집어먹곤 하셨어요. 이젠 그런 일에 신물이 나요. 때로는 이기적인 감정에 사로잡혀서 유명 배우를 어머니로 둔 내 신세를 원망할 때도 있어요. 어머니가 평범한 여자였다면 나는 조금은 더 행복한 사람이 됐을 거라고 생각하는 거죠. 삼촌, 제가 얼마나 견디기 힘든 우스꽝스러운 처지에 있는지 아세요? 어머니의 손님들은 전부 유명 배우 아니면 유명 작가들인데, 그들 사이에서 오직 나 혼자만 아무것도 아닌 존재라는 걸 깨달을 때의 그 기분을 아시냐고요. 그들이 내 존재를 참아주는 건 단지 내가 어머니의 아들이기 때문이라는 생각이 들 때의 그 기분 말이에요. 저는 무의미한 존재일 뿐이에요. 그래요, 대학 3학년 학기를 힘겹게 겨우 마치긴 했죠. 하지만 제겐 아무런 재능도 없어요. 돈도 없지요. 제 여권에는 그저 단순히 키예프 시민이라고 적혀 있을 뿐이에요. 물론 아버지도 키예프 시민이셨지만 그분은 유명 배우셨어요. 우리 집 응접실을 자주 드나드는 유명 인사들은 오직 제가 얼마나 하찮은 존재인지를 가늠해보려 할 때만 제게 눈길을 줄 뿐이죠. 그들의 그런 생각을 읽어낼 때마다 수치심으로 얼굴이 달아

올랐어요.

소린 말이 나왔으니 말인데, 그 트리고린이라는 작가는 어떤 사람이냐? 도무지 알 수가 없더구나. 늘 말이 없으니 말이다.

트레플료프 트리고린은 똑똑하고 단순하고 친절한 사람이에요. 뭐랄까, 조금은 우울한 성격이긴 하지요. 아직 마흔 살도 채 되지 않았는데 평단의 찬사를 한 몸에 받고 있어요. 그의 소설에 대해서 말하자면, 음, 뭐랄까? 재미있고 재능이 넘치죠. 하지만 톨스토이나 졸라를 읽은 사람이라면 그의 작품을 좋아할 것 같지는 않네요.

소린 애야, 난 작가를 사랑한단다. 한때 두 가지를 열망했었지. 결혼, 그리고 작가가 되는 것이 그것이었단다. 하지만 이도 저도 못했구나. 그래서 이 삼촌은 하다못해 보잘것없는 무명작가라도 된다면 기쁘겠구나.

트레플료프 (귀를 기울인다) 발소리가 들려요…… (외삼촌을 끌어안는다) 난 그녀 없이는 살 수 없어요…… 그녀는 발소리마저 음악처럼 들린답니다……. 너무나 행복해요. (들어오는 니나를 맞이하러 서둘러 걸어간다) 마법사 아가씨, 내 꿈의 여인이여…….

니나 (흥분해서) 제가 늦었나요? 설마 늦은 건 아니겠지요?

트레플료프 (그녀의 두 손에 키스하면서) 아니, 아니야, 아니고말고…….

니나 하루 종일 불안했어요. 아버지가 절 붙잡아 두면 어쩌나하고 얼마나 걱정했는데요……. 그런데 방금 전에 아버지가 새어머니와 함께 마차를 타고 외출하셨어요. 하늘은 맑고, 벌써 달이 떠오르더군요. 그래서 난 말을 몰고 또 몰았어요. (웃는다) 이제 이렇게 당신을 만나니 너무나 기뻐요. (소린의 손을 꼭 잡는다)

소린 (웃는다) 저런. 울어서 눈이 부었군…… 착한 아가씨가 그러면 못써요!

니나 아니, 아무것도 아니에요…… 우리 서둘러야 해요. 30분 뒤에는 가야 하거든요. 아니, 안 돼요. 그 이상은 있을 수 없어요. 제가 여기 온 걸 아버진 모르세요.

트레플료프 이제 시작할 시간이야. 관객을 불러 모아야겠군.

소린 내가 가서 불러오마. 지금 당장 가지. (오른쪽으로 걸어가면서 노래한다) "프랑스로 두 명의 척탄병을……." (주위를 둘러본다) 예전에 이 노래를 부르고 있으니까 동료 변호사가 그러더구나. "목청 한번 우렁차구먼." 그러고는 잠시 생각하더니 이렇게 덧붙였지. "그렇다고 듣기 좋다는 얘기는 아니야!" (웃으며 나간다)

니나 아버지와 새어머니는 내가 이곳에 오지 못하게 하세요. 이곳엔 보헤미안들이 있다고 하시면서…… 내가 혹여 배우라도 될까 봐 걱정하시는 거죠……. 그런데 난 이곳 호수에 끌려요, 마치 갈매기처럼…… 내 가슴엔 당신밖에 없어요. (주위를 둘러본다)

트레플료프 이제 우리뿐이야.

니나 저쪽에 누군가 있는 것 같아요…….

트레플료프 아무도 없어요. (키스한다)

니나 이건 무슨 나무죠?

트레플료프 느릅나무지.

니나 어째서 저렇게 검은 거죠?

트레플료프 밤이라서 모든 게 검어 보이는 거야. 그렇게 일찍 떠나지 말아요, 부탁이야.

니나 안 돼요.

트레플료프 그럼 내가 당신을 따라가도 될까, 니나? 밤새도록 정원에 서서 당신 창문을 바라볼 거야.

니나 안 돼요. 야경꾼이 당신을 찾아낼 테니까요. 트레조르도 아직 당신이 낯설어서 짖어댈 거예요.

트레플료프 당신을 사랑해.

니나 쉿…….

트레플료프 (발소리를 듣고서) 거기 누구요? 야코프, 자넨가?

야코프 네, 접니다.

트레플료프 각자 제자리로 가세요. 달이 뜨고 있어요. 연극을 시작할 시간이에요.

니나 네, 선생님.

트레플료프 알코올은 준비됐나요? 유황은? 붉은 두 눈이 빛날 때 유황 연기 냄새가 나야 합니다. (니나에게) 자, 이제 시작이야. 준비는 모두 끝났어. 긴

장돼?

니나 네, 많아요. 당신 어머니가 어떻게 보실까 걱정되는 것도 있지만 그보다는 트리고린 씨 때문에요. 그분 앞에서 연기하는 게 두렵고 부끄러워요……. 유명 작가잖아요……. 젊은 분인가요?

트레플료프 응.

니나 그분 작품은 정말 대단해요!

트레플료프 (냉담하게) 글쎄, 난 읽어본 적이 없어서 모르겠어.

니나 당신 작품은 연기하기가 무척 어려워요. 생생히 살아있는 인물이 없으니까요.

트레플료프 살아있는 인물이라! 인생을 실제처럼 그대로 모사하는 것만으로는 안 돼. 오히려 꿈속 이야기처럼 드러내야 해.

니나 하지만 작품에 움직임이 거의 없잖아요. 차라리 낭독에 더 가까워 보여요. 내 생각엔 희곡에는 반드시 사랑이 있어야 해요…….

두 사람이 작은 무대 위로 올라선다. 폴리나와 도른이 들어온다.

폴리나 공기가 축축해지네요. 돌아가서 덧신을 신고 와요.

도른 지금도 따뜻해.

폴리나 제발 자기 자신도 좀 돌봐요. 하여튼 고집불통이라니까. 당신은 의사니까 습한 공기가 해롭다는 걸 잘 알고 있을 거 아녜요. 내가 괴로워하는 꼴을 보려고 그러는 거죠. 어젯밤에도 일부러 테라스에 나가 앉아 있었잖아요.

도른 (노래한다) "그대여 말하지 말라, 청춘을 망쳤노라고."

폴리나 아르카디나와 이야기하는 것에 신이 나서…… 추운 줄도 모르고. 그 여자가 좋은 거죠? 바른대로 말해봐요…….

도른 난 쉰다섯 살이오.

폴리나 그건 아무것도 아니에요. 남자로서는 많은 나이도 아니잖아요. 아직 그렇게 늙어보이지도 않으니까 여자들이 당신을 좋아하는 거라고요.

도른 무슨 말을 하고 싶은 거요?

폴리나 남자들이란 여배우 앞이라면 언제든지 넙죽 엎드릴 준비가 돼있다니까요. 다 똑같아!

도른 (노래한다) "나는 또다시 그대 앞에 서있노라." 세상 사람들이 배우를 사랑하고, 그들을, 이를테면 장사치들과 다르게 대하는 것은 마땅한 일이오. 일종의 이상주의랄까.

폴리나 당신에게 반한 여자들이 당신 앞에 몸을 던질 때도 말인가요. 그것도 이상주의인가요?

도른 (어깨를 으쓱하고서) 그렇다고는 말 못하겠군. 하지만 여자들과 나와의 관계는 여러 면에서 좋았소. 여자들이 날 좋아하는 이유는 내가 뛰어난 의사였기 때문이지. 당신도 기억하겠지만 10년 전에 이 지방에서 제대로 된 의사는 오직 나 혼자였으니 말이오. 게다가 난 언제나 신사답게 처신해 왔다고.

폴리나 (그의 손을 잡는다) 내 사랑!

도른 쉿. 사람들이 온다오.

아르카디나가 소린의 팔짱을 끼고 들어오고, 이어서 트리고린, 샤므라예프, 메드베덴코, 마샤가 들어온다.

샤므라예프 1873년 폴타바 축제에서 그 여배우는 정말 기가 막히게 연기했지요. 말할 수 없이 아름다웠어요. 그나저나 희극 배우 파벨 세묘느이치 차진은 요즘 어디서 무얼 하는지 혹시 아십니까? 라스플류예프 역을 그만큼 연기하는 배우는 어디에도 없을 겁니다. 맹세코 사도프스키보다 한수 위라고요. 지금 그 사람 어디 있습니까?

아르카디나 당신은 늘 구닥다리 옛날 배우들에 대해서만 물어보는군요. 내가 어떻게 알아요! (앉는다)

샤므라예프 (한숨을 쉬며) 파슈카 차진! 이젠 그런 배우가 없습니다. 무대가 예전만 못하지요. 예전엔 튼튼한 참나무들이 무성하게 자랐었는데, 이제는 그저 그루터기들만 남아있을 따름입니다.

도른 사실 요즘은 천재적인 재능을 가진 배우가 그리 많지 않지요. 하지만 배우들의 전반적인 연기 실력은 훨씬 더 좋아졌다고 보는데요.

샤므라예프 당신 말씀에 동의하긴 어렵군요. 뭐 각자 취향의 문제겠지요.

트레플료프가 무대 뒤에서 등장.

아르카디나 사랑하는 아들아, 언제 시작하는 거니?
트레플료프 곧 시작해요. 조금만 기다려주세요.
아르카디나 (햄릿을 인용하여 말한다) 아들아! "너는 내 눈길을 내 영혼의 내부로 돌리게 했구나. 그리하여 그곳에서 그토록 검고 뚜렷한, 지워지지 않을 얼룩을 보게 하는구나."
트레플료프 (햄릿을 인용하여 말한다) "그리하오니 무엇 때문에 어머닌 악덕에 굴복하셨으며, 죄의 수렁 가운데서 사랑을 구하셨나이까?"

무대 뒤에서 뿔피리를 분다.

트레플료프 신사 숙녀 여러분, 주목해 주세요! 연극을 시작하겠습니다. (사이) 시작하겠습니다. (가느다란 단장으로 문을 두드리며 큰 소리로 말한다) 오 그대들, 밤이면 밤마다 이 호수 주위를 방황하는 고대의 안개여. 우리를 잠들게 하고, 2만 년 뒤에 있을 세상을 꿈속에서 보여 주오!
소린 2만 년 뒤에는 아무것도 없을 거야.
트레플료프 그렇다면 바로 그 아무것도 없는 세상을 보도록 합시다.
아르카디나 그러렴. 그럼 우린 이제 잠에 빠져들도록 하지.

막이 오른다. 호숫가의 전경이 펼쳐진다. 달은 수평선 위로 낮게 떠올라 물에 비친다. 커다란 바위 위에 새하얀 옷을 입은 니나가 앉아 있다.

니나 사람, 사자, 독수리, 뿔 달린 사슴, 거위, 거미, 물속에 사는 말 없는 모든 물고기, 불가사리, 그리고 눈으로 볼 수 없는 것들, 한마디로 목숨 가진 모든 것들은 슬픈 순환을 마치고 나서 죽어 버렸으며....... 수천 세기가 지나는 동안 결국 지구가 품은 생명들 가운데 단 하나도 살아남지 못했으니, 가련한 달은 자신의 등불을 헛되이 밝히고 있을 뿐. 풀밭에서는 학들이 울면서 잠을 깨지도 않으며, 보리수 숲에서는 5월의 쇠똥구리 소리가 들리지 않는다. 춥고,

춥고 또 춥다. 공허하고, 공허하며 또 공허하다. 무섭고, 무서우며 또 무섭다.

사이.

니나　육신은 먼지로 돌아가고, 영원한 물질은 그것을 돌로, 물로, 구름으로 바꾸었지만, 그 모든 것들의 영혼은 하나로 합류했다. 위대한 세계의 영혼, 그것이 바로 나다……. 알렉산더 대왕의 영혼도, 카이사르의 영혼도, 셰익스피어의 영혼도, 나폴레옹의 영혼도, 가장 열등한 거머리의 영혼도 나의 내부에 들어 있다. 나의 내부에서 인간들의 의식이 동물들의 본능과 결합했으며, 따라서 나는 모든 것, 모든 것, 모든 것을 기억한다. 내 안에서 나는 각각의 삶을 새롭게 경험한다.

늪지대에 도깨비불들이 나타난다.

아르카디나　(속삭이듯이) 이 무슨 퇴폐적인 헛소리냐.
트레플료프　(애원하듯이) 어머니!
니나　나는 고독하다. 내 입술은 백 년에 한 번 열리지만, 내 목소리는 공허 속에서 쓸쓸하게 울릴 뿐, 누구에게도 들리지 않는다……. 그리고 너희, 창백한 도깨비불들이여, 너희들도 내 말을 듣지 못한다……. 저물녘 썩은 늪에서 태어난 너희들은 동이 틀 때까지 밤새도록 호숫가를 방황하지, 생각도, 의지도, 한 점 삶의 온기도 없이. 너희들의 내부에서 생명이 눈을 뜨지나 않을까 걱정하면서 영원한 물질의 아버지인 사단은 마치 돌과 물에서 그러하듯이 너희들의 내부에서 원자들의 교환을 행하고 있다. 그리하여 너희들은 끊임없이 변하고 있다. 오직 나, 이 우주의 영혼만이 불변하며 영원할 뿐.

사이.

니나　공허하고 깊은 우물 속에 던져진 죄인처럼 나는 내가 어디 있으며, 무엇이 날 기다리고 있는지 알지 못한다. 내가 알고 있는 단 한 가지 그것은 물질적인 힘의 토대인 사탄과 벌이는 완강하고도 무자비한 투쟁에서 내가 승리하여, 그 결과 물질과 영혼이 아름다운 조화 속에서 합류할 것이고, 세계 의지의 왕국이 도래할 것이라는 사실이다. 하지만 그것은 수천 수만 년이 지나 달도, 빛나는 시리우스도, 지구도 먼지로 변하게 될 때에야 그렇게 될 일……. 하지만 그때까지는 공포, 공포…….

사이. 호수를 배경으로 두 개의 붉은 점이 나타난다.

니나 바로 저기 나의 강력한 적대자인 사탄이 다가오고 있다. 그의 무시무시한 자줏빛 눈이 보인다…….
아르카디나 유황 냄새가 나는구나. 꼭 이렇게 해야 하는 거니?
트레플료프 네.
아르카디나 (웃는다) 그래, 연극적 효과라는 거로구나.
트레플료프 어머니!
니나 사탄은 인간을 갈망한다…….
폴리나 (도른에게) 또 모자를 벗으셨네. 당장 써요. 안 그러면 감기 들어요.
아르카디나 의사 선생님이 영원한 물질의 아버지인 사탄 앞에서 모자를 벗으셨군요.
트레플료프 (화를 내고는 큰 소리로) 연극은 끝났어요! 그만둬요! 막 내려!
아르카디나 왜 그리 화를 내는 게냐?
트레플료프 그만둬요! 막 내려요! 막 내리라니까! (발을 구르면서) 막!

막이 내려진다.

트레플료프 미안합니다! 오직 소수의 선택받은 사람들만이 희곡을 쓰고 무대에서 연기한다는 사실을 잊었어요. 그들의 독점권을 침해한 셈이지요. 저로서는…… 저는…… (무엇인가 더 말하려다가 한 손을 흔들더니 왼쪽으로 나가 버린다)
아르카디나 무슨 일이래요?
소린 아르카디나, 그러면 안 돼. 젊은 사람 자존심을 존중해야지.

아르카디나 제가 뭐라고 했나요?

소린 그 아일 모욕했잖아.

아르카디나 아주 재미있는 작품이 될 거라고 그 애가 직접 말했단 말이에요. 그래서 익살극을 관람할 때처럼 반응한 거예요.

소린 아무리 그래도…….

아르카디나 그 애는 아무래도 익살극 말고 심각한 걸작을 쓰려고 한 것 같은데요. 극을 올리고 유황 연기를 피워 올린 건 우리를 즐겁게 하기 위한 게 아니었어요. 그 아인 어떻게 희곡을 쓰고, 무엇을 연기해야 하는지를 우리한테 가르치고 싶었던 거라고요. 정말이지 이젠 지쳤어요. 끊임없이 쏘아대고 비꼬아대는데 누가 버텨요. 고집스럽고 자기밖에 모르는 철부지예요.

소린 그 앤 널 기쁘게 해주고 싶었던 거야.

아르카디나 그래요? 하지만 그 애는 평범한 희곡을 고르지 않고, 퇴폐주의적인 쓰레기를 강요했어요. 진지한 의도가 아닌 한 나는 어떤 미친 짓이라도 기꺼이 봐줄 준비가 되어 있어요. 하지만 그 애는 마치 그걸로 자신이 새로운 예술 형식을 제시하고 새 시대의 출발을 알리고 있다고 생각하잖아요. 내가 보기엔 전혀 새로울 것도 없고, 그저 나쁜 성미를 뽐내는 것에 지나지 않는데요.

트리고린 누구든 자기가 느끼는 대로, 자기가 가장 잘 쓸 수 있는 것을 써야 하는 법이지요.

아르카디나 그럼 그렇게 하라고 하세요. 대신 나한테까지 그런 헛소리를 강요하지는 말아달라고 전해주세요.

도른 화가 나셨구려. 오 주피터여!

아르카디나 난 여자예요, 주피터가 아니라. (담배에 불을 붙인다) 그리고 난 화가 난 게 아니에요. 다만 젊은 애가 바보 같은 일에 시간을 허비하는 꼴을 보는 게 안타까울 뿐이에요. 그 애 마음을 아프게 하려는 게 아니었어요.

메드베덴코 영혼과 물질을 분리할 수 있다는 근거는 어디에도 없지요. 영혼 자체도 물질적인 원자들의 결합으로 생겨난 것일지도 모르니까요. (활기차게, 트리고린에게) 언젠가 우리 학교 교사들의 삶을 그린 작품을 써서 무대에 올려주세요. 정말이지 고달프고 힘든 삶이랍니다.

트리고린 옳은 말씀입니다. 하지만 희곡이 어떻고 원자가 어떻고 하는 얘기는 이제 그만둡시다. 참으로 달콤한 밤이 아닙니까. 여러분, 노랫소리가 들립니까. 감미롭군요.

폴리나 네, 건너편 호숫가에서 부르고 있어요.

　사이.

아르카디나 (트리고린에게) 내 옆에 앉으세요. 10년, 15년쯤 전에는 여기 호숫가에서 거의 밤새도록 음악소리며 노랫소리를 들을 수 있었죠. 호숫가에 지주들의 저택이 여섯 채나 있었거든요. 시끌벅적한 소음에 웃음소리, 그리고 로맨스로 가득했죠. 아아, 그 시절의 로맨스란! 그 시절 모두의 별이자 우상이었던 분이 바로 이분이시죠. 도른 의사 선생님. (도른에게 고개를 끄덕여 보인다) 지금도 매력적이지만, 그땐 말로 다 표현할 수도 없을 정도였어요. 그런데, 양심이 날 찌르기 시작하네요. 내가 왜 그 불쌍한 아이를 아프게 했을까? 마음이 불편하군요. (큰 소리로) 코스챠! 아들아! 코스챠!

마샤 제가 가서 찾아보겠어요.

아르카디나 제발 부탁이야.

마샤 (왼쪽으로 걸어간다) 트레플료프 씨! 아, 트레플료프 씨! (나간다)

니나 (무대 뒤편에서 나오면서) 무대가 이어질 것 같진 않으니 이제 집에 가야겠어요. 안녕하세요! (아르카디나와 폴리나에게 키스한다)

소린 브라보! 브라보!

아르카디나 브라보! 브라보! 네 연기에 우린 모두 반해 버렸단다. 이런 외모와 기막힌 목소리를 가지고서 촌구석에 처박혀 있으면 안 돼. 그건 죄악이라고. 너에겐 분명 뛰어난 재능이 있어. 듣고 있니? 반드시 큰 무대로 진출해야 해!

니나 아, 그거야 말로 제 평생의 꿈이에요! 하지만 절대로 이루어질 수 없는 꿈이죠.

아르카디나 누가 알겠니? 세상일은 아무도 모른단다. 아, 소개할게. 여기는 트리고린 씨란다.

니나 아아, 만나 뵙게 되어 정말 기뻐요…… (당황스러운 표정으로) 당신 작품은 전부 읽었어요…….

아르카디나 (그녀를 옆에 앉히면서) 당황해할 것 없단다. 저명인사이기는 하지만, 소박한 영혼을 가진 분이니까. 보렴, 저이도 당황스러워 하잖니.

도른 무대 막을 올리는 게 어때요. 막이 내려가 있으니 우중충해 보이는군요.

샤므라예프 (큰 소리로) 야코프, 이보게. 막을 올리라고!

막이 올라간다.

니나 (트리고린에게) 조금 별난 연극이었죠?

트리고린 네 정말 그랬어요. 무슨 얘긴지 잘 모르겠더군요. 그래도 아가씨의 진지한 연기와 아름다운 무대 덕분에 아주 즐겁게 잘 봤습니다.

사이.

트리고린 이 호수엔 물고기가 많겠죠.

니나 네.

트리고린 나는 낚시를 좋아합니다. 저녁나절에 물가에 앉아 찌를 들여다보는 것이 가장 큰 즐거움이지요.

니나 아, 그렇군요. 저는 창작의 기쁨을 경험하시는 분들은 다른 어떤 즐거움도 모를 거라고 생각했어요.

아르카디나 (웃으면서) 그런 말은 그만 두렴. 칭찬하는 소릴 들으면 이분은 어쩔 줄을 몰라 하시니까.

샤므라예프 옛날에 모스크바 오페라 극장에서 그 유명한 실바가 부르는 노래를 듣던 기억이 나는군요. 그가 낮은 '도' 음을 냈을 때, 우리 모두가 얼마나 기뻐했는지 모르실 겁니다. 바로 그때 미리 짜 놓기라도 한 것처럼 2층 관람석에 앉아 있던 교회 성가대원 한 사람이 느닷없이 "브라보, 실바!" 하고 소리를 질렀지요. 우리가 얼마나 놀랐을지 생각해 보세요. 완전히 한 옥타브 낮은 소리였지요……. 이런 식으로요. (낮은 베이스로) "브라보, 실바……." 극장 안이 쥐 죽은 듯 고요해졌지요.

사이.

도른 우리 머리 위로도 침묵의 천사가 날아오셨군.

니나 이제 가봐야겠어요. 안녕히 계세요.

아르카디나 어디로 간다는 말이야? 이렇게 빨리 어딜 가려고? 그럴 순 없어.

니나 아버지가 기다리고 계세요.

아르카디나 그분도 참……. (뺨에 서로 키스한다) 할 수 없군. 이렇게 그냥 보내야 하다니 너무 아쉽구나.

니나 저도 이렇게 떠나는 게 얼마나 아쉬운지 몰라요.

아르카디나 누가 우리 아가씨를 집까지 바래다주면 좋겠는데.

니나 (당황한 듯) 아, 아니에요, 괜찮습니다.

소린 (간청하듯이) 조금 더 있다 가렴.

니나 안 돼요, 소린 씨.

소린 한 시간만 더 있다 가려무나. 뭐 어때, 그쯤이야…….

니나 (더 있고 싶은 마음을 억지로 추스르는 듯 눈물을 글썽이며) 안 돼요, 가야 해요. (그와 악수하고는 서둘러 나간다)

아르카디나 정말 딱한 아가씨예요. 사람들 말로는, 저 아가씨의 죽은 어머니가 막대한 재산을 한 푼도 남김없이 몽땅 남편에게 양도했다는군요. 지금 저 아가씨한테는 아무것도 남은 게 없대요. 그녀의 아버지가 이미 전 재산을 두 번째 아내에게 남긴다는 유언장을 작성했다는 거예요. 참 딱하게 됐어요.

도른 맞습니다. 제 딸을 그렇게 내버려두다니 짐승 같은 놈이지, 정말 그런 소리를 들어도 싼 인간이에요.

소린 (싸늘해진 손을 비비면서) 안으로 들어갑시다, 여러분. 공기가 축축해선지 다리가 쑤셔오기 시작하는군.

아르카디나 오빠는 다리가 돌로 변한 것 마냥 불편해 보이네요. 걸음 옮기는 게 이렇게 힘이 들어서야. 내게 기대요, 불쌍한 양반. (그를 부축한다)

샤므라예프 (아내에게 팔을 내밀면서) 내 팔을 내어드려도 되겠소, 마담?

소린 다시 개 짖는 소리가 들리는군. 제발 부탁이니 개를 좀 풀어 놓지 않겠나, 샤므라예프?

샤므라예프 그건 안 됩니다, 주인 나리. 개를 풀어놓으면 도둑이 들지도 모릅니다. 창고에 수수가 가득 들어있으니 말이에요. (나란히 걷고 있는 메드베덴코에게) 완전히 한 옥타브 낮은 소리였다니까. "브라보, 실바!" 정식 가수도 아니고, 그냥 보통 교회 성가대원이 말이오.

메드베덴코 그런데 교회 성가대원 봉급이 얼마나 되나요?

도른을 제외하고 모두 퇴장한다.

도른 (혼자서) 모르겠어. 아무래도 내가 아무것도 이해하지 못했거나 정신이 나간 건지도 몰라. 하지만 연극은 내 마음에 들었어. 거기엔 무엇인가 있었어. 그 처녀가 고독에 대해서 말했을 때, 그리고 다음에 악마의 붉은 눈이 나타났을 때 흥분해서 두 손이 다 떨렸어. 신선하고 순수했어……. 보아하니 그 친구가 오는군. 저 친구에게 조금 유쾌한 얘기를 해주고 싶구먼.

트레플료프 (들어온다) 벌써 아무도 없군.

도른 여기 한 사람 있다.

트레플료프 마샤가 온 정원을 돌아다니면서 고래고래 소리를 지르며 날 찾더군요. 끔찍한 여자 같으니.

도른 코스챠, 네 작품이 나는 정말 마음에 들었다. 물론 조금 낯설기도 했고 끝까지 보지도 못했지만, 어쨌든 깊은 인상을 받았단다. 넌 분명히 뛰어난 재능이 있으니까 포기하지 말고 계속 써 보거라.

트레플료프가 그의 손을 꼭 기미쥐더니 충동적으로 키스한다.

도른 퉤, 퉤. 아니, 이렇게 성격이 예민해서야. 두 눈에 눈물까지 고였구나. 내 말을 들어보렴. 너는 추상적인 생각의 세계에서 주제를 얻어 왔지. 네가 옳게 한 거다. 결국 예술 작품이란 어떤 고상한 사상을 형상화하는 작업이니까. 진지하게 접근하는 것만이 진정으로 아름다운 법이지. 너 안색이 너무 창백하구나!

트레플료프 그럼 저보고 계속 쓰라고 말씀하시는 건가요?

도른 그래…… 다만, 네 재능은 오로지 내면 깊은 곳의 영원한 진실을 표현하는 데 바쳐져야 해. 너도 알다시피 나는 평생 조용하고 평화롭게 살아왔고, 또 그런 삶에 만족해 왔지. 하지만 만약 내가 예술가들이 창작의 순간에 느끼는 영혼의 환희를 경험할 수만 있다면, 내 영혼을 둘러싸고 있는 물질적인 껍데기와 그와 관계된 다른 모든 경멸스러운 것들을 떨쳐버리고서 지상을 박차고 하늘 높이 솟구쳐 오르고 싶을 것 같구나.

트레플료프 잠깐만요, 니나는 어디 있죠?

도른 한 가지 더 명심해야 할 게 있다. 작품에는 뚜렷한 관점이 있어야 해. 작가는 자신이 무엇 때문에 글을 쓰는지 알고 있어야만 하지. 뚜렷한 목표도 없이 맹목적으로 예술의 길을 따르게 되면 넌 네 자신을 잃어버리고 말 거다. 재능은 너를 파멸시키는 독이 될 거고.

트레플료프 (초조하게) 니나는 어디 있어요?

도른 집으로 돌아갔다.

트레플료프 (낙담하여) 돌아갔다고요? 아, 어쩌면 좋지. 그녀를 봐야겠어요. 그녀를 꼭 봐야 해요…… 어서 쫓아가야겠어…….

도른 (트레플료프에게) 얘야, 진정하거라.

트레플료프 갈 거예요. 가야 해요.

마샤가 들어온다.

마샤 트레플료프 씨, 안으로 들어가세요. 어머니께서 기다리고 계세요. 많이 불안해 하세요.

트레플료프 나갔다고 말씀해 주세요. 그리고 두 분 모두, 부탁이에요, 절 내버려 두세요! 전 상관 말고 어서 가세요. 따라오지 말아요!

도른 이런, 이런, 그러면 못쓴다. 그러면 안 돼.

트레플료프 (눈물을 글썽이며) 안녕히 계세요, 의사 선생님. 그리고 고맙습니다……. (나간다)

도른 (한숨을 쉬며) 아, 청춘, 청춘이라!

마샤 사람들은 달리 할 말이 없으면 '청춘, 청춘이라……' 중얼거리지요. (코담

배를 맡는다)

도른 (그녀에게서 담뱃갑을 빼앗아 덤불 속으로 던져 버린다) 그만둬라. 냄새가 고약하구나. (사이) 집 안에서 음악소리가 들리는 것 같군. 들어가 봐야겠어.

마샤 잠깐만요.

도른 내게 할 말이 있니?

마샤 제 얘기를 좀 들어 주세요. 털어놓고 싶은 말이 있어요. (점점 더 흥분하며) 저는 아버지를 사랑하지 않아요……. 하지만 선생님께는 친밀감이 들어요. 왠지 모르지만 선생님이 저와 가까운 분이라는 생각이 들어요……. 저를 좀 도와주세요. 선생님이 도와주지 않으시면 저는 무슨 어리석은 짓을 할지 몰라요. 제 인생을 스스로 조롱하고 망가뜨리게 될 거예요. 더 이상 버틸 수가 없어요…….

도른 무슨 일이냐? 내가 어떻게 도우면 되겠니?

마샤 너무나 괴로워요. 누구도, 어느 누구도 이 고통을 알지 못해요! (그의 어깨에 머리를 기댄다. 부드럽게 속삭이듯이) 트레플료프를 사랑해요.

도른 아아, 너희들은 너무나 쉽게 흥분하지! 호수의 주문(呪文)에는 얼마나 많은 사랑이 깃들어 있는지! (부드럽게) 어떻게 하면 널 도울 수 있겠니? 어떻게 도와줄까? 무엇을?

―막―

2막

소린의 저택 앞 잔디밭. 커다란 테라스가 딸린 저택이 뒤편으로 보이고, 왼쪽으로는 햇빛을 받아 반짝이는 호수가 보인다. 여기저기에 화단이 꾸며져 있다. 정오, 무더운 날씨다. 늙은 보리수 그늘 아래 벤치에 아르카디나, 도른, 마샤가 앉아 있다. 도른의 무릎에는 책이 펼쳐져 있다.

아르카디나 (마샤에게) 그만 일어나자꾸나. (두 사람이 일어선다) 내 곁에 서보렴. 넌 스물두 살이고, 난 너보다 거의 곱절로 나이가 많지. 도른 씨, 누가 더 젊어 보이나요?

도른 물론, 부인이죠.

아르카디나 들었지? 왜 그런 것 같아? 그건 내가 일을 하고, 언제나 정신없이 바쁘게 살기 때문이야. 그런데 넌 언제나 한 곳에 머물면서 벗어나려 하질 않지. 그건 사는 게 아니야. 미래에 대해 생각하지 말 것, 그게 내 규칙이야. 나는 노년도 죽음도 생각하지 않아. 내게 찾아오는 운명을 그냥 받아들일 뿐이지.

마샤 저는 마치 한 천 년쯤 전에 세상에 태어난 것 같은 느낌이 들어요. 인생이라는 끝없이 긴 스카프 자락을 내 뒤로 질질 끌고 다니는 것만 같고요. 가끔은 살고 싶은 마음이 사라질 때도 있어요. 바보 같은 소리로 들린다는 거 알아요. 어서 마음을 다잡아야죠. 이런 헛된 망상일랑 쫓아버려야겠어요.

도른 (부드럽게 노래한다) "그녀에게 말해 다오, 오 꽃들이여……"[1]

아르카디나 난 늘 영국인처럼 올바른 표정을 유지하려고 노력한단다. 말하자면 언제나 단정한 모습을 잃지 않고, 옷차림이나 머리손질에도 신경을 쓰지.

---

1) 구노의 가극 《파우스트》 제3막에서.

한번이라도 내가 옷을 제대로 갖춰 입지 않거나 흐트러진 머리로 집 밖을 나서는 걸 본 적이 있니? 그런 일은 있을 수 없어. 난 다른 여자들처럼 내 자신을 게으름부리도록 놔두지 않는단다. (팔꿈치를 펴고 두 손을 양 허리에 댄 채 잔디밭을 왔다 갔다 한다) 날 보렴, 열다섯 살짜리 소녀처럼 이렇게 발꿈치를 들고서 걷는 거야.

도른 네, 그렇군요. 어쨌든 나는 계속 읽겠습니다. (책을 집어 든다) 어디보자, 곡물상과 쥐가 나오는 대목이었는데……

아르카디나 네 그 대목이었어요. 이어서 읽으세요. (앉는다) 아니, 책을 주세요. 이번엔 내가 읽을 차례군요. (책을 받아들고는 눈으로 읽을 곳을 찾는다) 아, 여기로군……. (읽는다) "그리고 사회가 작가들을 끌어들이고 방임하는 것은 마치 곡물상이 창고에서 쥐를 키우는 것처럼 위험한 일이다. 그럼에도 우리 사회는 여전히 작가들을 사랑한다. 그래서 자기 애인으로 삼고 싶은 작가를 찾게 되면, 여자들은 온갖 칭찬과 아첨을 동원해 그를 포위한다……" 이건 분명 프랑스 사람들의 경우일 거예요. 우리 러시아 여자들은 전혀 다르죠. 그런 계획적인 행동은 하지 않아요. 우리나라 여자들은 대개 무슨 작전을 펼 생각조차 하기 전에 상대에게 깊이 빠져버리니까요. 나와 트리고린이 바로 그런 예라고요.

소린이 지팡이에 의지하여 니나와 함께 걸어 나온다. 메드베덴코가 휠체어를 밀면서 그들 뒤를 따른다.

소린 (아이를 달래는 듯한 부드러운 투로) 그래 어쨌든 잘 됐지 뭐냐. 오늘은 함께 즐거운 시간을 보내자꾸나. (누이에게) 니나의 아버지와 새어머니가 트베리로 떠나서 지금부터 사흘 동안은 자유라는구나.

니나 (아르카디나 옆에 앉아서 그녀를 포옹한다) 너무 행복해요! 오늘 저는 당신 거예요.

소린 (안락의자에 앉는다) 니나는 오늘따라 더 예쁘구나.

아르카디나 그러게요, 오늘따라 옷도 예쁘고 사랑스럽기 그지없군요. 참 고맙구나. (니나에게 키스한다) 하지만 지나친 칭찬은 금물이지. 우리 아가씨를 망쳐 놓을지도 몰라. 트리고린은 어디 있지?

니나 낚시하고 계세요.

아르카디나 싫증도 안 나는 모양이야! (계속 읽으려고 한다)

니나 무얼 읽고 계세요?

아르카디나 모파상의 《물 위에서》란다. (소리 내지 않고 몇 줄을 더 읽는다) 그런데, 나머지 내용은 진실하지도 않고 재미도 없구나. (책을 내려놓는다) 그 애 때문에 마음이 편치 않아. 말해 보렴, 내 아들이 왜 저러는 거지? 요즘 따라 왜 저리도 시무룩하고 울적해 보이는 걸까? 무슨 심사인지 하루 종일 호숫가에 나가 있으니 도통 얼굴을 볼 수도 없고.

마샤 마음이 무거워서 그럴 거예요. (니나에게 소심하게) 부탁이에요, 그 사람 대본에서 한 구절 읊어주시겠어요?

니나 (어깨를 으쓱하며) 듣고 싶으세요? 그게 재미있나요?

마샤 (기쁨을 억누르는 듯한 목소리로) 그가 낭독할 때면 그의 두 눈은 빛나고 얼굴은 창백해지죠. 그의 목소리는 아름답고 슬퍼요. 마치 시인이 시를 읽을 때처럼.

소린이 코를 골기 시작한다.

도른 좋은 꿈 꾸시기를!

아르카디나 페트루샤!

소린 왜?

아르카디나 오빠 잠들었던 거예요?

소린 천만에. (사이)

아르카디나 오빠는 건강을 돌볼 줄 몰라요. 이제라도 제발 신경 좀 쓰세요.

도른 예순 다섯이 되고서야 건강에 신경을 쓰신다고요?

소린 예순 다섯도 살고 싶은 법이거든.

도른 (빈정거리듯이) 흐음, 그럼 우선 카밀레차라도 드시지요.

아르카디나 어디 온천에라도 가시면 좋을 것 같아요.

도른 글쎄요. 뭐 나쁠 건 없겠지요.

아르카디나 지금 오빠 상태가 어떤지 잘 모르셔서 그러시는 거예요.

도른 모를 게 뭐 있나요. 뻔한 거지.

메드베덴코 담배를 끊으셔야 해요.

소린 허튼소리. (사이)

도른 아니, 허튼소리가 아니에요. 술과 담배는 사람의 개성을 앗아가지요. 담배를 피우고 보드카를 한 잔 마시고 나면 당신은 이미 소린이 아니라, 소린 더하기 누군가가 되는 거예요. '자아'가 둘로 나뉘게 되고, 그래서 당신은 마치 제삼자처럼 자기 자신에 대해 생각하게 되죠.

소린 (웃는다) 선생 입장에서야 그렇게 쉽게 결론을 내릴 수 있겠지. 선생은 평생을 마음대로 살았겠지만, 나는 어떻소? 28년을 법무부에서 일하느라, 나는 그렇게 살지 못했어. 결국 아무런 제대로 된 삶도 겪지 못했단 말이오. 선생은 그동안 만족스럽게 살아왔으니 철학에도 관심을 갖는 거라오. 어쨌든 나는 살고 싶소. 그렇기 때문에 식사할 때 셰리주를 마시고 담배를 피우는 거지. 그게 이유요.

도른 자기 목숨보다 더 소중한 건 없어요. 그에 비하면, 예순 다섯에 치료를 받는다거나 젊었을 때 즐거움을 더 누리지 못한 걸 한탄하는 건, 이런 표현을 써서 죄송합니다만, 그저 하찮은 것에 지나지 않지요.

마샤 (일어선다) 점심식사 시간이 된 것 같은데요. (다리를 질질 끌듯이 느릿느릿 걸어간다) 내 다리가 잠들어 버렸나봐…… (나간다)

도른 저 아이, 식사 전에 두어 잔은 들이켤 겁니다.

소린 가련하게도 마음이 불행한 게야.

도른 그게 문제가 아니라니까요, 영주 각하.

소린 선생은 마치 모든 걸 다 얻은 사람인양 말하는구려.

아르카디나 아아, 한적한 시골에서 보내는 한나절보다 더 따분한 게 이 세상에 있을까. 공기도 후덥지근하고 답답한데, 다들 가만히 앉아 철학 타령이나 하고 있으니…… 이렇게 여러분의 얘기를 듣는 것도 즐겁지만, 그보다는 호텔방에 혼자 앉아서 배역 연습을 하는 게 천 배는 더 낫겠어요.

니나 (흥분하며) 맞아요, 그 기분 알 것 같아요.

소린 물론 도시에서 사는 것이 더 즐겁지. 전화기가 있는 서재에서 한가로이 시간을 보낼 수도 있지. 갑자기 문을 열고 들어오는 사람도 없을 테고. 하인을 거치지 않고는 아무도 안으로 들어오지 못할 테니까. 거리는 마차들로 가득하고, 그리고……

도른   (노래한다) "그녀에게 말해 다오, 오 꽃들이여……."

샤므라예프가 들어온다. 그의 아내 폴리나가 그 뒤를 따른다.

샤므라예프   여기들 계셨군요. 간밤에 평안하셨습니까. (아르카디나의 손에, 그다음에는 니나의 손에 키스한다) 다들 즐거워 보이시니 저도 기쁩니다. (아르카디나에게) 부인께서 오늘 제 집사람과 함께 시내로 가실 거라던데, 맞습니까?

아르카디나   네, 그럴 생각이에요.

샤므라예프   흠, 멋지군요. 그런데 뭘 타고 가시렵니까, 부인? 오늘은 호밀을 나르는 날이라서 모든 일꾼이 바쁘답니다. 어떤 말을 타실 건지 여쭤 봐도 되겠습니까?

아르카디나   어떤 말이라뇨? 내가 어떻게 알아요, 어떤 말인지!

소린   아니 왜, 마차를 끄는 말이 있질 않나.

샤므라예프   마차를 끌 말이라고요? 그러면 마구(馬具)는 어디서 구합니까? 놀라운 말씀이시군요. 존경하는 부인! 부인의 재능에 경의를 표하고, 또 부인을 위해서라면 제 목숨 가운데 10년도 기꺼이 떼다가 바칠 수 있습니다만, 오늘 마차를 끄는 데 내드릴 말은 한 필도 없습니다!

아르카디나   시내에 나가봐야 한다니까요? 정말 이 상황이 믿을 수가 없군요.

샤므라예프   그건 부인께서 농장 운영이 어떤 건지 잘 모르셔서 하시는 말씀입니다.

아르카디나   (벌컥 화를 내며) 또 그 얘기로군요! 그렇다면 오늘 당장 모스크바로 떠나겠어요. 마을 전체를 뒤져서라도 마차를 구해오지 않으면 걸어서라도 역으로 가겠어요!

샤므라예프   (역시 화를 내며) 그럼 저는 일을 그만두겠습니다! 다른 관리인을 찾아보십시오! (나간다)

아르카디나   매 여름마다 이런 식이라니까. 여름에 이곳에 올 때마다 모욕을 당한다고요. 이젠 두 번 다시 안 올 거예요! (낚시터가 있는 왼쪽으로 나간다. 잠시 뒤에 그녀가 집으로 들어가는 모습이 보인다. 트리고린이 낚싯대와 양동이를 들고서 그녀를 따라간다)

소린 (화가 나서) 어찌 이리도 뻔뻔스러울 수가 있나! 당장 이리로 모든 말을 끌고 와!

니나 (폴리나에게) 어떻게 아르카디나 같은 유명 여배우의 청을 거절하실 수 있죠? 그분의 모든 바람이, 아무리 그것이 변덕스러운 요구일지라도 적어도 농장 일보다는 더 중요하다는 걸 모르시겠어요? 정말로 믿을 수가 없네요!

폴리나 (절망적으로) 내가 뭘 할 수 있겠어요? 내 입장이 돼 봐요. 내가 뭘 할 수 있겠어요?

소린 (니나에게) 누이에게 가보자꾸나……. 떠나지 말라고 설득해봐야지. (샤므라예프가 나간 쪽을 보면서) 정말 한심한 작자야! 꽉 막힌 고집불통 같으니!

니나 (그가 일어서는 것을 막으면서) 앉으세요, 앉으세요……. 우리가 모셔다 드릴게요……. (그녀와 메드베덴코가 휠체어를 밀고 간다) 오, 정말 끔찍한 일이에요!

소린 그래, 정말 그렇구나. 하지만 그는 관리인을 그만둘 생각은 없을 거야. 당장 그 친구와 이야기를 좀 해야겠어.

그들이 나간다. 도른과 폴리나 두 사람만 남는다.

도른 짜증스러운 사람들이야! 당신 남편은 당장 쫓겨나도 할 말이 없어. 하지만 결국 저 할머니같이 마음 약한 소린 씨와 누이동생이 그에게 사과하는 걸로 끝나겠지. 두고 보라고.

폴리나 그이는 마차를 끌 말들까지 들판으로 내보냈어요. 하루도 말썽 없이 지나는 법이 없다니까. 그 덕에 내가 얼마나 마음고생을 하는지 알기나 하는지! 병이 다 날 정도예요. 봐요, 지금도 몸이 덜덜 떨리잖아요……. 전 더 이상 제멋대로기만 한 남편을 참을 수가 없어요. (간청하듯이) 도른, 내 사랑, 나를 데려가 줘요……. 남은 세월은 많지 않아요. 우린 이제 더 이상 젊지 않아요. 인생의 황혼에 다다른 지금이라도, 세상에 우리 사이를 떳떳하게 밝히기로 해요. (사이)

도른   난 쉰다섯 살이오. 인생을 바꾸기엔 너무 늦었소.
폴리나   알고 있어요. 당신이 날 거절하리라는 건. 나 말고도 당신과 가까운 여자들이 많다는 것도요. 모든 여자를 다 받아줄 수는 없겠죠. 이해해요. 미안해요, 당신을 귀찮게 해서.

니나가 집 부근에서 나타난다. 그녀는 꽃을 꺾고 있다.

도른   아니, 그런 게 아니오.
폴리나   질투 때문에 괴로워요. 물론 당신은 의사니까 여자들을 피할 수 없겠죠. 이해해요……
도른   (다가오는 니나에게) 두 분은 어때?
니나   아르카디나 씨는 울고 계시고, 소린 씨는 천식 증상이 있으세요.
도른   (일어난다) 가서 두 사람에게 카밀레차라도 드려야겠어.
니나   (그에게 꽃을 준다) 받으세요!
도른   고맙구나. (집으로 걸어간다)
폴리나   (도른과 함께 걸어가면서) 참 예쁜 꽃이로군요! (집 안으로 들어서기 전에 낮은 목소리로) 그 꽃 제게 주세요! 이리 달라고요! (꽃을 받아들고 갈기갈기 꺾어서 한쪽으로 던져 버린다.)

두 사람이 집 안으로 들어간다.

니나   (혼자서) 유명 여배우가 우는 걸 본다는 건 참 이상한 일이야. 그것도 그렇게 하찮은 이유 때문에! 또 대중의 사랑을 받고, 신문에 이름이 오르내리고, 여러 외국어로 작품이 번역되는 유명 작가가 온종일 낚시나 하고, 잉어 두 마리 잡았다고 좋아하는 것 또한 알다가도 모를 일이야. 저명인사들은 가까이 다가가기 어렵고 오만할 거라고 생각했어. 출생 신분이나 돈밖에 모르는 군중을 경멸하면서, 그들이 가진 불멸의 명성과 영광을 통해, 그런 군중의 속물근성에 보란 듯이 복수하고 있는 거라고. 그런데 그런 사람들이 내 눈앞에서 다른 보통 사람들과 똑같이 울고, 카드놀이를 하고, 화를 내고 있어.

모자도 쓰지 않은 채, 트레플료프가 소총과 죽은 갈매기를 들고 들어온다.

트레플료프 여기엔 당신 혼자뿐인가?
니나 그래요.

트레플료프가 그녀 발치에 갈매기를 내려놓는다.

니나 이게 무슨 뜻이에요?
트레플료프 난 오늘, 비열하게도 이 갈매기를 죽이고 말았어. 이걸 당신 발치에 놓을게.
니나 대체 무슨 일이에요? (갈매기를 들고 물끄러미 바라본다)
트레플료프 (사이를 두고) 조만간 나도 그 갈매기처럼 목숨을 끊을 거야.
니나 내가 아는 당신이 맞나요. 사람이 변한 것 같아요.
트레플료프 그래, 당신이 더 이상 내가 알던 사람이 아니게 됐을 때부터 난 변했어. 나에 대한 당신의 태도는 변했어. 당신의 눈초리는 냉랭하고, 내가 곁에 있으면 당신은 괴로워하지.
니나 요즘 당신은 너무나 신경질적이에요. 당신이 하는 얘기들은 너무 어둡고 이해할 수 없는 상징적인 말들뿐이에요. 당신의 말을 알아듣지 못한다 하더라도 이해해줘요. 난 너무 단순해서 당신의 생각을 이해할 수가 없어요.
트레플료프 내 연극이 비참한 실패로 돌아간 바로 그날 밤부터였지. 여자들은 남자의 실패를 결코 용서하지 않는 법이니까. 원고는 마지막 한 장까지 남김없이 태워버렸어. 내가 얼마나 불행한지 당신이 알아준다면! 나를 낯설게 바라보는 당신의 눈길이 믿기지 않고, 견딜 수 없을 만큼 고통스러워. 잠에서 깨어나 일어나보니 하룻밤 사이에 호수가 말라붙어, 땅속으로 꺼져버린 듯한 기분이야. 내 말이 이해가 가지 않는다고? 따로 이해해야 할 게 뭐가 있지? 당신은 그저 내 작품이 마음에 들지 않았던 거야. 그래서 당신은 나의 재능을 의심하고, 나를 평범하고 별 볼일 없는 인간이라 생각하는 거라고. (발을 구르며) 내가 모를 줄 알아? 당신이 나를 어떻게 생각할지 그 생각만 하면 마치 누군가가 내 머릿속을 칼로 쑤셔대고 있는 것만 같아. 이 저주받을 멍청한 머리가 독사처럼 내 생명의 피를 빨아먹고 있다고! (책을 읽으며 걸어오는 트리고린을 본다) 저기 진정한 천재 작가가 오시는군. 햄릿처럼, 책도 들고서 말이야. (놀리듯이) "말, 말, 말······." 태양이 아직 비추지도 않았는데, 당신은 벌써부터 미소 짓고, 당신의 눈은 햇빛을 쫓아 반짝반짝 빛나는군. 당신을 방해하지 않으리다. (서둘러 나간다)

트리고린 (노트에 무언가를 적어 넣으면서) 코담배를 맡고 보드카를 마신다······. 언제나 검은색 옷을 입는다······. 교사의 사랑을 받는······.

니나 안녕하세요, 트리고린 씨!

트리고린 안녕하십니까, 니나 양? 예기치 않은 상황 때문에 우리는 오늘 떠나게 될 것 같아요. 언제 다시 만나게 될지 모르겠군요. 유감이에요. 젊은 처녀들, 젊고 매력적인 처녀들을 만날 기회가 많지 않은 데다가, 열여덟이나 열아홉 살 아가씨들이 어떤 생각을 갖고 있는지 도무지 상상할 수가 없답니다. 그런 까닭에 내 작품에 나오는 젊은 여성 인물들은 생동감이 없어요. 단 한 시간만이라도 당신 같은 젊은 여자가 되어 생각하고, 젊은 여성의 눈으로 세상을 볼 수 있었으면 좋겠어요. 그러면 당신 같은 젊은 여자들을 좀 더 잘 이해할 수 있을 테니까요.

니나 저는 잠시라도 좋으니 당신 같은 사람이 돼봤으면 하는데요.

트리고린 왜죠?

니나 뛰어난 재능을 가진 유명 작가는 어떤 느낌일지 알고 싶어서요. 유명하다는 건 어떤 느낌인가요? 어떤 감정이 들어요?

트리고린 어떤 감정이라? 그런 걸 느껴본 적이 없군요. (잠시 생각하고 나서) 둘 가운데 하나일 겁니다. 내 명성을 당신이 부풀리고 있거나, 아니면, 내가 유명세라는 걸 도무지 느끼지 못하는 인간이거나.

니나 하지만 신문에서 자신에 관한 기사를 읽을 때가 있잖아요?

트리고린 칭찬하는 기사를 읽으면 기분이 좋지요. 하지만 욕을 먹으면 이틀쯤은 기분이 좋지 않아요.

니나 아, 정말 멋진 세계예요! 제가 당신을 얼마나 부러워하는지 당신은 모르실 거예요! 사람들의 운명은 가지가지죠. 어떤 사람들은 지루하고 보잘것없는 인생을 근근이 이어가다 군중 속에서 잊히고 마는데, 백만 명 가운데 한 사람 꼴로 어떤 사람에게는, 예컨대 당신 같은 분 말이죠, 흥미롭고 의미로 가득한 인생이 주어지잖아요. 당신은 행운아에요.

트리고린 내가 행복하다고요? (어깨를 으쓱하면서) 흐음…… 당신은 명성, 행복, 빛나는 운명 같은 것을 말하는데, 미안하지만 나한테는 그 모든 멋진 말들이 내가 먹어보지 못한 마멀레이드와 다를 게 없어요. 당신은 무척 젊으시죠, 그리고 친절하시고요.

니나 당신의 인생은 멋져요!

트리고린 글쎄요, 그다지 특별할 게 없어요. (시계를 본다) 이제 그만 가서 글을 써야 합니다. 미안해요, 시간이 없어서……. (웃는다) 말하자면 당신은 나의 가장 아픈 곳을 찌른 겁니다. 그래서 난 동요하고 얼마간 화가 나기 시작한 것이죠. 그럼, 그 밝고 멋지다는 나의 인생에 대해 이야기해 볼까요? (잠시 생각하고 나서) 때때로 강한 집착이 한 사람을 그러쥐고 놓아주지 않을 때가 있어요. 예컨대 밤이나 낮이나 달에 대해서만 생각하는 사람이 있을 수 있지요. 내게도 그런 달과 같은 대상이 있어요. 하나의 성가신 생각, 내 경우엔 써야 한다, 써야 한다, 써야 한다는 생각이 밤낮으로 나를 괴롭힌답니다. 작품 하나를 끝내자마자 무슨 일인지 벌써 다른 작품을 써야 하고, 그 다음엔 세 번째, 그 다음엔 네 번째 작품을……. 다람쥐 쳇바퀴 돌리듯이, 그렇게 끝도 없이 이어지는 겁니다. 한 작품을 끝내자마자 나는 서둘러 다음 작품을 향해 달려들지요. 나도 이런 나 자신을 어쩔 수가 없어요. 대체 이런 인생 어디에서 밝고 아름다운 면을 찾을 수 있는지 묻고 싶군요. 오, 얼마나 고단한 생활입니까! 당신과 흥분하며 얘기하는 이 순간에도, 나는 여전히 끝내지 못한 소설이 있다는 걸 떠올리고 있습니다. 저기 그랜드피아노를 닮은 구름을 보면서 나는 생각합니다, '그랜드피아노를 닮은 구름이 흘러가고 있다'는 표현을 내 소설에 써 먹어야지, 하고 말이지요. 헬리오트로프 향기를 맡을 때면 이렇게 혼잣말을 합니다. '역한 냄새, 과부의 꽃, 여름날 저녁을 묘사할 때 써 먹어야지.' 나는 당신이 말한 문장, 혹은 내 자신이 말한 모든 문장에서 착상을 떠올리고, 그것을 나만의 문학 창고에 서둘러 저장합니다. 언젠가 써먹을 데가 있을지 모르니까요. 작품을 마치고 나면, 극장에 가거나 낚시하러 달려

갑니다. 거기서 쉬면서 모든 걸 잊기 위해서지요. 하지만, 웬걸! 거기서도, 새 작품 주제가 머릿속에 이미 묵직한 철제 포탄처럼 굴러다니는 겁니다. 마침내 그 주제가 나를 책상으로 끌어당기고, 그러면 또다시 책상으로 돌아가 쓰고 또 쓰는 짓을 시작해야 합니다. 영원히 끝나지 않을 것처럼 이어지지요. 인생을 소모하고 있다고 느끼면서도 나도 어쩔 수가 없어요. 얼굴도 모르는 대중에게 먹일 꿀을 얻기 위해 내가 기르는 가장 사랑스러운 꽃들을 훑고, 줄기를 찢고, 뿌리를 짓밟고 있는 격이랄까? 정말 이게 미친 게 아니고 뭘까요? 날 아는 사람들은 나를 정신병 걸린 사람이라 생각하지는 않을까? "뭘 쓰고 있소? 우리에게 뭘 선물할 거요?" 지인들의 이런 주목과 칭찬과 감탄이 나한테는 그저 똑같은 고리타분한 소리로 들립니다. 이 모든 것은 기만이고, 환자를 속이듯 사람들이 나를 속이고 있는 거라는 생각을 하기 시작하죠. 그래서 포프리시친(고골, 《광인일기》의 주인공)에게 그랬던 것처럼 누군가가 내 등 뒤로 다가와서 멱살을 덥석 잡아채어 날 정신병원으로 끌고 가지나 않을까 겁이 날 때도 있어요. 내가 글쓰기를 시작했던 젊고 좋았던 그 시절에도 글을 쓰는 일은 끊임없는 고통의 연속이었어요. 특히 아직 성공을 맛보지 못한 젊은 작가는 자신이 재주 없고 쓸모없는 인간이라는 생각에 사로잡혀 신경이 극도로 예민해지고 피폐해지지요. 아무런 인정도, 주목도 받지 못한 채, 마치 돈을 몽땅 잃은 노름꾼처럼 상대방과 눈이 마주치는 걸 꺼려하면서도 하염없이 문학계 예술계 주변을 기웃거리는 겁니다. 그 시절의 나는 내 작품의 독자를 실제로 본 적이 없었지만, 상상 속에서 그들은 어쩐지 적대적이고 의심 많은 사람들처럼 느껴졌지요. 대중은 내게 두려운 존재였어요. 그래서 내 희곡작품이 처음으로 무대에 올랐을 때는, 마치 연극을 지켜보는 관객들의 검은 눈에 적대감이 어려 있고, 푸른 눈에는 차가운 무관심이 담겨 있다고 느꼈죠. 오, 얼마나 끔찍하고 고통스러운 기분이었는지!

니나 그렇지만 영감이 떠오를 때나, 글을 쓰는 과정에서 고양된 행복감을 느끼는 순간이 있지 않나요?

트리고린 그래요, 글쓰기는 내게 즐거움이지요. 교정 원고를 들여다보는 것도 좋아요. 하지만 책이 세상에 나와 언론에 맡겨지는 순간부터 그건 독이 되는 거예요. 내가 의도했던 건 그게 아니었구나, 온통 실수투성이로구나, 그런 걸 깨닫게 되고, 온갖 비판을 받고는 그만 의기소침해지고 말지요. 그러면 대중은 말합니다. "그래, 제법 영리하게 잘 쓴 작품이야. 하지만 톨스토이에 비하면 아직 멀었군." 혹은 "멋진 작품이야, 하지만 투르게네프의 《아버지와 아들》만큼은 아니야." 그런 말들이 언제나 이어지지요. 아마 임종을 맞을 때까지도 나는 그들에게서 '제법이군, 재능은 있어'라는 말을 들어야만 할 겁니다. 그리고 그걸로 끝이지요. 내가 죽고 나면 나를 기억하는 사람들은 내 무덤 옆을 지나가면서 말할 겁니다. "트리고린이 여기 누워 있군. 훌륭한 작가였어. 하지만 투르게네프보단 못하지."라고 말입니다.

니나 죄송하지만 당신의 말씀을 있는 그대로 받아들이기는 어렵네요. 분명한 건, 당신은 크나큰 성공을 거둔 작가라는 사실이에요.

트리고린 어떤 성공 말인가요? 나는 한 번도 나 자신을 기쁘게 해준 적이 없어요. 작가로서, 나는 나 자신을 좋아하지 않으니까요. 무엇보다 곤혹스러운 것은 머릿속을 가득 채운 뿌연 연기가 나를 어지럽게 만들어, 가끔 내가 지금 무엇을 쓰고 있는지도 알 수 없게 만든다는 점입니다. 나는 호수와 나무와 이 푸른 하늘을 사랑합니다. 자연은 내게 말을 걸고, 내 가슴의 열정을 일깨우죠. 그러면 나는 저항할 수 없는, 글을 쓰고 싶다는 욕망에 사로잡히게 됩니다. 하지만 나는 단순한 한 사람의 풍경화가일 뿐만 아니라 그 근처 도시에서 살아가는, 조국과 민중을 사랑하는 시민이기도 합니다. 나는 작가로서, 민중의 슬픔과 고통에 대해서, 그들의 미래에 대해서, 과학과 인간의 권리, 기타 등등에 대해서 써야 한다는 의무감을 느끼지요. 그래서 내가 온갖 주제에 관해 쓰려고 하면 사방에서 사람들이 화를 내며 들고 일어나 나를 몰이대기 시작하고, 그러면 나는 마치 사냥개들한테 쫓기는 여우처럼 이리저리 피하며 허겁지겁 달아나기 바쁘죠. 인생과 과학은 줄곧 앞으로 나아가고 있는데, 나는 열차 시각에 대지 못한 농부처럼 계속해서 뒤처지고 늦어지고 있다는 것을 압니다. 그리하여 마지막에는 내가 쓸 수 있는 것은 단지 풍경뿐이며, 나머지 모든 것에 대해서는 내가 속속들이 틀렸다는 것을 깨닫게 되는 겁니다.

니나 당신은 너무 많이 일해서 지친 거예요. 그래서 자신의 가치를 인식할 시간도 열망도 없는 거지요. 당신은 다만 스스로 만족하지 못할 뿐이에요. 다른 사람들에게 당신은 위대하고 멋진 분인걸요! 만일 제가 당신과 같은 작가라면, 저는 제 일생을 러시아 민중을 위해 바쳤을 거예요. 작가로서 제가 얻은 정신적 성취를 이해할 수 있는 힘이 민중에게 생길 때에야 비로소 그들의 진정한 행복이 이루어질 수 있음을 저는 알고 있고, 또 그들이 저를 승리의 전차에 태워 그들 앞에 세우리라는 걸 알기 때문이죠.

트리고린 저런, 전차라니…… 내가 뭐 아가멤논이라도 된단 말이오?

두 사람이 미소짓는다.

니나 작가나 여배우가 될 수만 있다면, 저는 가난이나 환멸도, 주변 사람의 미움도, 자신에 대한 불만족에서 오는 고통도 다 견딜 수 있을 것 같아요. 하지만 그 대가로 저는 세상에 명성을 요구할 거예요……. 온 세상을 떠들썩하게 할 엄청난 명성 말이에요……. 휴우, 상상만으로도 머리가 아찔해요.

집 안에서 아르카디나의 목소리가 들린다. "보리스! 보리스!"

트리고린 나를 부르는군요. 짐을 꾸리라는 거겠죠. 하지만 이곳을 떠나고 싶지 않군요. (호수를 돌아본다) 아, 얼마나 좋습니까! 아름다운 자연의 축복이여!
니나 저 멀리 호숫가에 집과 정원이 보이시나요?
트리고린 네.
니나 돌아가신 제 어머니의 저택이에요. 저기서 제가 태어났죠. 평생 이 호수 주변에서 살아왔어요. 그래서 호수의 작은 바위섬 하나하나까지 훤하게 알지요.
트리고린 여긴 참 좋은 곳입니다! (갈매기를 보고 나서) 이건 뭡니까?
니나 갈매기예요. 트레플료프가 죽였어요.
트리고린 아름다운 새로군요. 정말로 이곳을 떠나고 싶지 않습니다. 좀 더 머물도록 아르카디나를 설득해 주시겠습니까? (노트에 무언가를 적어 넣는다)
니나 뭘 적고 계시죠?
트리고린 별 거 아닙니다. 착상이 하나 떠올라서요. (노트를 주머니에 넣으면서) 단편소설을 위한 겁니다. 당신처럼 호숫가에서 자라난 한 젊은 처녀가 있어요. 그녀는 갈매기처럼 호수를 사랑하고, 또 갈매기처럼 행복하고 자유롭죠. 그런데 우연히 한 사내가 그녀를 알게 되고, 심심풀이로 그녀를 파멸시킵니다. 마치 여기 죽어있는 갈매기처럼 말이죠.

사이.

아르카디나의 모습이 창문에 나타난다.

아르카디나 보리스, 어디 있어요?
트리고린 지금 가오! (집 쪽으로 걸어간다. 흘끗 니나를 돌아본다. 아르카디나는 창가에 머물러 있다.) 무슨 일이오?
아르카디나 이곳에 남기로 했어요.

트리고린이 집으로 들어간다.

니나 (바닥 조명 쪽으로 다가온다. 생각에 잠긴 채) 그저 꿈이야!

—막—

3막

소린 저택의 식당. 오른쪽 왼쪽 문 모두 열려 있다. 찬장, 약품을 넣는 장. 방 한가운데 식탁. 바닥에는 떠날 채비임을 알 수 있는 여행 가방과 상자 몇 개가 쌓여 있다. 트리고린이 아침 식사를 하고 있다. 마샤는 식탁 옆에 서 있다.

마샤 당신은 작가시니까 글쓰기에 도움이 될까 싶어 전부 말씀드리는 거예요. 솔직히 말씀드려서, 그 사람의 상처가 돌이킬 수 없을 만큼 심각한 거라면 전 단 하루도 더 살 수 없을 거예요. 하지만, 아직 저는 용기가 있어요. 확실하게 결정을 내렸어요. 그이에 대한 사랑을 제 가슴에서 뿌리째 뽑아 버리기로요.

트리고린 어떻게 말입니까?

마샤 메드베덴코와 결혼할 거예요.

트리고린 그 초등학교 교사 말이오?

마샤 네.

트리고린 꼭 그래야 하는 건지 모르겠군요.

마샤 오랜 세월 아무런 희망도 없이 결코 오지 않을 무언가를 기다리는 기분을 당신이 아신다면……. 사랑 때문에 결혼하는 건 아니지만, 적어도 그게 어떤 변화를 가져오겠죠. 새로운 근심거리가 옛 상처를 지워줄 거예요. 한 잔 더 하실까요?

트리고린 벌써 많이 들었어요.

마샤 자, 여기요! (술잔에 따른다) 그런 표정으로 보지 마세요. 당신이 생각하는 것보다 여자들은 더 자주 마신답니다. 저처럼 드러내놓고 마시는 사람은 드물지만요. 그렇다니까요. 더구나 보드카 아니면 코냑이죠. (술잔을 들어 건배한다) 당신의 건강을 위하여! 당신처럼 마음이 잘 통하는 분과 헤어지는 게 서운하군요.

두 사람 모두 술을 마신다.

트리고린 나도 떠나고 싶지 않소.
마샤 그러면 부인께 더 머물자고 말씀해 보세요.
트리고린 더 이상 있으려고 하지 않을 겁니다. 자기 아들이 미친 듯이 날뛰고 있으니. 자살 시도를 하질 않나, 이제는 나한테 결투를 신청할 거라고들 하더군요. 왜 그러는지 모르겠습니다. 신경질을 내고 으르렁거리질 않나, 새로운 예술형식이 어떻다느니 일장연설을 늘어놓지를 않나. 예술에는 새로운 형식과 옛 형식이 조화롭게 공존할 만한 여지가 아예 없다는 듯이 말이죠.
마샤 질투심 때문일 거예요. 어찌됐든 제가 참견할 일은 아니지만요.

사이.

야코프가 여행 가방을 들고서 왼쪽에서 오른쪽으로 지나간다. 니나가 들어와서 창가에 멈춰 선다.

마샤 결혼하려는 그 선생은 뭐 그다지 똑똑하진 않지만, 선량한 사람이고 가난뱅이지만 저를 무척 사랑한답니다. 그 사람이 불쌍해요. 그 사람의 나이 드신 어머니도 불쌍하고요. 여하튼 안녕히 가세요. 나쁜 기억은 잊으시고요. (손을 꼭 잡는다) 여러 모로 친절을 베풀어 주셔서 정말 감사드립니다. 자필 서명이 든 당신의 책을 꼭 보내 주세요. '경애하는' 따위는 쓰지 마시고 이렇게만 써 주세요. '무엇 때문에 살고 있는지도 잊어버린 마샤에게.' 라고. 그럼, 안녕히 가세요! (나간다)
니나 (주먹을 쥔 한쪽 손을 트리고린 쪽으로 내밀면서) 짝수일까요, 홀수일까요?
트리고린 짝수.
니나 (한숨을 쉬고서) 틀렸어요. 제 손에 든 건 완두콩 한 알뿐이에요. 제가 배우가 될 수 있을지 없을지 점을 쳐 봤어요. 무엇을 어떻게 해야 할지 누가 조언이라도 해주면 좋으련만.
트리고린 그 문제는 누구도 도와 줄 수 없어요.

사이.

니나 이제 작별이군요……. 아마 다시는 만나지 못할 테죠. 기념으로 이 작은 메달을 받아 주셨으면 해요. 당신 이름의 머리글자를 새겨 넣으라고 했어요……. 이쪽에는 《낮과 밤》이라는 당신 책의 제목을 새겨 넣었어요.
트리고린 정말 우아하군요! (그는 메달에 키스한다) 참으로 고마운 선물입니다.
니나 가끔 저를 생각해 주세요.
트리고린 결코 잊지 못할 겁니다. 언제나 그 눈부시게 빛나던 날 만났던 당신을 떠올리게 될 거예요. 기억해요? 일주일쯤 전에 당신이 밝은 색 옷을 입고 왔던 그날…… 우린 이야기를 나누었죠……. 그때 벤치 위에 하얀 갈매기가 놓여 있었고요.
니나 (생각에 잠겨) 네, 갈매기가……. (사이) 더 이상 이야기할 수 없겠어요. 사람들이 이리로 오고 있으니……. 떠나시기 전에 2분만 제게 시간을 내주세요. 부탁이에요…….

니나가 왼쪽으로 퇴장한다. 그와 동시에 아르카디나, 훈장이 달린 연미복을 입은 소린, 그리고 짐 꾸리기에 여념이 없는 야코프가 오른쪽으로 들어온다.

아르카디나 오빤 집에 계세요. 류머티즘을 달고 살면서 어딜 가시겠다는 거예요? (트리고린에게) 누가 방금 나갔죠? 니나예요?
트리고린 그렇소.
아르카디나 미안해요, 우리가 방해한 건 아닌지 모르겠군요……. (앉는다) 짐은 다 꾸린 것 같네요. 완전히 기진맥진이에요.
트리고린 (메달에 적힌 것을 읽는다) 《낮과 밤》 121쪽. 11에서 12행.
야코프 (식탁을 치우면서) 낚싯대도 챙길까요?
트리고린 그래주게, 아직 필요하니까. 책은 자네 맘대로 처리하고.

야코프 알겠습니다.

트리고린 (혼잣말로) 121쪽, 11에서 12행. (아르카디나에게) 이 집에 내가 쓴 책이 있소?

아르카디나 오빠 서재에 있어요. 구석 책장에요.

트리고린 121쪽이라…… (나간다)

소린 너희들이 떠나면, 나 혼자 남아 있기가 괴로워서 그래.

아르카디나 시내에 나가면 뭘 하시려고요?

소린 뭐 특별한 일은 없지만, 그래도. (웃는다) 새 법원 건물 기공식도 곧 있을 테고, 뭐 그런 거지……. 그냥 한두 시간만이라도 이런 피라미 노니는 연못 같은 곳에서 벗어나고 싶은 게야. 이렇게 낡은 파이프처럼 처박혀 지내는 데 지쳤어. 1시까지 마차를 준비하라고 얘기해 두었으니 같이 떠나도록 하자꾸나.

아르카디나 (잠시 말이 없다가) 아니, 그냥 여기 있으세요. 외로워 마시고, 감기 걸리지 않도록 조심하시고요. 그 애를 지켜봐줘요. 그 앨 잘 돌봐 주셔야 해요. 올바른 길로 갈 수 있게요. (사이) 난 이제 떠나요. 코스챠가 왜 스스로 목숨을 끊으려고 했는지 그 이유는 영원히 알 수 없겠죠. 질투 때문이 아닐까 싶기는 하지만요. 되도록 빨리 트리고린을 떠나보내는 게 그 애를 위해서도 좋을 것 같아요.

소린 글쎄, 음, 무어라 설명해야 좋을지 모르겠구나. 그 애가 그런 행동을 했던 데는 질투 말고도 다른 이유가 있을 게야. 무리도 아니지, 젊고 똑똑한 아이가 이런 궁벽한 시골에서 돈도, 지위도, 미래도 없이 살고 있으니. 도대체 할 일이 있어야지. 그 애는 놀고먹는 것이 부끄럽고 두려운 게야. 난 그 아일 무척 사랑하고, 그 애도 나를 따르고는 있다만, 여전히 그 아인 자신을 이곳에 붙어사는 쓸모없는 식객쯤으로 여기는 것 같아. 무리도 아니지. 자존심이 강한 아이니까.

아르카디나 그 애 때문에 속상해 죽겠어요! (생각에 잠겼다가) 군대에 보내는 건 어떨까요…….

소린 (휘파람 소리를 낸다. 이어서 망설이는 투로) 내 생각엔 가장 좋은 방법은, 적은 돈이라도 그 애에게 좀 주는 게 어떨까 하는데. 우선 옷차림부터라도 사람다워야 할 게 아니냐. 그 애 꼴을 좀 봐! 3년 동안 줄곧 똑같은 작고 낡아빠진 외투만 입고 다닌다. 변변한 외투 한 벌 없다니까! (웃는다) 그리고 아직 젊으니 바깥세상 구경을 좀 시켜주는 것도 나쁘지 않겠지. 당분간 외국에라도 나가 있도록 하면 어떻겠니. 비용도 그리 많이 들지 않을 게다.

아르카디나 하지만…… 옷이라면 어떻게 해 보겠지만, 외국에 보낸다니……. 아니, 아니야, 지금으로선 옷을 해 줄 여유도 없어요. (단호하게) 돈이 없어요.

소린이 웃는다.

아르카디나 정말로 없다니까요!
소린 (휘파람을 분다) 그렇구나, 미안하다. 화 내지 말거라. 넌 고상하고 관대한 여자잖니.
아르카디나 (눈물을 글썽이며) 진짜로 돈이 없어요.
소린 돈이 있다면 당연히 그 애를 도울 텐데, 내겐 5코페이카짜리 동전 한 닢 남아있지 않구나. (웃는다) 내 연금은 농장 관리인이 농장이니 목축이니 양봉에다 모조리 다 써버렸거든. 꼴을 보니 영영 되찾기는 글렀다 싶구나. 꿀벌도 죽고, 암소도 죽고. 이제는 말 한필 내주지 않는구나.
아르카디나 그래요. 사실 어느 정도는 있어요. 하지만 저는 여배우예요. 의상 값만으로도 파산할 지경이라고요.
소린 넌 사랑스러운 내 동생이야……. 오빠는 널 정말 사랑한단다……. 그럼 그렇고말고…… 아니, 내가 왜 또 이러는 거지……. (조금 비틀거린다) 어지럽구나. (식탁을 붙잡는다) 기분이 좋지 않아.
아르카디나 (놀라서) 오빠! (그를 부축하려고 애쓰면서) 오빠! (소리친다) 누가 좀 도와 줘요! 도와 줘요!

머리에 붕대를 감은 트레플료프와 메드베덴코가 들어온다.

아르카디나 어지러우신가 봐!
소린 괜찮아, 괜찮대도……. (미소를 짓고 물을 마신다) 이젠 됐어…… 괜찮아…….

트레플료프 (어머니에게) 놀라지 마세요, 어머니. 위험한 건 아니에요. 요새 삼촌은 자주 이러세요. (삼촌에게) 좀 눕도록 하세요.

소린 그래, 그래야겠다…… 그래도 모스크바엔 갈 거야……. 어쨌든 떠나기 전에 잠깐 누워있어야겠구나……. (지팡이에 의지하여 걸어간다)

메드베덴코 (그에게 자신의 팔을 내어주며) 수수께끼를 낼게요. 아침에는 네 발, 낮에는 두 발, 저녁에는 세 발로 걷는 건 뭘까요?

소린 (웃는다) 꼭 맞는 말이네. 밤에는 드러눕겠지. 고맙네. 나 혼자 걸을 수 있어…….

메드베덴코 저한테까지 체면 차리실 것 없어요.

그와 소린이 나간다.

아르카디나 정말 큰일이라도 나는 줄 알았구나.

트레플료프 삼촌은 시골 생활과는 안 맞아요. 어머니, 큰맘 먹고 삼촌한테 1천 루블쯤만 빌려드리세요. 그러면 1년쯤은 도시에서 사실 수 있을 거예요.

아르카디나 내게 무슨 돈이 있겠니. 나는 배우지 은행가가 아니란다.

사이.

트레플료프 어머니, 제 머리의 붕대를 좀 갈아 주시겠어요. 잘하시잖아요.

아르카디나 (약장에서 붕대가 든 상자와 요오드를 꺼낸다) 의사 선생님이 늦는구나.

트레플료프 9시에 오겠다고 하셨는데, 벌써 정오예요.

아르카디나 앉아라. (그의 머리에 감긴 붕대를 푼다) 꼭 터번을 쓴 것 같구나. 어제 부엌에 있던 손님이 네가 어느 나라 사람인지 묻더라. 상처가 거의 아물었어. 조금만 더 치료하면 되겠구나. (그의 머리에 키스한다) 내가 떠난 다음에 또 그런 짓을 하는 건 아니겠지?

트레플료프 걱정 마세요, 어머니. 그땐 절망감으로 미칠 것 같아서 도저히 나 자신을 통제할 수가 없었어요. 다시는 그런 일 없을 거예요. (그녀의 손에 키스한다) 어머니 손은 정말 부드러워요. 아직도 기억나요, 아주 오래 전에, 어머니가 국립극장에서 일하실 때였는데, 저는 그때 꼬마였어요. 하루는 우리 집 마당에서 싸움이 났는데, 세 들어 살던 세탁부가 거의 죽을 만큼 얻어맞았지요. 사람들이 기절한 그 여자를 옮겨 눕혔고, 그때 어머니가 그 여자를 돌보시면서 약도 가져다주시고, 그 여자 아이들을 씻겨 주기도 하셨죠. 생각 안 나세요?

아르카디나 글쎄, 잘 모르겠구나. (새로운 붕대를 감는다)

트레플료프 발레리나 두 명이 우리와 같은 집에 살았는데……. 자주 어머니한테 커피를 마시러 오곤 했잖아요…….

아르카디나 그건 생각난다.

트레플료프 그 사람들은 아주 믿음이 깊은 사람이었죠.

사이.

트레플료프 요 며칠 동안은 꼭 어린 시절로 돌아간 기분이에요. 마냥 어머니가 좋고 어머니께 믿음이 가요. 지금 저한테는 어머니 말고는 아무도 없어요. 그런데 왜, 어째서 어머닌 그 사람을 더 원하시는 거죠?

아르카디나 넌 그분을 모른다, 코스챠. 그분은 고결한 인격자야.

트레플료프 그래요 그 고결한 인격자라는 분께서 제가 결투를 신청할 거라는 말을 전해 듣고는 꽁무니를 빼셨죠.

아르카디나 말도 안 되는 소릴 하는구나! 내가 떠나달라고 부탁했다.

트레플료프 고결한 인격자라니! 우리는 자기 때문에 싸움이 벌어질 판인데, 그 사람은 지금쯤 정원에서 우릴 놀리고 있을 걸요…… 아니면 니나를 구슬려서 자기가 천재라는 사실을 그녀의 가슴에다 심어 주려고 애쓰고 있거나요.

아르카디나 너는 내게 불쾌한 말을 하는 게 즐거운가 보구나. 나는 그분을 존경해. 그러니 내 앞에서는 제발 그분에 대해서 악담은 삼가다오.

트레플료프 저는 존경하지 않아요. 어머니는 제가 그 사람을 천재라고 생각하기를 바라시지만, 미안해요, 거짓말은 못하겠어요. 저는 그 사람 작품을 읽으면 기분이 나빠져요.

아르카디나 그건 질투야. 재능 없이 불평만 하는 사람들은 진짜 재능 있는 사람을 비난하는 것 말고는 할 수 있는 게 없거든. 그렇고말고, 그게 위안거리지!

트레플료프 (비꼬는 투로) 진짜 재능 있는 사람이라고요! (화를 내며) 어머니가 어울려 다니시는 그 어떤 예술가들보다 제가 더 똑똑할 걸요! (머리에서 붕대를 뜯어낸다) 관습의 노예인 주제에, 예술계 윗자리를 차지하고 앉아 자신들이 만든 것만이 유일하게 올바른 것이라고 주장하죠. 그 밖의 다른 모든 것은 잘못됐고 틀렸다고 무시하면서요. 난 그런 예술관은 받아들일 수 없어요, 어머니나 그 사람의 관점을 인정할 수 없다고요!

아르카디나 퇴폐주의자가 다됐구나!

트레플료프 그럼 돌아가세요. 어머니가 사랑하시는 극장으로 돌아가서 그 비참하기 짝이 없는 구닥다리 연극이나 실컷 하시라고요!

아르카디나 내가 연기한 작품 중에 그런 건 없다. 너야말로 그 알량한 익살극 대본 하나 제대로 써내지 못하면서 무슨 소릴 하는 게냐. 이 게으른 밥버러지 같으니!

트레플료프 수전노!

아르카디나 부랑자!

트레플료프가 앉아서 나직하게 흐느끼기 시작한다.

아르카디나 (극도로 흥분하여 서성이면서) 울지 마! 울지 말라니까! (운다) 제발 울지 마라……. (아들의 이마와 두 뺨과 머리에 키스한다) 사랑하는 내 아들아, 용서하렴……. 죄 많은 어미를 용서해라. 이 불행한 나를 용서하렴.

트레플료프 (그녀를 끌어안는다) 어머니가 제 심정을 아신다면! 전 모든 걸 잃고 말았어요. 그녀도 저를 사랑하지 않아요. 이제 아무것도 쓸 수도 없어요……. 모든 희망이 사라져버렸어요…….

아르카디나 낙심하지 마라……. 시간이 지나면 다 잊힐 거야. 그 사람도 오늘 여길 떠나니까, 니나도 다시 널 사랑하게 될 게야. (아들의 눈물을 닦아준다) 그렇고말고. 우리 이제 화해한 거지?

트레플료프 (어머니의 손에 키스한다) 네, 어머니.

아르카디나 (부드럽게) 그분과도 화해하려무나. 결투는 없었던 일로 해. 그럴 거지?

트레플료프 좋아요……. 다만 그 사람과 다시는 마주치지 않게 해주세요. 함께 있는 걸 견딜 수 없을 거예요.

트리고린이 들어온다.

트레플료프 저기 오는군요……. 전 가겠어요……. (재빨리 약을 약장에 넣는다) 붕대는 의사 선생님에게 감아달라고 하겠어요…….

트리고린 (책장을 넘긴다) 121쪽…… 11에서 12행…… 아, 여기로군……. (읽는다) "내 생명이 필요하거든 언제든지 와서 가져가세요."

트레플료프가 마룻바닥에 떨어진 붕대를 치우고 나간다.

아르카디나 (시계를 보고 나서) 이제 곧 마차 준비가 될 거예요.

트리고린 (혼잣말로) 내 생명이 필요하거든 언제든지 와서 가져가세요.

아르카디나 당신도 짐을 다 챙기셨겠죠?

트리고린 (귀찮다는 듯) 그럼, 그럼……. (깊은 생각에 잠겨서) 순수한 영혼의 이런 외침이 어째서 내겐 가슴을 파고드는 슬픔의 음률로 들려오는가? "내 생명이 필요하거든 언제든지 와서 가져가세요." (아르카디나에게) 하루만 더 머뭅시다!

아르카디나가 머리를 흔든다.

트리고린 하루만 더!

아르카디나 당신이 이곳에 왜 머물려고 하는지 알아요. 하지만 자제할 줄 아셔야 해요. 정신 차리세요. 당신은 지금 감정에 취해 있어요.

트리고린 당신도 취기에서 깨어나도록 해요. 참된 친구로서, 이 상황을 바라봐줘요……. (그녀의 손을 잡는다) 당신은 자신을 희생할 만한 아량이 있잖소. 내 친구로 남아줘요, 그리고 이제 그만 나를 놓아줘요.

아르카디나 (크게 동요하면서) 그 정도로 마음이 끌리셨나요?

트리고린 나도 어쩔 수가 없소. 그녀야말로 내가 정말로 필요로 하는 존재인지도 몰라.

아르카디나 시골 계집애의 사랑이? 아, 당신은 어쩌면 그렇게 자기 자신을 모르는 거예요!

트리고린 때때로 사람은 걸으면서도 잠을 잘 때가 있지. 지금 당신과 이야기하고 있지만 마치 잠에 빠져 그녀를 꿈꾸고 있는 것 같아……. 너무나 달콤하고 경이로운 환영이 내 마음을 뒤흔들어 놓았어. 그만 나를 놓아줘요!

아르카디나 (몸을 떨면서) 아니! 안 돼요! 난 그저 평범한 여자예요. 내게 그런 말을 하면 안 돼요. 그런 식으로 날 괴롭히지 말아요. 보리스, 날 겁주지 말아요.

트리고린 마음만 먹으면, 당신도 특별한 여자가 될 수 있어. 오직 사랑만이 세상에 행복을 가져다줄 수 있어. 세상의 슬픔을 지우는, 젊고 매혹적이고 시적인 사랑 말이야. 그런 사랑을 난 경험해보지 못했지……. 젊어서는 문단을 들락거리며 가난과 싸우느라 그럴 시간이 없었어……. 지금 바로 그런 사랑이 나를 찾아와서 손짓하고 있소…… 어째서 그걸 피해야 한단 말이오?

아르카디나 (분노하면서) 미쳤군요!

트리고린 날 놓아줘.

아르카디나 모두가 나를 괴롭히기로 작정했군요! (운다)

트리고린 (머리를 움켜지며 절망적으로) 이해하지 못하는군! 이해하려고도 하지 않아!

아르카디나 내가 그렇게도 늙고 보기 싫어졌나요? 내 앞에서 아무 거리낌 없이 다른 여자 이야기를 할 만큼 말이에요……. (그를 끌어안고 키스한다) 당신은 제정신이 아니에요. 소중한 나의 보리스! 당신은 내 인생의 마지막 장이에요! (무릎을 꿇는다) 나의 기쁨, 나의 자랑, 나의 빛……. (그의 무릎을 끌어안는다) 만일 당신이 단 한 시간만이라도 나를 버린다면, 난 도저히 살아갈 수 없을 거예요. 미쳐 버릴 거예요. 오, 나의 경이, 나의 왕…….

트리고린 사람들이 들어올지도 몰라. (그녀가 일어나도록 도와준다)

아르카디나 들어오라고 하세요. 난 당신을 향한 내 사랑이 부끄럽지 않아요. (그의 손에 키스한다) 나의 소중한 보리스, 왜 그런 어처구니없는 생각을 해요. 당신은 미치광이 같은 짓을 하고 싶겠지만, 난 그런 거 싫어요. 놓아 줄 수 없어요……. (웃는다) 당신은 내 거야, 내 거라고요……. 이 이마도 내 거고, 눈도 내 거고, 이 비단결 같은 머리털도 내 거에요……. 당신의 모든 게 내 거에요. 당신은 재능 있고, 현명하며, 현대 작가들 가운데 가장 훌륭한 분이에요. 당신은 러시아의 유일한 희망이에요……. 당신의 작품은 진실하고, 단순하고, 신선한 느낌과 건강한 유머가 있어요……. 당신은 단 한 줄로 사람이나 풍경의 특징을 그려낼 수 있어요. 또 당신이 묘사한 사람들은 살아 있는 것 같아요. 오, 정말이지 경탄하지 않고서는 당신 작품을 읽을 수가 없어요! 내가 아첨하는 줄 아세요? 내가 당신 비위를 맞추려고 이러는 줄 아세요? 자, 내 눈을 보세요…… 보라니까요…… 내가 거짓말쟁이로 보이나요? 자, 아시겠죠? 오직 나만이 당신을 진정으로 아끼고, 오직 나만이 당신한테 진실을 말할 수 있어요. 오, 내 사랑, 나와 함께 갈 거죠? 네? 나를 버리지 않겠죠?

트리고린 내겐 의지라는 게 없어……. 여태까지 내 의지대로 행동한 적이 한 번도 없었지……. 무기력하고, 허약하고, 언제나 고분고분했지. 이런 나를 그녀가 사랑할 수 있을까? 날 데려가요. 당신과 함께 가겠어. 내 곁에서 한 걸음도 떨어지면 안 돼…….

아르카디나 (혼잣말로) 이제 이 사람은 내 거야. (거리낌 없이, 마치 아무 일도 없던 것처럼) 정말 원한다면 이곳에 남아 있어도 좋아요. 나 혼자 떠날 테니, 당신은 일주일 뒤에 오세요. 네, 진심이에요, 당신은 서둘러 떠날 이유가 없잖아요?

트리고린 아니, 함께 떠납시다.

아르카디나 좋으실 대로 하세요. 그럼 함께 떠나기로 하죠. (사이. 트리고린이 수첩에 무언가를 써 넣는다) 무엇을 쓰는 거예요?

트리고린 아침에 멋진 표현을 들었거든. "처녀 소나무의 숲……" 써먹을 때가 있을 거야. (하품을 한다) 그럼, 이제 정말 떠나는 거요? 또 다시 철도마차, 정거장, 식당, 커틀릿, 그리고 끝도 없이 이어지는 논쟁이 기다리고 있겠군.

샤므라예프 (들어온다) 섭섭한 마음을 담아, 마차 준비가 됐음을 알려드립니다. 존경하는 부인, 정거장으로 떠날 시간입니다. 열차는 2시 5분에 도착합니다. 그리고 이리나 니콜라예브나, 제발 부탁드리오니 수즈달체프란 배우가 지금 어디 있는지 꼭 좀 알아봐주십시오. 살아 있는지, 건강한지 어떤지요. 옛날에는 함께 어울려서 몇 차례 술을 마셨습니다만……. "도난당한 편지"에서 그 친구 연기는 최고였지요……. 그때 같은 극단에서 활동했던 이즈마일로프라는 비극 배우도 꽤 잘했어요…… 서두르실 건 없습니다, 존경하는 부인, 아직 5분의 여유가 있으니까요. 한 번은 두 배우가 어떤 멜로드라마에서 음모자 배역으로 같이 출연한 적이 있었는데, 그들이 일망타진 당하는 대목에서 글쎄 이즈마일로프가 "우린 함정에 빠졌다"라고 말하는 대신 "우린 항아리에 빠졌다"라고 했지 뭡니까……. (큰 소리로 웃는다) 항아리라니!…….

샤므라예프가 말하는 동안, 야코프는 여행 가방 주변에서 바삐 움직이고, 하녀는 아르카디나에게 모자와 외투, 양산과 장갑을 가져다준다. 오른쪽 문틈으로 초초하게 방 안을 들여다보던 요리사가 잠시 뒤 쭈뼛거리며 들어온다. 폴리나, 이어서 메드베덴코가 들어온다.

폴리나 (아르카디나에게 작은 바구니를 내밀면서) 여행 중에 드시라고 자두를 좀 담았어요. 무척 달아요. 여행길에 먹을 것이 아쉬울 때가 있을 거예요…….

아르카디나 정말 친절하군요, 폴리나 안드레예브나.

폴리나 안녕히 가세요, 마님. 혹 잘못된 점이 있었더라도 용서해 주세요. (운다)

아르카디나 (그녀를 포옹한다) 모든 게 좋았어요, 정말로요. 울지 말아요.

소린 (어깨 망토가 달린 외투를 입고, 모자를 쓰고, 지팡이를 들고 왼쪽 문에서 나온다. 방을 가로질러 오면서) 얘야, 시간이 다 됐다. 기차 시간에 늦겠어. 먼저 마차에 가 있으마. (나간다)

메드베덴코 저도 서둘러 걸어서 정거장에 가 있겠습니다. 제가 배웅해드려야지요. (나간다)

아르카디나 잘들 있어요, 여러분……. 내년 여름까지 살아 있다면, 다시 만나러 올게요.

하녀, 야코프 그리고 요리사가 그녀의 손에 키스한다.

아르카디나 날 잊지 말아요. (요리사에게 1루블을 준다) 여러분 세 사람 몫이에요.
요리사 정말로 감사드립니다, 마님. 여행 중 무사하시길 빕니다! 마님 덕에 즐거웠습니다!
야코프 하느님 은총으로 행복하시길 빕니다!
샤므라예프 짧은 편지라도 주시면 기쁠 겁니다! 안녕히 가세요, 트리고린 씨!
아르카디나 코스챠는 어디 있죠? 내가 떠난다고 말해 주세요. 작별 인사를 해야겠어요. (야코프에게) 요리사에게 1루블을 주었어요, 세 사람 몫으로요.

모든 사람들이 오른쪽으로 나간다. 무대가 텅 빈다. 무대 뒤에서 작별 인사를 나누는 소리가 들린다. 두고 간 자두 바구니를 가지러 하녀가 급히 되돌아왔다가 다시 나간다. 트리고린이 무대에 등장한다.

트리고린 지팡이를 놓고 왔군. 저쪽 테라스에 있을 거야. (오른쪽 문 앞에서 마침 들어온 니나와 마주친다) 아, 당신이었군요? 우린 떠납니다…….
니나 다시 만날 거라고 생각했어요. (흥분해서) 트리고린 씨, 확실히 결정했어요. 주사위는 던져졌어요. 무대로 진출하겠어요. 아버지 곁을 떠나서 모든 걸 버리고 새로운 인생을 시작할 거예요……. 저는 떠날 거예요. 선생님처럼 여길 떠나…… 모스크바로 갈 거예요. 그곳에서 선생님을 다시 뵐 수 있을 거예요.
트리고린 (주위를 돌아보며) 모스크바에 가거든, '슬라반스키 바자르 호텔'[2]에서 머물도록 하세요……. 나는…… 몰차노프카 거리, 그로홀스키 하우스에 있을 겁니다……. 이제 가봐야겠소.

---

2) 모스크바의 유명한 호텔.

사이.

니나 제발, 1분만 더요.

트리고린 (낮은 목소리로) 당신은 정말 아름다워요……. 당신을 곧 다시 볼 거라고 생각하니 기쁘기 그지없군요.

니나가 그의 가슴에 기댄다.

트리고린 아, 이 매혹적인 눈, 말할 수 없이 아름답고 부드러운 미소……. 이 온순한 얼굴과 천사 같은 순수한 표정을 다시 볼 수 있다니…… 소중한 나의 니나…….

길게 이어지는 키스.

―막―

3막과 4막 사이에는 2년의 시간이 흐른다.

4막

트레플료프의 집필실로 꾸민 소린 저택의 응접실. 왼쪽 오른쪽으로 각각 내실로 통하는 문이 있고, 중앙에는 테라스로 난 유리문이 열린 채 있다. 평범한 응접실 가구 이외에 오른쪽 구석에는 집필용 책상이 있고, 왼쪽 문 옆에는 터키식 소파와 책이 가득 꽂힌 책장이 서 있다. 창문과 의자 주변에 책무더기가 어지러이 쌓여 있다. 저녁. 테이블 위의 갓 씌운 램프 불빛이 방 안을 희미하게 비추고 있다. 거센 바람이 나무 꼭대기를 흔들고 굴뚝 아래로 휘몰아치며 윙윙 소리를 낸다. 야경꾼이 딱따기를 두드린다. 메드베덴코와 마샤가 들어온다.

마샤 (부른다) 트레플료프 씨! 트레플료프 씨! (주위를 둘러보면서) 아무도 없네. "코스챠는 어디 있니, 코스챠는 어디 있어" 하고 영감님이 1분이 멀다 하고 자꾸 물어보시니……. 그 사람 없으면 잠시도 못 버티실 거야…….

메드베덴코 혼자 있는 게 두려우신 거야. (귀를 기울이면서) 정말이지 무시무시한 날씨야! 벌써 이틀째라고.

마샤 (램프의 심지를 올리면서) 호수에 파도가 일어요, 엄청난 파도가.

메드베덴코 정원이 캄캄하군. 정원에 있는 저 낡은 무대는 좀 치워버려야 해. 앙상하게 뼈대만 남은 해골 같아. 장막이 바람에 나부끼는 소리도 기분 나쁘고. 어젯밤에 그 옆을 지나는데 거기서 누군가 울고 있는 것 같더라고.

마샤 아니, 또 그런 소리를…….

사이.

메드베덴코 마샤, 집으로 돌아갑시다!

마샤 (설레설레 고개를 젓는다) 난 여기서 자겠어요.

메드베덴코　(간청하듯) 마샤, 집으로 돌아갑시다! 아기가 배고플 거야.
마샤　걱정 말아요. 마트료나가 먹여 줄 거예요.

　사이.

메드베덴코　불쌍도 하지. 벌써 사흘 밤이나 엄마 품에 안기질 못하니.
마샤　당신은 갈수록 따분한 사람이 돼 가는군요. 예전에는 그래도 철학적인 얘기라도 하더니, 요즘엔 그저 아기, 집, 아기, 집만 되풀이할 뿐이잖아요.
메드베덴코　돌아갑시다, 마샤.
마샤　가고 싶으면 혼자 가요.
메드베덴코　당신 아버지가 내겐 말을 내주지도 않으실 거야.
마샤　주실 거예요. 부탁하면 주실 거예요.
메드베덴코　좋아, 부탁해 볼게. 그러니까, 당신은 내일 오겠다는 거야?
마샤　그래요, 내일 갈게요. (코담배를 맡는다)

　트레플료프와 폴리나가 들어온다. 트레플료프는 베개와 담요, 폴리나는 침대 시트를 가져와서 터키식 소파에 내려놓는다. 트레플료프가 자신의 책상으로 가서 앉는다.

마샤　이건 왜요, 어머니?
폴리나　소린 씨가 코스챠 옆에 자리를 펴 달라고 하셨거든.
마샤　줘요, 내가 할게요. (이부자리를 편다)
폴리나　(한숨을 쉬고서) 나이가 들면 어린애가 되는 거야……. (책상으로 다가간다. 그리고 팔꿈치를 괸 채 책상 위 원고를 들여다본다)

　사이.

메드베덴코　그럼, 나는 가겠소, 안녕, 마샤. (아내의 손에 키스한다) 안녕히 주무세요, 장모님. (장모의 손에 키스하려고 한다)
폴리나　(뿌루퉁하게) 됐어! 잘 가게.

트레플료프가 말없이 그와 악수한다. 메드베덴코가 나간다.

폴리나 (원고를 보면서) 콘스탄틴, 네가 정말 작가가 될 거라고는 누구도 생각하지 못했지. 그런데 고맙게도 잡지사에서 이렇게 원고료를 부쳐오다니. (한 손으로 그의 머리를 쓰다듬는다) 더구나 이렇게 잘생긴 청년이 될 줄이야. 사랑스런 코스챠, 나의 마샤에게 좀 더 친절하게 대해주렴.
마샤 (자리를 펴면서) 그를 방해하지 마세요, 어머니.
폴리나 (트레플료프에게) 마샤는 착한 아이야. (사이) 여자가 남자에게 바라는 건 오직 하나, 다정하게 대해주는 것, 그것뿐이지. 내가 잘 알아.

트레플료프, 탁자에서 일어나 말없이 나가 버린다.

마샤 결국 화나게 만드셨군요. 제발 그 사람 귀찮게 하지 말라고 몇 번을 말씀드렸어요!
폴리나 네가 불쌍해서 그래, 마센카.
마샤 그렇기도 하겠죠!
폴리나 너 때문에 내 마음이 찢어질 듯 아파. 다 보고, 다 알고 있어.
마샤 있지도 않은 일을 보고 알고 있다는 얘기네요. 희망 없는 사랑이라니, 소설 속에나 있는 이야기지요. 다 부질없는 일이에요. 마음의 고삐를 바짝 쥐고, 머리를 맑게 유지해야 해요. 사랑의 감정이 일어난다 싶으면, 당장에 말끔히 뽑아버려야 해요. 남편이 다른 지역 학교로 전근 발령을 받았으니까, 그리로 가게 되면 모든 걸 잊을 수 있을 거예요. 가슴에 남은 모든 감정을 뿌리째 뽑아버리고 말 거예요.

멀리서 우울한 왈츠의 선율이 들려온다.

폴리나 코스챠가 연주하는구나. 마음이 울적한 거야.
마샤 (왈츠에 맞춰 소리 나지 않게 두세 번 스텝을 밟는다) 어머니, 정말 다행인 건요, 앞으로는 그를 못 볼 거라는 거예요. 남편의 전임지로 가게 되면 한두 달 안에 모두 잊어버릴 수 있어요. 그러니까 아무 걱정하지 않아도 돼요.

왼쪽 문이 열리고 도른과 메드베덴코가 소린이 탄 휠체어를 밀고 온다.

메드베덴코 우리 가족은 모두 여섯이에요. 그런데 밀가루는 1푸드에 70코페이카나 한다니까요.
도른 또 앓는 소리군.
메드베덴코 당신은 웃을 수 있으니 다행이군요. 댁이야 돈이 남아돌 테니까요.
도른 돈 말이오? 이보시오, 난 개업한 지 30년 되지만 밤낮이고 가리지 않고 치료한 대가로 고작 2천 루블을 저축했을 뿐이오. 그것도 얼마 전에 외국 여행에서 모조리 써버렸소. 아무것도 남은 게 없다 그 말이오.
마샤 (남편에게) 아직 가지 않았어요?
메드베덴코 (미안한 얼굴로) 어떻게 가겠어, 말을 내주지 않는데.
마샤 (치밀어 오르는 울화를 누르며 나직한 목소리로) 차라리 저 꼴을 보지 않았으면 좋으련만!

휠체어가 방의 왼쪽 가운데서 멈춘다. 폴리나, 마샤 그리고 도른이 그 옆에 앉는다. 서글픈 표정의 메드베덴코가 한쪽으로 물러난다.

도른 여기도 무척 변했군요! 응접실을 서재로 만들다니.
마샤 트레플료프 씨가 여기서 일하는 게 더 좋대요, 마음이 내키면 언제든 정원으로 나가서 사색할 수가 있으니까요.

야경꾼이 딱따기를 두드린다.

소린 내 여동생은 어디 있소?
도른 트리고린을 맞이하러 정거장에 갔습니다. 곧 돌아올 겁니다.
소린 의사 양반이 동생을 이곳으로 불러오라고 한 걸 보면 내 병이 어지간히

위중한 모양이오. (잠시 침묵한 다음) 정말 멋지구먼. 내 병이 이렇게 위중한데도 아무 약도 주지 않으니 말이야.

도른   도대체 무슨 처방을 바라세요? 카밀레차요? 소다요? 키니네요?

소린   저런, 또 일장연설이 시작되는군. (머리로 소파를 가리킨다) 내가 누울 자리를 편 거요?

폴리나   그렇습니다, 소린 씨.

소린   고맙소.

도른   (노래한다) "밤하늘을 달이 헤엄치네……."

소린   코스쨔에게 줄 이야깃거리가 하나 있어. 제목은 '욕망의 사나이' 즉 'L' homme, qui a voulu(롬므 끼아 브뤼)' 정도가 좋겠군. 젊었을 때 나는 작가가 되고 싶었지만 그러지 못했소. 웅변가가 되고 싶었지만, 보다시피 내 말솜씨는 형편없지. (스스로 흥분해서) 매사가 그 모양이었어. 뭘 원하든 되는 게 없었지. 가끔 그런 생각이 들 때면 온몸에 식은땀이 흐른다오. 결혼하려고 했으나 그것도 뜻대로 되지 않았고, 도시에 살기를 바랐지만 이렇게 시골에서 생을 마감하려 하고 있으니. 결국 또 이렇게 된 거지.

도른   4등관이 되려고 하셨는데, 되셨잖아요.

소린   (웃는다) 그건 그다지 바란 게 아니었는데, 어쩌다 보니 그렇게 된 거요.

도른   62년을 살아오신 분이 인생에 트집이나 잡으시다니요.

소린   말귀를 못 알아듣는군. 그러니까 나는 더 살고 싶다는 말이오!

도른   헛된 생각입니다. 자연법칙에 따라 무엇이든 생명 있는 것은 끝이 있게 마련이니까요.

소린   선생은 인생을 달관한 사람처럼 말하는구먼. 배가 부르니까 도통 인생에 바라는 게 없는 거야. 그러니 태평할 수 있는 게지. 그렇지만 선생도 죽음만은 두려울 거요.

도른   죽음의 공포는 극복해야 할 동물적인 감정입니다. 논리적으로 말하자면, 내세의 삶을 믿고 또 지은 죄가 있는 사람만이 죽음을 두려워할 수 있는 거예요. 그런데 당신은 우선 믿음이 없고, 둘째로 지은 죄도 없잖습니까? 25년 동안 법무부에서 일한 게 전부잖아요.

소린   (웃으며) 28년이지!

트레플료프가 들어와서 소린의 발치에 놓인 의자에 앉는다. 마샤는 한시도 그에게서 눈을 떼지 않는다.

도른 우리가 트레플료프가 일하는 걸 방해하고 있군요.
트레플료프 아니, 괜찮습니다.

사이.

메드베덴코 의사 선생, 한마디 물어봐도 되겠소? 외국의 어느 도시가 가장 마음에 들었소?
도른 제노바요.
트레플료프 어째서요?
도른 거리를 걷는 군중이 아주 볼 만하거든. 저녁에 호텔에서 나오면 거리 전체가 인파로 넘쳐나지. 군중 속에서 아무런 목적도 없이 이리저리로 굽이진 길을 따라 흘러가다 보면, 그녀들의 인생이 곧 나의 인생인 것만 같고, 그녀들의 영혼이 내 안으로 밀려들어 오는 듯한 느낌을 받게 돼. 예전에, 니나 양이 자네 희곡 작품에서 연기했던 그 위대한 우주의 영혼이란 것이 실제로 있는 게 아닐까하는 생각이 든다니까. 그건 그렇고, 니나는 요즘 어디 있나? 잘 지내나?
트레플료프 잘 있겠지요.
도른 들리는 말로는 조금 색다르게 살고 있다던데. 무슨 일이지?
트레플료프 얘기가 좀 길어요.
도른 간략하게 줄여서 말해보게.

사이.

트레플료프 그녀는 집을 뛰쳐나와 트리고린과 함께 살게 되었죠. 그건 아시죠?
도른 그래.

트레플료프 두 사람 사이에 아이가 하나 있었는데, 죽었어요. 머지않아 트리고린은 그녀가 싫증이 났고, 그래서 예전의 연인에게로 돌아갔죠. 충분히 예견됐던 일이지만요. 그는 예전의 관계를 결코 포기할 수 없었어요. 의지가 약한 인간인지라 이쪽저쪽 사이에서 갈팡질팡했던 거지요. 이런저런 들은 내용으로 판단해봤을 때, 니나의 개인생활은 결코 성공적이라 할 수 없는 것 같아요.

도른 배우로서는?

트레플료프 그쪽은 상황이 더 안 좋은 것 같아요. 니나는 모스크바의 여름극장 무대로 데뷔했고, 이어서 지방 공연을 다녔죠. 그때 저는 그녀의 행방을 놓치지 않으려고 그녀가 가는 곳이면 어디든 따라갔어요. 니나는 줄곧 비중 있고 연기가 쉽지 않은 배역을 맡았지만, 연기가 거칠고 현실감이 부족했어요. 동작도 어색하고 부자연스러웠지요. 가끔 제법 그럴듯하게 비명을 지르거나 멋있게 죽는 연기를 해 보였지만, 그건 어쩌다 한 번에 지나지 않았어요.

도른 그녀에게 실제로 연기에 대한 재능이 있다고 보나?

트레플료프 잘 모르겠어요. 아니, 아마 있을 거라고 믿어요. 저는 그녀를 보았지만, 그쪽에서는 저를 만나길 거부했어요. 그녀의 하녀가 저를 방으로 들여보내지 않았지요. 니나가 어떤 심정인지 아니까 저도 그 이상은 고집 피우지 않았어요.

사이.

트레플료프 자, 더 무슨 말을 해야 좋을까요? 제가 집으로 돌아와 있을 때였지만, 가끔 그녀가 보낸 편지를 받았죠. 다정다감하고, 재치가 넘치는 편지였어요. 그녀는 한 번도 자신의 처지를 불평한 적이 없었어요. 하지만 전 그녀가 몹시 불행하다는 걸 느낄 수 있었어요. 모든 문장에서 아픔과 팽팽하게 긴장된 감정이 느껴졌으니까요. 한 가지 이상한 환상을 갖고 있더군요. 그녀는 늘 서명으로 '갈매기'라고 썼어요. 《물의 요정》[3]에서 물방앗간 주인이 자

---

3) 푸슈킨의 담시(발라드).

기를 '까마귀'라고 부르던 것처럼, 늘 자기가 갈매기라고 했지요. 지금 그녀는 이곳 근처에 머물고 있어요.

도른 아니, 지금 '이곳'이라고 했나?

트레플료프 네, 시내 여인숙에 묵고 있어요. 벌써 닷새째지요. 직접 가서 보고 싶었지만, 대신 마샤를 보냈더니 아무도 만나주지 않는다는군요. 누군가 얘기로는, 어제 저녁에 여기서 1마일쯤 떨어진 들판을 배회하는 그녀를 보았다더군요.

메드베덴코 네, 제가 만났어요. 시내 쪽으로 걸어가고 있더군요. 저는 인사를 하고, 왜 우리를 찾아오지 않느냐고 물었지요. 그랬더니 한번 찾아가겠다고 말하더군요.

트레플료프 오지 않을 겁니다. (사이) 그녀의 부모는 딸과 연을 끊었어요. 심지어 그녀가 집 근처에 오지 못하게 하려고, 곳곳에 감시인들까지 풀어 놨으니까요. (의사와 함께 책상 쪽으로 간다) 책 속의 철학자가 되기는 쉽지만, 실제 인생에서 철학자가 되는 건 너무도 어렵더군요, 의사 선생님!

소린 참으로 아름다운 아가씨였는데. 4등 문관인 이 소린조차도 한때 그 아가씨에게 반했으니까.

도른 늙은 호색한이로군요.

샤므라예프의 웃음소리가 들린다.

폴리나 정거장에서 이제 돌아왔나 봐요.

트레플료프 네, 어머니 목소리가 들리는군요.

아르카디나와 트리고린이 들어온다. 샤므라예프가 그 뒤를 따른다.

샤므라예프 (들어오면서) 다들 나이를 먹고 시들어 가는데, 존경하는 마님께서 만은 여전히 드레스도 화려하시고, 젊음을 잃지 않고 생기가 넘치십니다.

아르카디나 입방정은 여전하시군요, 짓궂은 영감.

트리고린 (소린에게) 안녕하십니까, 소린 씨! 아니, 아직도 아프신 겁니까? 저런,

4막 65

저런! (마샤를 보고는 기쁜 표정으로) 잘 지냈어요, 마샤!

마샤   절 알아보시겠어요? (그와 악수를 나눈다)

트리고린   결혼했나요?

마샤   네, 오래됐어요.

트리고린   그래 요즘은 행복하시오? (도른과 메드베덴코와 인사를 나눈다. 그러고는 머뭇거리는 걸음으로 트레플료프에게 다가간다) 자네 어머니 말씀으로는, 이미 옛일은 잊었고, 나에 대한 화도 풀렸다고 들었네.

트레플료프가 그에게 손을 내민다.

아르카디나   (아들에게) 그이가 너의 신작 단편이 실린 잡지를 가져 오셨단다.

트레플료프   (책을 받으면서 트리고린에게) 감사합니다. 정말 친절하시군요.

트리고린   자네의 열렬한 추종자들이 안부를 전해 달라더군……. 페테르부르크에서도 모스크바에서도 다들 자네에게 관심이 많아. 그래서 내게 그가 어떤 사람이냐, 나이는 몇 살이냐, 갈색머리냐 금발이냐 꼬치꼬치 캐묻기 일쑤라네. 이유는 모르겠지만, 사람들은 자네가 젊지는 않을 거라고 생각하더군. 하지만 자네가 누구인지 아는 사람은 아무도 없지. 늘 필명을 써왔으니 말이야. 자네는 '철가면'처럼 비밀에 싸인 존재야.

트레플료프   오래 머무실 예정인가요?

트리고린   아닐세, 내일 모스크바로 돌아가야 해. 서둘러 마무리해야 할 작품이 하나 있고, 또 잡지에 써주기로 한 글도 있거든. 뭐 바쁜 건 예나 지금이나 똑같지.

그들이 이야기를 나누는 동안, 아르카디나와 폴리나가 카드용 탁자를 방 가운데로 옮겨 놓고 탁자보를 씌운다. 샤므라예프는 촛불을 켜고, 의자 몇 개를 가져다 놓는다. 책장에서 숫자 맞추기 카드 상자를 꺼낸다.

트리고린   이번엔 날씨가 좋지 않군. 바람이 대단해. 내일 아침 바람이 좀 잦아들면 호수로 낚시하러 나갈 생각이네. 정원도 좀 거닐고. 기억하나? 자네가 연극무대를 올렸던 그곳도 둘러볼 생각이네. 그 작품은 아직도 뚜렷이 기억하지만, 그 무대가 펼쳐졌던 곳을 다시 한 번 보고 싶어서 그러네.

마샤 (아버지에게) 아버지, 그에게 말을 내주세요. 집에 가야 해요.

샤므라예프 (화를 내며) 말을 내달라고! (단호하게) 방금 전에 정거장에 다녀온 걸 모르니. 말을 쉬게 해야 해.

마샤 하지만 다른 말도 있잖아요……. (묵묵부답인 아버지를 빤히 바라보다가) 부탁한 내가 바보지.

메드베덴코 마샤, 그냥 걸어갈게.

폴리나 (한숨을 쉬며) 걸어가다니, 이런 날씨에……. (카드용 탁자에 앉는다) 자, 시작해 볼까요?

메드베덴코 그래봐야 6마일 남짓인데 뭘. 잘 있어요. (아내의 손에 키스한다) 안녕히 계세요, 장모님. (장모는 그에게 키스하라고 마지못해 손을 내민다) 번거롭게 할 생각은 아니었어요. 집에 아기가 있어서……. (모두에게 인사한다) 안녕히 계십시오……. (용서를 구하는 듯한 걸음걸이로 나간다)

샤므라예프 걸어서도 충분히 갈 수 있어, 장군처럼 꼭 말을 타야 하는 건 아니라고.

폴리나 (탁자를 두드린다) 자, 어서들 오세요, 여러분. 시간을 낭비하지 맙시다. 곧 저녁 먹으라고 부르러 올 테니까요.

샤므라예프, 마샤 그리고 도른이 탁자에 앉는다.

아르카디나 (트리고린에게) 기나긴 가을밤이 찾아오면 여기서는 로토게임(카드놀이)을 한답니다. 자, 보세요. 어머니가 살아계셨을 때 썼던 낡은 로토예요. 저녁 식사 전까지만 함께 해보지 않겠어요? (트리고린과 함께 탁자에 앉는다) 단순한 게임이지만, 일단 익숙해지면 그런대로 할 만할 거예요. (모두에게 세 장씩 카드를 나눠 준다)

트레플료프 (잡지를 넘겨보면서) 자기 소설은 다 읽었으면서도, 내 작품은 표시도 해놓지 않았군. (잡지를 책상에 내려놓고는 왼쪽 문으로 걸어간다. 어머니 옆을 지나가다가 그녀의 머리에 키스한다)

아르카디나 코스챠, 너는 안 할 거니?
트레플료프 어쩐지 내키질 않네요……. 조금 걷다 올게요. (나간다)
아르카디나 판돈은 10코페이카입니다. 제 것도 좀 대주세요, 선생님.
도른 네 좋습니다.
마샤 다들 거셨어요? 시작합니다……. 22!
아르카디나 여기 있어요.
마샤 3!
도른 좋았어!
마샤 3에 거셨죠? 8! 81! 10!
샤므라예프 너무 서둘지 마라.
아르카디나 여러분, 하리코프에서 사람들이 날 어찌나 환대하던지, 지금까지 머리가 빙글빙글 돌 지경이랍니다.
마샤 34!

무대 뒤에서 음울한 왈츠가 들려온다.

아르카디나 대학생들이 열렬히 박수를 치고…… 꽃바구니 세 개와 화환 그리고 이것도……. (가슴에서 브로치를 빼서 탁자 위로 던진다)
샤므라예프 제법 쓸 만한 물건이군요!
마샤 50!
도른 50이라고?
아르카디나 그땐 아주 멋진 드레스를 입었지요. 저는 옷 차려 입는 법에서만큼은 남보다 못하지 않다고 생각해요.
폴리나 코스챠가 연주하는군요. 마음이 울적한가 봐요.
샤므라예프 신문에서는 아주 심하게 혹평을 해대더군요.
마샤 77!
아르카디나 관심을 끌어보려는 수작이죠.
트리고린 지금으로선 성공할 수 있을 것 같지 않아요, 자신의 진정한 목소리를 내지 못하고 있거든. 그의 글은 늘 어딘가 모호하고, 때로는 잠꼬대같이 들릴 때가 있어요. 그의 소설 속엔 현실감이 느껴지는 인물이 하나도 없지요.

마샤 11!

아르카디나 (소린을 돌아보면서) 오빠, 따분하세요?

사이. (소린은 잠들어 있다)

아르카디나 어머, 주무시네.

도른 4등 문관이 주무시네요.

마샤 7! 90!

트리고린 만일 내가 호숫가에 있는 이런 저택에서 살았다면 소설을 썼을까요? 천만에! 그런 몹쓸 욕심은 극복하고 오로지 낚시나 했을 겁니다.

마샤 28!

트리고린 잉어나 농어를 낚을 때면, 그 이상 가는 기쁨이 없지요!

도른 나는 코스챠를 믿습니다. 그 애에겐 뭔가가 있어요. 그 애는 이미지를 통해 생각하지요. 그래서 그 애의 작품은 그림같이 생생하고 다채로워요. 난 언제나 그 애의 작품에서 깊은 감동을 받는답니다. 다만 아쉬운 것은 뚜렷한 주제 의식이 없다는 거예요. 인상을 만들어 내는 데서 그치고 말지요. 아시다시피 인상만으로는 뛰어난 작품이 될 수 없잖습니까. 어쨌든, 아르카디나, 작가 아드님을 두셔서 기쁘시겠습니다.

아르카디나 그거 아세요? 전 아직 그 애의 작품을 읽어본 적이 없답니다. 도저히 시간을 낼 수가 있어야죠.

마샤 26!

트레플료프가 조용히 들어와서 책상으로 가 앉는다.

샤므라예프 (트리고린에게) 트리고린 씨, 이곳에 당신 물건이 하나 남아 있습니다.

트리고린 그게 뭡니까?

샤므라예프   언젠가 트레플료프 씨가 총으로 쏘아 죽인 갈매기를 박제로 만들어 달라고 부탁하셨지요.

트리고린   내가 그랬나요? (생각에 잠겨) 기억이 나지 않는군요.

마샤   6!! 1!

트레플료프   (창을 열고 귀를 기울인다) 칠흑같이 어두운 밤이야. 마음이 왜 이리 불안한지 알 수가 없군.

아르카디나   코스챠, 창문을 닫아. 바람 불잖아.

트레플료프가 창문을 닫는다.

마샤   98!

트리고린   보세요, 짝을 다 맞췄습니다.

아르카디나   (유쾌하게) 브라보! 브라보!

샤므라예프   브라보!

아르카디나   이이는 언제나 운이 좋다니까요. (일어선다) 이제 뭘 좀 먹으러 가요. 우리 저명인사께서는 점심도 안 드셨으니까요. 저녁 식사 뒤에 계속하지요. (아들에게) 코스챠, 글은 놔두고 저녁부터 들자꾸나.

트레플료프   전 됐어요, 어머니. 배고프지 않아요.

아르카디나   좋도록 해라. (소린을 깨운다) 오빠, 저녁 드세요! (샤므라예프의 팔짱을 낀다) 하리코프에서 내가 어떤 대접을 받았는지 얘기해 드릴 게요…….

폴리나가 탁자 위의 촛불을 끄고는 도른과 함께 휠체어를 밀고 간다. 모든 사람이 왼쪽 문으로 나가고 무대에는 오직 트레플료프만이 남아 있다.

트레플료프   (쓰려고 하다가 이미 써 놓은 것을 훑어본다) 예술의 새로운 형식을 그토록 부르짖어 왔건만, 이제 나 스스로가 점점 타성에 젖는 느낌이야. (읽는다) "담장 위의 포스터는 외친다…… 검은 머리칼에 감싸인 창백한 얼굴." 외친다…… 감싸인…… 이건 지루하군. (지운다) 주인공이 빗소리에 잠을 깨는 데서부터 다시 시작해야겠어. 나머지는 전부 지워야지. 달밤에 대한 묘사가 너무 길고 장황해. 트리고린은 자신만의 기법을 터득해서 묘사에 능수능란하지. 그 사람이라면, 달빛을 받아 반짝이는 강둑 위에 버려진 깨진 병조각과 물레방아 아래 드리운 검은 그림자를 제시할 거야. 그런데 나는 가물거리는 불빛이니, 별들의 고요한 반짝임이니, 고요하고 향기로운 대기로 사라져 가는 피아노의 머나먼 소리니 이런 식이거든. 끔찍하군. (사이) 점점 더 확신으로 다가오는군. 문제는 낡은 형식이냐 새로운 형식이냐에 있는 게 아니라는 것. 좋은 문학은 작가가 형식에 얽매이지 않고 가슴속 생각을 얼마나 자유롭게 쏟아낼 수 있느냐에 달려 있다는 것.

누군가가 책상 가까운 곳 창문을 두드린다.

트레플료프 이게 무슨 소리지? (창문을 본다) 아무것도 안 보이는데…… (유리문을 열고 정원을 내다본다) 누군가 계단 아래로 뛰어가는 소리가 들렸어. (소리친다) 거기 누구요? (밖으로 나간다. 테라스를 따라 서둘러 걸어가는 소리가 들린다. 잠시 뒤 그가 니나 자레츠나야와 함께 돌아온다) 오, 니나! 니나!

니나가 그의 가슴에 머리를 묻고 숨죽여 흐느낀다.

트레플료프 (격정적으로) 니나! 니나! 당신, 당신이었어. 당신을 보려고 온종일 내 마음이 아프고 괴로웠나 봐. (그녀의 모자와 외투를 벗긴다) 오, 내 사랑, 내 연인, 그녀가 돌아왔어! 울지 말아요, 울지 말아요.
니나 여기 다른 누가 있나요.
트레플료프 아무도 없어.
니나 문을 잠가요. 누가 들어올지 모르니까요.
트레플료프 아무도 들어오지 않을 거야.
니나 당신 어머니가 여기 계시다는 거 알아요. 문을 잠가요…….
트레플료프 (오른쪽 문을 잠그고 돌아온다) 이쪽 문은 자물쇠가 없어. 소파로 막아 놓을게. (문 앞에 소파를 가져다 놓는다) 아무도 들어오지 못할 테니 겁내지 말아요.

니나 (그의 얼굴을 골똘히 들여다본다) 당신 얼굴을 보여줘요. (주위를 둘러보면서) 이곳은 따뜻하고 포근하네요. 예전에 여긴 응접실이었어요. 나, 많이 변했죠?

트레플료프 그래, 조금 더 마르고, 눈은 예전보다 더 커졌어. 니나, 지금 당신을 보고 있다는 게 믿기지가 않아. 왜 좀 더 빨리 날 만나러오지 않은 거야? 어째서 날 만나주지 않았지? 당신이 이곳에 온 지도 거의 일주일이 다 되어 가잖아. 난 알고 있었어. 날마다 몇 번씩이나 당신의 숙소로 찾아가서 동냥하는 거지처럼 창문 아래 서 있곤 했지.

니나 당신이 날 미워할 거라는 생각에 두려웠어요. 매일 밤 꿈속에서 당신은 물끄러미 날 바라봤어요. 하지만 알아보지는 못하더군요. 아, 당신은 모르실 거예요. 도착한 날부터 줄곧 호수 주변을 서성였어요. 당신 집 근처에도 여러 번 왔었지만, 차마 들어갈 용기가 나지 않더군요. 우리 앉아서 얘기해요. (둘 다 자리에 앉는다) 이렇게 앉아서, 그동안 밀린 이야기나 해요. 여긴 좋아요. 따뜻하고, 안락하고…… 저 바람 소리 들려요? "밤에 자기 집 지붕 아래서 쉴 수 있는 자는, 따스한 구석자리에서 쉴 수 있는 자는 행복하다"라고 투르게네프가 말했죠. 하지만 나는 갈매기예요…… 아니, 그게 아니에요. (이마를 문지른다) 무슨 말을 했죠? 아, 참…… 그래요. 투르게네프 얘기를 했지요. "또한 하느님께서는 집 없이 방황하는 나그네를 도우시리라……." (흐느껴 운다)

트레플료프 니나, 당신 또 울고 있군. 니나!

니나 괜찮아요. 울고 나면 마음이 훨씬 가벼워질 거예요. 지난 2년 동안 한 번도 울어보지 못했어요. 우리 무대가 아직 있는지 보려고 지난밤 정원에 왔었어요. 여전히 서 있더군요. 그걸 보고서 2년 만에 처음으로 울어 봤어요. 그랬더니 속이 후련하고 마음도 훨씬 밝아진 것 같았어요. 봐요, 이제 울지 않아요. (그의 손을 잡는다) 그러니까, 당신은 이제 작가가 됐군요. 당신은 작가, 난 배우……. 우리는 둘 다 소용돌이 속으로 빠져든 거예요……. 아침에 일어나 노래하는 어린아이처럼 난 즐겁게 살았었죠. 당신을 사랑했고, 명성을 꿈꾸기도 했어요. 지금은 어떤지 알아요? 내일 아침 일찍 농부들로 가득한 삼등열차를 타고 엘츠로 가야 해요……. 엘츠에서는 교양 있는 상인들이 갖은 달콤한 말을 하면서 추근추근 귀찮게 따라다닐 거예요. 고달픈 생활이죠.

트레플료프 엘츠에는 왜 가지?

니나 겨울동안 계약을 했거든요. 이제 가야 해요.

트레플료프 니나, 나는 당신을 저주하고 미워했고, 당신의 사진을 찢어버렸어. 하지만 난 내 마음과 영혼이 영원히 당신 것이라는 걸 한시도 잊은 적이 없어. 니나, 나는 당신을 미워할 수 없어. 당신을 잃고 작품을 쓰기 시작한 그때부터 내 생활은 견딜 수 없이 괴로웠지…. 젊음은 순식간에 사라지고, 벌써 90년은 산 것 같은 기분이었어. 과거에 난 당신을 소리쳐 부르며 당신이 지나간 땅에 키스했었지. 당신의 미소는 세상을 환하게 밝혀 주었고 나는 그렇게 평생에 가장 행복한 몇 년을 보냈었어.

니나 (절망적으로) 어째서, 어째서 그는 이런 말을 내게 하는 걸까?

트레플료프 나는 몹시 외로워. 날 따스하게 감싸 줄 사람이라곤 아무도 없어. 마치 지하 동굴에서 사는 것처럼 추워. 그래서 무엇을 쓰든, 내 작품은 모두 메마르고 음울하고 거칠기만 하지. 여기 있어 줘, 니나, 부탁이야. 아니면 나도 당신과 함께 떠나게 해 줘.

니나가 서둘러 모자를 쓰고, 외투를 입는다.

트레플료프 니나, 대체 왜……? 제발 부탁이야, 니나! (그녀가 옷 입는 것을 바라본다)

사이.

니나 마차가 뒷문에서 기다리고 있어요. 제발 나오지 마요. 혼자 갈게요……. (눈물을 글썽이며) 물 좀 줄래요?

트레플료프 (물 컵을 건넨다) 어디로 가려고?

니나 시내로 돌아가야죠. 어머니가 이곳에 와 계시죠?

트레플료프 그래, 지난 목요일부터 외삼촌 건강이 안 좋으셔서, 어머니께 전보를 쳐서 오시라고 했어.

니나 내가 지나간 땅에 키스를 했다니 왜 그런 말을 해요? 나 같은 건 죽여도 시원찮은 여잔데요. (책상에 기댄다) 너무나 지쳤어요. 조금 쉴 수만 있다면.

(머리를 든다) 난 갈매기예요. 아니, 아니지……. 난 배우예요. (멀리에서 아르카디나와 트리고린의 웃음소리가 들려오자 왼쪽 문으로 달려가더니 자물쇠 구멍으로 들여다본다) 그 사람도 여기 있군요……. (트레플료프 곁으로 돌아오면서) 이제 아무렇지 않아요…… 그래요…… 그이는 연극을 믿지 않았고, 내가 가진 연극에의 꿈을 비웃곤 했어요. 그래서 난 점점 의기소침해져 갔고 마침내 나 자신도 연극을 더 이상 믿지 않게 됐어요. 게다가 그 사람과의 관계나 아기에 대한 걱정에 쫓겨서…… 점점 초라하고 하잘것없는 여자가 돼 버렸고, 허수아비 같은 연기를 하곤 했어요. 무대에서 손을 어디에 두어야 할지, 어떻게 서 있어야 할지도 몰랐어요. 목소리마저 내 목소리를 낼 수가 없었죠. 당신은 배우가 스스로 서툴고 보잘것없는 연기를 한다고 느낄 때의 그 기분을 이해하지 못할 거예요. 난 갈매기예요. 아니, 아니에요……. 예전에 당신이 어떻게 갈매기를 총으로 쏘아 죽였는지 기억해요? 한 사내가 길을 지나가다가 우연히 만난 여자를 심심풀이로 파멸에 이르게 하는……. 단편소설에 쓸 이야깃거리예요……. 아, 하고 싶은 말은 이게 아닌데……. (이마를 문지른다) 무슨 말을 했더라? 무대 이야기를 하고 있었군요. 이제 난 변했어요. 이제 난 진짜 여배우죠. 연기를 하면서 기쁨과 희열을 느끼고, 무대에 서면 완전히 도취해 우월한 존재가 된 기분을 느껴요. 이곳에 머무는 동안 걷고 또 걸으면서 생각하고 또 생각했어요. 그러면서 나날이 내 정신적인 힘이 성장하는 걸 느낄 수 있었어요……. 이제 난 알아요, 코스챠, 우리가 하는 일은 모두 마찬가지예요, 당신이 글을 쓰건 내가 무대에서 연극을 하건, 우리에게 중요한 것은 명예가 아니었어요. 중요한 것은 견뎌내는 능력이에요. 자신에게 주어진 십자가를 짊어지고 견디는 법을 배우고, 또 신념을 잃지 말아야 해요. 난 믿어요, 그래서 난 그렇게 괴롭지 않아요. 나의 사명을 생각할 때면, 난 삶이 두렵지 않아요.

트레플료프 (슬픈 듯이) 당신은 자신의 길을 찾았고, 어디로 가야 할지를 분명히 알게 됐군. 그런데 난 여전히 혼란스러운 망상과 꿈속을 헤매며 이 모든 것들이 도대체 누구를 위한 것인지, 무엇 때문에 필요한 것인지도 모르고 있어. 그 어떤 것도 믿을 수 없고, 무엇이 내 사명인지도 모르겠어.

니나 (귀를 기울이며) 쉿! 난 가야 해요. 안녕. 내가 유명한 배우가 되거든 꼭 찾아와 줘요. 약속해 줄래요? 그럼 오늘은 이만…… (그의 손을 잡는다) 너무 늦었어요. 난 지금 겨우 서 있는 거예요. 너무 지쳤어요. 배도 고파요.

트레플료프 여기 있어요. 저녁 식사를 내올 테니까…….

니나 아니, 아니에요……. 나오지 말아요. 혼자 갈 수 있어요. 가까운 곳에 마차가 있어요……. 그러니까 당신 어머니가 그이를 데려온 거로군요? 뭐 마찬가지죠. 트리고린을 보게 되면 아무 말도 하지 마세요. 난 그이를 사랑해요. 전보다 훨씬 더 많이 사랑하죠……. 단편에 쓸 이야깃거리……. 사랑해요, 그이를 사랑해요. 열렬하게, 그리고 절망적으로. 예전엔 얼마나 좋았어요, 콘스탄틴. 기억나요? 얼마나 쾌활하고 밝고 따뜻하고 순수한 생활이었나요! 우리 마음은 피어나는 꽃처럼 부드럽고 달콤한 감정에 취했었죠……. 생각나요? (낭독한다) "사람, 사자, 독수리, 뿔 달린 사슴, 거위, 거미, 물속에 사는 말 없는 모든 물고기, 불가사리, 그리고 눈으로 볼 수 없는 것들, 한마디로 목숨 가진 모든 것들은 슬픈 순환을 마치고 나서 죽어 버렸다……. 수천 세기가 지나는 동안 결국 지구가 품은 생명들 가운데 단 하나도 살아남지 못했으니, 가련한 달은 자신의 등불을 헛되이 밝히고 있을 뿐. 풀밭에서는 학들이 울면서 잠을 깨지도 않으며, 보리수 숲에서는 5월의 쇠똥구리 소리가 들리지 않는다……." (충동적으로 트레플료프를 포옹하고는 테라스 쪽으로 달려 나간다)

트레플료프 (사이를 두고) 정원에서 누가 니나를 보기라도 하면 안 되는데. 어머니가 괴로워하실 거야……. (몇 분간 말없이 서있던 그가 원고를 갈기갈기 찢더니 책상 아래로 던져버린다. 그러고는 오른쪽 문을 열고 나간다)

도른 (왼쪽 문을 열려고 애쓰면서) 이상하군. 문이 잠긴 것 같은데……. (마침내 안으로 들어와서는 소파를 제자리에 가져다 놓는다) 장애물 경주 같군.

아르카디나, 폴리나가 들어온다. 그 뒤로 몇 개의 술병을 든 야코프와 마샤, 샤므라예프와 트리고린이 들어온다.

아르카디나 포도주와 맥주를 탁자로 가져와요. 카드놀이를 하면서 마실 테니까요. 앉으세요, 여러분.

폴리나 (야코프에게) 얼른 차도 내오게. (촛불을 켜고 카드용 탁자에 앉는다)

샤므라예프 (트리고린을 찬장 쪽으로 데리고 간다) 이게 아까 말씀드린 그 물건입니다……. (찬장에서 갈매기 박제를 꺼낸다) 부탁하신 물건이오.

트리고린 (갈매기를 들여다보며) 기억나지 않는군요……. 이런 물건은 제 기억에 없어요.

무대 뒤 오른쪽에서 총성. 모두가 전율한다.

아르카디나 (겁에 질려서) 무슨 소리죠?
도른 아무것도 아닙니다. 아무래도 제가 가져온 약병 가운데 하나가 터졌나 봅니다. 걱정하실 것 없어요. (오른쪽 문으로 나간다. 잠시 뒤 돌아온다) 짐작했던 대로군요. 에테르가 들어 있던 유리병이 터졌어요. (노래한다) "나는 다시 그대 앞에 넋을 잃고 섰노라…….".
아르카디나 (탁자에 앉으면서) 휴우, 깜짝 놀랐어요. 어쩐지 소리가 예전의 그…… 그 소리와 비슷해서요. (두 손으로 얼굴을 감싼다) 눈앞이 캄캄해지더라고요.
도른 (잡지를 넘기면서 트리고린에게) 두 달 전에 여기 실린 미국발 기사와 관련해서 물어보고 싶은 게 한 가지 있었습니다만……. (트리고린을 무대 앞쪽으로 데려간다) 예전부터 꽤 관심을 갖고 있던 문제라서 말이죠……. (어조를 낮추어 낮은 목소리로) 아르카디나를 데리고 이곳을 떠나세요. 트레플료프가 권총 자살을 했습니다…….

—막—

Три сестры
세 자매

등장인물

안드레이(세르게예비치 프로조로프) 프로조로프 집안의 장남
나타샤(나탈리야 이바노브나) 안드레이의 약혼자, 나중에 아내
올가⎫
마샤⎬ 안드레이의 누이들(세 자매)
이리나⎭
쿨르이긴(표도르 일리치) 중학교 교사, 마샤의 남편
베르쉬닌(알렉산드르 이그나치예비치) 육군 중령, 포병 대대장
투젠바흐(니콜라이 리보비치) 남작, 육군 중위
솔료느이(바실리 바실리예비치) 이등 대위
체부트이킨(이반 로마노비치) 군의관
페도티크(알렉세이 페트로비치) 육군 소위
로데(블라디미르 카를로비치) 육군 소위
페라폰트 지방자치회 수위, 노인
안피사 유모, 여든 살 노파

장소는 현청 소재지 어느 마을이다.

1막

프로조로프 가문의 집. 둥근 기둥이 있는 응접실. 그 안쪽에 커다란 홀이 보인다. 한낮. 밖에는 햇빛이 밝게 비치고 있다. 홀에서는 점심 식사를 준비하고 있다. 여학교 여교사의 푸른색 제복을 입은 올가가 멈춰서기도 하고 걷기도 하면서 학생들의 공책을 고치고 있다. 검은 옷을 입은 마샤는 무릎 위에 모자를 올려놓은 채 책을 읽고 있다. 하얀 옷의 이리나는 생각에 잠겨 서 있다.

올가 이리나, 아버지는 꼭 1년 전 바로 오늘인 5월 5일, 너의 명명일[1]에 돌아가셨지. 그날은 몹시 추웠고, 눈이 내렸어. 난 더 이상 살 수 없을 것만 같았고, 넌 죽은 사람처럼 넋을 잃고 누워 있었지. 하지만 1년이 지난 지금은 그때 일을 차분히 떠올릴 수 있게 됐어. 이제는 너도 하얀 옷을 입고, 밝은 표정을 하고 있으니……. (시계가 12시를 알린다) 그때도 이렇게 시계가 울렸었지. (사이) 사람들이 아버지를 묘지로 모시고 갈 때 음악을 연주하고 조포(弔砲)를 쏘던 게 기억나. 아버지는 여단을 이끄는 장군이셨지만, 조문객은 많지 않았어. 비가 왔으니까. 눈비가 뒤섞인. 정말 지독한 진눈깨비였어.

이리나 그때 일은 뭐 하러 떠올리는 거야.

투젠바흐 남작, 체부트이킨 그리고 솔료느이가 둥근 기둥 너머 홀 탁자 근처에서 모습을 드러낸다.

올가 오늘은 따뜻해서 창문을 활짝 열어 놓아도 되겠어. 아직 자작나무는 잎도 나지 않았지만. 아버지가 여단장이 되셔서 우릴 데리고 모스크바에서 이

---

[1] 러시아에서는 아이의 이름을 교회가 정한 성인(聖人)의 이름에 따라 붙이는 것이 통례였다.

곳으로 오신 게 벌써 11년 전 일이야. 난 아직도 그 시절의 모스크바를 또렷하게 기억해. 5월 초순이었지. 그때 모스크바는 온통 꽃이 만발하고 따뜻하고 눈부신 햇살로 가득했었어. 11년이나 흘렀지만, 마치 어제 떠나온 것처럼 거기 있던 모든 것이 생생하게 떠올라. 아, 오늘 아침에 눈을 뜨니 눈부신 햇살이 방 안에 가득했어. 봄이 오니 가슴이 벅차오르고, 고향에 꼭 다시 돌아가 보고 싶어.

체부트이킨 무슨 바보 같은 소리!
투젠바흐 말도 안 되는 얘기죠.

책을 보며 생각에 잠긴 마샤가 나직하게 휘파람으로 노래를 부른다.

올가 휘파람 불지 마, 마샤. 그게 무슨 짓이야?

사이.

올가 매일같이 학교에 나가 늦게까지 수업을 해서 그런지 늘 머리가 아프고, 벌써 할머니라도 된 것 같아. 실제로 학교에서 근무한 지난 4년 동안 기력도 젊음도 나날이 줄어드는 걸 느꼈어. 대신 한 가지 열망만이 갈수록 더 강해지는 것 같아…….
이리나 모스크바로 가야 해. 이 집을 팔고, 여기 있는 모든 것을 청산하고 모스크바로 가야 해…….
올가 그래! 한시바삐 모스크바로.

체부트이킨과 투젠바흐가 웃는다.

이리나 안드레이 오빠는 교수가 될 테니까, 어쨌거나 여기서 살지 않을 거야. 가엾게도 마샤만 여기 남겠는걸.
올가 마샤는 해마다 여름이면 모스크바로 와서 지내면 될 거야.

마샤가 나직하게 휘파람으로 노래를 부른다.

이리나 걱정 마, 모든 게 잘 될 거야. (창밖을 바라보면서) 날씨가 정말 좋아. 오늘따라 왜 이리 기분이 날아갈 듯 가벼울까! 오늘이 내 명명일이라는 게 아침에 떠오르지 뭐야. 그랬더니 갑자기 기쁨이 북받쳐 오르면서 어머니가 아직 살아계셨던 어린 시절이 떠오르는 거야. 정말 온갖 아름다운 생각들로 가슴이 두근거렸어!

올가 넌 오늘따라 반짝반짝 빛나고 평소보다 더 예뻐 보이는 것 같아. 마샤도 아름답고. 오빠 안드레이도 멋지긴 한데 살이 너무 쪄서 모양이 없어졌어. 그런데 난 나이를 먹더니 말라깽이가 돼 버렸지 뭐야. 아마 학교에서 학생들 때문에 속을 끓여서 그럴 거야. 하지만 오늘은 쉬는 날이고, 집에 있어서 그런지 머리도 아프지 않고, 어제보다 더 젊어진 느낌이야. 어쨌든 난 아직 스물여덟밖에 안 됐으니까……. 걱정할 건 아무것도 없어, 모든 건 하느님의 뜻에 달렸어. 하지만 내가 결혼해서 온종일 집에 있을 수 있다면 그것도 나쁘지 않을 것 같아. (사이) 난 남편을 사랑할 거야.

투젠바흐 (솔료느이에게) 자꾸 말도 안 되는 얘기만 할 건가. (응접실로 들어오면서) 깜박 잊었군. 신임 포병 대대장 베르쉬닌 중령이 오늘 방문하실 거야. (피아노 옆에 앉는다)

올가 어머, 그래요? 정말 기뻐요.

이리나 그분은 나이가 많으세요?

투젠바흐 아니, 많지는 않아. 마흔, 기껏해야 마흔다섯쯤일 거야. (조용히 피아노를 친다) 인상이 좋은 분이지. 바보는 아니야. 그건 분명해. 다만 말이 좀 많은 편이지.

이리나 흥미로운 분인가요?

투젠바흐 응, 그렇지. 다만 부인과 장모 그리고 딸이 둘 있어. 게다가 재혼이지. 그분은 어딜 방문하든 자기한테는 아내와 두 딸이 있다고 말하더군. 여기서도 그렇게 말할 거야. 부인은 살짝 미친 여자 같기도 한데, 처녀처럼 머리를 길게 땋았고, 과장스러운 말투로 무슨 철학적인 말을 늘어놓곤 하지. 여러 번 자살을 기도했다는데, 일부러 남편을 괴롭히려고 그런 게 아닐까 싶어.

나라면 당장 그런 여자를 떠났을 텐데, 그분은 꾹 참고 지내며 그저 신세한 탄만 하고 계시지.

솔료느이 (체부트이킨과 함께 홀에서 응접실로 들어오면서) 나는 한 손으로 30킬로밖에 들지 못하지만, 두 손으로는 100킬로까지 들 수 있어. 이것을 기준으로 생각해 보면 두 사람의 힘은 한 사람보다 두 배가 아니라, 세 배나 강하다는 결론에 이른다고……

체부트이킨 (걸으면서 신문을 읽는다) 머리가 빠질 때는…… 나프탈렌 2온스를 알코올 반 병에…… 녹여서 매일 쓸 것……. (수첩에 적는다) 적어 둬야지! 아니, 아니 됐어……. (줄을 죽죽 그어 지운다) 이런 게 무슨 소용이야.

이리나 이반, 저 이반 로마노비치!

체부트이킨 무슨 일이니, 이리나?

이리나 말씀 좀 해보세요, 오늘따라 왜 이리 행복한지 모르겠어요. 마치 배에 실려 저 넓고 푸른 하늘 속을 둥둥 떠가는 것만 같아요. 머리 위로는 크고 하얀 새들이 날아다니고요. 이게 무슨 일일까요? 내가 왜 이러죠?

체부트이킨 (그녀의 두 손에 키스하면서 부드럽게) 나의 귀여운 하얀 새…….

이리나 오늘 아침 눈을 뜨고 일어나 세수를 하는데, 갑자기 세상 모든 것이 또렷해지는 느낌이었어요. 어떻게 살아야 하는지 깨닫게 됐죠. 친애하는 이반 로마노비치, 이제 난 알아요. 사람은 누구든지 땀 흘리며 일해야 해요. 인생의 의미와 목적, 행복과 환희는 모두 여기에 달려 있어요. 동트기 전에 일어나 길 위의 돌을 깨는 인부가 되거나, 목동이 되거나, 아니면 아이들을 가르치는 교사나 철도 기관사가 될 수 있다면 얼마나 기쁠까요……. 12시에 일어나 침대에서 커피를 마시고, 입을 옷을 고르는 데 두 시간을 보내는 그런 젊은 여자가 되느니, 묵묵히 일할 수 있는 황소나 말이 되는 편이 나아요……. 아, 일하지 않는 인생이란 얼마나 끔찍한가요! 타는 듯한 날씨에 물을 찾는 사람처럼 나는 애타게 일하기를 바라고 있어요. 만약 내가 일찍 일어나지도, 일하지도 않는 그런 인간이 되면 그때는 더 이상 날 친구라 생각지 말아주세요, 이반 로마노비치.

체부트이킨 (부드럽게) 그래, 그렇게 하마…….

올가 아버지는 7시에 일어나도록 우리를 가르치셨어요. 요즘 이리나는 7시에 일어나기는 하지만, 적어도 9시까지는 침대에 누워서 빈둥댄답니다. 이런저런 생각을 골똘히 하면서요. 심각한 얼굴을 하고서는. (웃는다)

이리나 언닌 날 언제나 어린애로만 보니까, 내가 심각한 얼굴을 하고 있는 게 이상해 보이는 거야. 나도 이제 스무 살이야!

투젠바흐 일에 대한 갈망, 그건 나도 잘 알아! 난 평생 일이라곤 해 본 적이 없거든. 나는 춥고 한산한 페테르부르크에서, 일이나 걱정 근심 같은 건 전혀 모르는 집안에서 태어났지. 군사학교에서 집으로 돌아오면, 하인이 장화를 벗겨 주었어. 대책 없는 사고뭉치였던 나를 어머니는 늘 열렬한 숭배자의 눈빛으로 바라보셨지. 그리고 다른 사람들이 왜 당신과 똑같이 당신 아들을 보지 않는지 의아해 하셨어. 사람들은 내가 일을 하지 못하게 했어. 하지만 그런 노력이 완벽하게 성공한 것 같지는 않아. 시대는 변했어. 낡은 것을 깨끗이 몰아내버릴 폭풍우가 벌써 우리 곁에 바짝 다가와 있어. 그것은 곧 노동에 대한 세상의 편견과 썩어빠진 권태를 날려버릴 거야. 난 일하고 싶어. 아마 25년에서 30년쯤 뒤에는 모든 사람이 일하는 세상이 될 거야. 모두가 일을 할 거라고.

체부트이킨 난 그럴 생각 없는데.

투젠바흐 당신은 셈에 넣지도 않았어요.

솔료느이 25년 뒤라면 당신은 이미 이 세상에 남아 있지도 않을 걸. 이삼 년 안에 저세상으로 갈 테니. 아니면 내가 화를 못 참고 결국 당신 이마빼기에 총알을 쏴서 넣을지도 모르지. (주머니에서 향수병을 꺼내서 자기 가슴과 두 손에 뿌린다)

체부트이킨 (소리 내어 웃는다) 사실 난 지금껏 아무것도 해본 적이 없어. 대학을 나온 뒤로 손가락 하나 까딱하지 않았으니까. 책 한 권 제대로 읽은 적 없어. 신문이나 좀 읽었지……. (주머니에서 다른 신문을 꺼낸다) 그래서…… 무슨 일이 있었는지는 신문을 보고 알지. 예컨대 도브롤류보프[2]가 어떤 인물인지는 알지만, 그 사람이 뭘 썼는지는 몰라……. 하느님이나 아실까…….

---

2) 니콜라이 도브롤류보프(1836~1861). 러시아의 시인, 비평가.

아래층에서 마룻바닥이 톡톡 울리는 소리가 들린다.

체부트이킨 아래층에 날 보러 누가 온 거 같은데. 곧바로 돌아오겠네……. 잠시만……. (수염을 쓰다듬으며 서둘러 나간다)
이리나 뭔가 꿍꿍이가 있으신가 봐요.
투젠바흐 그렇군. 엄숙한 표정으로 나가는 걸 보니, 너한테 줄 무슨 선물이라도 준비한 게 아닐까?
이리나 아휴, 성가셔!
올가 그러게, 늘 유치한 짓을 벌이신다니까.
마샤 녹음 짙은 떡갈나무 한 그루 바닷가에 서 있네. 떡갈나무에 매인 황금의 사슬…… 황금의 사슬……. (일어서서 부드럽게 노래를 흥얼거린다)
올가 오늘 기분이 좋지 않은 모양이구나, 마샤.

마샤가 노래를 흥얼거리며 모자를 쓴다.

올가 어디 가려고?
마샤 집에.
이리나 그게 무슨 소리야?
투젠바흐 명명일인데, 축하파티도 안 하고 집에 가려고?
마샤 걱정 말아요……. 저녁에 다시 올 거예요. 그럼……. (이리나에게 키스한다) 건강하고 행복하기를. 예전에 아버지가 살아 계셨을 때에는 명명일에 우리 집으로 매번 삼사십 명의 장교들이 몰려와 소란스러웠는데, 오늘은 사람이 없어서 사막처럼 조용해……. 난 가겠어……. 오늘따라 괜스레 짜증이 나고 우울하네. 그러니 내 말은 신경 쓰지 마. (눈물을 글썽이는 눈으로 웃으며) 나중에 이야기해. 그럼 잠시 다녀올게.
이리나 (불만스러워 하면서) 언니도 참…….
올가 (눈물지으며) 이해해, 마샤.
솔료느이 남자가 추상적인 말을 하면 철학이나 궤변이지만, 여자가 혼자서나 둘이서 추상적인 얘기를 하는 건 쓸데없는 수다에 가깝지.

마샤 그게 무슨 뜻이에요? 이런 악당 같으니.
솔료느이 아무것도 아냐. 괜한 말을 했군.

　사이.

마샤 (올가에게 화를 내며) 울지 마.

　안피사와 함께 페라폰트가 케이크를 들고서 들어온다.

안피사 자, 이리로 가져와요. 구두가 깨끗하니 들어와도 돼요. (이리나에게) 자 치구 의회의 미하일 이바니치 프로토포포프 씨가 케이크를 보내 왔어요.
이리나 고마워요. 그분께도 감사하다고 전해 줘요. (케이크를 받는다)
페라폰트 뭐라고요?
이리나 (큰 소리로) 감사하다고 전해 달라고요!
올가 유모, 영감한테 먹을 걸 좀 주세요. 페라폰트, 가보세요. 저쪽에 가면 음식이 좀 있을 거예요.
페라폰트 뭐라고요?
안피사 갑시다, 페라폰트 영감. 나가자고요……. (페라폰트와 함께 나간다)
마샤 난 그 미하일 포타프이친지 이바니친지 하는 사람 별로야. 그 사람은 안 봤으면 좋겠어.
이리나 그 사람 초대 안 했어.
마샤 그래, 잘했어.

　체부트이킨이 들어온다. 뒤이어 은제 사모바르를 든 병사가 들어온다. 놀람과 불만의 소리들.

올가 (두 손으로 얼굴을 가리면서) 사모바르라니! 아이참! (홀에 있는 식탁 쪽으로 간다)
이반 로마노비치, 저게 뭐에요!
투젠바흐 (웃는다) 내가 뭐랬어.

1막 85

마샤 이반 로마노비치, 무슨 생각으로 저런 걸 가져오셨어요!

체부트이킨 사랑스러운 아가씨들, 너희들은 내게 이 세상에서 가장 소중한 보물이란다. 이제 난 예순 살이 머지않았다. 늙은이가 다 됐어. 아무 데도 쓸모없는 외로운 늙은이지……. 너희들에 대한 애정 말고 의미 있는 건 이제 내게 아무것도 없단다. 너희들이 아니었다면 난 이미 오래전에 이 세상 사람이 아니었을 거야……. (이리나에게) 귀여운 아가씨, 네가 아기였을 때부터 널 봤었다……. 이 손으로 안고 다녔지……. 난 네 돌아가신 어머닐 좋아했었단다…….

이리나 그래도 이건 너무 비싼 선물이에요!

체부트이킨 (눈물을 글썽이며, 화를 내면서) 비싼 선물이라니……. 당치도 않다! (병사에게) 사모바르를 저기로 가져가……. (이리나의 목소리를 따라하여) 비싼 선물이라…….

병사가 사모바르를 홀 쪽으로 가져간다.

안피사 (응접실을 가로질러 오면서) 아가씨, 중령님이 오셨어요, 처음 뵙는 분인데……. 벌써 외투를 벗고 이리로 오고 계세요, 아가씨들, 지금 오고 계신다고요. 이리나, 상냥하고 예의 바른 태도를 보여드려야 해요……. (나가면서) 아니, 벌써 점심 식사 시간이네……. 이런…….

투젠바흐 아마 베르쉬닌일 거야.

베르쉬닌이 들어온다.

투젠바흐 베르쉬닌 중령님.

베르쉬닌 (마샤와 이리나에게) 이렇게 인사드리게 돼서 영광입니다. 베르쉬닌이라고 합니다. 마침내 이곳에 오게 돼서 정말 기쁩니다. 모두 몰라볼 정도로 자랐군요! 정말 이건!

이리나 앉으세요. 중령님을 뵙게 되어 저희도 무척 기뻐요.

베르쉬닌 (쾌활하게) 아, 아, 너무나 행복합니다. 그런데 세 자매가 아니었던가요? 세 명의 어린 아가씨였는데. 그때 여러분의 얼굴은 기억나지 않지만, 여러분 아버님이신 프로조로프 대령님께는 어린 딸이 셋 있었던 걸로 확실히 기억합니다. 내 두 눈으로도 봤었죠. 세월이 얼마나 빠른지! 아아, 얼마나 빨리 세월이 흘렀는지!

투젠바흐 베르쉬닌 중령님은 모스크바에서 오셨어.

이리나 모스크바에서요? 모스크바에서 오셨어요?

베르쉬닌 그렇습니다. 댁의 아버님께서 그곳의 포병 대대장이셨고, 저는 같은 여단의 장교였지요. (마샤에게) 아, 지금 보니 당신의 어릴 때 모습이 떠오르는 것 같군요.

마샤 저는 중령님이 기억나질 않아요.

이리나 언니! 올가! (홀을 향해 소리친다) 언니, 이리 와봐!

올가가 홀에서 응접실로 들어온다.

이리나 베르쉬닌 중령님이셔. 모스크바에서 오셨대.

베르쉬닌 그러니까 당신이…… 올가, 맏딸이시군요……. 그리고 당신이 마리야……, 그리고 이리나, 막내따님이시고…….

올가 모스크바에서 오셨다고요?

베르쉬닌 그렇습니다. 모스크바에서 교육받고, 모스크바에 임관되어 오랫동안 거기서 근무하다가, 마침내 이곳 포병 중대로 전근하게 되었습니다. 사실 여러분에 대해 기억나는 건 많지 않습니다. 하지만 세 자매였다는 사실만은 잊지 않았지요. 여러분의 아버님은 지금도 제 기억 속에 생생히 남아 있으십니다. 모스크바에 있을 때, 자주 댁을 방문하곤 했지요…….

올가 저는 모든 분들을 다 기억하고 있다고 생각했는데, 갑자기 중령님을 만나 뵈니…….

베르쉬닌 제 이름은 알렉산드르 이그나치예비치입니다…….

이리나 알렉산드르 이그나치예비치 씨, 모스크바에서 오셨다니……. 정말 뜻밖이에요!

올가 저희는 그곳으로 이사하려고 해요.

이리나 가을쯤에요. 그곳이 우리 고향이에요……. 구(舊) 바스만나야 거리요…….

두 사람은 기쁜 듯이 웃는다.

마샤 고향 사람을 만나다니 참 뜻밖이에요. (흥분하여) 아, 이제 생각났어! 기억나, 올가? 사람들이 '상사병 걸린 소령님'이라고 부르곤 했잖아. 중령님은 그때 소령이었고 누군가를 사랑하고 있었죠. 모두 중령님을 그런 별명으로 놀려댔잖아요…….
베르쉬닌 (웃는다) 그래요, 맞아요……. 상사병 걸린 소령. 그랬었죠…….
마샤 그땐 콧수염만 기르셨는데……. 아, 이렇게 늙으시다니! (눈물을 글썽이며) 세월은 어쩔 수 없군요!
베르쉬닌 그래요, 상사병 걸린 소령이라고 불리던 시절만 해도 난 아직 젊었고 사랑에 빠져 있었죠. 그런데 이젠 다 틀렸지요…….
올가 뭘요, 아직도 흰머리는 한 올도 없는데요. 나이를 드시긴 했지만, 아직 늙으신 건 아니에요.
베르쉬닌 하지만 벌써 마흔셋이랍니다. 모스크바를 떠나온 지는 오래 됐나요?
이리나 11년 됐어요. 아니, 마샤 언니, 울고 있잖아. 언니는 바보 같이……. (눈물을 글썽이며) 나까지 울게 되잖아…….
마샤 아무것도 아니야. 중령님은 어느 거리에서 사셨나요?
베르쉬닌 구 바스만나야 거리에서요.
올가 우리도 거기 살았는데…….
베르쉬닌 한때는 독일인 거리에서도 살았답니다. 거기서 부대까지 걸어 다녔지요. 가는 길에 우중충한 다리가 있었는데, 다리 밑으로 물이 세차게 흘렀지요. 혼자서 걷고 있자면 처량한 생각이 들곤 했어요. (사이) 그런데 이 지방에는 아주 넓고 멋진 강이 흐르더군요! 정말 놀라운 강입니다!
올가 그래요. 하지만 추워요. 게다가 여름엔 모기도 많아요…….
베르쉬닌 무슨 말씀을! 이곳 기후는 정말 건강에 좋아요. 숲이 있고 강도 있고…… 게다가 자작나무가 있지요. 매력적이고 우아한 자작나무. 저는 나무 가운데서 자작나무를 제일 좋아합니다. 여긴 정말 살기 좋은 곳입니다. 다만 이상한 것은 기차 정거장이 24킬로미터나 떨어져 있다는 겁니다……. 그런데 왜 그런지 아무도 모르더군요.

솔료느이 나는 압니다.

모두 그를 바라본다.

솔료느이 왜냐면 정거장이 가까운 건 멀지 않다는 뜻이고, 정거장이 멀다는 건 가깝지 않다는 뜻이기 때문이지요.

어색한 침묵.

투젠바흐 아무튼 이 친구는 농담을 좋아한다니까.
올가 아, 이제 저도 생각이 나는 것 같아요. 중령님이 기억나요.
베르쉬닌 여러분의 어머님도 뵌 적이 있지요.
체부트이킨 훌륭한 분이셨지요. 천국에서 고이 잠드시기를…….
이리나 어머니는 모스크바에 묻히셨어요.
올가 노보데비치 묘지에요…….
마샤 어머니 얼굴이 어땠는지 조금씩 기억이 흐려져 가요. 우리들도 그런 식으로 다른 사람들에게서 잊혀가겠죠.
베르쉬닌 그래요, 그렇겠죠. 그런 게 바로 우리의 운명이지요. 어쩔 수 없는 일입니다. 우리에게 심각하고 의미심장하며 매우 중요한 것처럼 보이는 일도, 세월이 흐르면 잊히거나 하찮아지고 말지요. (사이) 흥미로운 건 미래에 무엇이 고상하고 중요한 것으로 남을지, 무엇이 하찮고 우스꽝스러운 것으로 남을지 그 누구도 확언할 수 없다는 겁니다. 코페르니쿠스나 콜럼버스의 발견도 처음에는 쓸모없고 우스꽝스러운 것으로 보이지 않았습니까? 반대로 어떤 바보가 휘갈겨 쓴 공허한 헛소리가 오히려 진리처럼 보일 때도 있지요. 그러니 당연한 것으로 받아들이고 있는 지금의 우리 생활도 미래엔 이상하고,

불편하고, 어리석고, 모호한 것으로, 심지어 사악한 것으로 여겨질지도 모릅니다……

투젠바흐 누가 알겠습니까? 어쩌면 후세 사람들은 존경심을 품고서 우리 시대를 위대한 시대로 기억해줄지도 모르지요. 오늘날엔 고문실도, 사형도, 전쟁도 없지 않습니까. 하지만 여전히 수많은 고통들이 존재하지요!

솔료느이 쯧, 쯧……. 우리 남작님은 철학적 토론을 지나치게 좋아하신단 말씀이야.

투젠바흐 솔료느이, 자넨 상관 말게. (자리를 옮기며) 분위기가 죽잖아.

솔료느이 쯧, 쯧, 쯧…….

투젠바흐 (베르쉬닌에게) 우리 시대는 너무나 많은 고통을 목도하고 있지요. 하지만 어찌 보면 이는 그만큼 우리 사회가 일정한 도덕 수준에 이르렀다는 반증이 아닐까요?

베르쉬닌 그야 물론 그렇지요.

체부트이킨 남작, 방금 후세 사람들이 우리 시대를 위대한 시대로 기억할지도 모른다고 했나? 미안하지만 인간은 비천한 존재라네. 어느 시대나 그랬지……. (일어선다) 나란 인간이 얼마나 보잘것없는 존재인지 보게.

무대 뒤에서 바이올린 소리.

마샤 우리 오빠 안드레이가 연주하는 거예요.

이리나 오빠는 학자예요. 분명 대학 교수가 될 거예요. 아버지는 군인이셨지만, 오빠는 학자의 길을 택했죠.

마샤 그건 아버지의 뜻이기도 했어요.

올가 오늘 우리가 오빠를 좀 놀려줬어요. 아무래도 오빠가 사랑에 빠진 것 같거든요.

이리나 이곳 마을에 사는 한 아가씨를 마음에 두고 있나 봐요. 오늘 그 아가씨가 우리 집에 올 거예요.

마샤 아아, 그 옷차림 꼴이란! 예쁘지 않다거나 유행이 지난 옷이어서 그런 건 아닌데, 그냥 좀 안쓰러워요. 촌스런 술 장식이 달린 지나치게 화사한 노랑 스커트에 붉은 블라우스라니. 뺨은 또 어찌나 반질반질한지! 안드레이가 그런 아가씨와 사랑에 빠질 리 없어요. 저는 인정할 수 없어요. 오빠는 취향이 고상한 사람이에요. 지금은 그냥 우리를 골려주려고 사랑에 빠진 척 장난치는 거라고요. 어제 소문을 듣자니까 그 여자는 이곳 자치구의회 의장인 프로토포포프와 결혼할 거라던데요. 잘 됐지 뭐예요……. (옆문을 향해서) 안드레이, 이리로 좀 와 봐, 오빠!

안드레이가 들어온다.

올가 저희 오빠 안드레이 세르게이치를 소개할게요.
베르쉬닌 베르쉬닌입니다.
안드레이 처음 뵙겠습니다. (얼굴의 땀을 닦으며) 이번에 새로 부임하신 포병 대대장이신가요?
올가 베르쉬닌 씨는 모스크바에서 오셨대.
안드레이 그러세요? 축하드립니다. 이제 누이들이 당신을 한시도 가만히 놔두지 않을 겁니다.
베르쉬닌 오히려 제가 아가씨들을 귀찮게 하고 있답니다.
이리나 이걸 보세요. 오빠가 이렇게 예쁜 액자를 선물해줬어요! (액자를 보여 준다) 오빠가 손수 만든 거예요.
베르쉬닌 (액자를 보면서 뭐라고 말해야 할지 몰라하며) 네…… 그렇군요…….
이리나 피아노 위에 있는 저 액자도 오빠가 만들었어요.

안드레이가 못마땅한 듯 한 손을 흔들면서 나간다.

올가 오빠는 학자인데, 바이올린도 연주하고, 톱 하나로 온갖 물건을 만들어내요. 말 그대로 팔방미인이죠. 안드레이 오빠, 어디 가! 오빠는 늘 저런 식이에요. 어떻게든 자리를 피하려고 한다니까요. 이리 와 봐요!

마샤와 이리나가 그의 팔을 양쪽에서 잡고 웃으면서 데려온다.

마샤 이리 와요!

안드레이 제발 놔 줘.

마샤 오빠는 정말 웃겨! 베르쉬닌 씨는 상사병 걸린 소령님이란 소릴 들어도 조금도 화를 안 내셨어.

베르쉬닌 아, 그랬지요!

마샤 그래서 말인데, 이제부터는 오빠를 상사병 걸린 바이올린 연주자라고 부를래.

이리나 아니면 상사병 걸린 교수님!

올가 사랑에 빠지다니! 안드레이가 사랑에 빠졌어!

이리나 (손뼉을 치며) 자, 모두 박수! 브라보! 안드레이가 사랑에 빠졌어!

체부트이킨 (뒤로 다가가 양 팔로 안드레이의 허리를 안으며) 자연은 오직 사랑을 위하여 우리를 창조했노라! (크게 웃고는 자리에 앉아 주머니에서 신문을 꺼내 읽는다)

안드레이 자, 됐어요. 이제 그만해요……. (얼굴의 땀을 닦는다) 밤새 한 잠도 못 자서, 정신이 몽롱해요. 4시까지 책을 읽고 자리에 누웠는데 조금도 못 잤어요. 이것저것 생각하다보니 어느새 동이 트고 눈부신 햇살이 침실로 쏟아지더군요. 이번 여름에 여기 있는 동안 영어 책을 한 권 번역해 보고 싶어요.

베르쉬닌 영어를 하시는군요?

안드레이 네. 아버지께서는 공부로 저희를 많이 들볶으셨어요. 이건 우습기도 하고 바보 같이 들리기도 하지만, 아버지가 돌아가신 뒤로 살이 찌기 시작하더니, 1년 만에 이렇게 뚱뚱해졌어요. 마치 몸이 억압에서 풀려나기라도 한 것처럼 말이죠. 아버지 덕분에 우리 남매는 모두 프랑스어, 독일어, 영어를 할 줄 알아요. 이리나는 이탈리아어까지 할 수 있죠. 그동안 공부하느라고 겪었던 고생을 생각하면!

마샤 이런 시골 도시에서 3개 국어를 한다는 건 쓸데없는 사치예요. 아니, 사치라기보다는 차라리 여섯 번째 손가락처럼 불필요한 방해물이죠. 쓸 데 없는 걸 너무 많이 배웠어요.

베르쉬닌 아니 저런! (웃는다) 쓸 데 없이 너무 많이 배웠다고요! 아무리 따분하고 침울한 도시라도 지적이고 교양을 갖춘 사람은 꼭 필요한 법입니다. 거칠고 고루한 이 도시의 주민들 10만 명 가운데 여러분 같은 부류의 사람이 딱 세 명 있다고 칩시다. 물론 그들에게는 주위의 무지몽매한 대중을 이길 만한 힘이 없습니다. 세월이 흐를수록 그들도 조금씩, 조금씩 군중에게 동화되고 말겠지요. 생활이 그들을 내리누를 겁니다. 하지만 그렇게 그들이 사라진다고 해서 그들의 흔적까지 없어지는 건 아니지요. 여러분과 같은 세 사람이 끼친 영향력으로 인해 비슷한 여섯 사람이 생겨날 테고, 또 그 다음엔 열두 사람이 생겨날 겁니다. 그런 식으로 여러분과 같은 사람들이 마침내 도시의 다수가 될 때까지 계속 늘어갈 겁니다. 그리하여 2백 년, 3백 년 뒤의 이 지상의 삶은 상상할 수 없을 만큼 아름답고 경탄할 만한 것이 될 테지요. 인간에게는 그런 삶이 필요합니다. 그런 삶을 살지 못하고 있다면, 적어도 그러한 삶을 예감하고, 열망하고, 준비해야 합니다. 이를 위해서라도 인간은 자기 할아버지와 아버지가 보고 알았던 것보다 더 많은 것을 배워야 할 필요가 있습니다. (웃는다) 그런데 여러분은 쓸 데 없이 너무 많이 배웠다고 불평하시는군요.

마샤　(모자를 벗고) 여기서 점심 식사는 들고 가야겠어.

이리나　(한숨을 쉬면서) 지금 하신 말씀을 모두 글로 기록해 놓고 싶네요…….

안드레이가 아무도 모르게 살며시 자리를 뜬다.

투젠바흐　아까 먼 훗날에는 지상의 삶이 아름답고 경탄할 만한 것이 될 거라고 했지요. 그건 사실입니다. 비록 요원한 꿈이지만, 그 성취에 조금이나마 우리의 힘을 보태기 위해서는 지금부터라도 준비하고 일해야 합니다.

베르쉬닌　(일어난다) 그렇죠. 그건 그렇고 이 집에는 꽃이 참 많군요! (주위를 둘러보며) 집도 멋지고요. 부럽습니다! 전 평생을 의자 두 개와 소파 하나, 연기가 심하게 나는 난로 하나가 전부인 그런 집들에서 살았답니다. 제 인생에는 이런 꽃이 없었지요……. (두 손을 비빈다) 아아, 이제 와서 그런 생각을 해봐야 무슨 소용이 있을까요.

투젠바흐　그렇습니다, 우린 일해야 합니다. 당신은 저 독일 사람이 감상적이 되었군, 하고 생각할지도 모르지요. 하지만 저는 순수 러시아 사람입니다. 독일어는 아예 하지도 못하지요. 제 아버지도 러시아 정교도이시고…….

사이.

베르쉬닌 (무대를 걸어 다니며) 가끔 이런 생각을 합니다. 내가 지금 무엇을 하고 있는지를 의식하면서 완전히 새로운 인생을 시작할 수 있다면 어떨까 하고요. 지난 세월은 말하자면 대략적인 스케치에 지나지 않았고, 두 번째 인생이 진정한 나의 작품이 되는 거죠! 이렇게 새로운 인생을 살 수 있게 된다면 누구든 지난 인생을 반복하지 않으려 노력할 겁니다. 새로운 생활환경을 창조하려 하겠지요. 나라면, 볕이 잘 들고 꽃으로 가득한 이런 집을 새 인생의 보금자리로 선택할 겁니다……. 나한테는 아내와 두 딸아이가 있습니다. 아내는 몸이 약하고, 그리고 또, 기타 등등의 여러 문제가 있죠. 인생을 완전히 새롭게 시작할 수 있다면, 나는 결혼하지 않을 겁니다……. 안 할 거예요, 절대로!

쿨르이긴이 교사용 정장 차림으로 들어온다.

쿨르이긴 (이리나에게 다가가) 사랑하는 처제, 명명일을 축하해, 늘 건강하고 바라는 모든 일이 이루어지기를 진심으로 기원할게. 그리고 선물로 작은 책을 가져왔어. (책을 건네준다) 내가 쓴 우리 고등학교 50년 역사야. 할 일이 없어서 쓴 하찮은 책이지만, 그래도 한번 읽어 봐. 안녕하십니까, 여러분! (베르쉬닌에게) 쿨르이긴이라고 합니다. 이곳 고등학교 교사로 일하고 있지요. (이리나에게) 이 책에는 지난 50년 동안 우리 고등학교를 졸업한 모든 사람들의 이름이 실려 있어. '자신이 할 수 있는 만큼 하고, 누군가 할 수 있다면, 더 잘하게 하라.'[3] (마샤에게 키스한다)
이리나 부활절 때도 이 책을 주셨잖아요.
쿨르이긴 (웃는다) 그럴 리가 있나! 그렇다면 돌려줘. 중령님께 드리는 게 낫겠어. 받으세요, 중령님. 심심하실 때 읽어 보십시오.
베르쉬닌 감사합니다. (떠날 채비를 한다) 이렇게 여러분을 알게 돼서 정말로 기

---

[3] Feci, quod potui, faciant meliora potentes(라틴어).

뽑니다……

올가 가시려고요? 아니, 안 돼요!

이리나 점심 식사 하고 가세요. 그렇게 해주세요.

올가 네, 그렇게 하세요.

베르쉬닌 (인사한다) 명명일 축하 자리에 제가 끼어든 셈이군요. 용서해주십시오, 미리 알았더라면 축하선물을 준비했을 텐데……. (올가와 함께 홀로 걸어간다)

쿨르이긴 여러분, 오늘은 일요일, 안식일이에요. 그러니 각자 나이와 형편에 맞게 푹 쉬면서 유쾌하게 지내도록 합시다. 양탄자는 여름에 걷어서 겨울까지 잘 보관해야 합니다……. 방충제나 나프탈렌을 써야죠……. 로마 사람들이 건강했던 이유는 일할 때와 쉴 때를 분간할 줄 알았기 때문이라죠. 그들에게는 '건강한 신체에 건강한 정신'[4]이 있었던 겁니다. 그들의 삶에는 일정한 규칙이 있었어요. 인생에서 가장 중요한 것은 바로 규칙이라고 우리 교장 선생님은 말씀하시죠……. 규칙을 잃어버리면 모든 게 끝장나는 겁니다. 우리의 일상생활에서도 마찬가집니다. (마샤의 허리를 붙잡고 웃으면서) 마샤는 나를 사랑하지요. 내 아내는 나를 사랑해요. 아, 창문의 커튼도 양탄자와 함께 걷어내야 해요……. 오늘은 아주 유쾌하고 기분이 좋군요. 마샤, 오늘 4시에 함께 교장 선생님 댁에 가야 돼. 교사들의 가족동반 산책 모임이 있어.

마샤 난 안 가겠어요.

쿨르이긴 (실망한 듯이) 왜 그래, 마샤?

마샤 나중에 얘기해요……. (화를 내면서) 좋아요. 갈게요. 제발 저리 좀 비켜 있어요, 제발……. (쿨르이긴에게서 떨어진다)

쿨르이긴 그리고 저녁 시간은 교장 선생님 댁에서 보낼 거야. 교장 선생님은 건강이 안 좋으신데도 언제나 사람들을 챙기려 애쓰시지. 고상한 어른이야. 훌륭한 분이지. 어제도 회의가 끝난 다음에 내게 말씀하시더군. "좀 피곤하군, 표도르 일리치, 피곤해." (벽시계를 바라보고는 다시 자기 시계를 본다) 이 집 시계가 7분 더 빠른걸. 글쎄 그분이 그렇게 말씀하셨다니까. "그래, 좀 피곤해."

---

[4] Mens sana in corpore sano(라틴어).

하고 말이야.

무대 뒤에서 바이올린 소리가 들린다.

올가   여러분, 식사하러 오세요! 파이를 준비했답니다!
쿨르이긴   아아, 사랑스런 올가! 어제는 아침부터 밤 11시까지 일하느라 완전히 녹초가 됐었지. 하지만 오늘은 행복해. (홀에 있는 식탁으로 간다) 사랑하는 올가…….
체부트이킨   (신문을 주머니에 집어넣고 수염을 쓰다듬으며) 파이라고? 이거 멋진데!
마샤   (체부트이킨에게 단호하게) 오늘은 술 드시면 안 돼요. 아시겠죠? 몸에 해로워요.
체부트이킨   이런, 그 일은 벌써 옛날이야기잖니. 지난 2년 동안 술에 취해본 적이 없어. (초조해 하며) 얘야, 뭐가 문제라고 그러니!
마샤   어쨌거나 드시지 마세요. 안돼요. (화를 내면서, 하지만 남편이 듣지 못하게) 속상해 죽겠어. 아아, 오늘 또 교장 댁에서 저녁 내내 지루하게 보내겠군!
투젠바흐   내가 당신이라면 안 갈 거야……. 간단한 문제지.
체부트이킨   가지 말고 여기 있으렴, 마샤.
마샤   가지 말라고요……. 아, 정말 지긋지긋한 인생이야……. (홀 쪽으로 간다)
체부트이킨   (그녀의 뒤를 따라가면서) 가지 마, 가지 말래도.
솔료느이   (홀 쪽으로 가면서) 쯧, 쯧, 쯧…….
투젠바흐   그만해, 솔료느이. 그만하라고!
솔료느이   쯧, 쯧, 쯧…….
쿨르이긴   (유쾌하게) 중령님의 건강을 위하여! 저는 교사이자 이 집 식구입니다. 마샤의 남편이죠……. 아내는 좋은 여자랍니다. 아주 좋은 여자예요…….
베르쉬닌   저는 보드카를 좀 마셔야겠습니다……. (마신다) 당신의 건강을 위하여! (올가에게) 여러분과 함께 하니 정말 기분이 좋군요…….

응접실에는 이리나와 투젠바흐만이 남아 있다.

이리나 마샤는 오늘 기분이 안 좋은가 봐요. 언니는 열여덟 살에 결혼했는데, 그때는 형부가 세상에서 가장 똑똑한 사람이라고 생각했대요. 하지만 지금은 아니죠. 형부는 선량하긴 하지만 그렇게 똑똑하지는 않아요.

올가 (초조한 얼굴로) 안드레이, 이제 그만 나와!

안드레이 (무대 뒤에서) 곧 갈게. (들어와서 식탁으로 간다)

투젠바흐 무슨 생각을 하고 있지?

이리나 별거 아니에요. 난 당신 친구 솔료느이가 싫고 무서워요. 늘 실없는 소리만 늘어놓잖아요…….

투젠바흐 그는 괴짜야. 그 친구를 보면 짜증이 날 때도 있지만, 그보다는 딱하다는 생각이 더 들지. 좀 수줍음을 타는 성격인 것 같아……. 나하고 둘이 있으면 무척 똑똑하고 친절한데, 여러 사람과 같이 있을 땐 무뚝뚝하고 짓궂거든. 아직 가지 마. 알아서들 먹고 마시고 있을 거야. 조금만 더 네 옆에 있게 해 줘. 무슨 생각을 하고 있지? (사이) 넌 스무 살이고, 나는 아직 서른이 안 됐어. 우리 앞에는 기나긴 세월이 펼쳐져 있어, 널 향한 나의 사랑으로 충만한 긴 세월이…….

이리나 니콜라이 리보비치, 제발 그런 얘기는 마세요.

투젠바흐 (아랑곳 않고) 나는 인생을 갈망해. 투쟁하고, 노동하는 열정적인 삶을 바라지. 그리고 이 열망은 내 영혼 속에서 이리나, 널 향한 사랑과 뒤섞여 하나로 녹아들고 있어. 넌 아름다워. 네가 있어서 인생 또한 아름답지! 무슨 생각해?

이리나 인생이 아름답다고요……. 그래요, 하지만 겉보기에만 그런 거라면요? 우리 세 자매의 인생은 지금껏 아름답지 않았어요. 잡초가 꽃을 뒤덮듯이 인생은 우리를 짓눌러 왔지요……. 이런, 눈물이……. 안 돼. (서둘러 눈물을 닦고 미소 짓는다) 일해야 해요. 일을. 우울해 하고 인생을 비관하는 건 다 노동을 몰라서 생긴 병이에요. 그동안 노동을 경멸한 데 따른 대가인 셈이죠.

나타샤가 들어온다. 분홍색 드레스에 초록색 허리띠를 매고 있다.

나타샤 벌써 다들 식사 중이신가 봐요……. 좀 늦었죠……. (잠시 거울을 들여다

보고 옷매무새를 고친다) 머리 모양새는 괜찮은 듯하고……. (이리나를 보며) 이리나 세르게예브나, 축하해요! (활기차게, 그리고 평상시보다 길게 키스한다) 손님들이 많이 오셨네요. 부끄러워 어쩌나……. 안녕하세요, 남작님!

올가 (응접실로 들어오면서) 어머, 나타샤. 안녕하세요!

두 사람이 키스한다.

나타샤 축하드려요. 낯선 손님들이 많아서 쑥스럽네요…….
올가 괜찮아요, 모두 허물없이 친한 사람들인데요, 뭘. (목소리를 낮추어, 놀란 듯이) 초록색 허리띠를 했네요! 이건 좀 그런데.
나타샤 왜요? 초록색이 불길한 색인가요?
올가 그런 게 아니라……드레스 색깔과 잘 안 어울리는 것 같아서요……. 뭐랄까……좀 이상해보여요.
나타샤 (울먹이는 목소리로) 정말요? 하지만 보다시피 완전한 초록색은 아니잖아요. 그보다는 좀 더 연한 빛이라고요. (올가를 따라 홀로 간다)

모두가 홀 테이블에 앉아 식사를 하고 있다. 응접실에는 아무도 없다.

쿨르이긴 이리나, 좋은 신랑감이 생기길 기원한다. 이제 결혼해도 좋을 나이니까.
체부트이킨 나타샤, 너한테도 좋은 소식이 있었으면 좋겠구나.
쿨르이긴 나타샤에게는 이미 구혼자가 있는걸요.
마샤 포도주 한 잔 더 할게요! 인생은 한 번뿐이라고요, 젠장.
쿨르이긴 당신 품행은 마이너스 3점이야.
베르쉬닌 이 술은 맛이 좋군요. 무엇으로 담근 술이죠?
솔료느이 바퀴벌레로.
이리나 (울먹이는 목소리로) 으윽, 끔찍해요.
올가 저녁 식사 땐 구운 칠면조와 달콤한 사과 파이를 준비할 거예요. 오늘은 온종일 집에 있을 생각이랍니다, 저녁에도요……. 그러니까 여러분, 저녁에 한 번 더 방문해주시지 않을래요?

베르쉬닌 제가 와도 될까요?

이리나 아무렴요.

나타샤 여기선 격식 차리지 않으셔도 돼요.

체부트이킨 자연은 오직 사랑을 위하여 우리를 창조했노라! (웃는다)

안드레이 (화난 듯이) 여러분, 이제 그만들 하시죠. 지겹지도 않습니까?

페도티크와 로데가 커다란 꽃바구니를 들고 들어온다.

페도티크 이런 벌써 식사 중이시군.

로데 (큰 목소리로, 혀 짧은 발음으로) 식사라고? 아니, 정말이네…….

페도티크 잠깐만! (사진을 찍는다) 하나! 한 번 더……. (또 한 장 찍는다) 둘! 이제 됐어요!

바구니를 들고 홀로 간다. 사람들이 그들을 왁자지껄하게 맞이한다.

로데 (큰 목소리로) 축하합니다. 모든 일이 다 잘 되시기 바랍니다! 오늘 날씨가 무척 좋지요, 기가 막힌 날씹니다. 오늘 오전엔 내내 고등학생들과 산책을 했지요. 고등학교에서 체육을 가르치고 있거든요…….

페도티크 움직여도 돼, 이리나. 괜찮아. (사진을 찍으면서) 오늘 아주 매력적인데. (주머니에서 팽이를 꺼낸다) 그건 그렇고, 이거 받아. 팽이인데, 아주 멋진 소리를 내지.

이리나 너무 예뻐요!

마샤 "녹음 짙은 떡갈나무 한 그루 바닷가에 서 있네. 거기 매인 황금의 사슬…… 황금의 사슬……." (울먹이며) 내가 왜 이럴까? 하루 종일 이 구절만 입에 맴돌아…….

쿨르이긴 식탁에 열세 사람이 앉았군요!

로데 (큰 목소리로) 설마 미신을 믿는 건 아니겠죠? (웃는다)

쿨르이긴 식탁에 열세 사람이 앉아 있으면 그 가운데 누군가는 사랑에 빠져 있다는 뜻이지요. 혹시 당신은 아니시겠죠, 이반 로마노비치…….

체부트이킨 나는 늙어빠진 노인이오. 그런데 왜 나탈리야 이바노브나 양의 얼굴이 붉어지는지 모르겠는걸. 정말 모를 일이군.

커다란 웃음소리. 나타샤가 홀에서 응접실로 뛰쳐나간다. 안드레이가 그녀 뒤를 따라 나간다.

안드레이 괜찮아, 신경 쓰지 말아요! 잠깐만……. 제발 멈춰요…….
나타샤 그냥 좀 부끄러워서요……. 저들은 날 놀리고 있어요. 이렇게 자리를 떠나는 건 예의에 어긋난 짓이지만, 나도 어쩔 수가 없었어요. 그래서……. (두 손으로 얼굴을 감싼다)
안드레이 나타샤, 부탁이야, 그렇게 흥분할 것 없어. 내 장담하는데, 저분들은 그냥 농담을 하고 있는 거야. 결코 악의가 있는 건 아니라고. 선량하고 따뜻한 분들이야. 다들 나와 당신을 좋아한다고. 이리로, 창 쪽으로 와요. 여기라면 홀에서 볼 수 없으니까……. (주위를 돌아본다)
나타샤 나는 사람들이 많이 모인 앞에서는 어찌해야 할지 모르겠어요.
안드레이 오, 젊음이여, 사랑스럽고 신비로운 젊음이여! 나타샤, 내 사랑, 너무 걱정 말아. 날 믿어, 믿으라고……. 난 정말 행복해. 내 마음은 사랑과 희열로 가득해……. 오, 그들은 우릴 못 볼 거야, 못 본다고! 어떻게, 어떻게 내가 당신을 사랑하게 되었고, 또 언제부터 사랑하게 되었는지, 난 모르겠어. 나의 사랑스럽고 달콤하고 순수한 나타샤, 나의 아내가 되어 줘! 당신을 사랑해, 당신을 사랑해……. 지금까지 어느 누구도 이렇게 사랑해 본 적이 없어…….

키스한다.

두 사람의 장교가 들어오다가 키스하고 있는 남녀를 보고서 깜짝 놀라 멈춰 선다.

—막—

2막

1막의 무대 그대로.

밤 8시. 무대 뒤 거리에서 아코디언 소리가 희미하게 들려온다. 등불은 꺼져 있다. 실내복을 입은 나타샤가 촛불을 들고 들어온다. 그녀는 안드레이의 방으로 통하는 문 앞에 멈춰 선다.

나타샤 안드레이. 뭐해요? 책 봐요? 아니, 아무것도 아니에요. 그냥……. (걸어가서 다른 문을 열고 안을 들여다보고는 문을 닫는다) 불이 있는지 보려고…….

안드레이 (손에 책을 들고 들어온다) 왜 그래, 나타샤?

나타샤 불이 켜져 있는지 살피는 중이었어요……. 지금은 사육제 기간이라 하인들이 마음이 들떠 있어 무슨 일이 생기지 않게 하려면 조심하고 또 조심해야 하거든요. 어젯밤 자정에 식당을 지나가다 보니까 촛불이 켜져 있더라고요. 누가 불을 켜 놓았는지 알아내지 못했어요. (촛불을 놓는다) 지금 몇 시죠?

안드레이 (시계를 보고 나서) 8시 15분.

나타샤 올가도 이리나도 아직 들어오지 않았어요. 가엾게도 아직까지 일하고 있어요. 올가는 교사회의에, 이리나는 전신국에…… (한숨 쉰다) 오늘 아침에도 말했어요. "이리나 아가씨, 건강 좀 챙기세요." 하지만 들을 사람이 아니죠. 8시 15분이라고 했죠? 우리 보비크가 자주 아파서 걱정이에요. 아이 몸이 왜 이리 찰까요? 어제는 열이 있더니만, 오늘은 온몸이 차니……. 너무 걱정돼요.

안드레이 괜찮아, 나타샤. 우리 아이는 건강해.

나타샤 하지만 어쨌든 식이요법만은 계속하는 편이 좋겠어요. 전 걱정이에요. 오늘도 9시가 지나서 가장무도회 춤꾼들이 온다더군요. 오지 않았으면 좋겠지만. 안 그래요, 안드레이?

안드레이 난 모르는 일이야. 아마 동생들이 부른 모양이군.

나타샤 오늘 아침에 아이가 눈을 뜨더니 나를 바라보고는 갑자기 생긋 웃질 않겠어요. 날 알아봤다니까요. 그래서 말했죠. "보비크, 안녕! 안녕, 얘야!"라고 했더니 아이도 소리 내서 웃더군요. 아이들도 알아요. 아주 잘 안다니까요. 그래서 말인데요, 안드레이, 가장무도회 사람들을 집에 들이지 말라고 얘길 해야겠어요.

안드레이 (머뭇거리면서) 그건 동생들의 일인데. 이 집의 주인은 그 애들이니까.

나타샤 네, 아가씨들도 같은 생각일 거예요. 내가 아가씨들에게 말할게요. 마음이 착한 사람들이니까……. (걸어가면서) 저녁 식사로 요구르트를 내라고 말해 두었어요. 의사 말로는 당신은 요구르트만 마셔야 한대요. 안 그러면 살이 안 빠진대요. (멈춰 선다) 보비크는 몸이 차요. 아무래도 그 애 방이 추운가 봐요. 날이 따뜻해질 때까지라도 다른 방으로 옮겼으면 해요. 이리나의 방이 제일 적당할 것 같아요. 건조하고 온종일 해가 드니까요. 이리나 아가씨더러 당분간 올가와 한 방을 쓰라고 말해야겠어요……. 낮에는 집에 없고, 밤에 잠만 잘 뿐이니까요…….

사이.

나타샤 안드레이, 왜 말이 없어요?

안드레이 그냥, 생각 좀 하느라고……. 할 말도 없고…….

나타샤 아 참…… 당신한테 할 말이 있었는데……. 아아, 맞아. 자치구의회에서 페라폰트가 왔어요. 당신이 있는지 묻더군요.

안드레이 (하품한다) 그럼 불러 줘.

나타샤가 나간다. 안드레이는 그녀가 두고 간 촛불 쪽으로 몸을 굽히고 책을 읽는다. 페라폰트가 들어온다. 깃을 세운 낡고 너덜너덜한 외투 차림에, 두 귀는 감싸고 있다.

안드레이 이보게, 별일 없나? 무슨 일인가?

페라폰트 의장님이 책 한 권과 무슨 서류를 보내오셨습니다. 여기……. (책과

종이 꾸러미를 내민다)

안드레이 고맙네. 좋아. 어째서 일찍 오지 않았나? 벌써 9시가 다 돼 가는데.

페라폰트 무슨 말이신지?

안드레이 (큰 소리로) 자네가 늦게 왔다고 했어. 벌써 9시가 다 되었다고.

페라폰트 네, 그렇게 됐습니다. 아직 밝을 때 왔습니다만, 들여보내 주지 않으시더군요. 나리께서 바쁘시다고 하면서요. 뭐, 어쩌겠습니까. 바쁘시다면 바쁘신 거니까. 저야 서두를 이유도 없고. (안드레이가 무엇인가를 묻는 줄 알고) 뭐라고 하셨지요?

안드레이 아무것도 아니야. (책을 펼쳐 보면서) 내일은 금요일이라 회의는 없지만, 그래도 나가봐야겠어……. 일이라도 해야지. 집에 있으니 답답하기만 해서……. (사이) 영감, 인생이 어쩌면 이리도 낯설게 변해버린 걸까! 인생이 이리도 사람을 기만하다니! 하루 종일 너무 따분하고, 할 일도 없어서 이걸 들춰봤다네. 오래 전 대학 시절 노트야. 읽고 있으니 웃음이 나더군……. 아아, 이게 무슨 꼴이람. 내가 자치구 의회 비서라니. 프로토포프가 의장으로 있는 자치구 의회의 비서란 말일세. 그리고 지금 내가 기대할 수 있는 가장 큰 희망은 자치구의원이 되는 거야! 모스크바 대학교수, 온 러시아가 자랑스러워 하는 위대한 학자를 꿈꾸었던 내가, 자치구의원이 되려 하다니!

페라폰트 무슨 말씀이신지……. 귀가 잘 안 들려서…….

안드레이 자네 귀가 잘 들렸다면, 자네 앞에서 이런 말을 하진 않았을 걸세. 누구하고든 말을 해야 하는데, 아내는 날 이해하지 못하거든. 동생들에게도 선뜻 말하기가 겁나. 동생들이 날 비웃을 것만 같아서……. 나는 술도 마시지 않아. 레스토랑도 별로야. 영감, 그래도 지금 내가 모스크바에 있는 테스토프나 볼쇼이 모스코프스키에 앉아 있다면 얼마나 좋을까.

페라폰트 요 전날엔가 한 도급업자가 자치구 의회에서 말하길, 모스크바에서 어떤 상인들이 블린[5]을 먹었는데, 글쎄 그중 한 사람이 그걸 마흔 조각이나 먹다가 죽었다는 거예요. 마흔 갠지, 쉰 갠지, 잘 기억나지는 않습니다만.

안드레이 모스크바 레스토랑의 큰 홀에 앉아 있으면, 내가 아는 사람도, 나

---

5) 핫케이크의 일종.

를 아는 사람도 없지. 그러면서도 조금도 자신이 서먹서먹하게 느껴지지 않아. 그런데 여기서는 모두가 나를 알고, 또 나도 그들 가운데 모르는 사람이 없는데, 서로 남남이나 다를 바 없거든……. 이방인……. 외로운 이방인 신세지.

페라폰트 뭐라고요?

사이.

페라폰트 그리고 이것도 그 도급업자가 한 얘긴데요, 아마 거짓말일 겁니다만, 모스크바시의 한쪽 편에서 반대편까지 밧줄을 매어 놓았다는 모양이더군요.
안드레이 무엇 때문에?
페라폰트 그건 저도 모르지요, 나리. 도급업자가 그렇게 말했어요.
안드레이 실없는 소리. (대학 노트를 읽는다) 모스크바에 가본 적 있나?
페라폰트 (사이를 두고) 못 가봤습니다. 하느님이 인도하시지 않았어요.

사이.

페라폰트 나가봐도 될까요?
안드레이 가도 좋아. 잘 가게. (페라폰트가 나간다) 잘 가게. (노트를 읽으면서) 내일 아침에 와서 이 서류를 가져가게……. 가도 좋아……. (사이) 벌써 가 버렸군.

부르는 벨소리.

안드레이 좋아, 일거리가 생겼어……. (기지개를 켜고는 천천히 자기 방으로 간다)

무대 뒤에서 유모가 아기를 재우기 위해 요람을 흔들면서 노래한다. 마샤와 베르쉬닌이 들어온다. 두 사람이 이야기하는 동안 하녀가 램프와 양초에 불을 붙인다.

마샤 모르겠어요. (사이) 정말 모르겠어요. 물론 습관이란 면도 무시할 수 없죠. 이를테면 아버지가 돌아가신 뒤로 더 이상 집에 당번병이 없다는 사실에 오랫동안 익숙해지지 못했어요. 하지만 그런 점을 감안한다 하더라도 이렇게 말할 수밖에 없는 건 제가 느끼는 어떤 정의감 때문이에요. 다른 지방에서는 어떤지 모르지만, 이 지방에서 가장 점잖고 고상하고 교양 있는 사람들은 전부 군인이에요.

베르쉬닌 목이 마르군. 차라도 한 잔 마셨으면 좋겠어요.

마샤 (시계를 보고 나서) 곧 준비될 거예요. 전 열여덟 살 때 결혼했는데 남편이 무서웠어요. 왜냐면 그이는 교사였는데, 저는 학교를 갓 졸업한 애송이였으니까요. 그때 남편은 엄청 박식하고 현명하고 중요한 사람처럼 보였어요. 하지만 유감스럽게도 지금은 그렇지가 않아요.

베르쉬닌 그렇군요…….

마샤 남편에 대해서는 말하고 싶지 않아요. 이젠 그 사람한테 익숙해졌어요. 민간인 가운데는 거칠고 불친절하고 교양 없는 사람들이 너무 많아요. 난폭한 사람을 보면 화가 나고 기분이 나빠져요. 세련되지 못하거나 불친절하고 예의 없는 사람을 볼 때면 불행하다고 느껴요. 그래서 남편의 동료들과 함께하는 자리가 너무나 괴로워요.

베르쉬닌 그렇군요……. 하지만 내가 보기에는 민간인이든 군인이든 마찬가지 같은데요. 적어도 이 마을에서는 하나같이 재미없는 인간들뿐이거든요. 전혀 다를 게 없어요! 민간인이든 군인이든 이곳 인텔리들이 하는 말을 들어보면, 마누라가 어떻다느니, 집이 어떻고, 영지가 어떻고, 말이 어떻다느니 하면서 죄다 앓는 소리뿐이에요……. 고상한 사색에 뛰어난 러시아인들이 왜 정작 실생활에서는 그렇게 고상하지 못한 걸까요? 대체 왜?

마샤 글쎄요, 왜 그럴까요?

베르쉬닌 왜 남편은 아내며 아이들 걱정으로 괴로워해야 하고, 또 아내와 아이들은 그 사람 때문에 고통을 받아야 되느냐 말입니다.

마샤 오늘 기분이 언짢으신 모양이군요.

베르쉬닌 그럴지도 모르죠. 오늘은 저녁도 먹지 못했고, 아침부터 아무것도 먹지 못했거든요. 딸아이가 몸이 좋지 않아요. 애들이 아플 때면 속이 타고,

아이들에게 그런 어머니를 갖게 한 내 자신을 용서할 수가 없어요. 아, 당신이 오늘 그 여잘 봤더라면! 돼먹지 못한 여자 같으니! 아침 7시부터 말싸움을 하다가 결국 9시에 문을 박차고 나와 버렸지요. (사이) 이런 얘기는 한 번도 꺼낸 적이 없는데, 이상하게 당신에게만은 하소연이라도 하고 싶어지는군요. (그녀의 손에 키스한다) 화내지 마세요. 내겐 당신 말고 아무도 없어요. 아무도……

사이.

마샤 난로에서 무슨 소리가 나요. 아버지가 돌아가시기 얼마 전에도 우리 집 굴뚝에서 소리가 났거든요. 바로 저런 소리였어요.

베르쉬닌 미신을 믿어요?

마샤 네, 믿어요.

베르쉬닌 신기한 일이군요. (그녀의 손에 키스한다) 당신은 아름답고 멋진 여자에요. 진심으로, 당신은 아름답고 근사해요. 여긴 어둡지만 여전히 당신의 아름다운 눈빛을 볼 수 있어요.

마샤 (다른 의자로 옮겨 앉는다) 이쪽이 더 밝아요…….

베르쉬닌 당신을 사랑합니다. 사랑해, 당신을 사랑해요……. 당신의 두 눈, 당신의 몸가짐……. 꿈에서도 당신을 봅니다……. 아름다운 여인이여!

마샤 (부드럽게 웃으면서) 당신이 그런 얘길 하시면 겁이 나기도 하지만 왠지 웃음이 나요. 다시는 그런 말 마세요, 부탁이에요……. (낮은 목소리로) 하지만 말씀하셔도 괜찮아요, 어차피 마찬가지니까요……. (두 손으로 얼굴을 감싼다) 어차피 마찬가지예요. 누가 오는군요. 다른 얘기를 해요…….

이리나와 투젠바흐가 홀을 가로질러 걸어온다.

투젠바흐 난 세 마디로 된 이름을 가졌지. 사람들은 나를 투젠바흐—크로네—알트샤우어 남작이라고 부르지만 난 러시아인이야. 너와 똑같이 러시아 정교도란 말씀이지. 내게서 독일인의 흔적을 찾기는 어려워. 그나마 독일인의 특성이 남아 있다면 참을성과 고집 정도랄까. 이렇게 매일 밤 집까지 바래다주는 정성만 봐도 알겠지.

이리나   난 너무 피곤해요!

투젠바흐   매일매일 전신국으로 가서 집까지 바래다 줄게. 10년이고 20년이고 네가 날 쫓아내지만 않는다면……. (마샤와 베르쉬닌을 보고 기쁜 듯이) 아, 오랜만이군. 잘 지내셨습니까?

이리나   휴우, 마침내 집에 왔어. (마샤에게) 아까 전에 어떤 아주머니가 사무실에 오더니 오늘 자기 아들이 죽었다고 하면서 사라토프에 있는 오빠한테 전보를 치겠다는 거야. 근데 도무지 주소가 기억나지 않는다는 거야. 그래서 주소도 없이 그냥 사라토프라고만 해서 전보를 보냈어. 아주머니는 자꾸 울기만 했지. 그런데 나는 아무 이유도 없이 그 여자한테 거칠게 말했어. "시간 없어요. 아까부터 말했잖아요"라고 말이야. 너무 바보 같아. 오늘 우리 집에 가장무도회 사람들이 오는 거야?

마샤   그래.

이리나   (안락의자에 앉는다) 좀 쉬어야겠어. 피곤해.

투젠바흐   (미소 지으면서) 사무실에서 나올 때 보면 넌 여전히 너무나 앳되고 외로워 보여…….

사이.

이리나   너무 피곤해. 난 전신국이 싫어. 지긋지긋하단 말이야.

마샤   그동안에 좀 야위었구나……. (휘파람을 분다) 더 어려신 것 같기도 하고. 얼굴이 사내아이 같아졌어.

투젠바흐   머리 모양 때문이야.

이리나   다른 직업을 찾아야겠어. 전신국은 나한테 안 맞아. 내가 그렇게 바라고 열망했던 것이 여긴 없어. 시(詩)가 없는, 무의미한 노동…….

마룻바닥을 두드리는 소리.

이리나 의사 선생님이야. (투젠바흐에게) 대신 좀 응답을 보내주세요……. 저는 못하겠어요……. 피곤해요…….

투젠바흐가 마룻바닥을 두드린다.

이리나 곧 올 거야. 어떤 조치를 취해야 해. 어제 의사 선생님과 안드레이가 클럽에서 또 돈을 잃었대. 안드레이는 200루블이나 잃었다지 뭐야.
마샤 (무표정하게) 이제 와서 어쩌겠어!
이리나 2주일 전에도 잃고, 12월에도 잃었잖아. 차라리 빈털터리가 돼서 이 도시를 떠나는 편이 낫겠어. 매일 밤 모스크바가 나오는 꿈을 꿔. 완전히 미쳤나 봐. (웃는다) 우린 6월에 그곳으로 갈 테니까. 6월까지는 아직도……. 2월, 3월, 4월, 5월……. 거의 반년이나 기다려야 하네!
마샤 돈 잃었다는 얘기, 나타샤 귀에 들어가게 해선 안 돼.
이리나 그 여자는 아무렇지도 않게 생각할 것 같은데.

식후에 한잠 자는 버릇이 있는 체부트이킨이 방금 일어나 홀로 들어와서 턱수염을 쓰다듬는다. 그러고는 식탁에 앉아 주머니에서 신문을 꺼낸다.

마샤 드디어 나타나셨네……. 저 사람 집세는 낸 거야?
이리나 (웃는다) 아니. 여덟 달 동안 한 푼도 안 냈어. 잊어버렸나 봐.
마샤 (웃는다) 어쩜 저렇게 근엄하게 앉아 있을까!

모두 웃는다. 사이.

이리나 베르쉬닌, 당신은 왜 아무 말도 없어요?
베르쉬닌 모르겠어요. 차를 마시고 싶군요. 차 한 잔을 위해서라면 생명을 반쯤 내던져도 좋을 지경입니다! 아침부터 아무것도 먹지 않았으니까요…….
체부트이킨 이리나!
이리나 왜 그러세요?

체부트이킨   이리 와보렴. '이리 오세요.'⁶⁾ (이리나가 가서 식탁에 앉는다) 너 없이는 못 하겠구나. (이리나가 일인용 카드놀이에 맞게 카드를 늘어놓는다)

베르쉬닌   어떻습니까? 차도 나오지 않으니 철학적인 토론이라도 해 봅시다.

투젠바흐   그러시죠. 주제는 뭡니까?

베르쉬닌   주제라? 이를테면 우리들이 죽고, 200년이나 300년 뒤의 인생에 대해서 얘기해보지요.

투젠바흐   흐음. 우리가 죽고 난 뒤의 세상에서라면, 사람들은 풍선 기구를 타고 하늘을 날아다닐 테죠. 외투 모양도 바뀔 겁니다. 어쩌면 여섯 번째 감각을 발견하여 더욱 발전시킬지도 모르죠. 하지만 그래봤자 인생은 마찬가지일 겁니다. 똑같이 힘들고 신비와 행복으로 가득하겠지요. 그래서 천 년 뒤의 인간 역시 '아아, 산다는 건 괴로워' 하고 탄식할 겁니다. 그러면서도 여전히 인간은 죽음을 두려워하고 죽기를 원치 않을 겁니다.

베르쉬닌   (잠시 생각하더니) 난 잘 모르겠군요……. 내가 보기에 세상의 모든 것은 조금씩 달라져야 하고, 실제로 우리가 보는 세상은 지금 이 순간에도 달라지고 있습니다. 200년, 300년, 아니 천년이 지나면―시간이 얼마나 걸리느냐는 중요치 않습니다―새롭고 행복한 삶이 찾아올 겁니다. 물론 우리는 그런 인생을 누릴 수 없겠지만, 그러한 삶을 위해 우리는 살고, 노동하고, 또 괴로워하는 것입니다. 네, 우리는 그런 인생을 창조하는 도정에 있습니다. 거기에 우리가 존재하는 의미가 있고, 또 우리의 행복도 있는 겁니다. (마샤가 조용히 웃는다)

투젠바흐   왜 웃지?

마샤   모르겠어요. 오늘은 종일 웃음만 나네요.

베르쉬닌   나도 당신이 다닌 학교를 나왔지만, 육군사관학교엔 가지 않았습니다. 책은 많이 읽는 편이지만, 책을 제대로 고르는 안목이 없어서 어쩌면 쓸데 없는 책만 읽고 있는지도 모르지요. 하지만 나이가 들수록 더 많이 알고 싶어지는군요. 머리는 희끗희끗해지고 이제는 거의 늙은이나 다름없지만 여전히 아는 게 별로 없답니다. 아아, 정말 아는 게 없어요! 하지만 가장 근본적

---

6) Venez ici (프랑스어).

이고 중요한 한 가지만은 알고 있지요. 분명히 알고 있습니다. 그래서 여러분께 말씀드리고 싶은 것은, 우리를 위한 행복이란 없고, 있을 수도 없으며, 앞으로도 영영 없을 거라는 사실입니다....... 우리는 다만 일하고 또 일해야 해요. 행복은 우리의 머나먼 후손들의 몫입니다. (사이) 나는 아니더라도, 적어도 내 후손들은 행복을 누릴 수 있을 겁니다.

페도티크와 로데가 홀에 나타난다. 그들은 앉아서 작은 목소리로 노래를 부르고 기타를 친다.

투젠바흐 당신 말씀대로라면, 우리는 행복을 꿈꿀 필요조차 없겠군요! 하지만 지금 내가 행복하다면요?
베르쉬닌 아니, 그럴 리 없어요.
투젠바흐 (손뼉을 치며 웃으면서) 우린 서로를 이해하지 못하는 게 분명하군요. 자, 어떻게 하면 당신을 납득시킬 수 있을까요?

마샤가 조용히 웃는다.

투젠바흐 (그녀를 향해 손가락을 들어 올려 보이며) 실컷 웃으라지! (베르쉬닌에게) 200년이나 300년 뒤는커녕 100만 년 뒤라 해도 인생은 지금과 똑같을 겁니다. 우리와 전혀 무관한, 혹은 우리의 힘으로는 결코 이해할 수 없는 나름의 법칙에 따라 인생은 언제나 똑같은 모습으로 그렇게 흘러갈 겁니다. 철새들, 예컨대 학을 예로 들어 봅시다. 그것들이 머릿속으로 무슨 생각을 하건 말건 간에 그것들은 어디로, 왜 가는지도 모른 채 날고 있고, 앞으로도 그렇게 날 겁니다. 그것들이 아무리 철학적이 된다 한들 날기를 멈추지 않는 한, 그런 건 아무 소용도 없을 겁니다…….
마샤 그래도 의미는 있지 않을까요?
투젠바흐 의미라……. 지금 눈이 오고 있지. 여기에 무슨 의미가 있을까?

사이.

마샤   인간에겐 신앙이 있어야 한다고 생각해요. 없다면 찾아야 하고요. 신앙이 없으면 우리 인생은 공허할 뿐이니까요……. 학이 왜 날아가는지, 아이들이 무엇 때문에 태어나는지, 하늘에 왜 별이 있는지 모르고 살아간다는 것은……. 사람은 무엇을 위해 사는지 알아야 해요. 그렇지 않다면 모든 게 허망하고 부질없어요.

사이.

베르쉬닌   하지만 청춘이 다 흘러가버리고 나면 마음 아파하게 될 거예요…….
마샤   고골의 작품에 이런 구절이 있지요. "친구들, 이 세상에서 사는 일은 정말 지루하다네!"
투젠바흐   나는 이렇게 말하겠습니다. "친구들, 자네들과 논쟁하는 건 정말 어렵군!" 아, 이제 난 그만두겠어…….
체부트이킨   (신문을 읽으면서) 발자크, 베르디체프에서 결혼.

이리나가 조용히 노래를 흥얼거린다.

체부트이킨   수첩에 적어 둬야겠어. (적는다) 발자크, 베르디체프에서 결혼이라.
  (신문을 읽는다)
이리나   (카드를 늘어놓다가 생각에 잠긴 표정으로) 발자크, 베르디체프에서 결혼.
투젠바흐   내 운명은 결정됐어. 마샤, 알고 있어? 나 장교 그만뒀어.
마샤   들었어요. 하지만 잘했다고는 생각지 않아요. 민간인은 좋아하지 않으니까요.
투젠바흐   상관없어……. (일어선다) 난 군인 노릇할 만한 풍채도 아니야. 뭐, 아무래도 좋아……. 난 일을 할 거야. 평생에 단 하루만이라도. 저녁에 녹초가 되어 집으로 돌아와 침대에 쓰러지자마자 곧바로 잠들 만큼 일할 거야. (홀로 나가면서) 일을 하면 잠을 잘 자겠지!
페도티크   (이리나에게) 아가씨 주려고 모스크바 거리의 프이지코프네 가게에서 색연필을 샀지. 그리고 여기 작은 칼도…….

이리나 아직도 날 어린애로 아나 봐. 이제 나도 다 컸어요……. (색연필과 칼을 받고는 기뻐하면서) 어머, 예뻐라!

페도티크 내가 쓸 칼도 샀는데……. 자, 보라고……. 칼날이 하나, 둘, 세 개……. 이건 귀이개, 이건 가위, 그리고 이건 손톱을 다듬는 데 쓸 거고…….

로데 (큰 소리로) 군의관님, 올해 연세가 어떻게 되세요?

체부트이킨 나 말이오? 서른두 살이오. (웃음)

페도티크 다른 카드 점을 가르쳐 드리죠……. (카드를 늘어놓는다)

사모바르가 나온다. 안피사가 사모바르 곁에서 시중을 든다. 잠시 뒤, 나타샤가 나와 식탁 주위를 부산하게 움직인다.

솔료느이 등장, 사람들과 인사하고 식탁에 앉는다.

베르쉬닌 대단한 바람이군요!

마샤 그러게 말예요. 이젠 겨울이 지긋지긋해요. 여름이 어땠는지 이젠 기억도 안 날 정도예요.

이리나 점괘가 잘 나온 것 같아. 그렇죠? 모스크바에 갈 수 있다는 거죠?

페도티크 아니지, 잘 봐, 8점 카드가 스페이드 2 위에 있잖아. (웃는다) 모스크바에 갈 수 없다는 뜻이야.

체부트이킨 (신문을 읽으면서) 치치하얼(북만주의 도시)에 천연두가 퍼졌군.

안피사 (마샤에게 다가오면서) 마샤, 차를 좀 마셔봐요. (베르쉬닌에게) 드십시오, 나리……. 미안합니다만, 성함과 부칭을 잊어버려서……. (정식으로 이름과 부칭으로 부르는 것이 예의인데, 그것을 잊어버려서 그 실례를 사과하는 것)

마샤 이리 가져와요, 유모. 여기서 마실 테니.

이리나 유모!

안피사 네, 가요!

나타샤 (솔료느이에게) 갓난아기가 알아듣는 것을 보면 정말 기특해요. "잘 잤니, 보비크. 잘 잤니, 우리 아가!" 하고 말하면, 그 아인 뭔가 특별한 눈으로 날 바라봐요. 엄마니까 그렇게 말한다고 생각하시겠지만, 그게 아니에요. 정말이에요! 그 애는 정말 특별해요.

솔료느이 내 애였으면 프라이팬에 구워 먹었을 거야. (컵을 들고 응접실로 가더니 구석에 앉는다)

나타샤 (두 손으로 얼굴을 가리고) 어쩜 저리도 몰상식하담!

마샤 행복한 사람은 지금이 여름인지 겨울인지 그다지 신경 쓰지 않지요. 모스크바에 가면 날씨에 대해선 무심해질 거란 생각이 들어요……

베르쉬닌 요 전날에 어느 프랑스 장관의 옥중일기를 읽었습니다. 파나마 사건으로 유죄판결을 받은 인물이죠. 감옥 창문으로 새들을 바라보면서 느꼈던 감격과 기쁨을 묘사하더군요. 예전에 장관으로 있었을 때는 그런 새 따위에는 관심도 없었는데 말이지요. 물론, 자유의 몸이 된 지금은 다시 예전처럼 새 따위는 그의 눈에 들어오지도 않을 겁니다. 이와 마찬가지로 당신도 모스크바에 살게 되면 모스크바를 느끼지 못하게 될 겁니다. 우리에게 행복은 없어요, 행복해질 수도 없고. 그저 행복에 대한 갈망만 있을 뿐.

투젠바흐 (식탁에서 상자를 집어 든다) 사탕은 어디 있지?

이리나 솔료느이가 먹었어요.

투젠바흐 전부 다?

안피사 (찻잔을 차리면서) 나리, 편지가 왔어요.

베르쉬닌 나한테? (편지를 받는다) 딸이 보냈군요……. (읽는다) 아아, 물론 그렇겠지……. 마샤, 미안합니다. 먼저 일어나겠습니다. 차는 마실 수 없겠군요. (흥분한 듯이 일어선다) 늘 이런 식이지…….

마샤 무슨 일이에요? 비밀인가요?

베르쉬닌 (목소리를 낮추어) 아내가 또 독약을 마셨답니다. 가봐야 합니다. 다른 분들이 눈치 채지 못하게 살짝 빠져 나가야겠군요. 끔찍하고 불쾌한 일이에요. (마샤의 손에 키스한다) 나의 우아하고 아름답고 사랑스러운 여인이여……. 안 보이게 이쪽으로 조용히 나가겠습니다……. (나간다)

안피사 그분은 어디 가셨어요? 기껏 차를 내왔더니……. 정말 이상한 분이야.

마샤 (화를 내면서) 저리 비켜요! 유모가 자꾸 왔다 갔다 하니까 정신이 없잖아요……. (찻잔을 들고 식탁으로 간다) 지겨워 죽겠어.

안피사 왜 화를 내시는 거예요? 아가씨!

안드레이의 목소리 "안피사!"

안피사 (그의 목소리를 흉내 내어) 안피사! 저쪽에 앉아 계시는구먼……. (나간다)
마샤 (홀의 식탁 옆에서 화를 내면서) 나도 좀 앉게 해줘요! (식탁 위의 카드를 뒤섞어버린다) 식탁 가득 카드나 벌여 놓고. 차나 마셔요!
이리나 왜 심술이야.
마샤 내가 화나 있을 땐 말 시키지 마. 건드리지 말라고!
체부트이킨 (웃으면서) 건드리지 마, 건드리지 마!
마샤 예순 살이나 먹고도 언제까지 그렇게 애처럼 구실 거예요. 제발 철 좀 드세요.
나타샤 (한숨 쉰다) 마샤 아가씨, 왜 그렇게 험하게 말을 하세요? 솔직히 말해서, 말투만 조금 고치시면, 그 예쁜 얼굴에 상류 사교계를 휘어잡고도 남을 텐데요. 미안한 말이지만, 마리, 당신의 언행은 다소 거칠어요.[7]
투젠바흐 (웃음을 참으면서) 내게 줘……. 거기……. 거기 코냑이 있을 텐데…….
나타샤 보비크가 벌써 잠이 깼나 봐요.[8] 깼어요. 오늘 아이가 몸이 좋지 않아요. 가봐야겠어요. 미안해요……. (나간다)
이리나 베르쉬닌 씨는 어디 가셨어?
마샤 집으로 갔어. 아내한테 또 무슨 일이 있나 봐.
투젠바흐 (코냑 병을 들고 솔료느이한테 간다) 자네는 늘 혼자 앉아서 뭔가를 생각하고 있군. 무슨 생각을 하는지 알 수가 없어. 자, 우리 화해하자고. 코냑이라도 마시도록 합시다. (마신다) 난 오늘 밤새워 피아노를 칠 거야. 보나마나 시시한 곡들만 치게 될 테지만. 알게 뭐야!
솔료느이 뭘 화해하자는 거야? 다툰 일도 없는데.
투젠바흐 자네를 보고 있으면 늘 우리 관계가 어딘가 잘못되어 가고 있는 걸까 생각하게 만들잖나. 자넨 확실히 괴짜야.
솔료느이 (웅변조로) 나는 이상하도다. 하지만 이 세상에 이상하지 않은 인간이 어디 있단 말인가! 노하지 말라, 알레코여!

---

7) Je vous prie, pardonnez moi, Marie, mais vous avez des manières un peu grossières(프랑스어).
8) Il Parait, que mon Bobik déjà ne dortpas(프랑스어).

투젠바흐　여기서 알레코가 왜 나오나?

사이.

솔료느이　누구하고든 둘만 있으면 다른 사람들처럼 나도 아무렇지도 않아. 하지만 여럿이 있을 땐 침울해지지……. 그래서 온갖 실없는 소리를 지껄이게 돼. 하지만 동시에 난 여느 사람들보다 훨씬 더 양심적이고 정직하지……. 증명할 수 있어.
투젠바흐　다른 사람들과 있을 때, 자넨 늘 나를 놀렸지. 그래서 자주 자네한테 화를 내곤 했네. 그래도 난 자네가 싫지는 않아. 뭐 어떻든 오늘은 실컷 취할 거야. 한번 마셔 보자고!
솔료느이　그러지. (그들은 마신다) 남작, 난 자네한테 한 번도 반감을 가져본 적이 없네. 하지만 내겐 레르몬토프[9] 같은 기질이 있어. (목소리를 낮추어) 실제로 내 얼굴이 레르몬토프와 닮았다는 얘기를 들은 적도 있어……. (주머니에서 향수병을 꺼내 두 팔에 뿌린다)
투젠바흐　전역을 신청했네. 더 이상은 못해! 5년이나 생각하고 내린 결정이야. 앞으로는 일을 할 거야.
솔료느이　(웅변조로) 노하지 말지어다, 알레코여……. 잊어라, 잊을지어다. 그대의 꿈일랑…….[10]

그들이 말하는 동안 안드레이가 책을 들고 조용히 들어와 촛불 옆에 앉는다.

투젠바흐　일을 할 거라고.
체부트이킨　(이리나와 함께 응접실로 걸어오면서) 요리도 진짜 코카서스식이었단다. 양파 수프에다, 고기 요리로는 체하르트마가 나왔지.
솔료느이　체료므샤는 고기가 아니에요. 우리네 양파와 비슷하게 생긴 채소

---

[9] 레르몬토프(1814~1841)는 러시아의 낭만파를 대표하는 시인. 현실을 환멸하고 고상한 정신을 가진 시인으로 알려져 있다.
[10] 푸시킨의 서사시 〈집시〉 중의 1절.

라고요.

체부트이킨 아닐세, 이 사람아. 체하르트마는 양파가 아니라, 특별한 방식으로 구운 양고기 요리야.

솔료느이 체료므샤는 양파라니까요.

체부트이킨 체하르트마는 양고기라니까.

솔료느이 양파라니까요.

체부트이킨 자네와 말해 뭘 하겠나. 자넨 코카서스 지방에 가본 적도 없고, 체하르트마를 먹어 본 일도 없을 텐데.

솔료느이 도저히 먹을 수가 없어서 안 먹었을 뿐입니다. 마늘 냄새가 너무 지독해서요.

안드레이 (애원하듯) 이제 그만들 하시죠, 여러분! 부탁입니다!

투젠바흐 가장무도회 사람들은 언제 오지?

이리나 9시에 오기로 했으니까, 곧 올 거예요.

투젠바흐 (안드레이를 껴안고서 노래한다) 아아, 나의 집이여, 나의 새 집이여…….

안드레이 (춤추면서 노래한다) 단풍나무 기둥을 세워 지은 새 집이여…….

체부트이킨 (춤춘다) 격자무늬가 있는 내 집이여! (웃음)

투젠바흐 (안드레이에게 키스한다) 제기랄, 마셔 보세, 안드레이. 마음을 터놓고 마셔 보자고. 나도 자네 따라 모스크바로 가서 대학에나 들어갈까.

솔료느이 어떤 대학? 모스크바엔 대학이 둘 있는데.

안드레이 모스크바엔 대학이 하나밖에 없어요.

솔료느이 아니, 둘이야.

안드레이 그럼 셋이라고 해 두죠. 그게 낫겠어요.

솔료느이 모스크바엔 대학이 둘 있다니까! (소곤거리며 야유하는 소리) 모스크바엔 오래된 대학과 새로 생긴 대학, 이렇게 두 개가 있단 말이야. 정 내 말이 짜증나고 듣기 싫으면, 내 입을 다물지. 아니, 다른 방으로 가면 되겠군…….

(문을 열고 나간다)

투젠바흐 브라보, 브라보! (웃는다) 여러분, 시작합시다, 피아노는 내가 치겠어! 솔료느이, 참 재미있는 친구야. (피아노 앞에 앉아서 왈츠를 연주한다)

마샤 (혼자 왈츠를 춘다. 왈츠 박자에 맞춰 노래하듯이) 남작이 취했어, 남작이 취했어,

남작이 취했어.[11]

나타샤가 들어온다.

나타샤 (체부트이킨에게) 체부트이킨! (체부트이킨에게 무언가 말하고는 조용히 나간다)

체부트이킨이 투젠바흐의 어깨를 두드리고는 무언가를 속삭인다.

이리나 무슨 일이에요?
체부트이킨 이제 그만 돌아갈 시간이야. 잘 가게.
투젠바흐 편히 주무시길. 갈 시간이야.
이리나 잠깐만요……. 가장무도회는 어떻게 하고요?
안드레이 (당황해 하면서) 가장무도회 사람들은 오지 않아. 이리나, 나타샤 말로는 보비크가 많이 아프대, 그래서……. 사실, 난 잘 모르겠어. 어떻게 되든 마찬가지니까.
이리나 (어깨를 으쓱하면서) 보비크가 아프다고요?
마샤 뭐 처음 겪는 일도 아니잖아. 쫓아내겠다는데 나가줘야지. (이리나에게) 보비크가 아픈 게 아니라, 저 여자가 아픈 거야……. 여기가 말이야! (손가락으로 이마를 두드린다) 옹졸하고 천한 계집애!

안드레이가 오른쪽 문을 통해 자기 방 쪽으로 걸어간다. 체부트이킨이 그의 뒤를 따른다. 홀에서 두 사람이 작별 인사를 나눈다.

페도티크 정말 유감이군요! 밤새 멋지게 놀아볼 생각이었는데, 하지만 아이가 아프다니……. 내일 장난감을 가져다줘야겠군…….
로데 (큰 소리로) 밤새 춤추려고 일부러 저녁 먹고 나서 잠까지 자고 왔는데. 이제 겨우 9시밖에 안 됐어요!

---

11) 원문은 바롬 삐앙, 바롬 삐앙 바롬 삐앙, 하고 교묘하게 피아노의 음색을 흉내내고 있다.

마샤 우선 밖으로 나가요. 밖에서 어떻게 할지 얘기하기로 해요.

작별 인사를 나누는 소리가 들린다. 투젠바흐의 유쾌한 웃음소리. 모두 퇴장한다. 안피사와 하녀가 식탁을 치우고 등불을 끈다. 유모의 노랫소리가 들린다. 외투를 입고 모자를 쓴 안드레이와 체부트이킨이 조용히 나타난다.

체부트이킨 결혼할 시간이 없었지. 인생은 정말 섬광처럼 빠르게 흘러가더군. 게다가 그땐, 이미 남의 아내가 된 자네 어머니를 미친 듯이 사랑했었기 때문에…….

안드레이 결혼은 안 하는 게 나아요. 인생이 따분해지거든요.

체부트이킨 그야 그렇지만 외로움은 어찌할 텐가? 네가 무슨 말을 하든지 간에, 고독은 정말 무서운 거야……. 뭐, 이제 와서 이런 말이 무슨 소용이야.

안드레이 어서, 어서 가요.

체부트이킨 서두를 필요가 뭐가 있니? 시간은 충분해.

안드레이 아내가 잡을까 봐 걱정돼서요.

체부트이킨 아하!

안드레이 난 오늘 끼지 않을 거예요. 그냥 앉아서 구경만 할 게요. 몸이 좋지 않아요……. 자꾸 숨이 찰 땐 어떡해야 하죠?

체부트이킨 글쎄, 모르겠구나. 잊어버렸나보다, 애야. 모르겠어.

안드레이 부엌으로 해서 빠져 나가요.

종이 잇달아 울린다. 종소리에 섞여 사람들의 목소리와 웃음소리가 들린다.

이리나 (들어온다) 누구지?

안피사 (속삭이는 목소리로) 가장무도회 사람들이 왔나 봐요.

종소리.

이리나 가서 미안하지만 집에 아무도 없다고 말해 줘요.

안피사가 나간다. 이리나는 생각에 잠겨 방 안을 서성거린다. 그녀는 흥분해 있다. 솔료느이가 들어온다.

솔료느이 (의아한 얼굴로) 아무도 없잖아……. 모두 어디 갔지?
이리나 돌아들 갔어요.
솔료느이 별일이군. 그럼 너 혼자야?
이리나 네. (사이) 안녕히 가세요.
솔료느이 아까는 내가 절제력을 잃고 어리석게 행동했지. 하지만 넌 다른 사람들과는 달라. 넌 순수하고 고상한 사람이니까, 넌 진실을 볼 줄 알아. 날 이해할 수 있는 사람은 너뿐이야. 널 사랑해. 진심으로, 한없이 널 사랑해…….
이리나 안녕히 가세요! 돌아가실 시간이에요.
솔료느이 너 없이는 살아갈 수가 없어. (그녀의 뒤를 따라가면서) 오, 나의 기쁨! (울먹이는 목소리로) 오, 나의 행복! 영롱하게 반짝이는 너의 눈, 어떤 여자에게서도 이렇게 아름다운 눈을 본 적이 없어.
이리나 (냉정하게) 그만하세요, 솔료느이 씨!
솔료느이 지금 난 태어나서 처음으로 누군가에게 사랑을 고백하고 있는 거야. 이건 마치 지구가 아닌 다른 행성에 와 있는 듯한 기분이군. (이마를 문지르며) 뭐, 아무래도 좋아. 사랑을 강요할 수는 없으니까……. 하지만 내 경쟁자들을 그냥 내버려두지는 않을 거야……. 그럴 순 없어……. 하늘에 맹세코, 널 탐내는 경쟁자가 있다면 누구든 죽여버릴 거야……. 오, 나의 보석!

나타샤가 양초를 들고서 방을 지나간다.

나타샤 (이 문 저 문을 들여다보고 남편의 방으로 통하는 문을 지나친다) 안에 안드레이가 있어. 책을 읽도록 놔둬야지. 어머, 바실리 바실리예비치, 용서하세요. 여기 계신 걸 모르고 잠옷 차림으로…….
솔료느이 난 상관없어. 안녕히! (나간다)
나타샤 피곤해 보여요, 불쌍한 아가씨! (이리나에게 키스한다) 일찍 잠자리에 드는 게 좋겠어요.

이리나 보비크는 잠들었어요?

나타샤 네, 하지만 잠을 깊이 못자요. 마침 잘 됐네요, 할 얘기가 있었는데 늘 아가씨가 집에 없거나 내가 짬이 없었거든요……. 다른 게 아니라 지금 보비크가 쓰는 방은 너무 춥고 눅눅하답니다. 아가씨 방이면 보비크한테 딱 좋을 거 같아요. 그래서 그런데, 착한 우리 아가씨, 당분간만 올가 방에서 지내 주시면 안 될까요?

이리나 (이해하지 못하고) 어디라고요?

세 필의 말이 끄는 썰매가 방울을 울리며 집 쪽으로 달려오는 소리가 들린다.

나타샤 얼마 동안 아가씨와 올가가 한 방을 쓰고 아가씨 방은 보비크에게 내 달라는 거예요. 우리 보비크는 너무나 귀여워요. 오늘 내가 "보비크, 내 아들! 내 아들!" 하고 말했더니, 그 귀여운 두 눈으로 나를 빤히 쳐다보질 않겠어요. (벨소리) 분명 올가일 거예요. 이렇게 늦다니!

하녀가 나타샤에게 다가와 귀엣말을 한다.

나타샤 프로토포포프라고? 정말 이상한 사람이네. 프로토포포프가 와서 자기와 함께 썰매를 타자며 나를 부르고 있다는군요. (웃는다) 참 이상한 사람이야……. (벨소리) 누가 왔나 봐요. 15분만 타고 올까……. (하녀에게) 곧 나간다고 전해 줘. (벨소리) 아가씨도 들었죠? 이번엔 틀림없이 올가일 거예요……. (나간다)

하녀가 달려 나간다. 이리나는 생각에 잠겨 앉아 있다. 쿨르이긴과 올가, 그 뒤를 따라 베르쉬닌이 들어온다.

쿨르이긴 어떻게 된 거지, 파티가 있다고 했는데.

베르쉬닌 이상하군요. 30분 전에 내가 나올 때만 해도 다들 가장무도회 사람

들을 기다리고 있었는데……,

이리나 모두 떠났어요.

쿨르이긴 마샤도 떠났어? 어디로 갔지? 프로토포포프는 썰매에 앉아서 누굴 기다리는 거지? 누굴 기다리는 거냐고?

이리나 나한테 묻지 마세요……. 피곤해요.

쿨르이긴 허 참, 대답 한번 친절하시군.

올가 회의가 이제야 끝났어. 완전히 기진맥진이야. 교장 선생님이 아파서 내가 대리로 업무를 맡고 있어. 머리가, 머리가 아파……. 아이고 머리야. (앉는다) 안드레이는 어제 카드놀이로 200루블을 잃었대……. 온 도시가 그 얘기야…….

쿨르이긴 그래. 나도 회의 때문에 진이 다 빠졌어. (앉는다)

베르쉬닌 아내가 나를 겁주려고 독약을 먹으려 했어요. 하마터면 진짜로 먹었을 거예요. 다행히 무사해서 기쁘고, 이제 한숨 돌리는 중입니다……. 그건 그렇고, 이제 떠나야겠군요? 자, 안녕히 계십시오. 쿨르이긴 씨, 어디가 됐든 같이 나갑시다! 집엔 돌아갈 수 없어요. 도저히 그럴 맘이 아니라……. 함께 갑시다!

쿨르이긴 난 지쳤어요. 그냥 집으로 가겠습니다. (일어난다) 아, 피곤해. 마샤는 집으로 간 거야?

이리나 그럴 거예요.

쿨르이긴 (이리나 손에 키스한다) 안녕. 내일과 모레는 온종일 쉬어야지. 잘 있어! (가려다가) 그래도 차라도 좀 마시고 싶은데. 모처럼 친구들과 하룻밤 유쾌하게 놀고 싶었다고. '오, 덧없는 인간의 희망이여!'[12] 감탄문에는 대격(對格)을 써야지…….

베르쉬닌 결국 혼자 가야겠군. (휘파람을 불면서 쿨르이긴과 함께 나간다)

올가 아, 머리가 아파……. 안드레이 오빠가 돈을 잃었어……. 온 동네가 그 얘기야……. 가서 자야지. (가려다가) 내일은 일이 없으니까……. 오, 정말로 기뻐! 내일도 쉬고, 모레도 쉬고……. 머리가 아파. 머리가……. (나간다)

---

12) Qfallacem hominum spem! (라틴어)

이리나　(혼자서) 모두 가 버렸어. 아무도 없어.

거리에서 아코디언 소리가 들리고, 유모는 아이를 달래면서 자장가를 부른다.

나타샤　(모피 외투를 입고 모피 모자를 쓰고 홀을 지나간다. 그녀의 뒤를 하녀가 따라간다) 30분 안으로 돌아올게요. 요 근처만 잠깐 달리고 올 거니까. (나간다)
이리나　(홀로 남아 우울에 잠겨) 모스크바로! 모스크바로! 모스크바로!

—막—

3막

올가와 이리나의 방. 왼쪽과 오른쪽에 각각 침대가 있고 침대 주위는 칸막이로 가려져 있다. 새벽 2시가 넘은 시각. 무대 뒤에서 마을의 화재경보종이 울리고 있다. 화재는 한참 전부터 이어지고 있다. 집안사람들 가운데 잠자리에 든 사람은 아무도 없다. 평소처럼 검은 옷을 입은 마샤가 소파에 누워 있다. 올가와 안피사가 들어온다.

안피사 그 애들은 지금 아래층 계단 밑에 앉아 있어요……. "이층으로 올라가, 이렇게 있을 순 없잖아" 하고 말해도 울기만 하면서 "아빠가 어디 계시는지 몰라요. 아빠가 불에 타 죽으면 어떡해요."라는 거예요. 아휴, 끔찍해라! 마당에도 사람들이 있는데……. 다들 옷도 제대로 못 입었어요.

올가 (옷장에서 옷을 꺼낸다) 이 회색 옷 받아……. 이것도……. 재킷도……. 이 치마도 가져가, 유모……. 대체 이게 무슨 일이야, 맙소사! 키르사노프 거리 전체가 불탔나봐……. 이것도 가져가……. 이것도……. (유모의 팔에 옷을 던진다) 가엾게도…… 베르쉬닌 식구들도 몹시 놀랐을 거야……. 하마터면 불에 탈 뻔했다니까 말이야. 오늘 밤은 우리 집에서 보내도록 해 드려……. 집으로 가시게 하면 안 돼……. 불쌍한 페도티크 집은 모든 게 다 타버려서 남은 게 없다는군…….

안피사 아가씨, 페라폰트를 불러도 될까요? 혼자서는 다 못 들고 가요.

올가 (종을 친다) 아무리 종을 쳐도 오지 않는군……. (문에 대고) 누구 없어요? 거기 있는 사람! (열린 문을 통해 화염으로 붉은 창문이 보인다. 집 앞을 소방대가 지나가는 소리가 들린다) 너무나 끔찍해! 무서운 일이야!

페라폰트가 들어온다.

올가 이걸 아래로 가져가 줘……. 거기 계단 아래 콜로틸린 씨네 어린 아가씨들이 있어……. 그 애들에게 주도록 해요. 이것도 내주고…….

페라폰트 네, 아가씨. 1812년에는 모스크바에도 큰 화재가 났었지요. 하느님, 우릴 보살피소서! 그때는 프랑스군도 깜짝 놀랐으니까요.

올가 자, 어서 가 봐.

페라폰트 알겠습니다. (나간다)

올가 유모, 다 나눠 줘. 우리에겐 아무것도 필요 없으니, 모두 줘……. 난 그냥 서 있기도 힘들 만큼 지쳤어……. 베르쉰 식구들을 집으로 돌아가게 해선 안 돼……. 여자애들은 응접실에 재우고, 베르쉰 씨는 아래층에 남작이 있는 곳으로……. 페도티크도 남작에게 보내거나, 아니 홀 쪽이 낫겠어……. 의사 선생님은 곤드레만드레 취했으니까 아무도 그분한테 보내면 안 돼. 하필이면 이런 날 취할 건 뭐람. 베르쉰 부인도 응접실에서 주무시게 하는 게 좋겠어.

안피사 (지쳐서) 올가 아가씨. 날 내쫓지 말아 주세요! 제발!

올가 바보 같은 소리 하지 말아요, 유모. 누가 유모를 내쫓는대요.

안피사 (올가의 어깨에 머리를 기댄다) 나의 귀염둥이 아가씨, 난 몸이 부서져라 일하고 있어요……. 하지만 기력은 나날이 떨어져가고, 그러다보면 다들 저보고 나가라고 하겠죠. 내가 갈 곳이 어디겠어요? 어디로? 내 나이 여든이에요. 여든한 살…….

올가 잠시 앉아 있어요, 유모……. 몸이 지쳐서 그래, 가엾어라……. (유모를 앉힌다) 조금 쉬어요, 유모. 안색이 너무 창백해요.

나타샤가 들어온다.

나타샤 사람들은 우리가 당장 나서서 이재민 구제위원회를 꾸려야 한다고 생각하고 있어요. 어때요, 좋은 생각이죠? 가난한 사람들을 돕는 건 부자들의 의무니까요. 보비크와 소포츠카는 아무 일도 없는 양 곤히 자고 있어요. 지금 우리 집은 오갈 데 없는 사람들로 우글거려요. 요즘 시내에 독감이 유행인데, 아이들에게 옮기지나 않을까 걱정이에요.

올가 (올케의 말을 듣지 않고) 이 방에서는 불길이 보이지 않으니, 너무나 조용해…….

나타샤 네……. 아, 머리가 엉망일 거야. (거울 앞에서) 내가 예전보다 살쪘대요. 전혀 아닌데! 전혀! 마샤는 지쳐서 자고 있네. 가엾어라……. (안피사에게 냉정하게) 내 앞에서 잘도 앉아 있군! 어서 일어나요! 여기서 나가요! (안피사가 나간다. 사이.) 아가씨, 왜 아직까지도 저런 노파를 데리고 사는 거죠? 난 알다가도 모르겠어요.

올가 (놀란 표정으로) 미안하지만, 무슨 말인지 잘 모르겠어요…….

나타샤 저 할멈은 이 집안에서 아무 쓸모도 없어요. 시골뜨기 할멈은 시골에서 살아야죠……. 자기 분수를 알아야지. 집안 정리를 할 필요가 있어요! 쓸모없는 인간들은 필요 없어요. (올가의 뺨을 어루만진다) 불쌍한 아가씨, 많이 지쳤군요. 미래의 교장 선생님이 이렇게 힘들어 하시다니! 우리 소포츠카가 자라서 고등학교에 들어가면 나도 아가씨를 어려워하게 될 테죠.

올가 난 교장 안 할 거예요.

나타샤 교장으로 뽑힐 거예요, 올가. 이미 결정된 거나 다름없어요.

올가 난 거절할 거예요. 할 수 없으니까……. 내겐 힘에 겨운 일이에요……. (물을 마신다) 방금 전에 올케는 유모에게 너무 무례하게 굴었어요……. 미안하지만, 난 그런 꼴 못 봐요……. 화가 나서 기절할 것만 같았어요.

나타샤 (당황하여) 미안해요, 올가. 용서해줘요……. 마음 상하게 하려고 한 건 아니에요.

마샤가 일어서더니 화가 나 씩씩거리며 베개를 집어 들고 나간다.

올가 잘 들어요, 올케……. 어쩌면 우리가 유별나게 교육받았는지 모르지만, 난 그런 짓은 도저히 봐줄 수가 없어요. 그런 태도를 보면 괴로워서 병이 날 것만 같아요……. 마음이 불안해서…….

나타샤 용서해 주세요, 용서해 주세요……. (올가에게 키스한다)

올가 아무리 하찮은 거라도 무례한 행동이나 거친 말을 들으면 나는 참을 수가 없어요.

나타샤 가끔 내가 곧잘 쓸데없는 말을 한다는 건 알아요. 이건 사실이에요. 하지만 아가씨, 내 말도 좀 들어줘요. 그런 할멈은 시골에서 살 수도 있잖아요.

올가 유모는 벌써 30년을 우리 집에서 살았어요.

나타샤 하지만 이제 일도 못하잖아요! 내가 이해를 못하는 건지, 아니면 아가씨가 내 말을 이해하지 못하는 건지. 이제 할멈은 아무 일도 못해요. 그저 잠이나 자고 앉아만 있는 게 다라니까요.

올가 그럼 그냥 앉아 있게 내버려두면 되잖아요.

나타샤 (놀란 얼굴로) 앉아 있게 하다니요? 그 여잔 하녀에요. (울먹이는 목소리로) 이해를 못하겠어요. 우리 집에는 따로 유모도 있고, 애를 돌보는 여자도 있고…… 하녀도 있고, 요리사도 있어요. 대체 왜 저 노파가 필요한 거죠? 어디 쓸 데가 있냐고요?

무대 뒤에서 경보종이 울린다.

올가 하룻밤 사이에 10년은 늙어버린 것 같아.

나타샤 올가 아가씨. 서로 다짐해둘 게 있는 것 같아요. 아가씬 학교에 있고, 난 집에 있어요. 아가씨의 일은 교육이고, 내 일은 집안살림이죠. 그래서 나는 하녀에 관해서 말하고 있고, 나는 내가 이야기하는 것에 대해 잘 알고 있어요. 암, 알고말고요……. 당장 내일이라도 저 늙은 도둑고양이를 여기서 쫓아낼 거예요……. (발을 구른다) 저 마녀를! 감히 나를 화나게 하다니! 이젠 안 참아! (자신이 지나치게 흥분했음을 깨닫고) 사실, 아가씨가 아래층으로 옮겨 가지 않는 한, 우린 늘 이렇게 부딪칠 거예요. 정말 끔찍한 일이에요.

쿨르이긴이 들어온다.

쿨르이긴 마샤는 어디 있지? 이제 집에 갈 시간인데. 불길이 거의 잡혀간다더군. (기지개를 켠다) 한 구역밖에 타지 않았지만, 바람이 불어서 처음엔 온 도시가 타버리는 줄 알았다니까. (앉는다) 지쳤어. 사랑스런 올가……. 난 가끔 생각해, 마샤가 아니었다면 아마 당신과 결혼했을 거라고. 당신은 정말 좋은 사람이야……. 난 너무 지쳤어. (귀를 기울인다)

올가 무슨 소리죠?

쿨르이긴 하필 이런 때 의사가 엉망으로 취해 있으니. 정말 재수도 없지. (일어선다) 이리로 오는 것 같은데. 들리지? 그래, 이리로 오고 있어……. (웃는다) 저 꼬락서니 좀 보게……. 난 숨어 있어야겠어……. (문 쪽으로 가서 귀퉁이에 멈춰 선다) 불한당 같으니라고!

올가 지난 2년 동안 취한 적이 없으셨는데, 느닷없이 저렇게 폭음을 하시다니……. (나타샤와 함께 방 안쪽으로 피한다)

체부트이킨이 들어온다. 말짱한 사람처럼 비틀거리지도 않고 걸어오다가 멈춰서더니 주위를 둘러본다. 그러고는 세면대로 가더니 손을 씻기 시작한다.

체부트이킨 (침울하게) 어느 놈이건 악마한테 다 잡혀 가 버려라, 다 뒈져 버려라……. 빌어먹을……. 내가 의사니까 병이란 병은 모두 고칠 수 있을 거라고 생각들 하지만, 난 정말이지 아는 게 없어. 알고 있던 것도 다 잊어버렸고, 아무것도 생각나지 않아. 정말 아무것도.

올가와 나타샤가 그가 알아채지 못하게 밖으로 나간다.

체부트이킨 빌어먹을. 지난 수요일에 자스프에 사는 어떤 여자를 치료했는데, 죽어버렸어. 그 여자가 죽은 건 내 잘못이야. 그래…… 25년 전만 해도 뭔가 알았는데. 이젠 아무것도 생각 안 나. 아무것도. 어쩌면 난 인간이 아닌지도 몰라. 그저 팔, 다리, 머리 달린 허수아비인지도 몰라. 나는 전혀 존재하지 않는지도 몰라. 그저 걸어 다니고, 먹고 잠자는 것처럼 보이는 환영에 지나지 않을지도 모르지. (운다) 내가 정말 존재하는 게 아니라면! (우는 걸 멈추고 음울하게) 알게 뭐야……. 그저께 클럽에서는 다들 셰익스피어니 볼테르니 하며 지껄여댔지만…… 난 읽지 않았어. 전혀 읽지 않았지만, 마치 읽은 것 같은 얼굴을 하고 있었지. 다른 사람들도 나와 똑같아. 저속하고 비열하기 짝이 없어! 수요일에 실수로 내가 죽인 여자 생각이 났어……. 그러더니 오만 가지 생각이 다 떠오르고 모든 게 역겹고, 추악하고, 뒤틀려 보이기 시작했지……. 그래서 술을 마시게 된 거야…….

이리나, 베르쉬닌 그리고 투젠바흐가 들어온다. 투젠바흐는 최신 유행의 평상복을 입고 있다.

이리나 여기 앉도록 하죠. 이곳엔 아무도 들어오지 않을 거예요.
베르쉬닌 군인들 아니었으면 도시 전체가 타버렸을 겁니다. 훌륭했어! (만족해 하면서 두 손을 비빈다) 정예병들이야! 정말 잘해 주었어!
쿨르이긴 (그들에게 다가가면서) 지금 몇 시죠?
투젠바흐 벌써 3시가 넘었어. 곧 날이 밝을 거야.
이리나 다들 홀에 앉아서 돌아갈 생각을 않는군요. 솔료느이 씨도 저쪽에 앉아 있고요……. (체부트이킨에게) 군의관님, 가서 주무세요.
체부트이킨 난 괜찮아……. 고맙구나. (턱수염을 쓰다듬는다)
쿨르이긴 (웃는다) 많이 취하셨어요, 의사 선생! (그의 어깨를 툭 치며) 브라보! 옛 사람들이 말했죠, "술 속에 진리가 있노라."[13]
투젠바흐 다들 나보고 이재민을 위한 음악회를 열어달라고 부탁하더군.
이리나 하지만 그걸 누가 해요……?
투젠바흐 그야 마음만 먹으면 못할 것도 없지. 마샤의 피아노 솜씨는 대단하니까.
쿨르이긴 맞아, 마샤의 연주 솜씨는 대단하지!
이리나 이젠 다 잊어버렸을걸요. 피아노 쳐본 지가 벌써 3년…… 아니, 4년도 더 됐는데.
투젠바흐 이 도시에는 음악을 이해하는 사람이 없어, 단 한 사람도. 하지만 난 음악을 알지. 감히 단언하건대, 마샤의 피아노 솜씨는 거의 천재적이라고.
쿨르이긴 맞습니다, 남작. 난 마샤를 무척 사랑하지요. 훌륭한 여자에요.

---
13) In vino veritas. (라틴어).

투젠바흐 그토록 멋진 재능을 가졌는데도 알아주는 사람 하나 없다니!

쿨르이긴 (한숨을 내쉰다) 그래요……. 그렇지만 그녀가 음악회에 참여하는 게 과연 바람직한 일일까요? (사이) 여러분, 난 잘 모르겠어요. 뭐 어쩌면 괜찮을지도 모르죠. 우리 교장 선생님은 훌륭한 분입니다. 매우 세련되고 지적인 분이시죠. 다만 그분의 평소 가치관을 생각한다면…… 이건 좀……. 물론 그분이 끼어들 일은 아니지만…… 어쨌건 여러분이 원하신다면 뭐, 그분과 이야기를 해 볼 수도 있지요.

체부트이킨이 중국식 도자기 시계를 들고 살펴본다.

베르쉬닌 화재 때문에 온몸이 그을음투성이에요. 정말 가관이로군. (사이) 어제 잠깐 들었는데, 우리 여단이 어디 먼 곳으로 옮겨간다고 하더군요. 폴란드로 간다는 사람들도 있고, 치타로 갈 거라는 사람들도 있습니다.

투젠바흐 그 얘긴 나도 들었어요. 어쨌거나, 이제 이 도시는 텅텅 비겠군요.

이리나 우리도 떠날 거예요.

체부트이킨 (시계를 떨어뜨린다. 시계가 부서진다) 박살이 났군!

사이. 모두가 놀라고 당황스러워한다.

쿨르이긴 (조각들을 주우며) 이렇게 값진 걸 부숴 버리다니. 아아, 이반 로마노비치, 이반 로마노비치! 사람이 왜 그리 칠칠치 못합니까!

이리나 그건 돌아가신 어머니 유품이에요.

체부트이킨 그런가……. 어머니 시계라면 어머니 시계인 거겠지. 어쩌면 내가 깨뜨린 게 아니라, 내가 깨뜨린 것처럼 보일 뿐인지도 몰라. 우리는 존재하는 것처럼 보일 뿐, 실제로는 존재하지 않을지도 모르지. 난 아무것도 몰라. 아니, 이 세상에 누가 아는 사람이 있겠소. (문 옆에 서서) 다들 뭘 보고 있지? 나타샤는 프로토포포프와 연애를 하는데, 당신들에게는 아무것도 보이지 않는군……. 여기 이렇게들 앉아 있을 뿐이지, 아무것도 모르고서. 나타샤는 프로토포포프와 연애를 하고 있는데……. (노래한다) 당신께 무화과를 드려도

될까요?······. (나간다)

베르쉬닌 그래······. (웃는다) 정말 하나부터 열까지 괴상한 일 뿐이야! (사이) 화재가 났을 때 나는 급히 집으로 달려갔지요. 가보니 다행히 우리 집은 무사하더군요. 사람들이 우왕좌왕 돌아다니고, 개와 말이 겁을 먹고 이리저리 날뛰는데 내 어린 두 딸은 속옷 차림으로 문가에 서 있더군요. 아이 엄마는 어디 갔는지 보이지도 않았어요. 아이들 얼굴은 불안과 두려움으로 잔뜩 질려 있었지요. 절박하게 도움을 구하고 있었어요. 그런 아이들의 표정을 보니 가슴이 미어지는 것 같았습니다. 나는 생각했지요, 아아, 저 아이들은 앞으로 남은 기나긴 세월 동안 얼마나 많은 괴로움을 겪게 될까! 난 아이들의 손을 붙잡고 달렸지요. 그러는 내내 머릿속엔 한 가지 생각뿐이었습니다. 아이들이 인생길에 헤쳐 나가야 할 그 수많은 괴로움을 생각했지요. (사이) 그런데 이곳에 와보니 애들 엄마는 벌써 와 있더군요. 날 보니 오히려 소리를 지르고 화를 냈지요.

마샤가 베개를 들고 들어와 소파에 앉는다.

베르쉬닌 내 어린 딸들이 속옷 차림으로 문가에 서 있고, 거리는 불길로 붉게 물들고, 무시무시한 소리가 들리고, 그런 와중에 문득 내 머릿속에는 예전에도 이와 비슷한 광경이 벌어지곤 했다는 생각이 떠오르더군요. 적들이 마을을 습격하여 약탈하고, 불을 지르고······. 하지만 어쨌건 오늘의 광경과 과거의 광경 사이에는 분명 차이가 있지요! 또한, 앞으로 200년이나 300년쯤 세월이 더 흐르고 나면 사람들은 지금 우리의 삶의 방식을 경악과 조소의 눈길로 바라보겠지요. 그때가 되면, 오늘날의 모든 것은 서투르고, 투박하고, 이상하고, 불편해 보이겠지요. 오, 미래의 삶은 얼마나 아름다울까요! (웃는다) 미안합니다, 또 다시 개똥철학을 늘어놓았군요. 하지만 좀 더 계속하게 해 주세요. 미래에 대해 이야기하고 싶습니다. 왠지 그러고 싶군요. (사이) 우리는 모두 잠들어 있는지도 모르지요. 미래의 삶은 얼마나 아름다울까요! 상상해 보십시오······. 지금 이 도시엔 당신 같은 사람들이 단지 세 명밖에 없지만, 세월이 흐를수록 그 숫자는 점점 더 많아져서 언젠가는 모두가 당신들처럼 변하고, 당신들처럼 살게 되는 때가 올 것입니다. 그러는 사이에 우리는 어느새 시대에 뒤떨어진 존재가 되어 있을 테지요. 그리고 대신 우리보다 더 나은 새로운 사람들이 태어날 겁니다……. (웃는다) 오늘따라 기분이 이상하군요. 나는 인생을 갈망해요……. (노래한다) 사랑에는 나이의 구별 없나니, 그 고통은 값지도…….

마샤 트람—탐—탐…….

베르쉬닌 탐—탐…….

마샤 트라—라—라?

베르쉬닌 트라—타—타. (웃는다)

페도티크가 들어온다.

페도티크 (춤춘다) 탔노라, 탔노라! 내가 가진 모든 것 깡그리 탔노라!

웃음.

이리나 농담으로 할 얘기가 아니에요. 정말로 다 타버렸어요?

페도티크 (웃는다) 아주 깡그리. 아무것도 안 남았어. 기타도 탔고, 사진도 탔고, 편지도 모조리……. 너에게 주려던 수첩마저 타버렸어.

솔료느이가 들어온다.

이리나 바실리 바실리예비치, 제발 나가 주세요. 여긴 오시면 안 돼요.

솔료느이 어째서 남작은 와도 되고, 나는 안 되지?

베르쉬닌 우리도 이제 나가야 합니다. 화재는 어떤가요?

솔료느이 불길이 잡혔다고들 합니다. 아니 정말로 이상하군. 어째서 남작은 되고, 나는 안 된다는 거야? (향수병을 꺼내서 뿌린다)

베르쉬닌 트람—탐—탐

마샤 트람—탐.

베르쉬닌 (웃으면서 솔료느이에게) 홀로 나갑시다.

솔료느이 좋습니다. 좀 더 분명히 해둘 필요가 있지만, 일단은 거위들의 성미를 돋우면 안 되겠지……. (투젠바흐를 보면서) 쯧, 쯧, 쯧…….

베르쉬닌, 페도티크와 함께 나간다.

이리나 솔료느이가 들어왔다 나가니 방 안에 담배 냄새가 지독해! (놀라면서) 남작님이 주무시네! 남작님, 남작님!

투젠바흐 (깨어 일어나) 아, 피곤하군……. 벽돌 공장에서……잠꼬대가 아니라, 정말로 벽돌 공장에서 일을 시작하려고 해……. 거의 결정이 난 얘기야. (이리나에게 다정하게) 넌 창백하고 아름답고 매혹적이야……. 어둠 속에서 네 창백한 얼굴이 은은히 빛나는군. 넌 우울하고 삶에 만족하지 못하지……. 그러니 나와 함께 가자. 나와 함께 일하자.

마샤 니콜라이 리보비치, 나가주세요.

투젠바흐 (웃으면서) 너도 여기 있었군? 몰랐어……. (이리나의 손에 키스한다) 그럼, 난 나가볼게……. 지금 널 보니까 오래전, 너의 명명기념일이 떠오르는군. 그때 넌 노동의 기쁨에 대해서 얘기했었지. 그 시절의 넌 활기차고 자신만만했었어. 그 시절엔 나도 행복한 인생을 꿈꿨었지! 그래서 그 결과는 어떻지? (이리나의 손에 키스한다) 눈에 눈물이 고였군. 이제 자러 가도록 해. 동이 틀 거야……. 곧 아침이 오겠지……. 널 위해 내 목숨이라도 바칠 수 있다면 얼마나 좋을까!

마샤 니콜라이 리보비치, 당장 나가요! 정말 너무하는군요…….

투젠바흐 그래, 가지……. (나간다)

마샤 (누우면서) 당신 자는 거예요?

쿨르이긴 응?

마샤 여기서 잠들지 말고 집으로 가세요.

쿨르이긴 사랑하는 마샤, 나의 소중한 마샤…….

이리나 언니는 지쳤어요. 좀 쉬게 내버려 두세요.

쿨르이긴 곧 갈 거야……. 귀엽고 사랑스런 내 아내……. 당신을 사랑해, 하나

뿐인 내 사랑…….

마샤 (화난 목소리로) 아모, 아마스, 아마트, 아마무스, 아마티스, 아만트.[14]

쿨르이긴 (웃는다) 당신은 정말 놀라운 여자야. 당신과 결혼한 지 7년이나 됐지만, 바로 어제 결혼한 것 같아. 정말이야, 당신은 놀랄 만한 여자야. 나는 만족해, 암, 만족하고말고!

마샤 아아, 지겨워, 지겨워, 지겨워 죽겠어……. (일어났다가 다시 앉으며) 한 가지 생각이 머릿속에서 떠나질 않아……. 정말 속상해 죽겠어요. 너무 답답해서, 얘기라도 해야 살 것 같아. 안드레이 오빠 말이야……. 오빠는 이 집을 은행에 저당 잡혔고, 돈은 몽땅 올케가 챙겼어요. 하지만 이 집은 오빠 한 사람 것이 아니라, 우리 네 사람 모두의 소유라고요! 오빠도 그만한 건 알고 있을 텐데, 정신이 바로 박힌 사람이라면.

쿨르이긴 그만 둬, 마샤! 왜 그런 데까지 신경을 쓰는 거지? 안드레이는 여기저기 빚을 지고 있어. 그래서 그런 거니 그냥 내버려 두는 게 좋아.

마샤 그래도 화가 나 죽겠는걸. (눕는다)

쿨르이긴 우리는 궁색하지 않아. 나는 일하고 있어. 고등학교에 나가고 개인지도도 하고 있어……. 나는 성실한 사람이야. 말하자면, '전 재산을 몸에 지니고 다니는'[15] 사람이랄까.

마샤 뭔가를 바라서 그러는 게 아니에요. 옳지 않은 일이기 때문에 화를 내는 거지. (사이) 이제 가세요, 표도르.

쿨르이긴 (아내에게 키스한다) 피곤할 테니 한 30분이라도 쉬도록 해요. 밖에 앉아서 기다릴 테니까……. 눈 좀 붙이라고……. (걸어가면서) 나는 만족해, 암, 만족하고말고. (나간다)

이리나 안드레이 오빠는 타락했어, 그 여자와 함께 한 뒤부터 무기력해지고 늙어 버렸어! 교수가 된다던 사람이 지금은 마침내 자치구의회의원이 됐다고 으스대고 있으니. 오빠는 의원이고, 프로토포포프는 의장……. 도시 전체가 수군거리며 비웃고 있는데, 오빠 혼자만 아무것도 보지 못하고, 아무것도

---

14) Amo, amas, amat, amamus, amatis, amant. '사랑하다'를 뜻하는 라틴어 동사 'amare'의 변화형을 열거한 것이다.

15) Omnia mea mecum porto. (라틴어)

모르고 있어……. 아까만 해도 모두 화재 현장으로 달려갔는데, 오빠는 무심하게 자기 방에 앉아 있더라고. 바이올린만 켜면서 아무것도 하질 않아. (신경질적으로) 오, 끔찍해, 너무 끔찍해! (운다) 더 이상 참을 수 없어, 더 이상! ……못 참겠어, 못 참아!

올가가 들어와서 탁자를 정리한다.

이리나 (큰 소리로 흐느낀다) 나 같은 건 내버려 둬. 그냥 내버려 두라고. 더 이상 못 참아!

올가 (소스라치게 놀라며) 왜 그러니, 왜 그래, 이리나?

이리나 (흐느끼면서) 어디로? 다 어디로 갔지? 어디 있는 거야? 오, 하느님! 다 잊어버리고 말았어, 잊어버렸다고……. 머릿속이 뒤죽박죽이야……. 이탈리아어로 저 창문을 뭐라고 하는지, 천장을 뭐라고 하는지 기억나지 않아……. 다 잊어버렸어. 날이 갈수록 점점 더 잊어버리고 있어. 삶은 자꾸 흘러갈 뿐, 두 번 다시 돌아오지 않아. 우린 절대로, 절대로 모스크바에 갈 수 없을 거야……. 난 알아…….

올가 얘, 이리나…….

이리나 (감정을 추스르면서) 아, 난 불행해……. 난 이제 일을 할 수도 없고, 일하지도 않을 거야. 됐어, 충분해! 전신국에서도 일했고, 지금은 시청에서 근무하고 있지만, 내게 맡겨진 일들은 하나같이 다 끔찍해……. 난 벌써 스물세 살이고 오랫동안 일해 왔어. 머릿속은 무뎌지고, 몸은 여위고 용모는 추해지고 나이만 먹어 가고 있어. 그 어떤 만족도 느끼지 못하고 시간만 흐르고 있어. 아름답고 참된 삶에서 점점 더 멀어지는 것 같아. 갈수록 깊은 심연 속으로 빠져 들어가고 있어. 난 이제 희망이라곤 없어. 어떻게 내가 살아 있는지, 어떻게 여태껏 자살하지 않았는지 궁금할 정도야…….

올가 울지 마, 얘. 울지 마……. 나 역시 괴로워.

이리나 울지 않아, 안 울 거야……. 됐어……. 봐, 이제 안 울잖아. 안 울어.

올가 이건 너의 언니이자 친구로서 하는 얘기야. 남작과 결혼해.

이리나, 소리 없이 흐느낀다.

올가 너도 그 사람을 존경하고 높이 평가하잖아……. 그리 잘생기진 않았지만 착하고 친절한 사람이야……. 사람들이 결혼하는 건 사랑 때문이 아니라, 의무를 다하기 위해서야. 적어도 나는 그렇게 생각해. 나도 사랑 없는 결혼을 할지도 몰라. 누구든 청혼해 온다면 결혼할 거야. 좋은 사람이라면 말이지. 나이가 많아도 상관없어…….

이리나 나는 줄곧 기다려 왔어. 우리가 모스크바로 가면, 거기서 진정한 사랑을 만나게 될 거라고. 그곳에서 만날 미래의 남자를 꿈꾸고, 또 사랑했지……. 헛된 꿈이었어. 어리석은 짓이었다고…….

올가 (동생을 껴안는다) 사랑스러운 내 동생, 네 마음은 나도 알아. 남작이 퇴역하고 평상복을 입고 우리 집에 왔을 때 얼마나 볼품없어 보이던지 나도 모르게 눈물이 났을 정도니까……. 왜 우냐고 그 사람이 묻더구나. 내가 뭐라고 대답하겠어! 하지만 하느님이 그분을 너와 혼인하도록 인도하신다면, 난 정말 기쁠 것 같아. 결혼은 전혀 다른 문제야, 알겠니, 완전히 다른 문제라고.

나타샤가 촛불을 손에 들고 오른쪽 문에서 나타나 왼쪽 문으로 말없이 무대를 가로질러 지나간다.

마샤 (일어나 앉는다) 마을에 불이라도 지를 것처럼 돌아다니고 있네.
올가 마샤, 넌 바보야. 우리 집안에서 가장 미련한 사람은 너야. 안됐지만.

사이.

마샤 나 두 사람한테 고백할 게 있어. 너무 괴로워. 두 사람한테만 고백하고 다른 누구한테도 말하지 않을 거야……. 잠깐이면 돼. (나직하게) 이건 내 비밀이지만, 둘 다 알아야 해……. 말하지 않고는 못 견디겠어……. (사이) 나, 누군가를 사랑하고 있어……. 그 사람을……. 방금 전에 여기 있던 사람……. 아니, 솔직하게 말할게. 나 베르쉬닌을 사랑해…….

올가   (칸막이 뒤 자기 침대로 간다) 그만둬. 난 아무것도 안 들을 거야.

마샤   나도 어쩔 수 없어! (머리를 감싼다) 처음에는 그 사람이 이상하게 보였는데, 나중에는 불쌍한 생각이 들고…… 결국 사랑하게 됐어……. 그분의 목소리도, 이야기도, 불행도, 두 딸도 좋아졌어…….

올가   (칸막이 뒤에서) 어쨌든 난 못 들었어. 네가 무슨 어리석은 말을 하든, 난 듣지 않았으니까.

마샤   언니는 바보야. 난 그를 사랑해. 이건 운명이야. 그 사람을 사랑하게 된 건 내 숙명이란 말이야……. 그분도 날 사랑하고 있어……. 그래, 무서운 일이야. 그렇지? 좋은 일은 아니지? (이리나의 손을 잡고는 자기 쪽으로 끌어당긴다) 아, 귀여운 이리나……. 우리는 이제 어떤 인생을 살게 되는 것일까, 어떤 운명이 우릴 기다리고 있을까……. 소설을 읽으면 모든 게 너무도 빤히 보이는데, 정작 내가 사랑하게 되니까, 누구에게서도 답을 구할 수가 없어. 결국 자기 일은 스스로 결정해야 하는 거야……. 올가 언니 그리고 이리나……. 고백했으니까 이제부터 침묵할게……. 고골의 광인처럼 나도…… 침묵할 거야…….

안드레이가 들어오고, 그의 뒤를 따라 페라폰트가 들어온다.

안드레이   (화를 내며) 무슨 일이지? 이해할 수가 없군.

페라폰트   (문 옆에서, 초조하게) 안드레이, 벌써 열 번이나 말씀드렸는데요.

안드레이   우선 나는 자네한테 안드레이가 아니라, 의원 나리야!

페라폰트   의원 나리, 소방대가 강으로 가는데 정원을 지나가도록 허락해 달라고 합니다. 안 그러면 돌아가야 하는데, 이만저만 고생이 아니니까요.

안드레이   좋아. 그렇게 하라고 해.

페라폰트가 나간다.

안드레이   정말 귀찮게 하는군. 올가는 어디 있지?

올가가 칸막이 뒤에서 나온다.

안드레이 벽장 열쇠를 좀 빌리려고 왔어. 내 건 잃어버려서. 네가 하나 갖고 있잖아. 조그만 열쇠인데.

올가가 말없이 그에게 열쇠를 준다. 이리나는 칸막이 너머 자기 침대로 간다. (사이)

안드레이 굉장한 화재였어! 이제야 좀 잠잠해지기 시작한 것 같더군. 망할 자식 같으니라고. 페라폰트가 자꾸 짜증을 돋워서 그만 바보 같은 소릴 해 버렸어……. 의원님이라니…….

사이.

안드레이 왜 말이 없지? 올가?

사이.

안드레이 이제 그만 하자. 유치하게 부루퉁해 있지 말자고. 마샤도 여기 있고, 이리나도 여기 있으니 잘됐어. 우리 깨끗이 결론을 내자. 도대체 너희들 나한테 무슨 불만이 있는 거야? 뭐가 불만이야?
올가 오빠, 그만둬. 우리 내일 이야기해. (흥분하면서) 오늘밤은 충분히 괴로우니까!
안드레이 (당황하며) 흥분하지 마. 싸우려는 게 아니야. 다만 나한테 뭐가 불만인지 묻고 있는 거야. 솔직하게 말해 봐.

베르쉬닌의 목소리 "트람—탐—탐!"

마샤 (일어난다. 큰 소리로) 트라—타—타! (올가에게) 잘 자, 올가. 갈게. (칸막이 너머로 가서 이리나에게 키스한다) 잘 자……. 안녕. 오빠, 그만 돌아가. 다들 지쳤어……. 내일 이야기해……. (나간다)
올가 정말이야, 안드레이. 내일 다시 이야기해……. (칸막이 너머 자기 침대로 간다)

3막 137

자야겠어.

안드레이 할 말은 하고 가겠어. 단도직입적으로……. 첫째, 너희들은 내 아내 나타샤에게 적의를 품고 있어. 결혼식 당일부터 느낄 수 있었지. 나타샤는 아름답고 성실하고 솔직하고 명예를 아는 여자야. 그게 내 생각이야. 난 아내를 사랑하고 존경해. 이해하겠니? 그러니까 너희도 나처럼 그녀를 존중해 주었으면 해. 다시 말하는데, 나타샤는 성실하고 고결한 사람이야. 너희들이 아내를 못마땅해 하는 건 솔직히 말해서 너희들의 변덕 탓이라고밖에 생각할 수 없어……. (사이) 둘째, 너희들은 내가 교수가 아니고 학문적인 일을 하지 않는다고 화를 내는 것 같더구나. 하지만 나는 자치구의회의원으로 시에 봉사하고 있어. 난 내가 하는 일이 학문을 연구하는 것만큼이나 값지고 중요한 것이라고 생각해. 난 자치구의회의원이야. 원한다면 말해 주지, 난 이런 내가 자랑스러워……. (사이) 세 번째로, 꼭 해야 할 말이 있는데…… 나는 너희들의 허락도 받지 않고 이 집을 저당 잡혔어……. 이 부분에 대해서는 내가 잘못했어. 그래, 너희들의 용서를 구한다. 부채 때문에 어쩔 도리가 없었어……. 3만 5천 루블……. 지금은 도박 끊었어. 오래전에 이미 그만뒀단다. 하지만 내가 변명하고 싶은 가장 큰 부분은 사실 이거야. 너희들은 연금을 받잖아……. 그런데 난 받지 못해. 내 월급은…… 말하자면…….

사이.

쿨르이긴 (문 앞에서) 마샤, 여기 없어? (불안하게) 대체 어딜 갔을까? 이상한 일이군……. (나간다)

안드레이 아무도 듣지 않는군. 나타샤는 훌륭하고 정직한 여자야. (무대 위를 말없이 오락가락하다가 멈춰 선다) 결혼할 때 난 우리가 행복해질 거라고 생각했어……. 모두 행복해질 거라고……. 그런데……. 오, 하느님! (운다) 사랑하는 동생들아, 소중한 내 동생들아. 내 말을 믿어선 안 돼, 알겠니, 내 말을 믿지 마……. (나간다)

쿨르이긴 (문 앞에서 근심스런 표정으로) 마샤는 어디 갔지? 마샤 여기 없어? 정말 이상한데. (나간다)

경보 종소리가 거리에 울려 퍼진다. 무대가 텅 빈다.

이리나 (칸막이 뒤에서) 올가! 누가 마룻바닥을 두드리는 거야?
올가 의사 선생님이야. 취하셨어.
이리나 정말 불안한 밤이야!

사이.

이리나 올가 언니! (칸막이에서 얼굴을 내민다) 들었어? 여단이 여기를 떠나 어디 먼 곳으로 옮겨 간다는 소식.
올가 소문일 뿐이야.
이리나 그렇게 되면 우리만 남겠지……. 올가 언니!
올가 왜 그래?
이리나 난 남작을 존경하고 훌륭한 사람이라고 생각해. 그분은 멋진 사람이야. 난 그분과 결혼하겠어. 받아들일 거야. 그러니까, 우리 모스크바로 가자! 제발 부탁이야, 떠나자! 세상에 모스크바보다 더 좋은 곳은 없어! 가자, 올가 언니, 가자고!

—막—

4막

프로조로프 집에 딸린 오래된 정원. 길게 뻗은 전나무 가로수길. 그 길 끝으로 강이 보이고 강 건너편에는 숲이 있다. 오른편에는 집의 테라스. 거기 차려진 식탁에 술병과 잔 몇 개가 놓여 있다. 방금 전까지 샴페인을 마신 듯하다. 낮 12시. 이따금 사람들이 거리에서 강 쪽으로 정원을 가로질러간다. 다섯 명의 병사가 빠르게 지나간다.

막이 진행되는 동안 체부트이킨은 줄곧 온화한 기분으로 정원의 안락의자에 앉아 자신에게 부름이 오기를 기다리고 있다. 그는 군모를 쓰고 지팡이를 쥐고 있다. 이리나, 가슴에 훈장을 달고 콧수염을 깎은 쿨르이긴, 그리고 투젠바흐가 테라스에 서서 계단을 내려가는 페도티크와 로데를 전송한다. 두 장교 모두 행군용 제복 차림이다.

투젠바흐 (페도티크와 작별 키스를 한다) 자넨 좋은 친구야. 그동안 자네와 함께 해서 행복했네. (로데와 키스를 한다) 한 번 더……. 잘 가게, 친구!
이리나 다시 만날 때까지 잘 지내시길!
페도티크 다시 보기는 힘들걸. 다시는 못 만날 거야.
쿨르이긴 그야 모를 일이죠! (눈가를 닦으며 미소 짓는다) 이런, 나까지 울다니.
이리나 언젠가 다시 만나게 될 거예요.
페도티크 10년 뒤? 아니면 15년쯤 뒤에? 그땐 다시 만난다 해도 서로 알아보지도 못할걸. 알아본다 해도 건성으로 인사나 할까……. (사진을 찍는다) 가만있어……. 마지막으로 한 장만 더.
로데 (투젠바흐를 포옹하며) 다시는 못 보겠지……. (이리나의 손에 키스한다) 여러 가지로 고마웠어!
페도티크 (짜증내며) 이봐, 가만히 좀 있어 보라고!
투젠바흐 신의 은총이 있다면 다시 만날 걸세. 꼭 편지 주게.

로데 (정원을 바라본다) 나무들아, 잘 있어라! (소리친다) 야호! (사이) 잘 있거라, 메아리여!

쿨르이긴   잘하면 폴란드에서 결혼하겠군요……. 폴란드 아내는 남편을 안으면서 "코하네!"[16]라고 부르죠. (웃는다)

페도티크   (시계를 보고 나서) 한 시간도 안 남았군. 우리 중대에서 솔료느이만 배로 가고, 나머지 장교들은 부대와 함께 떠날 거야. 오늘 3개 중대가 개별적으로 떠나고, 내일 다시 3개 중대가 떠나지. 그러고 나면 이 도시도 쥐 죽은 듯 고요해지겠군.

투젠바흐   무시무시한 권태도 덤으로 찾아오겠지.

로데   그런데 마샤는 어디 있지?

쿨르이긴   정원에 있어요.

페도티크   마샤와도 작별 인사를 해야지.

로데   잘 있게. 이제 가야겠어. 안 그러면 눈물이 날 것 같아서……. (투젠바흐와 쿨르이긴을 덥석 껴안고, 이리나의 손에 키스한다) 그동안 정말 고마웠어.

페도티크   (쿨르이긴에게) 기념으로 이걸 주지……. 연필과 수첩이야……. 우리는 이 길로 강 쪽으로 내려가겠네…….

두 사람이 떠나가며 뒤를 돌아본다.

로데   (소리친다) 어이!

쿨르이긴   (큰 소리로) 잘 가세요!

무대 안쪽에서 페도티크와 로데가 마샤와 만나 작별 인사를 한다. 마샤는 그대로 두 사람을 따라 나간다.

이리나   가 버렸어요……. (테라스 아래 계단에 걸터앉는다)

체부트이킨   나한테는 작별 인사도 하지 않았어.

---

16) 사랑하는 이여!(폴란드어).

이리나 먼저 하시지 그러셨어요?

체부트이킨 나도 어쩌다보니 잊어버렸어. 어쨌거나 저 친구들과는 곧 다시 만나게 될 테니까. 나는 내일 떠날 거다. 그래……. 아직 하루 더 여유가 있지. 1년 뒤에 퇴직하면 다시 이곳으로 와서 너희들 곁에서 여생을 보낼 계획이야……. 연금을 받기까지 1년 남았어……. (주머니에 신문을 넣고 다른 신문을 꺼낸다) 다시 이곳에 오게 되면 인생을 새롭게 시작할 거야……. 조용하고 품행이 단정한, 그러니까 존경…… 존경받을 만한 사람이 될 거야…….

이리나 정말이지, 군의관님은 생활을 바꾸실 필요가 있어요. 어떻게 해서든지.

체부트이킨 알아. 나도 그렇게 생각한단다. (나지막하게 흥얼거린다) 타―라라―붐디―에이. 타―라라―붐디―에이…….

쿨르이긴 구제불능이시면서. 절대 못 바꿀 걸요.

체부트이킨 자네가 옆에서 잘 감시해줘. 그러면 나도 변할 거야.

이리나 콧수염을 깎았네요, 형부. 정말 꼴불견이에요.

쿨르이긴 이게 어때서?

체부트이킨 지금 자네 몰골이 어떤지 말해주고 싶지만 그냥 관두겠네.

쿨르이긴 이게 어때서요? 이런 걸 두고 '모두스 비벤디'[17]라고 하는 겁니다. 우리 교장 선생님이 콧수염을 깎았기 때문에 나도 장학사가 되자마자 콧수염을 깎은 거예요. 다들 보기 싫다고 그래도 상관없어요. 난 만족합니다. 콧수염이 있건 없건 아무런 차이도 없으니까. (앉는다)

무대 뒤쪽에서 안드레이가 잠든 아이를 태운 유모차를 밀고 지나간다.

이리나 군의관님, 전 마음이 불안해서 죽겠어요. 어제 가로수길에 나가보셨죠? 거기서 무슨 일이 있었는지 말씀해 주세요.

체부트이킨 일은 무슨? 아무 일 없었어. 별일 아니란다. (신문을 읽는다) 아무 일도 아니야!

---

17) Modus vivendi(라틴어). '삶의 방식'이라는 뜻으로, 의견이나 사상이 다른 개인, 조직, 국가 간의 평화적인 공존을 위해 맺는 협정 또는 타협을 가리킨다.

쿨르이긴 사람들 말로는, 솔료느이와 남작이 어제 극장 앞 가로수길에서 만났다고…….

투젠바흐 별거 아니라니까! 그 얘긴 그만 둬……. (한 손을 내저으며 집안으로 들어간다)

쿨르이긴 극장 앞에서……. 솔료느이가 남작에게 시비를 걸기 시작하니까, 남작도 참지 못하고 험한 말을 했다던데…….

체부트이킨 난 모르는 얘기야. 순 헛소리라고.

쿨르이긴 어느 신학교에서 교사가 학생의 작문 숙제 끄트머리에 '체푸하'(헛소리를 뜻하는 러시아어)라고 써놓았답니다. 그 학생은 한참을 고민하더니 그게 라틴어 단어인 모양이라고 생각했다는 겁니다.[18] (웃는다) 정말 재밌지 않습니까. ……들리는 얘기로는 솔료느이가 이리나를 사랑해서 남작을 미워하게 됐다고들 하더군요……. 놀랄 일도 아니죠. 처제는 정말 멋진 아가씨니까요.

무대 안쪽 정원 뒤에서 "어이! 이봐!" 하고 부르는 소리.

이리나 (몸을 떤다) 오늘은 왠지 모든 게 무서워요. (사이) 준비는 다 끝났어요. 짐은 저녁 식사 뒤에 부칠 거고요. 내일 결혼식을 올리고 나서, 벽돌 공장으로 출발할 거예요. 그리고 내일 모레면 저는 학교에 있겠죠. 새로운 삶이 시작되는 거예요. 하느님의 은총이 있기를! 나의 미래는 어떻게 될까요? 교사 자격 시험에 합격했을 때는 정말 너무 기쁘고 감격스러워서 펑펑 울었어요……. (사이) 짐을 실으러 짐마차가 곧 올 거예요…….

쿨르이긴 다 좋은데, 어쩐지 좀 경솔하다는 생각이 드는군. 이상적인 계획이긴 하지만, 현실은 만만치가 않지. 어쨌든, 진심으로 성공하길 빌게.

체부트이킨 (애정에 겨운 표정으로) 사랑스러운 이리나……. 소중한 나의 보물…….

쿨르이긴 오늘 군인들이 떠나면 모든 게 다시 옛날로 돌아가겠죠. 사람들이 뭐라고 떠들어 대든 마샤는 선량하고 정직한 여잡니다. 저는 아내를 사랑하

---

18) '체푸하chepukha'를 필기체로 쓰면 라틴어 '레니크사renixa'와 비슷한 모양이 된다는 점을 이용한 농담.

고, 제 운명에 감사하고 있습니다……. 사람들의 운명은 가지각색이지요……. 이곳 세무서에 근무하는 코즈이료프라는 친구가 있어요. 나와 같은 학교에서 공부한 친군데, 라틴어 ut consecutivum[19]을 몰라서 김나지움 5학년 때 제적당했어요. 지금 그 친구는 가난에 시달리는 데다가 병까지 앓고 있어요. 그 친구와 만날 때면 저는 이렇게 묻곤 하죠. "그래(ut consecutivum), 요즘 어떻게 지내나?" 그러면 그 친구는 말합니다. "뭐, 그럭저럭……그래(consecutivum)." 그러고는 기침을 하지요……. 그에 비하면야 저는 성공한 셈이죠. 복 받은 인생이에요. 스타니슬라프 이등훈장도 받았지요. 더구나 지금은 다른 사람들에게 그 ut consecutivum을 가르치고 있거든요. 물론 저는 보통 사람들보다는 훨씬 더 똑똑하지요. 하지만 행복은 그런 데 있는 게 아니에요…….

집 안에서 〈소녀의 기도〉를 연주하는 피아노 소리가 들려온다.

이리나 내일 밤에는 저 〈소녀의 기도〉를 들을 수 없겠죠. 프로토포포프와 마주칠 일도 없을 테고요……. (사이) 그 사람, 지금 응접실에 앉아 있어요. 오늘도 찾아와서…….

쿨르이긴 우리의 교장 선생님은 아직 안 오셨나?

이리나 아직요. 언니를 부르러 사람을 보냈어요. 올가 언니와 떨어져서 이곳에서 혼자 사는 일이 얼마나 힘든지 형부는 모르실 거예요……. 언니는 학교에서 살아요. 교장 선생님이라 온종일 일에 파묻혀 있어요. 그래서 난 혼자고, 따분하고, 할 일도 없어요. 난 내 방이 너무 싫어요……. 모스크바에 갈 수 없는 팔자라면 받아들일 수밖에 없다고 생각하기로 했어요. 운명인 셈이지요. 내 힘으로는 어쩔 수 없는 거예요. ……. 모든 것은 하느님의 뜻에 달려 있으니까요. 남작이 청혼해 왔을 때…… 난 여러 번 곰곰이 생각한 끝에 결심했어요. 그는 좋은 사람이야, 좋은 사람이니 얼마나 다행이야……. 그렇게 생각하자 갑자기 영혼에 날개가 돋아나는 것만 같았어요. 마음도 가벼워지고, 다시 일을 하고 싶어졌지요……. 그런데 어제 무슨 일이 생겼다는데, 그

---

[19] 영어의 so that에 해당하는 말로서 용법이 다양하다.

게 계속 마음에 걸려요…….
체부트이킨 별일 아니었대도.
나타샤 (창 앞에서) 우리 교장 선생님이 오시네!
쿨르이긴 왔나보군. 안으로 들어가자고.

이리나와 함께 집으로 들어간다.

체부트이킨 (신문을 읽으면서 나직하게 흥얼거린다) 타—라—라……. 붐—디—에이……. 나는 길가의 돌에 걸터앉아…….

마샤가 다가온다. 무대 뒤쪽에서는 안드레이가 유모차를 밀고 있다.

마샤 여기 앉아 계셨네요, 편안하게…….
체부트이킨 왜 그러니?
마샤 (앉는다) 아무것도 아니에요…….

사이.

마샤 우리 어머니를 사랑하셨다죠?
체부트이킨 그래, 무척이나.
마샤 어머니도 군의관님을 사랑했나요?
체부트이킨 (잠시 말이 없다가) 잘 기억이 안 나는구나.
마샤 그이가 여기 와 있나요? 우리 집 요리사 마르파가 자기 경찰 애인을 '나의 그이'라고 부르더군요. 그러니까, '나의 그이'가 여기 있나요?
체부트이킨 아직 안 왔다.
마샤 조금씩 조금씩 키워 오던 행복을 잃게 되면 마음은 점점 거칠고 사나워지죠……. 나처럼요. (자신의 가슴을 가리키며) 여기가 부글부글 끓어요……. (유모차를 밀고 있는 안드레이를 보면서) 저기 우리 오빠, 안드레이 말이에요……. 모든 희망이 사라졌어요. 수천 명의 사람들이 온갖 노고와 돈을 들여 들어 올리던 종이 갑자기 떨어져 깨져버린 것이나 마찬가지에요. 갑자기, 아무런 이유도 없이. 그런 식으로 안드레이도…….

안드레이 도대체 언제쯤 이 집안이 조용해지려나. 이렇게 시끄러워서야.

체부트이킨 곧 조용해질 게다. (시계를 본다) 내 시계는 구식 리피터 시계(일정 시간마다 소리로 시간을 알려주는 시계―역주)야……. (태엽을 감자 시계가 울린다) 제1, 제2, 제5중대가 1시 정각에 출발할 거다……. (사이) 그리고 난 내일 떠날 거야.

안드레이 아주 떠나시나요?

체부트이킨 나도 모르겠구나. 어쩌면 1년 뒤에 돌아올지도 모르지……. 하느님이나 아실까. 어느 쪽이든 상관없다만…….

멀리 거리에서 하프와 바이올린 연주하는 소리.

안드레이 도시가 텅 비겠군요. 마치 불을 끄고 난 자리처럼. (사이)

안드레이 어제 극장 앞에서 무슨 일인가 벌어졌다고들 하던데, 난 전혀 몰랐어요.

체부트이킨 별일 아니야. 어리석은 짓이지. 솔료느이가 남작한테 시비를 걸자 남작이 울컥해서 솔료느이를 모욕했어. 그래서 결국에 솔료느이가 남작에게 결투를 신청할 수밖에 없는 상황이 되고 말았지. (시계를 본다) 시간이 다 되가는 것 같은데……. 12시 반에, 여기서 강 건너로 보이는 저쪽 국유림에서…… 탕― 탕―! (웃는다) 솔료느이는 시인 레르몬토프를 자처하면서 시까지 쓰고 있다니까.(레르몬토프는 결투로 죽었다―역주) 농담이 아니라, 그 친구는 벌써 세 번째 결투인 셈이야.

마샤 누가 말이에요?

체부트이킨 솔료느이.

마샤 남작은요?

체부트이킨 남작은 몇 번째냐고?

사이.

마샤 머릿속이 뒤죽박죽이에요……. 어쨌거나 그런 짓을 하게 해서는 안돼요. 솔료느이는 남작을 다치게 할지도…… 아니, 어쩌면 죽일지도 모르니까요.

체부트이킨 남작은 좋은 사람이야. 하지만 이 세상에 남작이 한 사람 더 있든, 한 사람 덜 있든, 마찬가지 아닌가? 내버려 둬, 어차피 마찬가지니까.

정원 뒤에서 "어이! 이봐!" 외치는 소리.

체부트이킨 가만. 아, 저건 결투 입회인 스크보르쏘프로군. 보트를 타고 있어.

사이.

안드레이 난 결투 당사자가 된다거나, 하다못해 의사 자격으로 그 자리에 입회하는 것마저도 도덕적으로 비난받을 만한 짓이라고 생각해요.

체부트이킨 그렇게 보일 뿐이야……. 우리는 실재가 아니야. 세상에 실제로 존재하는 건 아무것도 없어. 그저 존재하고 있는 것처럼 보일 뿐이지……. 그러니 어떻게 되든 다 마찬가지야!

마샤 아, 어쩜 하루 종일 저런 말들만 하고 있으니……. (걷는다) 금방이라도 눈이 올 것 같은 이런 날씨에 저런 얘길 하고 싶을까……. (멈춰서면서) 집에는 들어가지 않겠어. 가고 싶지 않아……. 베르쉬닌이 오면 나한테 알려 주세요…… (가로수길을 따라 걷는다) 벌써 철새들이 남쪽으로 날아가네……. (위를 바라본다) 백조일까 기러기일까……. 너희들은 행복하겠지……. (나간다)

안드레이 이 집은 텅 비겠군. 장교들도 가고, 군의관님도 떠나시고, 이리나도 결혼을 하면, 집에 남는 건 나 혼자뿐이군.

체부트이킨 아내가 있지 않나?

페라폰트가 서류를 들고 들어온다.

안드레이 아내는 아내죠. 그 여잔 성실하고 착실해요. 뭐랄까 선량하죠. 하지만 그녀에게는 뭔가 털북숭이 동물을 연상시키는, 천박하고 분별없는 그런

4막 147

면이 있어요. 어쨌든 그 여잔 사람 같지가 않아요. 이렇게 말하는 건 당신이 내 친구고, 마음을 털어놓을 수 있는 사람이라고 생각하기 때문입니다. 저는 아내 나타샤를 사랑합니다. 그건 사실이에요. 하지만 가끔 그녀가 이상스레 속물처럼 보일 때가 있어요. 그럴 때면 어리둥절해져서 어떻게 내가 저 여잘 사랑하고 있는지, 또는 사랑했었는지 제 자신도 알 수가 없어져요.

체부트이킨 (일어선다) 얘야, 나는 내일 떠난단다. 아마 다시는 만나지 못할 거야. 그러니 마지막으로 충고 한마디만 하지. 모자를 쓰고, 지팡이를 들고 길을 나서도록 해……. 길을 떠나. 그리고 묵묵히 걸어가렴. 결코 뒤돌아봐서는 안 돼. 멀리 가면 갈수록 더 좋아.

솔료느이가 장교 두 명과 함께 무대 안쪽으로 지나가다가 체부트이킨을 보더니 그에게로 다가온다. 장교들이 멀어져 간다.

솔료느이 군의관님, 시간 됐어요! 벌써 12시 반입니다. (안드레이와 인사한다)
체부트이킨 곧 가지. 정말 피곤하게 하는구먼. (안드레이에게) 누군가 나를 찾거든 금방 올 거라고 말해 주거라……. (한숨 쉰다) 휴우!
솔료느이 곰이 달려들 땐 이미 늦은 법이죠. (그와 함께 걸어간다) 왜 그리 끙끙대는 겁니까, 노인장?
체부트이킨 흥!
솔료느이 기분이 어때요?
체부트이킨 (화를 내면서) 최악일세.
솔료느이 영감, 공연히 화내지 말아요. 난 그저 솜씨만 조금 보여 줄 생각이니까. 도요새를 쏘듯이 그를 쏘기만 하면 되는 겁니다. (향수를 꺼내 두 손에 바른다) 오늘 한 병을 다 썼는데도 아직 손에서 냄새가 나요. 시체 냄새가요. (사이) 그런데……그 시 기억하세요?
　'그대는 미친 듯이 폭풍을 원하노라,
　마치 폭풍 속에 평화가 있듯이'[20]

---

20) 레르몬토프의 시 〈돛〉에서.

체부트이킨   그래, 곰이 달려들 땐 이미 늦은 법이지.
　　　　　악 소리칠 겨를도 없이
　　　　　곰은 그에게 달려들었도다. (솔료느이와 함께 나간다)

"어이! 어이!" 하는 외침소리가 들린다. 안드레이와 페라폰트가 들어온다.

페라폰트   서류에 서명을······.
안드레이   (신경질적으로) 날 내버려 둬! 비키라니까! 어서! (유모차를 끌고 나간다)
페라폰트   서류에 서명을 안 하시겠다니. (무대 안쪽으로 물러간다)

　　이리나와 밀짚모자를 쓴 투젠바흐가 들어온다. 쿨르이긴이 "어이, 마샤, 어이!" 하고 소리 치면서 무대를 지나간다.

투젠바흐   이 도시에서 군대가 떠나는 걸 즐거워하는 건 저 사람뿐일 거야.
이리나   무리도 아니죠. (사이) 이제 곧 도시가 텅 빌 거예요.
투젠바흐   (시계를 보고 나서) 내 사랑 이리나, 내 곧 다녀올게.
이리나   어디 가세요?
투젠바흐   시내에 일이 있어서, 그리고······ 동료들을 전송해야 하거든.
이리나   거짓말······. 오늘 왜 그렇게 넋이 나가 있어요? (사이) 어제 극장 앞에서 무슨 일이 있었던 거죠?
투젠바흐   (안절부절못하면서) 한 시간 뒤면 돌아와서 당신 옆에 있을 거야. (그녀의 두 손에 키스한다) 내 사랑······. (그녀의 얼굴을 들여다본다) 당신을 사랑한 지 벌써 5년이 흘렀지만 여전히 익숙해지지 않고, 당신은 점점 더 예뻐지는 것 같아. 너무나 매혹적이고 아름다운 머리! 이 눈! 난 내일 당신을 데리고 떠날 거야. 우리는 부자가 될 거야. 그러면 우리의 희망도 이루어지고 당신도 행복해질 거야. 다만 한 가지, 한 가지 문제가 있어. 당신이 나를 사랑하지 않는다는 거야!
이리나   그건 제 힘으로도 어쩔 수가 없어요. 당신의 정숙하고 온순한 아내가 되겠어요. 하지만 사랑은 없어요. 이건 어쩔 수 없는 일이에요. (운다) 나는 한 번도 사랑해 본 적이 없어요. 아, 얼마나 내가 사랑을 열망했는지. 아주 오래 전부터 낮이고 밤이고 사랑을 열망했어요. 하지만 내 영혼은 열쇠를 잃어버린, 뚜껑을 닫아 잠근 값비싼 피아노와 같아요. (사이) 당신, 불안해 보이네요.

투젠바흐 밤새 한잠도 못 잤어. 내 인생에서 나를 놀라게 할 만큼 무서운 것은 없었어. 다만 당신이 잃어버린 그 열쇠가 내 영혼을 괴롭히고 잠 못 들게 하지. 내게 말해 봐. (사이) 말해 줘, 내게……

이리나 무슨 말을? 무슨 말을 하면 되죠?

투젠바흐 아무 말이든.

이리나 그만두세요, 그만둬요!

사이.

투젠바흐 아무것도 아닌 보잘것없는 일들이 갑자기 인생에서 그 무엇보다 중요해지는 순간이 있지. 별거 아니라고 예전처럼 웃어넘겨 버리다가는, 어느 사이엔가 돌이킬 수 없는 것이 되고 말지. 아, 이런 얘기는 그만두지. 난 즐거워. 저기 보이는 전나무, 은행나무, 자작나무는 생전 처음 보는 나무처럼 새로워 보여. 마치 호기심 어린 눈으로 나를 바라보며 내가 뭔가를 해주기를 바라는 것 같아. 아, 나무들이 어쩌면 저렇게도 아름다울까. 저런 나무들 아래서 살아가는 인생은 얼마나 아름다울까!

"어이! 어이!" 하는 고함소리.

투젠바흐 가봐야겠어. 시간이 됐어……. 이 나무는 이미 죽었지만 여전히 다른 나무들과 함께 바람에 흔들리고 있군. 마찬가지야. 내가 죽더라도 여전히 난 어떤 형식으로든 삶에 참여하게 될 거야. 안녕, 내 사랑……. (두 손에 키스한다) 당신이 보내준 편지들은 내 책상에 있는 달력 밑에 있어.

이리나 나도 같이 가겠어요.

투젠바흐 (불안해 하면서) 아니야, 안 돼! (바삐 걸음을 옮기다가 가로수길에서 멈춰 선다) 이리나!

이리나　왜요?

투젠바흐　(무슨 말을 해야 할지 몰라 하며) 오늘 아침엔 커피를 마시지 않았어. 커피를 끓여 놓으라고 일러줘……. (재빨리 나간다)

이리나는 생각에 잠겨 서 있다가 무대 안쪽으로 걸어가 그네에 앉는다. 유모차를 끌며 안드레이가 들어오고, 뒤이어 페라폰트가 등장한다.

페라폰트　안드레이 세르게이치, 서류는 제 것이 아니라 관청의 것입니다. 제가 만들어 낸 것이 아닙니다.

안드레이　오, 모두 다 어디로 가 버렸을까? 나의 과거는 어디로 가 버렸는가? 젊고 쾌활하며 현명했던 그때는, 아름다운 공상과 사색에 젖어 있던 그때는, 나의 현재와 미래가 희망으로 밝게 빛났던 그때는 어디로 갔는가? 어째서 우리는 삶을 시작하자마자 지루하고 칙칙하고 재미없고 게으르며 무관심하고 쓸모없고 불행해지는 것일까……. 우리 도시는 이미 200년이나 존속했고, 오늘날은 10만 명의 주민이 살고 있지만 다 거기서 거기인 사람뿐, 과거든 현재든 단 한 사람의 고행자도, 예술가도, 학자도 없을 뿐더러, 조금이라도 질투를 불러일으키거나 닮고 싶은 유명인 한 사람 없어……. 오직 먹고, 마시고, 잠자다가 마침내 죽고 말지……. 또 다른 사람들이 태어나도 똑같이 먹고, 마시고, 잠자고. 권태에 질식당하지 않기 위해서 추악한 거짓 소문과 보드카, 카드놀이, 소송으로 일상을 채우지. 아내는 남편을 속이고, 남편은 거짓말을 하면서, 아무것도 못 본 척, 못 들은 척하지. 이런 끔찍한 천박성은 자식들에게도 나쁜 영향을 미쳐 아이들의 내면에 깃들어 있던 신선한 불꽃을 꺼트려 버리지. 그렇게 해서 아이들 역시 똑같이 보잘것없는, 죽은 인간이 되는 거야. 그들의 아버지와 어머니처럼 말이지……. (페라폰트에게 짜증을 내며) 원하는 게 뭐야?

페라폰트　뭐라뇨? 서류에 서명해 주셔야지요.

안드레이　정말 지긋지긋하군.

페라폰트　(서류를 주면서) 아까 시의회 수위에게서 들었는데……. 지난겨울에 페테르부르크에서는 영하 200도까지 내려갔다더군요.

4막　151

안드레이 현재는 이렇게 끔찍하지만 그래도 미래를 생각하면 기분이 좋아진 단 말이야! 어쩐지 마음이 홀가분해지고 자유로워지는 것 같아. 멀리서 희미 하게 밝아오는 새벽빛 같은 자유를 느낄 수 있어. 나와 내 아이들이 게으름 으로부터, 크바스, 양배추, 거위요리, 점심 식사 뒤의 낮잠으로부터, 천박한 무위도식의 삶으로부터 자유로워질 그 날이 보여…….

페라폰트 2천 명이 얼어 죽었다나요. 다들 공포에 질려 있었답니다. 그게 페 테르부르크에서였는지, 모스크바에서였는지 잘 기억이 나지 않습니다만.

안드레이 (애정 어린 감정에 휩싸여) 사랑하는 내 동생들아! (눈물을 글썽이며) 마샤, 내 동생…….

나타샤 (창문에서) 거기, 큰 소리로 떠드는 게 누구죠? 안드레이, 당신이에요? 소포츠카가 깨겠어요. 떠들지 말아요. 소피가 자고 있잖아요. 이런 곰 같은 사람![20] (화가 나서) 그렇게 떠들고 싶거든 아이를 태운 유모차를 누구 다른 사 람한테 맡기세요. 페라폰트, 나리한테서 유모차를 받아요!

페라폰트 알겠습니다. (유모차를 잡는다)

안드레이 (당황해 하면서) 난 조용히 말하고 있는 건데.

나타샤 (창문 뒤에서, 아이를 달래면서) 보비크! 개구쟁이 보비크! 말썽꾸러기 보 비크!

안드레이 (서류를 훑어보면서) 좋아. 살펴보고 필요한 곳에 서명할 테니 자네가 다시 사무소로 가져가게……. (서류를 읽으면서 집으로 간다. 페라폰트가 정원 쪽으로 유모차를 밀고 간다)

나타샤 (창문 뒤에서) 보비크, 이름이 뭐지? 귀여운 녀석! 이 사람은 누구야? 올 가 고모야. 고모한테 말해 봐. "안녕, 올가!"

떠돌이 악사인 두 남녀가 무대에 등장하여 바이올린과 하프를 연주한다. 베르쉬닌, 올 가, 안피사가 집에서 나와 말없이 음악을 듣는다. 이리나가 다가온다.

올가 이렇게 많은 사람들이 오가니 우리 집 정원은 공공도로나 마찬가지야.

---

[20] 'Il ne faut pas taire du bruit, la Sophie est dormée déjà. Vous êtes un ours'(프랑스어).

유모, 이 악사들에게 뭐라도 좀 줘요!
안피사 (악사들에게 돈을 준다) 자, 어서 가 보시오. 하느님의 축복이 있기를!

악사들이 인사하고 나간다.

안피사 불쌍한 사람들이야. 배가 고프니 저러고 다니겠지. (이리나에게) 잘 있었어요, 이리나 아가씨! (그녀에게 키스한다) 아가씨, 저는 아직도 이렇게 살고 있답니다! 여학교 관사에서 올가 아가씨와 함께 살고 있지요. 하느님께서 이 늙은 걸 돌봐 주시는가 봐요. 평생 이렇게 호강해 본 적이 없답니다……. 집이 널찍한 데다 내 방도 따로 있고 침대도 있지요. 모두 나랏돈으로 운영되는 거랍니다. 한밤중에 잠에서 깨면 오, 하느님, 성모 마리아님, 이 세상에 나보다 더 행복한 사람은 없을 거야 하고 중얼거리지요.
베르쉬닌 (시계를 보고 나서) 이제 가야겠어요, 올가. 출발할 시간이에요. (사이) 모두들……잘 지내시길 바랍니다. 마샤는 어디 있습니까?
이리나 정원에 있을 거예요……. 가서 찾아볼게요.
베르쉬닌 고맙습니다. 서둘러야 할 것 같군요.
안피사 나도 가서 찾아보겠어요. (소리친다) 마센카, 아가씨!

이리나와 함께 정원의 먼 곳까지 나간다.

안피사 아가씨!
베르쉬닌 무슨 일이든 끝이 있게 마련이지요. 이제 우리도 작별이군요. (시계를 들여다본다) 시에서 송별 만찬을 열어줬어요. 거기서 샴페인을 마셨지요. 시장이 연설도 했습니다. 음식을 먹으며 시장의 연설을 듣고 있었지만, 정작 마음은 이곳 여러분 곁에 와 있었습니다……. (정원을 둘러본다) 어느새 이곳에 길들여져 버린 것 같아요.
올가 언젠가 다시 만날 수 있을까요?
베르쉬닌 아마 힘들 겁니다.

사이.

베르쉬닌 아내와 두 딸은 여기서 두 달쯤 더 머물 겁니다. 무슨 일이 생기거나 혹시 그들이 필요로 하는 게 있을 때는 부디…….

올가 네, 그야 물론이죠. 안심하세요. (사이) 내일이면 도시에는 한 명의 군인도 남지 않겠군요. 모든 게 추억이 될 거예요. 물론 우리에게도 새로운 삶이 시작되겠지만. (사이) 자기 뜻대로 되는 건 아무것도 없지요. 저는 교장이 되고 싶지 않았지만 결국 되고 말았어요. 그래서 모스크바로 가는 건 어려울 것 같아요…….

베르쉬닌 자, 그럼…… 여러 가지로 고마웠습니다……. 뭔가 실례되는 일이 있었다면 용서하십시오……. 쓸데없는 말을 많이 지껄인 것 같습니다. 그것도 사과드립니다. 나쁘게 생각하지 않으셨으면 합니다.

올가 (눈물을 닦으며) 대체 마샤는 왜 안 오는 건지…….

베르쉬닌 작별 인사로 당신한테 무슨 말을 드려야 할지? 무언가 철학적인 논의라도 할까요? (소리 내어 웃으며) 삶은 고통스럽습니다. 많은 사람들에게 삶은 공허하고 희망도 없는 것처럼 보입니다. 하지만 삶은 분명 점점 더 밝고 안락해지고 있습니다. 그러니 인생이 완전한 행복에 이를 날도 머지않았다는 것을 인정해야 합니다. (시계를 들여다본다) 가야 합니다, 이제 갈 시간이에요! 예전에 인류는 온 존재를 원정과 침략과 승리로 가득 채우며 전쟁에만 몰두했습니다. 하지만 그 모든 것은 이제 쓸모없어졌습니다. 남은 건 무엇으로도 채울 수 없는 거대한 공허뿐이지요. 인류는 그 공허를 메울 무언가를 열심히 찾고 있고, 또 틀림없이 찾아낼 겁니다. 그래도 빠르면 빠를수록 좋겠죠! (사이) 아시겠지만, 만일 노동에 교육을 더하고, 교육에 노동을 더할 수만 있다면 말입니다. (시계를 들여다본다) 이젠 정말 가야겠군…….

올가 아, 저기 오는군요.

마샤가 들어온다.

베르쉬닌 작별 인사를 하려고 왔어요…….

올가는 그들을 방해하지 않으려고 옆으로 비켜 선다.

마샤 (그의 얼굴을 들여다보면서) 잘 가요…….

오랜 키스.

올가 자, 이제 그만, 그만해…….

마샤는 격렬하게 흐느껴 운다.

베르쉬닌 편지 줘요……. 잊지 말고! 이제 가야 해……. 올가, 마샤를 데려 가세요. 이제 가야 합니다……. 늦었습니다……. (몹시 감동한 표정으로 올가의 손에 키스한다. 다시 한번 마샤를 껴안고는 급히 떠난다)
올가 이제 그만해, 마샤! 그만하라니까…….

쿨르이긴이 들어온다.

쿨르이긴 (당황한 표정으로) 괜찮아요. 울게 놔둬요, 내버려 두라고요……. 아, 마샤, 사랑하는 마샤……. 당신은 내 아내야. 설령 무슨 일이 있었더라도 난 행복해……. 난 불평하지도 않고, 어떤 비난도 하지 않을 거야……. 바로 여기 올가가 증인이야……. 다시 예전 생활로 돌아가면 돼. 난 싫은 말은 단 한마디도 않겠어…….
마샤 (눈물을 참으면서) 녹음 짙은 떡갈나무 한 그루 바닷가에 서 있네. 떡갈나무에 매인 황금빛 사슬……. 떡갈나무에 매인 황금빛 사슬……. 아, 난 미칠 것만 같아……. 녹음 짙은 떡갈나무……바닷가에…….
올가 진정해, 마샤……. 진정해……. 마샤한테 물을 좀 줘요.
마샤 나, 이제 울지 않겠어…….
쿨르이긴 이제 됐어…… 마샤는 괜찮을 거야…….

멀리서 희미하게 총소리가 들린다.

마샤 녹음 짙은 떡갈나무 바닷가에 서 있네, 떡갈나무에 매인 황금의 사슬……. 초록색 고양이……. 녹음 짙은 떡갈나무……. 아, 가사가 뒤죽박죽이네……. (물을 마신다) 내 인생은 실패야……. 이제 난 아무것도 필요 없어……. 곧 진정될 거야……. 아무래도 상관없어……. 바닷가가 뭐 어떻다는 거야? 어째서 이 구절이 자꾸 입에 맴도는 걸까? 머릿속이 엉망이야.

이리나가 들어온다.

올가 마샤, 진정해. 똑똑한 애가 왜 그러니? 방으로 가자.
마샤 (화를 내면서) 난 안 들어가. (흐느끼다 곧 그치고) 절대 집으로 안 가. 안 들어간단 말이야…….
이리나 말은 안 해도 되니까 잠깐이라도 함께 앉아 있자. 내일 나는 떠나니까…….

사이.

쿨르이긴 어제 3학년 학급에서 어떤 꼬마 녀석에게서 압수한 물건인데, 가짜 콧수염과 턱수염이야……. (콧수염과 턱수염을 붙인다) 독일어 선생 같지 않아?……. (웃는다) 안 그래? 재밌는 녀석들이야.
마샤 정말 그 독일어 선생과 닮았네.
올가 (웃는다) 그래, 정말이야.

마샤가 운다.

이리나 그만해, 마샤!
쿨르이긴 정말 닮았지…….

나타샤가 들어온다.

나타샤 (하녀에게) 뭐라고? 소포츠카는 프로토포포프가 봐 줄 거고, 보비크는 주인 양반더러 봐달라면 되잖아. 아이들 돌보는 게 얼마나 고단한지……. (이리나에게) 이리나 아가씨, 내일 떠난다고요. 정말 서운해요. 일주일만이라도 더 있다 떠나면 좋으련만. (쿨르이긴을 보고 비명을 지른다. 쿨르이긴은 웃더니 콧수염과 턱수염을 뗀다) 정말로 사람을 그렇게 놀라게 하시다뇨! (이리나에게) 아가씨와 정이 들었는데, 정작 헤어진다고 생각하니 내 마음도 괴롭군요. 안드레이에게 그놈의 바이올린을 가지고 아가씨 방으로 옮기라고 할 거예요. 거기서 하고 싶은 대로 실컷 켜라지요 뭐! 그리고 안드레이 방으로 소포츠카를 옮길 거예요. 정말 얼마나 귀엽고 사랑스러운지! 이렇게 착한 애는 드물 거예요! 오늘도 그 예쁜 눈으로 나를 바라보더니 "엄마" 하지 않겠어요!

쿨르이긴 네, 정말 귀여운 아이입니다.

나타샤 내일부터는 나도 외톨이가 되겠네요. (한숨 쉬다) 가장 먼저 이 전나무 가로수들을 베어내라고 명령할 거예요. 그 다음엔 저 단풍나무도……. 밤만 되면 저 나무가 보기 싫어 죽겠어요……. (이리나에게) 아가씨, 그 허리띠는 그 옷에 전혀 어울리지 않아요. 너무 개성이 없어요……. 좀 더 밝은 색으로 해야죠. 그리고 정원 가득 꽃을 심으라고 할 거예요. 향기가 얼마나 좋을까……. (엄격한 목소리로) 어째서 벤치 위에 포크가 굴러다니는 거지? (집으로 들어가면서 하녀에게) 어째서 벤치에 포크가 있냐고 묻잖아? (소리친다) 닥쳐!

쿨르이긴 성깔 한번 대단하군!

무대 뒤에서 행진곡이 연주된다. 모두가 듣고 있다.

올가 드디어 출발이야.

체부트이킨이 들어온다.

마샤 모두 가 버리는군. 뭐, 어떻게 하겠어……. 모두 무사하시기를! (남편에게)

집에 가야겠어요……. 모자와 외투는 어디 있죠?

쿨르이긴 내가 안에 들여다 놨어……. 금방 가져오리다. (집으로 들어간다)

올가 그래, 우리도 이제 안으로 들어가자.

체부트이킨 올가!

올가 왜요?

사이.

올가 왜 그러시죠?

체부트이킨 아니, 이거……. 뭐라고 말해야 할지 모르겠군……. (그녀의 귀에 속삭인다)

올가 (놀라서) 설마, 그럴 수가!

체부트이킨 그래…… 그렇게 됐다……. 너무 지쳐서 더 이상 말하고 싶지 않구나……. (짜증스런 투로) 아무려면 어때. 다 마찬가지야!

마샤 무슨 일이야?

올가 (이리나를 껴안으면서) 오늘은 무서운 날이구나……. 너한테 뭐라고 말해야 할지 모르겠어…….

이리나 뭔데? 빨리 말해. 뭐냐고? 어서! (운다)

체부트이킨 방금 전 결투에서 남작이 죽었다…….

이리나 (조용히 흐느낀다) 난 알고 있었어. 알고 있었다고…….

체부트이킨 (무대 안쪽에 있는 벤치에 앉는다) 아, 이제 지쳤어……. (주머니에서 신문을 꺼낸다) 울게 내버려 둬……. (나직하게 노래한다) 타—라—붐—디—에이……. 나는 돌에 걸터앉아서…… 아무려면 어때, 어차피 마찬가지야.

세 자매, 서로 바싹 기댄 채 서 있다.

마샤 아, 행진곡 소리! 저 사람들은 우릴 떠나가고, 또 한 사람은 영원히, 영원히 이 세상을 떠나 버렸어. 그리고 우리 인생을 다시 시작하기 위해 우리만 남은 거야……. 우린 살아야 해……. 살아야 해…….

이리나 (올가의 가슴에 머리를 기댄다) 시간이 흐르고 나면 이 모든 게 무엇 때문인지, 무엇을 위해 이런 고통이 있는지, 모두가 알게 될 거야. 그땐 아무런 비밀도 남지 않겠지. 하지만 지금은 살아야 해……. 일을 해야지. 오직 일해야 해! 내일 나는 혼자 떠나. 학교에서 아이들을 가르치고, 그리고 한평생 교직에 내 모든 인생을 바치겠어. 지금은 가을이고 곧 겨울이 오겠지. 눈이 쌓이겠지. 그렇지만 나는 일하고 또 일할 거야…….

올가 (두 동생을 꼭 껴안으며) 저토록 밝고 씩씩하게 울려 퍼지는 행진곡 소리를 들으니 살고 싶은 욕망이 솟아오르는구나! 오 하느님! 세월이 흘러 우리도 영원히 사라지고 우리를 기억해 줄 사람도 없겠지. 우리 얼굴도 목소리도 그리고 우리가 몇 사람이었는지도 아무도 기억하지 못할 거야. 하지만 우리의 고통은 우리 뒤에 살게 될 사람들을 위한 기쁨으로 변할 테고, 지상에는 행복과 평화가 찾아올 거야. 그리고 그때가 되면 지금의 우리를 감사의 마음으로 기억해 주겠지. 아, 마샤, 이리나, 우리 인생은 아직 끝나지 않았어. 우린 꿋꿋이 살아가야 돼! 음악이 저렇게도 밝고 기쁘게 울려 퍼지고 있어. 조금만 더 세월이 흐르면 무엇 때문에 우리가 살고 있는지, 무엇 때문에 우리가 괴로워하는지 알게 될 것만 같아……. 그걸 알 수만 있다면, 그걸 알 수만 있다면!

행진곡 소리는 점점 멀어져 간다. 쿨르이긴은 싱글벙글 웃으면서 모자와 외투를 가져온다. 안드레이는 보비크가 타고 있는 유모차를 밀고 있다.

체부트이킨 (나지하게 노래한다) 타라리 —붐—디—에이……. 나는 놀에 걸터앉아서……. (신문을 읽는다) 어차피 마찬가지지, 아무것도 아니야.

올가 그걸 알 수만 있다면, 그걸 알 수만 있다면!

—막—

Дядя Ваня

바냐 아저씨

등장인물

세레브랴코프(알렉산드르 블라디미로비치) 퇴직한 대학 교수
엘레나(안드레예브나) 교수의 두 번째 아내, 27세
소냐(소피야 알렉산드로브나) 교수의 첫 번째 부인의 딸
마리야(바실리예브나 보이니츠카야) 교수 전처의 어머니. 소냐의 외할머니
바냐(이반 페트로비치 보이니츠키) 마리야의 아들(소냐는 외삼촌인 바냐를 아저씨로 부른다)
아스트로프(미하일 리보비치) 의사
텔레긴(일리야 일리치) 몰락한 지주
마리나 늙은 유모
일꾼

무대는 세레브랴코프의 별장.

1막

테라스가 딸린 전원주택. 앞에 정원이 있다. 가로수길의 오래된 버드나무 아래 테이블이 있고 차가 준비되어 있다. 몇 개의 벤치와 의자, 벤치 하나에는 기타가 놓여 있다. 탁자 옆에 그네가 흔들리고 있다. 오후 3시가 넘은 시각. 흐린 날씨.

뚱뚱하고 움직임이 굼뜬 노파 마리나가 사모바르 옆에 앉아 양말 뜨개질을 하고 있고 아스트로프가 그 옆을 서성대고 있다.

마리나 (찻잔에 차를 따른다) 드세요.
아스트로프 (마지못해 찻잔을 받으면서) 어쩐지 생각이 없군.
마리나 보드카라면 드실 테죠?
아스트로프 아니, 매일 보드카를 마시는 건 아니니까. 게다가 후덥지근하군.

사이.

아스트로프 유모, 우리가 알고 지낸 게 일마나 됐지?
마리나 (생각에 잠기더니) 얼마나 됐냐고요? 글쎄요……. 당신이 이곳으로 온 게…… 언제더라? 소냐의 어머니 베라 페트로브나가 아직 살아계실 때였지. 그분이 돌아가시기 두 해 전 겨울부터 여길 들락거렸죠……. 흐음, 그러니까 11년쯤 됐나 봐요. (잠시 생각하더니) 어쩌면 더 될지도 모르고…….
아스트로프 그때에 비하면 나도 많이 변했겠지?
마리나 많이 변하고말고요. 그때는 젊고 아름다웠는데 이젠 많이 늙으셨어요. 그 아름답던 용모도 그때만 못 하고. 더욱이 보드카까지 마시니까요.

아스트로프 그래……. 지난 10년 동안에 딴 사람이 되어 버렸어. 왜 그렇게 됐을까? 과로 때문이야, 유모. 아침부터 밤까지 계속 서 있고, 휴식이라곤 모르고, 밤이면 이불 속에 누워서도 혹시 환자에게 끌려가지나 않을까 전전긍긍했으니 말이야. 우리가 알고 지낸 이후로 내겐 단 하루도 한가한 날이 없었어. 그러니 어떻게 늙지 않겠나? 게다가 삶 자체가 따분하고 어리석으며 추잡하거든……. 이런 생활에 질질 끌려가고 있으니 말이야. 더구나 주변에는 하나같이 괴짜들뿐이고, 그런 자들과 한 이삼 년 같이 살다보면 자기도 모르는 사이에 점점 괴짜가 되는 거야. 피할 수 없는 운명이지. (긴 수염을 비틀면서) 아니, 수염만 자랐구먼……. 어리석은 수염 같으니. 난 괴짜가 되고 말았어, 유모……. 우둔해지긴 했지만, 아직 바보가 된 건 아니야. 하느님 덕분에 머리가 제자리에 붙어 있으니까. 하지만 웬일인지 감정은 둔해졌어. 아무것도 바라지 않고, 아무것도 필요하지 않고, 아무도 사랑하지 않아……. 그래도 유모만큼은 좋아하거든. (그녀의 이마에 키스한다) 어릴 적에 내게도 당신 같은 유모가 있었지.

마리나 뭐 좀 드시지 않겠어요?

아스트로프 아니, 괜찮아. 사순절 세 번째 주에 전염병이 도는 말리츠코예 마을에 간 적이 있었어……. 발진티푸스였지……. 농가마다 환자들이 득실거리는데…… 그 악취와 연기, 마룻바닥에는 송아지가 자고, 그 옆에 환자들이 쓰러져 있었어……. 게다가 돼지새끼들도 어정거리고 있질 않나……. 나는 온종일 앉지도 못하고 아무것도 먹거나 마시지도 못한 채 환자들한테 매달렸어. 그러다가 집으로 왔는데 쉬게 해주질 않더군. 철도에서 노선공 한 사람을 데려 왔더라고. 수술하려고 그자를 탁자 위에 눕혔는데, 클로로포름 냄새를 맡더니 갑자기 죽어 버리더군. 그러고 났는데, 갑자기 내 안에서 그동안 죽어 있던 감정이 깨어나서는 양심을 괴롭혀대기 시작하는 거야. 내가 고의로 그 사람을 죽인 것처럼 말이지……. 나는 앉아서 이렇게 두 눈을 감고 생각했지. 백 년이나 2백 년 뒤의 우리 후손들은 지금 자기들을 위해서 열심히 길을 닦고 있는 우리를 고맙게 생각할까? 대답은 '아니다'야. 유모, 그놈들은 우리들에 대해서는 까맣게 잊어버릴 거야!

마리나 사람들은 잊을지 몰라도, 하느님은 잊지 않으실 거예요.

아스트로프 고맙소, 유모 그리 말해 줘서.

바냐가 들어온다.

바냐 (집에서 나온다. 아침 식사 뒤에 푹 잔 그는, 아직 잠에서 덜 깬 모습이다. 벤치에 앉아서 세련된 넥타이를 고쳐 맨다) 음, 그래, (사이) 그래.

아스트로프 한잠 잤군그래……

바냐 그래…… 잘 잤네. (하품한다) 교수 부부가 여기 살기 시작한 날부터 우리의 생활은 뒤죽박죽이 되었어……. 아무 때나 자고, 술을 마시고, 점심이고 저녁이고 온갖 이상한 걸 먹질 않나, 모든 게 불건전해! 전에는 한가로운 짬이라곤 없었어. 나도 소냐도 부지런히 일했지. 그런데 지금은 소냐 혼자 일하고, 난 오로지 자고, 먹고, 마시고…… 무언가 잘못된 게 틀림없어!

마리나 (머리를 설레설레 젓고 나서) 정말 엉망이 됐어요! 교수님은 12시에 일어나시는데, 사모바르는 아침부터 끓으면서 계속 교수님을 기다려요. 그분들 오기 전에는 남들처럼 언제나 12시쯤 점심을 먹었는데, 그분들 오고 나서는 6시나 되어야 점심을 먹는다니까요. 밤에 교수님은 책을 읽고 글을 쓰시는데, 느닷없이 새벽 1시에 종을 치시더니 무슨 일이냐고 물으면, 차를 가져오라는 거예요. 그래서 사람들을 깨우고, 사모바르를 올리고…… 정말 말도 못해요!

아스트로프 그분들은 여기서 오래 지내실 건가?

바냐 (휘파람을 불며) 한 백 년쯤 머물겠지. 교수는 여기에 정착하기로 결심했으니까.

마리나 지금만 해도 그래요. 사모바르는 벌써 두 시간 전부터 준비되었는데, 모두들 산책하러 나갔으니 말이에요.

바냐 됐어, 이제 그만 하라고. 이쪽으로 오고 있어.

사람들의 목소리가 들린다. 산책에서 돌아오며, 정원 안쪽에서 세레브랴코프, 엘레나, 소냐 그리고 텔레긴이 걸어온다.

세레브랴코프 멋지군, 멋져! 정말 기막힌 경치야!

텔레긴 정말 훌륭합니다 각하.

소냐 내일은 산림사무소 쪽 숲으로 가요, 아버지. 어떠세요?

바냐 여러분, 차 드세요!

세레브랴코프 미안하지만, 서재로 차를 갖다 주면 좋겠는데. 아직 해야 할 일이 좀 있어서.

소냐 거기도 아버지 맘에 드실 거예요······.

엘레나, 세레브랴코프 그리고 소냐가 집으로 들어간다. 텔레긴이 식탁 쪽으로 가서 마리나 옆에 앉는다.

바냐 이렇게 찌는 듯 무더운 날씨에도, 우리의 위대한 학자께서는 외투와 덧신에 우산을 들고 장갑까지 끼셨구먼.

아스트로프 다 자기 몸을 위해서지.

바냐 근데, 그 부인은 정말 아름다워! 굉장한 미인이야! 내 평생 그렇게 아름다운 여잔 본 적이 없어.

텔레긴 마리나, 자네도 아는가? 이렇게 들판을 걷거나 울창한 정원을 산책하거나 혹은 이런 탁자를 내려다보고 있으면 나는 말로 표현할 수 없는 행복감을 느낀다네. 날씨는 매혹적이고, 새는 노래하고, 우린 평화롭고 만족하며 살고 있지. 이 이상 뭘 더 바라겠나? (찻잔을 받아든다)

바냐 (꿈꾸듯이) 그 눈하며······ 어쩌면 그렇게 아름다울까!

아스트로프 뭐든 얘길 좀 해봐, 이반 페트로비치.

바냐 (나른하게) 뭘 얘기하라는 거야?

아스트로프 뭐 새로운 소식이라도 없나?

바냐 없어. 모든 게 그대로야. 나는 옛날 그대로야. 아니, 어쩌면 오히려 더 나빠졌을지도 몰라. 아무것도 하지 않으면서 늙은 갈가마귀처럼 깍깍거리며 불평이나 하고 있지. 늙은 까치 같은 우리 어머니는 여전히 여성 해방론만 떠들고 계셔. 한쪽 눈으로는 무덤을 보고 있으면서, 다른 눈으로는 그 알량한 책 속에서 새로운 인생의 여명을 찾고 계시거든.

아스트로프 그럼, 교수는 어떤가?

바냐 교수는 전과 다름없이 아침부터 한밤중까지 서재에 틀어박혀 뭔가를 쓰고 있어. '미간을 찌푸리면서 지혜를 모아 우리는 쓰고 또 쓰지만, 어디서 칭찬하는 소릴 들은 적이 없네' 하는 식이지. 종이만 아까워! 차라리 자서전을 쓰는 게 나을 게야. 얼마나 멋진 소설감이냐 말이야! 퇴직 교수에 늙은 말라깽이, 학식 있는 물고기라고나 할까. 통풍과 류머티즘, 편두통을 앓고, 질투와 선망으로 간이 잔뜩 부어서는 전처의 영지에 살고 있지. 지긋지긋해도 어쩌겠나, 도시에서 살 형편은 안 되니. 그래서 늘 자기의 불행을 한탄하고 있지. 그런데 사실 따지고 보면 정말로 행복한 사람이야. (신경질적으로) 얼마나 행복한 인간인지, 생각해 보게! 비천한 교회 일꾼의 아들이자, 신학생이 학위와 교수자리를 얻어서 고위직에 오르고, 원로원 의원의 사위 및 기타 등등이 되었잖아. 하지만 말은 바로 해야지, 그 인간 예술에 대해서는 쥐뿔도 모르면서 25년 동안 예술에 관한 책을 쓴다고 저러고 있단 말이야. 사실주의니 자연주의니 하며 남의 사상이나 주워 섬기고 있으면서 말이지. 똑똑한 사람들은 이미 다 알고 있고, 무식한 인간들은 관심도 없는 그런 것들을 연구한답시고 25년 동안이나 헛수고를 하고 있잖아. 그러면서도 자존심은 얼마나 대단한지! 불평은 또 얼마나 늘어놓는지! 25년 동안 남의 자리 꿰차고 앉아 교수 흉내만 내다가 은퇴해놓고 보니 알아주는 이 하나 있나. 그런데 걸음걸이를 보라고. 반신반인이나 되는 것처럼 걸어가는 품새라니!

아스트로프 보아하니 샘내는 것 같은데.

바냐 암, 샘나지! 여자들 후리는 것 좀 보라고! 돈 후안이 울고 갈 정도라니까. 그 인간의 전처였던 내 누이동생은 아름답고 온화하고, 저 푸른 하늘처럼 순수한 아이였어. 내 누이를 따르는 숭배자가 그가 거느린 학생 수보다 많았지. 하지만 고귀하고 관대한 그 아이는 마치 순수한 천사들이 자기들처럼 순수하고 아름다운 사람들을 사랑할 수 있는 것처럼 그자를 사랑했지. 그자의 장모인 내 어머니는 지금까지도 그자를 숭배해. 아직도 그자는 어머니에게 신성한 경외감을 불러일으키고 있다는 얘길세. 자네들도 방금 보았겠지만, 그자의 두 번째 아내는 아름답고 똑똑한 여자야. 그런 여자가 그 늙다리와 결혼했다고. 찬란한 미모와 자유, 그 모두를 늙다리에게 바쳤단 말이야. 왜일까? 도대체 왜?

아스트로프 그 부인은 남편에게 충실한가?

바냐 유감스럽지만, 그렇다네.

아스트로프 왜 유감스럽다는 건가?

바냐 그런 충실함이라는 건 전부 가짜고 부자연스러운 것이기 때문이지. 그럴듯하게 들리지만 파보면 아무 근거도 없는 이야기야. 끔찍하게 싫은 남편을 속이는 건 부도덕하고 가슴에서 솟아오르는 자연스러운 젊음의 욕망을 억누르는 건 도덕적이라는 그런 생각 말이야.

텔레긴 (울먹이는 목소리로) 바냐, 그런 말은 듣기 싫네. 잘 듣게, 아내나 남편을 배신하는 인간은 신의 없는 인간이고, 그런 인간은 조국도 배신할 수 있는 법이야!

바냐 (화를 내며) 닥쳐, 와플!

텔레긴 내 말 좀 들어 봐, 바냐. 내 아내는 결혼식 다음 날, 내 얼굴이 못생겼다 해서, 자기 애인과 함께 달아났어. 그렇지만, 그런 다음에도 나는 의무를 게을리하지 않았어. 지금까지도 난 그녀를 사랑하고 그녀에게 성실하며, 내 힘 자라는 한 도와주고 있어. 그녀와 정부 사이에 낳은 딸의 양육을 위해 내 재산을 바쳤을 정도니까. 난 행복을 잃었지만, 자존심만은 지켜냈어. 그런데 그 여자는 어떻게 되었는지 아나? 청춘은 이미 지나갔고, 아름다움은 자연법칙에 따라 빛을 잃었지. 사랑한다는 애인도 세상을 떠났고…… 그 여자한테 무엇이 남았겠어?

소냐와 엘레나가 들어온다. 얼마 지나지 않아 마리야가 책을 들고 들어온다. 그녀는 앉아서 책을 읽는다. 차를 내주자 고개를 들어보지도 않고 마신다.

소냐 (조급하게 유모에게) 유모, 농부들이 기다리고 있어요. 가서 용건이 뭔지 물어보세요. 차는 내가 따를 테니……. (차를 따른다)

유모가 나간다. 엘레나가 그네에 앉아 차를 마신다.

아스트로프 (엘레나에게) 당신 남편을 진찰하러 왔습니다. 편지에는 남편 분이

류머티즘으로 매우 편찮으시다고 쓰셨던데, 아까 보니 활기차 보이시던데요.

엘레나 어젯밤에는 우울해 하고, 다리가 아프다고 괴로워했는데, 오늘은 괜찮으시네요…….

아스트로프 그런 걸 저는 30킬로를 쏜살같이 달려왔군요. 뭐, 괜찮습니다. 이런 일이 처음도 아니니까요. 대신 오늘 밤은 댁에서 묵어야 할 것 같습니다. 최소한 잠이라도 푹 자야지요.

소냐 잘됐어요. 선생님이 저희 집에서 머무시는 건 정말 드문 일이니까요. 점심 아직 안 드셨죠?

아스트로프 그래, 아직.

소냐 그러면 식사나 하세요. 요즘 저희는 6시가 지나서야 점심을 먹으니까요. (차를 마신다) 어머, 차가 다 식었네!

텔레긴 사모바르가 다 식어 버렸어요.

엘레나 괜찮아요, 이반. 식은대로 마시죠, 뭐.

텔레긴 실례지만…… 저는 이반이 아니라, 일리야 일리치입니다……. 일리야 일리치 텔레긴입니다만, 어떤 사람들은 제 얼굴에 마마 자국이 있다고 해서 와플이라고 부르기도 하지요. 일찍이 소냐의 대부 노릇을 했고요, 부군이신 각하께서도 저를 아주 잘 아십니다. 요즘은 댁의 이 영지에서 신세지고 있습니다……. 혹시 눈치채셨는지 모르겠지만, 저는 매일 댁에서 함께 식사하고 있습니다.

소냐 일리야 일리치는 우리를 도와주시는 오른팔이세요. (부드럽게) 자, 대부님, 한 잔 더 따라드릴게요.

마리야 이참!

소냐 왜 그러셔요, 할머니?

마리야 세레브랴코프에게 말한다는 걸 잊어버렸구나…… 기억력이 나빠졌다니까……. 오늘 하리코프에서 파벨 알렉세예비치가 보낸 편지를 받았는데…… 새로 나온 소책자를 보내왔더구나…….

아스트로프 재미있던가요?

마리야 재미있긴 하지만, 어쩐지 이상한 생각이 들어요. 7년 전에 자신이 주장했던 것을 반박하고 있거든요. 기가 막혀요.

바냐 기가 막힐 게 뭐 있어요. 차나 드세요, 어머니.

마리야 너는 내가 말하는 걸 어째 듣고 싶지 않은 모양이로구나. 미안하다, 쟌. 하지만 넌 지난 1년 동안 완전히 딴 사람이 되고 말았어. 알아보기 힘들 만큼……. 예전에는 너도 확고한 신념과 계몽 정신의 소유자였는데…….

바냐 오, 그래요! 저는 계몽 정신의 소유자였지요. 그걸로 누군가를 계몽시키는 데 성공한 적은 없지만요. (사이) 계몽 정신의 소유자! 이보다 더 신랄한 말이 어디 있을까요. 내 나이 마흔일곱이에요. 작년까지 나는 어머니처럼 스콜라 철학으로 내 눈을 흐리게 하려고 애썼지요. 참된 현실을 보지 않으려고 말입니다. 그러면서도 난 좋은 일을 하고 있다고 생각했어요. 그런데 지금은 어떤지 아세요? 어머니가 제 심정을 알아주신다면! 모든 걸 가질 수 있었던 시기를 너무 어리석게 허송해 버린 것을 생각하면, 울분과 증오로 밤잠을 이룰 수가 없어요. 이젠 다 늙어서 할 수 있는 게 아무것도 없다고요.

소냐 바냐 아저씨, 어찌 그런 우울한 말씀을 하세요!

마리야 (아들에게) 무슨 이유인지 모르지만 넌 예전의 신념을 비난하고 있어……. 하지만 잘못된 것은 신념이 아니라, 너 자신이야. 신념 그 자체만으로는 그저 죽은 글자에 지나지 않는다는 걸 잊은 게야…… 너는 너대로 무언가를 이루어내야 했어.

바냐 이루어낸다니요? 누구나 다 어머니가 좋아하시는 그 교수 나리 같은 글 쓰는 기계가 될 수 있는 건 아니에요.

마리야 아니, 그게 무슨 말이냐?

소냐 할머니! 바냐 아저씨! 제발, 부탁이에요!

바냐 그래, 알았다, 알았어! 이제 말하지 않으마, 미안.

사이.

엘레나 오늘 날씨가 좋네요……. 덥지도 않고…….

사이.

바냐 이런 날씨엔 목매 죽기에 좋지…….

텔레긴이 기타 줄을 고른다. 유모 마리나는 집 주위를 돌아다니면서 암탉을 부른다.

마리나 구구, 구구, 구구…….
소냐 유모, 농부들은 왜 온 거지요?
마리나 늘 같은 얘기지. 늘 똑같은 헛소리. 구구, 구구, 구구…….
소냐 뭘 부르는 거예요?
마리나 얼룩암탉이 병아리를 데리고 어디론가 나가 버렸어……. 까마귀들이 채 갈까 봐 걱정이야……. (나간다)

텔레긴이 폴카를 연주한다. 모두 말없이 듣는다. 일꾼이 들어온다.

일꾼 의사 선생님이 여기 계십니까? (아스트로프에게) 미하일 리보비치 선생님을 모시러 왔습니다.
아스트로프 어디서 왔나?
일꾼 공장에서 왔습니다.
아스트로프 (짜증어린 말투로) 정말 고맙네. 어쩌겠나, 가야지……. (눈으로 모자를 찾는다) 에이, 지긋지긋해…….
소냐 정말 안됐군요……. 공장에서 일을 마치면 식사하러 오세요.
아스트로프 아니, 그건 좀 힘들게다. 어디 그럴 시간이 있을라고……. (일꾼에게) 이보게, 미안하지만 보드카 한 잔만 가져다 주겠나? (일꾼이 나간다) 어디 있나…… 어디로 갔나……. (모자를 발견한다) 오스트롭스키 희곡의 등장인물 가운데 콧수염은 길고, 생각은 짧은 사내가 있어요. 제가 바로 그렇죠. 자, 여러분. 실례하겠습니다……. (엘레나에게) 언제든 소냐와 함께 저희 집에 한번 들러 주시면 정말 기쁘겠습니다. 제 영지는 고작해야 30헥타르쯤으로 크진 않지만, 그래도 흥미가 있으시다면 근방 1000마일 안에서는 찾아볼 수 없을 정원과 묘목장을 보여드리겠습니다. 저의 영지는 국유림으로 둘러싸여 있는데…… 산림관은 늙고 병들어, 사실상 제가 모든 일을 관리하고 있답니다.

엘레나　숲을 무척 좋아하신다고 들었어요. 물론 숲을 돌보는 건 아주 좋은 일이지만, 그 일이 본직을 방해하진 않나요? 당신은 직업이 의사잖아요.

아스트로프　우리의 본직이 무엇인지는 오직 신만이 아실 겁니다.

엘레나　그런 데서 정말 재미를 느끼시나요?

아스트로프　네, 아주 재미있지요.

바냐　(비꼬면서) 엄청 재미있겠지!

엘레나　(아스트로프에게) 당신은 아직 젊은 분입니다……. 아마 서른여섯, 서른일곱은 넘지 않았겠죠……. 그러니까 말씀하시는 것처럼 그렇게까지 재미있다고 생각하지는 않으실 테죠. 그 나이에는 대부분 숲이 따분하게 느껴지니까요.

소냐　아니요, 이건 정말 흥분되는 사업이에요. 미하일 리보비치는 해마다 새로운 숲을 가꾸세요. 그래서 이미 동메달과 상장도 받으셨어요. 선생님은 옛날 숲이 파괴되지 않도록 잘 보살피고 계세요. 선생님 말씀을 잘 들어보시면 분명 수긍이 가실 거예요. 숲은 대지를 아름다움으로 장식할 뿐만 아니라, 인간에게 아름다움의 의미를 일깨우고 고상한 감정을 불러일으킨다고 선생님이 말씀하셨어요. 게다가 숲은 혹독한 기후를 누그러뜨려주지요. 기후가 온화한 지방에서는 그만큼 자연과의 싸움으로 낭비되는 힘이 줄어들다보니, 사람들도 친절하고 너그러워질 거예요. 행동거지나 말씨도 아름답고, 온순하고, 섬세하고, 우아하겠죠. 기쁨의 철학과, 예술, 과학이 꽃피겠지요. 여자를 대하는 태도도 무척 고상할 테고요.

바냐　(소리내어 웃으면서) 브라보, 브라보! 정말 듣기 좋은 말이야. 하지만 설득력은 없구나. 그러니 (아스트로프에게) 여보게, 제발 내가 계속해서 난로에 장작불을 때고, 나무로 헛간을 짓도록 해주게.

아스트로프　난로는 토탄을 연료로 쓰고, 헛간은 돌로 지으면 되지 않겠나. 무조건 벌목에 반대한다는 소린 아닐세. 하지만 무엇 때문에 숲을 파괴하려는 거지? 러시아의 숲은 도끼질 아래 신음하고 있어. 수백만 그루의 나무들이 베여 나갔어. 들짐승과 날짐승의 보금자리는 황폐해지고, 하천은 말라가고, 아름다운 절경들이 자취도 없이 사라지고 있어. 이 모든 것은 게으른 인간이 몸을 숙여 땅에서 땔감을 주워 올릴 생각을 하지 않기 때문이지. (엘레나에게)

그렇지 않습니까, 부인? 이렇게 아름다운 것을 한갓 땔감으로 태워버리고 자신이 스스로 창조할 수 없는 것을 무분별하게 파괴하는 것은 어리석은 야만인이나 하는 짓이 아니겠습니까? 하나님은 주어진 바를 더욱더 키우고 늘리라고 인간에게 이성과 창조력을 부여하셨습니다. 그런데 오늘의 인간은 창조는 않고 파괴만 일삼고 있어요. 하루가 다르게 숲은 사라지고, 강은 말라가고, 야생동물은 줄어들고, 기후는 나빠지고, 토양은 척박해지고 흉측하게 변해가고 있어요. (바냐에게) 표정을 보니 내 말을 그다지 진지하게 받아들이지 않는 것 같군. 그래, 그래, 이런 얘기가 공연한 헛소리로 들릴지도 몰라. 하지만 내가 지켜낸 농부들의 숲을 지나갈 때나, 내 손으로 심은 어린 나무들이 바람에 바스락거리는 소리를 듣고 있노라면 이 고장의 풍토를 발전시키는 데 내가 조금은 보탬이 되었다고 느끼지. 또 미래의 인류가 행복을 느낀다면, 그들의 행복에도 내가 조금은 기여한 셈이 되는 것이지. 내가 심은 자작나무가 어린 연둣빛 잎사귀를 피워 올리고 바람에 살랑살랑 흔들리는 모습을 볼 때면 내 가슴은 자부심으로 부풀어 오른다네. 그래서 나는……. (쟁반에 보드카 잔을 가져온 일꾼을 보고 나서) 그건 그렇고……. (마신다) 난 가야겠어. 아마 이 모든 게 결국은 별난 내 성격 탓이겠지. 자, 안녕히 계십시오.

그는 집 쪽으로 걸어간다.

소냐 (그의 팔짱을 끼고 함께 걸어가면서) 언제 다시 오시겠어요?
아스트로프 글쎄.
소냐 한 달 뒤요?

아스트로프와 소냐가 집으로 들어간다. 마리야와 텔레긴은 탁자 옆에 남는다. 엘레나와 바냐는 테라스 쪽으로 걸어간다.

엘레나 또 심술을 부리셨군요. 이반, 대체 무슨 생각으로 글 쓰는 기계니 뭐니 해서 당신 어머니를 괴롭히는 거예요? 아침 식사 때도 알렉산드르와 또 말다툼을 하시질 않나, 왜 그리 옹졸해요.

바냐 내가 그를 싫어해서라면?

엘레나 당신이 알렉산드르를 싫어할 이유가 뭐가 있어요. 그 사람도 다른 사람들과 다를 게 없어요. 당신보다 결코 못하지 않아요.

바냐 당신의 표정이나 몸짓이 평소에 어떤지 당신이 직접 봤으면 좋겠어. 당신의 삶이 얼마나 따분한지 알게 될 거야.

엘레나 그래요, 지루하고 따분해요! 당신들은 내 남편을 욕하고 나를 동정하는 눈으로 보지요. 불쌍한 여자 같으니, 늙은 남편과 살다니! 나에 대한 이런 동정, 나도 잘 알고 있어요! 방금 전에 아스트로프가 말한 것처럼, 당신들은 무분별하게 숲을 파괴하고 있어요. 머지않아 지상에는 아무것도 남지 않겠죠. 마찬가지로 당신들은 인간을 파괴하고 있고, 곧 정절이나 순결, 자기희생 같은 것들은 숲과 더불어 모두 사라지고 말 거예요. 자기 아내도 아닌데 어째서 당신들은 여자를 무심하게 바라볼 수 없는 건가요? 그 의사가 말했듯이 당신들 속에는 파괴의 악령이 도사리고 있기 때문이에요. 당신들은 숲도, 새도, 여자도, 다른 그 무엇에 대해서도 동정심이라고는 없어요.

바냐 난 당신의 그런 철학이 마음에 들지 않아.

　사이

엘레나 그 의사 선생님은 섬세하고 어딘가 지친 듯한 얼굴을 하고 있더군요. 흥미로운 얼굴이에요. 분명히 소냐는 그분에게 마음이 있고, 그분을 사랑하는 눈치예요. 나는 소냐를 이해해요. 내가 이곳에 온 뒤 그분은 벌써 세 번이나 왔지만, 나는 내성적이라 한 번도 그분과 제대로 이야기한 적도 없고, 친절하게 대해 주지도 못했어요. 그분은 내가 무뚝뚝한 여자라고 생각했을 거예요. 이반, 당신과 내가 친구인 이유가 뭔지 알아요? 그건 우리가 똑같이 외롭고 불행하기 때문이에요. 그래요, 불행하죠. 그런 눈으로 보지 말아요. 싫어요.

바냐 내가 당신을 사랑하는데 어떻게 다른 눈길로 당신을 바라보겠어? 당신은 나의 행복이고, 나의 인생이며, 나의 청춘이야! 당신이 나를 사랑할 리 없다는 거 알아. 그래도 상관없어. 그저 당신을 바라보고, 당신 목소리를 들을 수 있게만 해주면 돼.
엘레나 그만 하세요. 누가 듣겠어요.

두 사람은 집으로 걸어간다.

바냐 (그녀의 뒤를 따라가면서) 아니, 당신에 대한 나의 사랑을 말하게 해줘. 나를 밀어내지 말아요. 나에겐 이것이 가장 커다란 행복이니까…….
엘레나 아아, 괴로워요.

두 사람은 집으로 들어간다. 텔레긴은 줄을 튕기면서 폴카를 연주한다. 마리야는 책의 여백에 무엇인가를 쓰고 있다.

—막—

2막

세레브랴코프 집의 식당. 밤. 정원에서 야경꾼의 딱따기 치는 소리가 들려온다. 세레브랴코프는 열린 창문 곁의 안락의자에 앉아서 졸고 있다. 엘레나도 그의 옆에 앉아서 졸고 있다.

세레브랴코프 (잠에서 깨어나) 누구지, 거기 있는 건? 소냐냐?
엘레나 저예요.
세레브랴코프 당신이로군……. 너무 아파서 참을 수가 없어!
엘레나 담요가 마룻바닥으로 떨어졌네요. (그의 무릎을 덮어준다) 창문을 닫을게요.
세레브랴코프 그만둬요, 숨이 막힐 것 같으니. 방금 졸다가 꿈을 꿨는데, 왼쪽 다리가 남의 다리가 된 것 같은 꿈을 꾸었소. 너무 아파서 잠에서 깼소. 이건 통풍이 아니라, 류머티즘이야. 지금 몇 시지?
엘레나 12시 30분이에요.

사이.

세레브랴코프 내일 아침에 서재에서 바튜슈코프의 책이 있는지 찾아봐 줘요. 우리 집에 있는 것 같아.
엘레나 뭐라구요?
세레브랴코프 아침에 바튜슈코프 좀 찾아달라고. 분명히 집에 있던 걸로 기억하니까. 그런데 어째서 이렇게 숨 쉬기가 힘들까?
엘레나 피곤해서 그래요. 이틀 밤이나 못 주무셨어요.
세레브랴코프 투르게네프는 통풍을 앓다가 협심증에 걸렸다더군. 나도 그럴

게 될까 봐 걱정이야. 늙는 것처럼 지긋지긋하고 혐오스러운 건 없어. 빌어먹을. 늙은 내 자신이 싫어지는군. 당신도 다른 사람들도 이런 날 싫어할 테지.

엘레나 당신은 자신이 늙어가는 게 마치 우리들 탓인 것처럼 말씀하시네요.

세레브랴코프 어느 누구보다 당신이 제일 싫을 테지.

엘레나는 일어나 조금 떨어진 곳으로 걸어가 앉는다.

세레브랴코프 물론 당신이 그러는 것도 무리가 아니야. 나도 바보가 아니니까 그런 것쯤은 알고 있지. 당신은 젊고, 건강하고, 아름답고, 삶을 갈구하지. 하지만 난 송장과 다름없는 늙은이란 말이야. 왜, 난들 정말 모르고 있는 줄 알아? 그래 여태껏 살아 있는 내가 어리석은 거지. 하지만 조금만 기다려 줘요. 얼마 안 있어 당신들 모두를 해방시켜 줄 테니까. 이젠 나도 얼마 살지 못할 거야.

엘레나 그만 해요. 제발 아무 말 마세요.

세레브랴코프 나 때문에 모두가 지쳤고 힘겨운데 오직 나 혼자만 인생을 즐기고 만족하고 있다는 얘기로 들리는군. 물론 그럴 테지!

엘레나 제발 그만 해요! 당신은 날 괴롭히기만 하는군요.

세레브랴코프 당신들 모두를 괴롭히고 있지. 그렇다마다!

엘레나 (울면서) 더 이상은 참을 수 없어요! 말씀하세요. 나한테 바라는 게 뭐죠?

세레브랴코프 아무것도 없어.

엘레나 그렇다면 제발 아무 말 마세요. 부탁이에요.

세레브랴코프 참, 이상한 일이야. 바냐 늙은 천치 마리야 바실리예브나가 말하기 시작하면, 아무 일 없이 모두가 귀를 기울이는데, 내가 한마디만 하면, 모두들 불행하다고 느끼기 시작하니 말이야. 아마 내 목소리까지 싫은가 보지. 그래, 내가 꼴 보기 싫은 이기주의자에 폭군이라고 해두지. 그렇다 해도 이런 늙은 나이에 그 정도 누릴 권리도 없단 말이야? 정말이지 그만한 가치조차 없다는 건가? 묻겠어, 내겐 늙은이로서 존중받을 자격도 없단 말이야?

2막 177

엘레나　누구도 당신의 권리에 대해 왈가왈부할 사람 없어요.

바람 때문에 창문이 덜컹거린다.

엘레나　바람이 부는군요. 창문 닫을게요. (닫는다) 곧 소나기가 퍼붓겠어요. 당신의 권리에 대해서 뭐라고 말하는 사람은 아무도 없다고요.

사이. 야경꾼이 정원에서 딱따기를 치며 노래를 부른다.

세레브랴코프　나는 평생을 학문 연구에 바쳤고, 서재와 대학 강의실에서 존경할 만한 동료들과 함께 지냈어. 그런데 느닷없이 이렇다 할 이유도 없이 이런 무덤 속에 갇혀서 날마다 속된 인간들을 보고, 하잘것 없는 얘기나 들어야 하니……. 살맛 나게 살고 싶어. 내가 원하는 건 성공과 명성, 시끌벅적한 세상이야. 그런데 난 이곳에 유배된 신세지. 매순간 지난날을 그리워하고, 다른 사람들의 출세를 부러워하며 죽음을 두려워하고 있다니……. 견딜 수 없어! 정말이지! 여기서는 누구 한 사람 내가 늙었다는 걸 용서하려고 하지 않는다니까!

엘레나　조금만 참고 기다려요. 오륙 년만 지나면 나도 늙을 테니까.

소냐가 들어온다.

소냐　아버지, 아스트로프 선생님을 불러오라고 하시고는 그분이 오니까 만나지 않으시네요. 그건 실례에요. 공연히 사람을 골탕먹이시는 거예요.

세레브랴코프　아스트로프가 내게 무슨 소용이 있냐? 그자의 의학 지식이란 내가 가진 천문학 지식이나 매한가지야.

소냐　아버지 통풍 치료 때문에 의과대학 교수들을 모두 이리 불러올 수도 없잖아요.

세레브랴코프　그런 어리석은 자들과는 말하기도 싫다.

소냐　마음대로 하세요. (앉는다) 난 아무래도 좋으니까요.

세레브랴코프 지금 몇 시냐?

엘레나 1시예요.

세레브랴코프 여긴 숨막힐 듯이 답답하구나…… 소냐, 식탁에서 물약 좀 가져다 주렴.

소냐 여기요. (물약을 준다)

세레브랴코프 (화를 내면서) 아아, 이게 아니잖아! 뭘 부탁할 수도 없으니!

소냐 떼쓰지 마세요, 제발. 그런 걸 좋아하는 사람이 있을지도 모르지만, 전 싫어요. 제발요. 전 빼줘요. 시간이 없어요. 내일 아침 일찍 일어나서 풀을 베야 해요.

잠옷바람의 바냐가 촛불을 들고 들어온다.

바냐 밖에 폭풍우가 오려고 해…….

번개.

바냐 저것 봐! 엘레나와 소냐는 가서 자도록 해. 내가 교대하러 왔으니까.

세레브랴코프 (놀라서) 아니, 안 돼! 날 저 친구와 함께 남겨두고 가지 마! 안 돼. 자꾸 말을 해서 나를 피곤하게 만들 거야!

바냐 하지만, 저 사람들도 쉬어야 하잖아요! 벌써 이틀 밤이나 못 잤어요.

세레브랴코프 다들 가서 자라고 해. 그리고 자네도 가 주게. 부탁일세. 우리의 옛 정을 생각해서 내 말 좀 들어 주게. 나중에 이야기하세.

바냐 (냉소어린 얼굴로) 옛 정이라…… 옛 정…….

소냐 그만두세요, 바냐 아저씨.

세레브랴코프 (아내에게) 여보, 날 저 사람과 함께 있게 하지 마! 자꾸 말을 해서 피곤하게 만들 거야.

바냐 웃기는 소리.

마리나가 촛불을 들고 들어온다.

소냐 유모는 가서 자요. 꽤 늦었어.

마리나 사모바르도 치우지 않았는데. 그러니 누울 수가 있나.

세레브랴코프 모두가 잠도 못 자고 지쳐 있는데, 나 혼자만 태평하게 즐기는 셈이군.

마리나 (세레브랴코프에게 다가가서, 부드럽게) 어때요, 나리? 아프세요? 제 다리도 자꾸 쑤셔서 죽겠어요. (무릎에 담요를 바르게 펴준다) 꽤 오래가는 병이에요. 돌아가신 소냐의 어머니 베라 페트로브나도 밤마다 못 주무시고, 고생을 하셨지요······. 그분은 나리를 무척이나 사랑하셨는데······.

사이.

마리나 나이를 먹으면 애들처럼 위로받고 싶어지지만, 누구도 늙은이를 위로해 주지 않아요. (세레브랴코프의 어깨에 키스한다) 자, 나리, 잠자리로 가십시다······. 자, 가세요······. 제가 보리수 차를 따라드릴 테니. 다리를 따뜻하게 해드리겠어요······. 나리께 하느님의 가호가 있기를······.

세레브랴코프 (감동하여) 갑시다, 마리나.

마리나 제 두 다리도 그렇게 욱신욱신 쑤신답니다! (소냐와 함께 그를 데리고 간다) 베라 페트로브나는 늘 슬퍼하며 울곤 하셨어요······. 소냐도 그때는 아직 어려서 철이 없었어요······. 자, 가요, 어서 가요, 나리······.

세레브랴코프, 소냐, 마리나 퇴장.

엘레나 난 저이 때문에 지쳤어요. 서 있기도 힘들어요.

바냐 당신은 저 사람 때문이지만, 나는 나 자신 때문에 지쳤어. 벌써 사흘 밤이나 자지 못했어.

엘레나 이 집은 어딘가 잘못됐어요. 당신 어머니는 자신의 그 소책자와 제 남편 이외에는 모든 걸 증오하시죠. 남편은 화를 내면서 날 믿으려하지 않고, 또 당신을 두려워해요. 소냐는 아버지한테 화를 낼 뿐만 아니라 내게도 화를 내고 나와는 벌써 2주일씩이나 말도 하지 않아요. 게다가 당신은 그일 증오하고, 공공연히 당신 어머니를 멸시하고 있어요. 나는 화가 나서 오늘 스무 번이나 울었어요……. 이 집은 뭔가 좋지 않아요.

바냐 그런 언짢은 말은 그만둡시다!

엘레나 바냐, 당신은 교양도 있고 현명하니까 분명 알고 계실 거예요. 세상은 악인이나 화재 때문에 파멸하는 게 아니라, 증오, 적대감, 온갖 하찮은 일 때문에 파멸한다는 사실을 말이죠……. 그래서 당신이 해야 할 일은 덮어 놓고 불평만 할 게 아니라, 모두를 화해시키는 일이라고 생각해요.

바냐 우선 나부터, 이 나부터 평화로워질 수 있도록 당신이 도와줘. 내 사랑…… (그녀의 팔을 붙든다)

엘레나 이러지 마세요! (팔을 빼낸다) 나가세요!

바냐 이제 폭풍우가 지나가면 자연 만물은 안도의 숨을 내쉬며 생기를 되찾겠지. 하지만 난 그럴 수 없을 거야. 내 인생은 이미 영원히 끝장났다는 생각이, 밤이고 낮이고 유령처럼 들러붙어 나를 괴롭히고 있어. 과거는 무의미하게 흘러가버렸어. 쓸데없는 일에 정신이 팔려 그저 아까운 시간을 허비해버리고 말았지. 그리고 현재는 좌절만이 있을 뿐이야. 내 인생, 이 내 사랑을 어찌하면 좋을까? 그것으로 무엇을 이룰 수 있을까? 마음속의 아름다운 감정은 아무런 의미도 없이 결국 사그라지고 말 거야. 햇빛이 어두운 틈 속으로 스며들어 사라지듯이. 내 인생도 그렇게 끝나겠지.

엘레나 나에 대한 당신의 사랑이 어떻다느니 하는 얘기를 들을 때면 난 멍해져서 무슨 말을 해야 할지 모르겠어요. 미안해요, 당신에게 더 이상 할 말이 없어요. (가려고 한다) 안녕히 주무세요!

바냐 (길을 가로막으면서) 나 말고도 자신의 인생을 잃어버린 또 다른 한 사람이 이 집에 있다는 생각에 내가 얼마나 괴로워하는지 당신은 모를 거야. 바로 당신, 당신 인생 말이야. 대체 무얼 기다리는 거지? 어떤 저주받을 철학이 당신의 길을 가로막고 있는 거야? 제발, 내 말을 이해해줘, 제발.

엘레나 (그를 뚫어져라 바라본다) 이반 페트로비치, 취했군요!

바냐 그래, 그럴지도 모르지.

엘레나 의사는 어디 있죠?

바냐 저쪽에…… 내 방에서 자고 갈 거야. 그래, 취했겠지. 취한 건지도 몰라.

불가능한 건 없어.

엘레나 오늘도 같이 마신 거예요? 대체 왜 그러는 거죠?

바냐 그래야 사는 것 같으니까……. 날 내버려 둬, 엘레나!

엘레나 예전에는 술도 마시지 않았고, 이렇게 말을 많이 하지도 않았잖아요. 가서 주무세요! 정말이지 당신과 있으면 피곤해요.

바냐 (그녀 앞에 주저앉으며) 나의 사랑…… 아름다운 엘레나!

엘레나 (화를 내면서) 날 내버려두세요. 정말이지 역겨워요. (나간다)

바냐 (혼자서) 가 버렸어…….

사이.

바냐 10년 전에 죽은 누이동생 집에서 그녀를 처음 만났지. 그때 그녀는 열일곱 살이었고, 난 서른일곱 살이었어. 어째서 그때 난 그녀에게 반해서 청혼하지 않았을까? 그건 정말이지 가능한 일이었는데! 그랬으면 지금 그녀는 내 아내가 되었을 텐데…… 그래…… 지금쯤 우리 둘은 폭풍우 소리에 잠이 깼을 거야. 그녀가 천둥소리에 놀라면, 나는 그녀를 안고서 속삭이겠지. '두려워하지 마. 내가 여기 있잖아.' 아아, 생각만으로도 기분이 좋군. 웃음까지 나는군……. 하지만 맙소사. 머릿속 생각들이 뒤죽박죽이군……. 어째서 난 늙은 거야? 왜 그녀는 나를 이해하지 못하는 걸까? 그녀의 말투, 게으른 도덕, 세계의 파멸이니 뭐니 하는 말도 안 되는 헛소리.

사이.

바냐 아, 난 얼마나 기만당해 왔던가! 난 저 보잘것없는 통풍 환자를 숭배했고, 그를 위해서 황소처럼 일했어! 나와 소냐는 이 영지에서 마지막 한 방울까지도 짜냈어. 그렇게 영지에서 난 버터와 우유, 완두콩을 시장에 내다 팔았지, 정작 우리 자신은 단 한 번도 배불리 먹어 보지 못한 채 말이야. 그런 식으로 한 푼 두 푼 악착같이 모아 상당한 돈을 그에게 보낼 수 있었지. 난 그와 그의 학문이 자랑스러웠고, 그로 인해 살았고 숨쉬었어! 그가 쓰고 말한 모든 것이 내겐 천재적인 것으로 보였지……. 맙소사, 그런데 지금은? 그는 은퇴했고, 그래서 지금 그의 인생이 뚜렷이 드러났어. 그가 죽고 나면 단 한 페이지도 남지 않을 거야. 그자는 전혀 유명하지 않아. 아무것도 아니라고! 비누 거품이야! 그래 난 속았어……. 난 이제야 알았어, 어리석게 속은 거라고…….

아스트로프가 들어온다. 조끼도 넥타이도 없이 프록코트 차림이다. 그는 거나하게 취했다. 그의 뒤로 텔레긴이 기타를 들고 들어온다.

아스트로프 연주하라고!
텔레긴 모두 자고 있는데.
아스트로프 연주하라니까!

텔레긴이 나직하게 연주한다.

아스트로프 (바냐에게) 자네 여기 혼자 있나? 여자들은 없어? (몸을 뒤로 젖히고 양손을 허리에 대고서 나직하게 노래한다) "오두막집이 들먹이고, 난로도 춤을 추고, 주인은 누울 곳이 없도다……." 폭풍우에 잠이 깼어. 대단한 비로구먼. 지금 몇 시야?
바냐 알게 뭐야!
아스트로프 엘레나 목소리가 들리는 것 같았는데.
바냐 방금 진까지 여기 있었어.
아스트로프 멋진 여자야! (식탁 위의 작은 약병들을 본다) 약품들인가? 처방전이 가지가지로구먼. 모스크바, 하리코프, 툴라! 통풍 하나 고치려고 러시아의 온 도시를 들쑤시고 다녔네 그려! 교수는 정말 아픈 건가, 아픈 척하는 건가?
바냐 정말 아파.

사이.

2막 183

아스트로프 자네는 오늘 왜 그렇게 우울한 거야? 교수가 불쌍해서 그래?

바냐 날 내버려둬.

아스트로프 그게 아니면, 교수 부인에게라도 반한 건가?

바냐 그 여잔 내 친구야.

아스트로프 벌써?

바냐 '벌써'라니, 그게 무슨 뜻이지?

아스트로프 여자가 남자의 친구가 되려면 순서가 있어. 처음에는 아는 사람, 그 다음엔 애인, 그리고 난 다음에 친구.

바냐 천박한 철학이로군.

아스트로프 뭐라고? 하긴 그렇지…… 고백하자면, 난 속물이 되고 말았네. 자네가 보다시피 난 취했어. 대개 한 달에 한번은 흠뻑 취하도록 마시지. 그런 상태가 되면 염치가 없어지고 낯가죽도 두꺼워지거든. 그땐 모든 게 아무것도 아니야! 아무리 어려운 수술을 해도 기막히게 해내고, 미래에 대한 거창한 계획도 세운다네. 그땐 내 자신이 괴짜라 여겨지지 않고, 내가 인류에게 엄청난 이익을 가져다 준다고 믿어……. 아주 거대한 것 말이야! 그럴 때면 하나의 독특한 철학 체계가 생겨나지. 그래서 자네들 모두가 작은 벌레…… 미생물로 보인단 말이지. (텔레긴에게) 와플, 연주하라니까!

텔레긴 이보게, 자넬 위해서라면 기꺼이 그러겠네만, 집안사람들이 모두 자고 있잖나!

아스트로프 연주해!

텔레긴이 나직하게 연주한다.

아스트로프 한잔 해야지. 가세. 아직 코냑이 남아 있을 거야. 날이 밝으면 우리 집에 가세. 가겠나? (들어오는 소냐를 보고) 이거 실례, 넥타이도 매지 않았군! (서둘러 나간다. 텔레긴이 그의 뒤를 따라간다)

소냐 바냐 아저씨, 또 의사 선생님과 술을 드셨군요. 멋진 분들과 친해지셨네요. 그래, 저분이야 늘 그렇다지만, 아저씨는 왜 그러세요? 그 나이에 이건 정말 어울리지 않아요.

바냐 이런 데에 나이가 무슨 상관이냐. 진정한 삶이 없으면, 환상으로라도 사는 게지. 아무것도 없는 것보다는 나으니까.

소냐 건초를 베어 놓았는데 매일 비가 와서 자꾸만 썩고 있어요. 그런데 아저씨는 환상만 쫓고 있군요. 농장 일은 완전히 내팽개쳐두고요……. 혼자 일하다보니 완전히 진이 다 빠져 버렸어요……. (놀라며) 아저씨 눈에 눈물이 가득해요!

바냐 눈물이라니? 아무것도 아니다……. 쓸데없는 소리…… 넌 지금 죽은 네 어머니처럼 날 바라보았다……. 귀여운 소냐…… (조카딸의 두 손과 볼에 키스한다) 누이야…… 사랑스런 누이야…… 지금 그 애는 어디 있지? 그 아이가 알 수만 있다면! 아아, 그 아이가 알 수만 있다면!

소냐 뭘요? 아저씨, 어머니가 뭘 안다는 거예요?

바냐 괴롭구나, 기분이 좋지 않아……. 아무것도 아니다……. 나중에……. 아무것도 아니야……. 가련다……. (나간다)

소냐 (문을 두드린다) 미하일 리보비치! 안 주무세요? 잠깐만요!

아스트로프 (문 뒤에서) 곧 나가마! (잠시 뒤에 들어온다. 이미 조끼를 입고, 넥타이를 매고 있다) 무슨 일이냐?

소냐 술이 드시고 싶으면 혼자 드세요. 제발 아저씨께는 권하지 마세요. 건강에 해로우니까요.

아스트로프 그래, 그렇게 하마. 곧 집으로 돌아갈 작정이다, 정말이야. 말 준비가 되는 대로 새벽에라도 떠날 거야.

소냐 비가 내리고 있어요. 아침까지 기다리세요.

아스트로프 폭풍우가 지나갔으니, 온다 해도 대단치 않을 게다. 정말 가야 해. 그리고 부탁인데, 네 아버지 일로 더 이상 나를 부르지 말아다오. 통풍이라고 얘기해도 류머티즘이라고 우기고, 누워 있으라 하면 앉아 있고 그러신다. 오늘은 아예 대면조차 거부하시는구나.

소냐 응석받이가 되셨어요. (찬장을 뒤진다) 뭐 좀 드시겠어요?

아스트로프 그러지, 고맙다.

소냐 전 밤에 먹는 걸 좋아한답니다. 찬장에 뭔가 있을 거예요. 사람들 말로는, 아버지는 젊을 때 여자들에게 인기가 있어서 여자들이 아버지를 응석받이로 만들었다고 하더군요. 여기, 치즈 드세요.

두 사람은 찬장 옆에 서서 먹는다.

아스트로프 하루 종일 아무것도 먹질 못했어. 네 아버지는 보통 까다로운 성깔이 아니야. (찬장에서 술병을 꺼낸다) 괜찮지? (한 잔 마신다) 아무도 없으니 터놓고 말하마. 나는 이 집구석에서는 한 달도 못살 거야. 숨이 막혀 죽을 것 같다. 네 아버지는 책과 통풍에만 온통 정신이 팔려 있고, 네 삼촌 바냐는 우울증에 걸렸지. 네 외할머니, 그리고 마지막으로 네 새어머니는…….

소냐 새어머니가 어떤대요?

아스트로프 인간은 모든 면에서 아름다워야 해. 얼굴, 옷차림, 마음, 생각까지. 물론 네 새어머니는 미인이지, 하지만……. 그녀는 먹고 자고 산책하고 그 미모로 우리를 매혹시키는 것 외에는 아무것도 하지 않아. 그게 전부라고. 하는 일이 아무것도 없어. 모든 게 그녀를 위한 것이지. 내 말이 틀렸니? 게으른 인생은 결코 순수할 수 없어. (사이) 내가 너무 가혹하게 말한 건지도 몰라. 너의 바냐 삼촌이나 나나 인생이 만족스럽지 않은 건 마찬가지거든. 그러니 그저 불평만 해댈 뿐이지.

소냐 정말 인생이 만족스럽지 못하세요?

아스트로프 난 인생 그 자체를 좋아하지만 러시아의 이런 작은 촌동네에서 살아가는 일은 너무나 끔찍스럽고 경멸스러워. 현실의 내 생활을 생각해보면, 오 맙소사! 내 생활은 아무런 가치도 없어. 밤에 어두운 숲을 걸을 때, 멀리서 나타나는 작은 불빛은 그동안의 피로를 말끔히 가시게 하지. 어둠도, 얼굴을 때리는 날카로운 잔가지의 존재도 까맣게 잊고 마는 거야. 너도 알다시피, 난 아무도 일하지 않는 시간에 일을 해. 운명은 쉴 새 없이 나를 후려치고 있어. 가끔씩 더 이상 버틸 수 없을 것만 같은 순간이 찾아오지. 내겐 어두운 숲을 걷다가 만날 불빛도, 희망도 없어. 난 사람을 좋아하지 않아. 누군가를 사랑해본 지도 너무나 오래됐어.

소냐 정말 아무도 사랑하지 않으세요?

아스트로프 그래, 아무도 사랑하지 않아. 그나마 유일하게 상냥한 감정을 느끼는 건 네 유모뿐이야. 옛 정 때문이지. 농부들은 하나같이 똑같아, 어리석고 더럽고. 교양 있는 인간들은 함께 어울리기가 어려워, 금세 싫증이 나고 말거든. 하나같이 옹졸하고 편협하지. 한마디로, 따분한 인간들이야. 좀 똑똑하다는 인간들은 신경질적이고, 자기 분석에 열을 올리지. 불평하고, 증오하고, 어디서든 문제점을 찾아내야만 직성이 풀리는 병적으로 예민한 인간들이야. 그런 인간들은 슬금슬금 옆으로 다가와서는 곁눈질로 보며 내게 이렇게 말하지. "이 인간은 미쳤군.", "저건 허풍선이야." 마땅히 붙일 말이 없을 땐 그저 무조건 내가 이상하다는 거야. 내가 숲을 좋아하는 것도 이상하고, 고기를 먹지 않는 것도 이상하고. 사람과 사람, 또는 사람과 자연 간의 단순하고 자연스러운 관계는 더 이상 존재하지 않아. (밖으로 나가려 한다)

소냐 (그를 가로막으며) 제발 부탁이니 더 이상 마시지 마세요.

아스트로프 왜지?

소냐 선생님에게 전혀 어울리지 않아요! 우아하고 고상하고 그토록 부드러운 목소리를 가지셨는데……. 아니, 그 이상이에요. 제가 알고 있는 사람들 가운데 선생님이 가장 멋지세요. 그런데 어째서 술을 마시고 카드놀이나 하는 평범한 사람들을 닮으려고 하세요? 제발 그러지 마세요. 부탁이에요! 사람들은 창조는 하지 않고, 하느님이 주신 것을 파괴만 하고 있다고 하셨죠. 그런데 어째서 선생님은 스스로를 파괴하시는 거죠? 그러지 마세요. 그러시면 안 돼요. 부탁드려요. 제발요.

아스트로프 (그녀에게 손을 내밀며) 다시는 마시지 않으마.

소냐 약속하세요.

아스트로프 내 명예를 걸고 맹세하지.

소냐 (그의 손을 꼭 쥐며) 고마워요!

아스트로프 이제 술하고는 작별이야. 잘 봐, 난 완전히 제정신으로 돌아왔어. 죽을 때까지 지금의 의식 상태를 유지할 거라고. (시계를 본다) 하지만, 말했다시피, 내 인생에는 더 이상 아무것도 남아 있지 않아. 나의 게임은 끝났어. 난 늙고 지쳤어. 나는 하찮은 인간이야. 감수성도 메말라진 지 오래야. 다시는 그 누구에게도 애착을 갖지 못할 거야. 아무도 사랑하지 않고, 앞으로도 영원히 그렇겠지! 아름다움만이 내 마음을 움직일 수 있어. 아름다움은 나를 깊게 감동시키지. 엘레나는 마음만 먹으면, 그 미모로 충분히 내 고개를 자기 쪽으로 돌리게 만들 수 있을 거야. 하지만 그건 사랑이 아니야, 그건 애정이 아니라고. (몸을 떨며 손으로 얼굴을 가린다)

소냐 왜 그러세요?

아스트로프 아무것도 아니다. 사순절에 내 환자 가운데 하나가 클로로포름 과용으로 죽었지.

소냐 이제 그만 잊으실 때도 됐어요.

사이.

소냐 말씀해 보세요, 의사 선생님…… 만일 제게 친구나 여자동생이 있어서 그 아이가…… 예컨대 선생님을 사모하고 있다는 걸 알게 된다면 어떻게 하시겠어요?

아스트로프 (어깨를 으쓱하며) 글쎄, 모르겠구나. 딱히 뭘 해야 한다고는 생각지 않는데. 그녀의 사랑을 받아들일 수 없다는 점을 분명히 이해시켜야만 하겠지. 어쨌든, 지금은 그런 일로 마음이 흔들릴 것 같진 않아. 가려면 지금 떠나야겠다. 잘 있거라. 이러다간 아침까지 여기서 수다나 떨고 있겠구나. (악수한다) 응접실을 지나서 가야겠다. 네 삼촌이 또 붙잡을지도 모르니. (나간다)

소냐 (혼자서) 결국 한마디도 해주지 않았어……. 그분의 마음과 영혼은 여전히 굳게 닫혀 있는데, 왜 난 이리도 기분이 좋은 걸까? (행복하게 웃는다) 난 그분에게 말했어. '당신은 우아하고 고상하고 부드러운 목소리를 가지셨다'고 말이야…… 혹시 실수한 것은 아닐까? 아직도 그 목소리의 떨림이 느껴져, 그 목소리가 포근히 날 어루만지는 듯해. (두 손을 그러쥐면서) 오, 내가 못생긴 게 한이야! 아, 무서운 일이야. 난 내가 못생겼다는 걸 알아. 알고 있어. 잘 알고말고……. 지난 일요일에 사람들이 교회에서 나오면서 나에 대해 말하는 걸 들었어. "마음씨 곱고 속이 넓은 여자지만, 저렇게 못생겼으니 가엾기도 하지……" 못생겼어…….

엘레나가 들어온다.

엘레나 (창문을 연다) 비가 그쳤구나. 공기가 너무나 달콤해!

사이.

엘레나 의사는 어디 계시지?
소냐 가셨어요.

사이.

엘레나 소피!
소냐 네?
엘레나 언제까지 나한테 뿌루퉁해 있을 거니? 서로에게 나쁜 짓을 한 것도 없는데 말이지. 왜 우리가 적이어야 해? 그렇지 않니?
소냐 그래요, 나도 같은 마음이었어요. (그녀를 껴안는다) 우리 화해해요.
엘레나 그러고 말고.

두 사람은 포옹한다.

소냐 아버지는 주무세요?
엘레나 아니, 객실에 앉아 계셔……. 우린 몇 주일 동안이나 서로 이야기를 나누지 않았어. 이유도 모른 채 말이지……. (찬장이 열려 있는 것을 보고) 누가 찬장을 열었지?
소냐 아스트로프 선생님이 식사를 하셨어요.
엘레나 포도주도 있네……. 화해 술로 한 잔할까?
소냐 네, 좋아요.
엘레나 술잔 하나로……. (술을 따른다) 이렇게 하는 게 낫지. 자, 이제 우리 친구야, 그렇지?
소냐 그래요.

그들은 술을 마시고 키스한다.

소냐 이미 오래 전부터 화해하고 싶었어요. 그런데 어쩐지 서먹서먹해서…….
(운다)
엘레나 왜 우는 거야?
소냐 나도 모르겠어요. 그냥, 아무것도 아니에요.
엘레나 자, 그만. 됐어……. (운다) 바보같으니, 나까지 울게 하는구나.

사이.

엘레나 넌 내가 돈 때문에 네 아버지와 결혼했다고 생각해서 화가 난 거지. 그런 뜬소문일랑 믿지 마. 맹세코, 난 그이를 사랑해서 결혼했던 거야. 그이의 명성과 학식에 반했던 거지. 이제는 아니란 걸 알지만, 그때는 그게 진짜 사랑이라고 믿었어. 난 결백해. 하지만 넌 언제나 마치 상상 속의 죄를 단죄하듯이 그렇게 의심스런 눈초리로 날 바라보았지.
소냐 자, 우리 화해했잖아요. 지난날은 잊기로 해요.
엘레나 그런 식으로 사람을 보면 안 돼. 그건 너한테 어울리지 않아. 어떤 사람이든 믿어야 해. 안 그러면 살아갈 수 없어.
소냐 친구처럼 솔직하게 말해 주세요……. 행복하세요?
엘레나 아니.
소냐 난 알고 있었어요. 하나만 더 물어볼게요. 솔직하게 말씀해 주세요. 남편이 젊었으면 하고 바라시진 않나요?
엘레나 아직 어린애구나. 물론 젊으면 좋겠지! (웃는다) 또 물어볼 게 있니?
소냐 의사 선생님이 좋으세요?
엘레나 그럼, 물론이지.
소냐 (웃는다) 나 지금 멍청한 얼굴을 하고 있죠……. 그렇죠? 그분은 가셨는데, 여전히 그분의 목소리가 귓가에 맴돌아요. 그분의 발소리가 들려요. 어두운 창문을 바라보면 거기에 그분의 얼굴이 나타나요. 내 마음을 다 털어놓게 해 주세요……. 하지만 이렇게 큰 소리로 떠들기엔 너무 부끄러워요. 내 방으로 가요. 거기서 다 얘기할 게요. 내가 바보 같죠? 말해 주세요……. 그분에 대해서…….

엘레나 뭘 말하라는 거야?

소냐 그분은 똑똑하고…… 뭐든지 할 수 있어요……. 환자도 치료하고, 나무도 심고…….

엘레나 숲이니 의술이니 하는 게 문제가 아냐, 소냐. 중요한 건 그가 천재라는 사실이지. 내 말이 무슨 뜻인지 알겠니? 그 사람은 용감하고, 생각이 깊고, 통찰력이 있어. 한 그루의 나무를 심으면서 천 년 뒤의 미래를 생각하고 인류 행복의 비전을 보는 그런 사람이니까. 그런 사람은 드물단다. 당연히 사랑받을 만한 사람이지. 가끔 술도 마시고 거칠게 행동할 때도 있지만 그게 무슨 대수야? 러시아에 살면서 천재가 성인이 되기는 불가능해. 너도 좀 생각해 봐, 저 의사 선생의 생활이 어떤가를! 길이란 길은 걸어다닐 수조차 없는 진창길이고, 살을 에는 바람과 추위, 눈보라, 끝없이 먼 왕진 길, 거친 사람들, 주위에 득실거리는 가난과 질병. 그런 상황에서 허구한 날 일하며 투쟁하는 사람이 마흔 살이 될 때까지 술도 마시지 않고 순결하게 자신을 건사하기란 어려운 일이야……. (그녀에게 키스한다) 네가 행복하기를 진심으로 바란다……. 넌 그만한 가치가 있어. (일어난다) 나는 따분하고 부속품같은 존재야……. 음악을 하든, 남편 집에서든, 어떤 로맨스 속에서든 언제나 있으나마나 한 존재였어. 소냐, 곰곰이 생각해 보면 난 정말 너무너무 불행해! (흥분해서 무대를 왔다 갔다 한다) 나를 위한 행복은 이 세상에 없어! 없다니까! 왜 웃는 거야?

소냐 (얼굴을 가리고 웃는다) 난 정말 행복해요……행복해요!

엘레나 피아노를 치고 싶어……. 지금 뭐든 연주하고 싶어.

소냐 연주하세요. (그녀를 껴안는다) 난 잠이 올 것 같지 않아요. 연주하세요!

엘레나 하지만, 네 아버지가 아직 깨어 있으셔. 몸이 아플 때면 음악 소리에 예민해지시니까. 네가 가서 물어보렴. 괜찮다고 하면 연주할게.

소냐 알았어요. (나간다)

정원에서 야경꾼의 딱따기 치는 소리가 들린다.

엘레나 피아노를 친 지도 꽤 오래 됐어. 피아노라도 치며 울어야지. 바보처럼……. (창문 너머로) 예핌, 너니?

야경꾼의 목소리 예, 접니다!

엘레나 시끄럽게 하지 마, 나리께서 편찮으시니.

야경꾼의 목소리 이제 갑니다! (휘파람을 불면서 개를 부른다) 어이, 이놈들아. 쥬치카 쥬치카!

　사이.

소냐　(돌아와서) 안 된대요.

　　　　　　　　　　　　　　　　　　　　　　　　　　—막—

3막

세레브랴코프 집의 응접실. 세 개의 문이 왼쪽과 오른쪽 그리고 가운데에 나 있다.
낮. 바냐와 소냐는 앉아 있고, 엘레나는 무언가 생각에 잠겨서 무대를 왔다 갔다 한다.

바냐 교수가 다들 1시까지 이곳에 모여 달라고 부탁했지. (시계를 본다) 1시 15분 전이군. 무슨 담화발표라도 할 참인가 보지.

엘레나 무슨 일이 있나 보죠.

바냐 일은 무슨 일. 실없는 거나 쓰고, 불평이나 하고, 질투나 하는 거 말고 하는 게 뭐 있다고.

소냐 (비난하는 투로) 아저씨!

바냐 그래, 그래, 미안하다. (엘레나를 가리키며) 저 사람을 좀 봐라. 할 일이 아무것도 없어서 저렇게 서성거리고만 있잖아. 아름다워, 정말로.

엘레나 온종일 같은 얘기만 하고 또 하는군요. 지겹지도 않으세요? (우울하게) 지루해서 죽을 지경인데 뭘 해야 할지 모르겠어요.

소냐 (어깨를 움츠리며) 일은 얼마든지 있어요. 하시려고 한다면야…….

엘레나 예를 들면?

소냐 집안일을 해도 되고, 아이들을 가르치거나 환자들을 보살피거나 얼마든지 있잖아요. 두 분이 여기 오시기 전에 저와 바냐 아저씨는 시장에 밀가루를 내다 팔았답니다.

엘레나 나에게는 무리야……. 흥미도 없고. 여자가 밖에 나가 농민들을 가르치고 환자를 보살핀다는 건 소설 속에서나 가능한 얘기야. 나 같은 사람이 갑자기 그런 일을 어떻게 하겠어?

소냐 하지만 어떻게 아무 일도 않고 살아요? 두고 보세요, 금세 익숙해지실 거예요. (그녀를 껴안는다) 슬퍼하지 마세요, 어머니. (웃으면서) 어머니는 우울하고 불안해 보여요, 마치 이 세상과는 맞지 않는 사람처럼. 그런데 어머니의 그런 면이 사람을 끌어당기나 봐요. 보세요, 바냐 아저씨는 아무 일도 하지 않고 그림자처럼 어머니 뒤만 따라다니잖아요. 저도 일거리는 내팽개쳐두고 이렇게 어머니와 얘기나 하고 있고요. 자꾸만 게을러져서 큰일이에요. 아스트로프 선생님은 예전엔 우리 집에 아주 가끔 오셨어요. 한 달에 한 번 오실까 말까였지요. 그런데 지금은 숲도 의술도 내팽개치고 매일 이리로 오시잖아요. 어머닌 분명 마법사예요.

바냐 왜 그렇게 시름에 잠겨 있소? 자, 사랑스러운 여인이여, 눈을 떠요! 당신의 혈관 속에는 요정의 피가 흐른다오. 당신의 본성 그대로 온전한 하나가 될 수는 없는 건가? 일생에 단 한 번만이라도 마음 가는 대로 살아봐요. 물의 요정과의 사랑에 흠뻑 빠져 보라고. 그래서 교수와 우리 모두가 다시 자유로워지도록.

엘레나 (화를 내면서) 날 내버려 두세요! 정말 잔인하군요! (나가려고 한다)

바냐 (그녀를 막으며) 이런, 이런, 알았소. 내 사과하리다. (손에 키스한다) 화해합시다.

엘레나 더 이상 내 인내심을 시험하지 말아요.

바냐 화해의 표시로 꽃을 가져다 주리라. 아침에 당신을 위해 꺾은 거야……. 가을 장미, 아름답고 우수에 찬 장미……. (나간다)

소냐 가을 장미, 아름답고 우수에 찬 장미…….

두 사람은 창문을 본다.

엘레나 아아, 벌써 9월이야. 기나긴 겨울을 이곳에서 어떻게 난담! (사이) 의사 선생님은 어디 계시지?

소냐 바냐 아저씨 방에 계세요. 뭔가 쓰고 계세요. 바냐 아저씨가 나가셔서 잘 됐어요. 어머니와 잠시 얘기할 게 있어요.

엘레나 뭔데?

소냐 글쎄 뭐겠어요? (그녀의 가슴에 머리를 기댄다)

엘레나 자, 됐다, 됐어……. (그녀의 머리를 쓰다듬는다) 괜찮아.

소냐 난 못생겼어요.

엘레나 넌 머릿결이 아름다워.

소냐 아니에요! (거울에 비치는 자기 모습을 보려고 뒤돌아본다) 아니에요! 여자가 예쁘지 않으면 사람들은 이렇게 말하죠. "당신은 눈이 아름다워요, 당신은 머릿결이 고와요……" 전 그분을 6년 전부터 사랑해 왔어요. 돌아가신 어머니보다 더 사랑해요. 매 순간 그분의 목소리를 듣고, 그분과 악수하던 손길을 느끼죠. 그리고 문을 바라보고 기다려요. 그분이 당장이라도 들어올 것같은 생각이 늘 들어서요. 지금도 보시다시피 그분에 대해 이야기하려고 어머니께 온 거예요. 그분은 요즘 매일 이곳에 오시지만, 제겐 눈길도 주지 않아요……. 너무 괴로워요. 제겐 희망이라곤 없어요. (절망적으로) 오, 하느님, 제게 힘을 주세요……. 밤새 기도했어요……. 자주 그분한테 가서 먼저 말을 걸기도 하고, 그분의 눈을 빤히 바라보기도 해요……. 저한텐 이미 자존심도, 스스로를 통제할 힘도 없어요……. 참지 못하고, 어저께는 바냐 아저씨께 그분을 사랑한다고 고백했어요……. 그래서 하인들까지도 제가 그분을 사랑한다는 걸 알아요. 모두 안다니까요.

엘레나 그 사람은?

소냐 아뇨, 그분은 전혀 몰라요.

엘레나 (생각에 잠겨서) 참 이상한 사람이야. 그런데 말이야, 내가 그분과 이야기해 보면 어떨까……? 조심스럽게 암시를 해서……. (사이) 언제까지나 이런 상태로 지낼 수는 없잖아……. 어때, 좋지?

소냐가 알았다는 듯이 고개를 끄덕인다.

엘레나 그래, 좋아. 그분이 너를 사랑하는지 사랑하지 않는지, 그걸 알아내는 건 어렵지 않아. 부끄러워하지도 말고, 불안해하지도 마. 조심스럽게 물어보면 눈치도 채지 못할 거야. 우린 알아내기만 하면 되니까. '예스'인지 '노'인지. (사이) 혹시 '노'라면 여기 오지 못하게 하면 되지. 안 그래?

소냐가 고개를 끄덕인다.

엘레나   보지 않으면 차라리 더 편하지. 시간 끌지 말고 곧바로 물어보자꾸나. 마침 나한테 도면(圖面)을 보여 주겠다고 했거든……. 가서 말씀드려, 내가 뵙고 싶어 한다고.

소냐   (몹시 흥분해서) 나중에 사실대로 다 말해 주는 거죠?

엘레나   그럼, 물론이지. 진실이 어떻게 밝혀지든 간에, 지금처럼 불확실한 상태로 있는 것보다는 나아. 날 믿어, 소냐.

소냐   네, 네…… 어머니가 도면을 보고 싶어 한다고 전할게요……. (걸어가다가 문 앞에 멈춰 선다) 아니야, 모르는 게 나을지 몰라…… 어쨌든 희망이라는 게 있으니까…….

엘레나   왜 그러니?

소냐   아무것도 아니에요. (나간다)

엘레나   (혼자서) 다른 사람의 비밀을 알면서도 아무것도 도울 수 없다는 건 너무나 슬픈 일이야. (생각에 잠겨서) 그분은 소냐를 사랑하지 않아. 그건 분명해. 하지만 그렇다고 결혼 못 할 이유가 뭐람? 그 아인 예쁘지는 않지만, 그 나이의 시골 의사에겐 훌륭한 아내가 될 거야. 똑똑하고, 저토록 마음씨 곱고 순수한데…….

사이.

엘레나   난 불쌍한 그 애의 심정을 이해해. 그 애는 절박한 외로움 속에서 살고 있지. 그저 헛소리나 지껄이고, 아는 거라고는 먹고 마시고 자는 것뿐인, 생기 없는 무채색의 인간들에게 둘러싸인 채. 이런 곳에 다른 사람과는 전혀 다른, 잘생기고 재미있고 매력적인 그 의사가 가끔 찾아온다는 것은, 어둠 속에 밝은 달이 떠오르는 것과 같겠지……. 그런 사람에게 끌리는 건 당연한 거야……. 이런 생각을 하는 나 자신도 조금은 그런 것 같거든. 그래, 맞아, 나도 그분이 안 오시면 적적하고, 그분을 생각하는 것만으로 이렇게 미소짓게 되니 말이야……. 저 바냐는 내 혈관 속에 요정의 피가 흐르는 것 같다고 말했어. 일생에 한 번만이라도 마음 가는 대로 살아 보라고. 어쩌면 그게 옳은지도 몰라…… 자유로운 새처럼, 당신들 모두에게서, 당신들의 졸린 표정과 대화로부터 멀리 날아가 이 세상에 존재하는 모든 사람을 잊고 싶어……. 하지만 난 겁쟁이야. 난 두려워……. 양심의 가책을 받을 거야…… 그분은 매일 여기 오지만, 난 그분이 여기 오는 이유를 짐작할 수 있어. 벌써부터 내가 나쁜 짓을 하고 있는 것만 같아서 소냐 앞에서 무릎을 꿇고 용서를 빌며 울면서 사과하고 싶은 심정이야.

아스트로프 (도면을 가지고 들어온다) 안녕하십니까! (악수한다) 내 도면을 보고 싶어 하신다고요?

엘레나 보여 주시겠다고 어제 저에게 약속하셨잖아요……. 시간 있으세요?

아스트로프 아, 물론입니다. (카드용 탁자 위에 지도를 펼치고 제도용 핀으로 고정한다) 어디서 태어나셨나요?

엘레나 (그를 도와주면서) 상트페테르부르크에서요.

아스트로프 학교는요?

엘레나 음악학교를 다녔어요.

아스트로프 그러시다면 흥미가 없을 겁니다.

엘레나 왜요? 사실 시골은 잘 모르지만, 그에 관한 책은 꽤 읽었어요.

아스트로프 바냐의 방에 내 전용 책상이 있습니다. 녹초가 될 정도로 완전히 지치면, 모든 걸 던져버리고 이리로 달려와서는 한 시간이고 두 시간이고 이 도면을 만지며 즐깁니다……. 바냐와 소냐는 소리내어 주판을 튕기고, 나는 그 옆 전용 탁자에 앉아 도면을 그리지요. 그러면 말할 수 없이 마음이 훈훈하고 평온해집니다. 귀뚜라미도 울고 말이죠. 그러나 이런 희열을 자주 맛보는 것은 아닙니다. 한 달에 한 번쯤이죠……. (도면을 가리키면서) 자, 여길 보세요. 50년 전 우리 고장의 지도입니다. 짙은 초록색과 엷은 초록색은 숲을 뜻합니다. 전체 평지의 절반이 숲입니다. 초록색 위 붉은 구역에서는 큰 사슴과 산양이 살았습니다……. 나는 여기에 이 지방의 동식물을 표시했습니다. 이 호수에는 백조, 거위, 오리가 살았고, 노인들 말로는 온갖 종류의 많은 새들이 구름처럼 큰 무리를 지어 날아다녔다고 합니다. 보십시오. 크고 작은 농촌 마을 외에도 여러 가지 이주민촌, 농가, 분리파 교도의 수도원, 물레방앗간 등이 눈에 띄지요……. 소와 말도 많았죠. 하늘색으로 칠한 부분이요. 예컨대 여기, 하늘색이 짙게 칠해진 이 지역엔 한 집에 평균 세 필의 말이 있었다고 합니다.

사이.

아스트로프 이제 그 아래 도면을 볼까요. 25년 전의 모습입니다. 이미 숲이 전체 면적의 3분의 1밖에 되지 않습니다. 산양도 사슴도 자취를 감췄지요. 초록색과 하늘색은 벌써 점점 엷어집니다. 다른 것들도 마찬가지죠. 세 번째 도면으로 옮깁니다. 이게 현재의 우리 고장의 상황입니다. 초록색이 이곳저곳에 있습니다만, 그리 많지는 않지요. 사슴도, 백조도, 멧닭도 죄다 사라졌습니다……. 예전의 이주민촌과 농가, 수도원, 물레방앗간은 흔적조차 없습니다. 서서히 퇴락해 가는 모습이 확연히 눈에 띕니다. 지금 형세로 진행된다면 기껏 해야 10년 내지 15년이 지나면 우리 고장의 녹지는 완전히 사라질 겁니다. 당신들은 그걸 문화의 영향이라고 보고, 낡은 생활은 자연히 새 생활에 자리를 양보해야 한다고 말씀하실 겁니다. 그래요, 나도 이해합니다. 예컨대 송두리째 잘려나간 숲이 있던 이 자리에 포장도로가 생기고, 철도가 놓이고, 크고 작은 공장과 학교가 세워진다면, 사람들은 더 건강하고, 부유하고, 똑똑해질 텐데, 하지만 보다시피 그런 흔적은 하나도 없습니다! 여전한 늪지와 모기, 보기 흉한 도로, 가난과 티푸스, 디프테리아, 화재……. 우리 고장은 격렬한 생존경쟁으로 인해 날로 퇴락해 가고 있습니다. 이는 굶주림, 추위와 질병에 시달리는 주민들의 무지와 무관심에서 비롯된 결과입니다. 제 자식을 살리기 위해, 몸을 따뜻하게 덥히고 배를 채우기 위해, 무엇이든 닥치는 대로 써버린 탓이지요. 미래에 대한 생각 없이 무분별하게 모든 걸 파괴해버렸기 때문입니다. 거의 모든 게 파괴된 반면, 새롭게 창조된 건 아무것도 없지요. (냉담하게) 하지만 부인께는 그다지 흥미로운 이야기가 아닌가 보군요.
엘레나 그런 문제는 잘 몰라요…….
아스트로프 여기에 따로 알아야 할 게 뭐가 있나요. 그냥 관심이 없는 거죠.
엘레나 솔직히 말씀드리면, 지금 제 생각이 다른 데 가 있어서 그래요. 용서하세요. 당신한테 물어볼 말이 있는데, 어떻게 시작해야 할지 몰라서 당황스러워요.

아스트로프 심문입니까?

엘레나 네, 심문이에요. 하지만…… 악의는 없어요. 앉죠!

두 사람은 자리에 앉는다.

엘레나 실은 한 젊은 아가씨와 관련된 얘깁니다. 정직하게 친구로서, 솔직하게 얘기하기로 해요. 그리고 이야기가 끝나면 말한 내용은 모두 잊어버리는 거예요. 어때요?

아스트로프 그러죠.

엘레나 내 딸, 소냐에 관한 일이에요. 그 아이가 마음에 드세요?

아스트로프 네, 개인적으로 높이 평가하는 아가씨죠.

엘레나 여자로서 마음에 드시느냐 말이예요!

아스트로프 (잠시 망설이다가) 아닙니다.

엘레나 하나만 더 묻고 끝내죠. 당신은 아무것도 눈치채지 못하셨나요?

아스트로프 전혀요.

엘레나 (그의 손을 잡는다) 그 아일 사랑하지 않는다는 건 눈을 보면 알아요……. 그 아인 괴로워하고 있답니다……. 그걸 이해하신다면…… 여기에 오시는 걸 삼가세요.

아스트로프 (일어난다) 나의 시대는 이미 지나갔습니다……. 게다가 시간도 없고요……. (어깨를 으쓱하며) 제게 어디 그럴 틈이 있겠습니까? (당황해한다)

엘레나 휴우, 정말이지 꺼내기 힘든 얘기였어요! 언덕을 3마일은 달려 올라온 것처럼 숨이 차네요. 어쨌든 끝났어요! 이제 아무 말도 하지 않은 것처럼 다 잊어버리자고요. 그리고…… 그리고 떠나 주세요. 당신은 현명하신 분이니까, 이해하시겠죠……. (사이) 이런, 제가 다 얼굴이 붉어지네요.

아스트로프 만일 당신이 한두 달 전에 이런 말을 했으면 좀 더 생각해 봤을지도 모르지만, 지금은……. (어깨를 으쓱한다) 그녀가 괴로워한다면, 그것은 물론…… 그런데 다만 한 가지 알 수 없는 게 있군요. 어째서 당신한테 이런 심문이 필요했는지 하는 겁니다. (그녀의 눈을 주시하고는 손가락을 세워 흔들어 보이며)

당신은 교활해요!

엘레나 무슨 말씀이죠?

아스트로프 (웃으면서) 당신은 교활한 사람이에요. 당신 말대로 소냐가 실제로 괴로워하고 있다고 칩시다. 하지만 당신의 그 심문이 뜻하는 바는 뭡니까? (그녀의 말을 막으면서 재빨리) 아니, 놀란 얼굴 하지 마세요. 내가 어째서 매일 여기 오는지 당신은 잘 알고 있습니다……. 왜, 누구 때문에 여기 오는지 당신은 잘 알고 있어요. 사랑스러운 암호랑이여, 날 그런 눈으로 보지 말아요. 늙어빠진 참새니까…….

엘레나 (어리둥절한 표정으로) 암호랑이라뇨? 도통 무슨 말인지 모르겠군요.

아스트로프 아름답고 매끈한 암호랑이죠. 당신에겐 제물(祭物)이 필요할 테지요. 한 달 내내 난 아무것도 하지 않고 열렬히 당신만을 쫓고 있습니다. 당신을 위해 난 모든 걸 던졌고, 당신은 그런 내 모습을 보는 걸 좋아하죠. 그러니 당신은 당신의 그 심문이라는 걸 굳이 하지 않더라도 모든 사정을 다 알고 있었던 겁니다. (팔짱을 끼고 고개를 숙여 절을 하며) 항복입니다. 자, 마음대로 하십시오!

엘레나 당신 미쳤군요!

아스트로프 두려워하시는군요.

엘레나 아, 나는 당신이 생각하는 그런 행실이 지저분한 여자가 아니에요! 그럼, 안녕히. (가려고 한다)

아스트로프 왜 작별을 고하는 건가요? 안녕이라니, 그런 말은 말아요. 아, 당신은 얼마나 아름다운지……. 이 얼마나 사랑스러운 손인지! (그녀의 손에 키스한다)

엘레나 자, 됐어요, 그만하세요……. 가세요……. (손을 뺀다) 제정신이 아니군요.

아스트로프 자, 어서 말해요. 내일 어디서 만날까요? (그녀의 허리를 끌어안는다) 이건 피할 수 없는 운명이에요. 우린 만나야 해요. (키스한다. 바로 그때 장미 꽃다발을 들고 들어오던 바냐가 문가에 멈춰 선다)

엘레나 (바냐를 보지 못하고) 안 돼요……. 날 내버려 두세요……. (아스트로프의 어깨에 머리를 기댄다) 안 돼요! (그에게서 떨어지려고 한다)

아스트로프 (그녀의 허리를 붙든 채) 내일 숲으로 와요…… 2시경에…… 응? 오는 거지요?

엘레나 (바냐를 보고 나서) 놔줘요! (몹시 당황하여 창문 쪽으로 물러선다) 정말 끔찍하군요!

바냐 (꽃다발을 의자에 내려놓는다. 그리고 흥분해서 손수건으로 얼굴과 목덜미를 닦는다) 괜찮아……. 뭐…… 괜찮고말고…….

아스트로프 친애하는 이반 페트로비치, 오늘은 날씨가 꽤 좋군. 비라도 올 것처럼 오전엔 흐리더니, 지금은 볕이 나는군. 정말이지 멋진 가을이 온 거지……. 가을 파종도 문제없고. (도면을 통 안으로 말아 넣는다) 하지만 낮이 점점 짧아지는군……. (나간다)

엘레나 (빠른 걸음으로 바냐에게 다가온다) 당신이 힘을 써 주세요. 오늘 당장 나와 남편이 여기를 떠날 수 있도록요! 듣고 있어요? 오늘 당장!

바냐 (얼굴을 닦으면서) 뭐요? 아, 그래……. 좋아……. 엘레나, 난 다 봤어. 죄다…….

엘레나 (신경질적으로) 내 말 들었죠? 난 오늘 당장 여길 떠나야 한다고요!

세레브랴코프, 소냐, 텔레긴 그리고 마리나가 들어온다.

텔레긴 각하, 저도 웬일인지 몸이 좋지 않습니다. 벌써 이틀째 앓고 있습니다. 머리가 어쩐지…….

세레브랴코프 다른 사람은 다 어디 있소? 난 이 집이 싫어. 무슨 미궁 같잖아. 큰 방이 스물여섯 개나 있는 데다가, 사방으로 흩어져 있어서 누가 어디 있는지 알 수가 있어야지. (종을 친다) 마리아와 엘레나를 이리로 불러 줘요!

엘레나 저 여기 있어요.

세레브랴코프 여러분, 앉으시오.

소냐 (엘레나에게 다가가서 초조하게) 뭐라고 그래요?

엘레나 나중에.

소냐 몸을 떨고 계시잖아요? 흥분하셨군요. (재빠르게, 살피듯이 그녀의 얼굴을 들여다본다) 알겠어요……. 그분이 더 이상 여기 오지 않겠다고 하셨군요……. 그렇죠?

엘레나는 고개를 끄덕인다.

세레브랴코프 (텔레긴에게) 어딜 가든 몸이 아픈 것은 견딜 수가 있지만, 시골 생활은 견딜 수가 없어. 어떤 낯선 행성에 떨어진 느낌이 든다니까. 여러분, 앉으시오. 소냐!

소냐는 그의 말을 듣지 못한 채 슬프게 고개를 떨어뜨리고 있다.

세레브랴코프 소냐!

사이.

세레브랴코프 안 들리는 모양이군. (마리나에게) 이보게, 유모. 유모도 여기 앉아.

유모가 앉아서 양말을 뜬다.

세레브랴코프 자, 여러분. 그러니까, 이제부터 귀를 바짝 기울여서 잘 들어 주십시오. (혼자 웃는다)
바냐 (흥분해서) 아마 난 필요 없겠지? 가도 되겠지?
세레브랴코프 아니야. 난 여기 있는 누구보다도 자네가 필요해.
바냐 내게 무엇이 필요하다는 겁니까?
세레브랴코프 그건…… 그런데 대체 왜 화를 내는 건가? 내가 자네한테 뭔가 잘못한 일이 있다면, 용서해 주게, 부탁일세.
바냐 그런 말은 집어치우고, 본론을 말하세요. 원하는 게 뭡니까?

마리야가 들어온다.

세레브랴코프 마침 장모님도 오셨군. 자, 그럼 시작하겠습니다.

사이.

세레브랴코프 여러분, 제가 여러분을 오시라고 한 것은 한 가지 대단히 중요한 문제를 논의하기 위해서입니다. 이 자리에서 저는 여러분의 도움과 충고를 청하고자 하며, 여러분의 한결같은 호의를 알고 있기에 그 답을 얻으리라 기대하는 바입니다. 저는 책에 파묻혀 사는 학자이기 때문에 실생활에 어두워서 언제나 실제적인 생활과 인연이 멀었습니다. 그래서 세상 물정에 밝은 여러분의 조력 없이는 해나갈 수가 없기에 이반 페트로비치, 일리야 일리치, 그리고 장모님께 부탁하는 겁니다……. 진리는 manet omnes una nox[1]이겠지요. 말하자면, 우리 인생은 하느님의 뜻에 달렸다 이 말씀입니다. 저는 늙고 병들었습니다. 그래서 가족과 관련된 재산 문제를 정리하는 것이 때에 맞는 조치라 생각합니다. 제 삶은 이미 끝났고, 저 자신에 대해서는 생각하지 않습니다. 하지만 제게는 젊은 아내와 출가하지 않은 딸이 있습니다.

사이.

세레브랴코프 시골에서 생활을 이어 간다는 것은 저로서는 불가능합니다. 우리는 시골에서 사는 데 익숙하지 않습니다. 하지만 이 영지에서 얻는 수입으로 도시에서 사는 것은 불가능합니다. 예컨대 목재를 판다고 해도, 그것은 비상시의 조치이기에 해마다 그런 방식을 취할 수는 없습니다. 많든 적든간에, 안정적인 수입을 보장할 수 있는 그런 방편을 찾아야만 합니다. 저는 그런 한 가지 방안을 생각해 냈기로 여러분께서 심사해주실 것을 제안하고자 합니다. 자세한 것은 생략하고, 요점만 말씀드리겠습니다. 우리 영지는 투자금 대비 평균 2퍼센트 이상의 수입을 얻지 못하고 있습니다. 이에 저는 영지를 팔 것을 제안합니다. 영지 판매 대금을 유가증권에 투자하면 4내지 5퍼센트의 수입을 얻게 됩니다. 그래서 제 생각으로는 몇천 루블의 잉여금을 얻게 될 것이고, 그 돈으로 핀란드에 조그만 별장쯤은 살 수 있을 겁니다.

---

[1] 체호프의 원문에는 'manet omnes una nox.' 하지만 원전인 고대로마의 시인 호라티우스의 송가(頌歌)에는 'omnes una manet nox.'로 어순이 다소 다르게 되어 있다.

바냐 잠깐만…… 내가 잘못 들은 건가. 방금 한 얘기 다시 한 번 해 보세요.

세레브랴코프 돈을 유가증권으로 바꾸고 그 잉여금으로 핀란드에 별장을 사자고 했네.

바냐 핀란드 말고…… 뭔가 다른 말을 했잖아요.

세레브랴코프 영지를 팔자고 제안했네.

바냐 아, 바로 그거요! 그러니까 영지를 파시겠다고요? 놀랍군, 놀라운 발상이야. 그러면 내 늙은 어머니와 나, 그리고 소냐는 어디 가서 살라는 말씀입니까?

세레브랴코프 그건 적절한 때 다시 논의하세. 지금 당장이 아니라고.

바냐 잠깐만요! 지금껏 내 머리통은 분별이라는 걸 모르고 있었나 봅니다. 난 바보처럼 이 영지가 소냐의 것이라고 생각해 왔으니까 말이죠. 고인이 되신 아버지께서 이 영지를 내 누이의 지참금으로 사셨고, 지금까지 난 순진하게도 법률을 터키식이 아닌 러시아식으로 이해해서 영지가 누이에게서 소냐에게 넘어갔다고 생각해 왔지 뭡니까.

세레브랴코프 그야 물론 영지는 소냐 것이지. 누가 그걸 부정하나? 소냐가 동의하지 않으면 영지를 팔 수 없어. 게다가 영지를 팔자고 제안하는 것은 소냐를 위해서야.

바냐 알 수가 없군. 알 수가 없어! 아니면 내가 미쳤거나. 아니면…….

마리야 쟌, 알렉산드르한테 반대하지 말거라. 뭐가 좋고 뭐가 나쁜지 저 사람이 우리보다 잘 알고 있으니까.

바냐 아니에요, 물 좀 주세요……. (물을 마신다) 하고 싶은 대로 말씀하세요! 하고 싶은 대로!

세레브랴코프 어째서 자네가 흥분하는지 모르겠군. 내 계획이 이상적이라고 말하지 않았네. 만일 모든 사람들이 안 된다고 한다면, 고집부리지 않을걸세.

사이.

텔레긴 (당황해하면서) 각하, 저는 학문을 존경할 뿐만 아니라, 어떤 친근감까지 느끼고 있습니다. 제 형수님의 오라버니는 아실지 모르겠습니다만, 콘스탄틴 트로피모비치 라케데모노프인데, 석사 학위를 갖고 있지요…….

바냐 가만히 있게, 와플. 용건이 아직 안 끝났어. 그런 얘긴 나중에 하라고. (세레브랴코프에게) 자, 이 친구에게 물어보세요. 영지는 이 친구 삼촌한테 샀으니까.

세레브랴코프 아아, 왜 내가 그걸 물어봐야 하지? 무엇 때문에?

바냐 영지의 그 무렵 가격은 9만 5천 루블. 아버지는 7만 루블을 지불하셨고, 나머지 2만 5천 루블은 빚으로 남았죠. 이제 잘 들어요! 사랑하는 여동생을 위해 내가 상속권을 포기하지 않았더라면 이 영지는 절대 살 수 없었어요. 나는 10년 동안 황소처럼 일해서 모든 빚을 갚았어요.

세레브랴코프 차라리 말도 꺼내지 말걸 그랬군.

바냐 영지의 빚을 청산하고, 무질서하지 않게 관리한 건 오직 나의 개인적인 노력 덕분이야. 그런데 내가 나이를 먹으니까 목덜미를 잡아채서 여기서 끌어내려고 하다니!

세레브랴코프 자네가 무슨 말을 하려는 건지 알 수가 없어.

바냐 나는 25년 동안 이 영지를 관리하고, 일하면서 가장 양심적인 관리인으로서 당신에게 이익금을 송금했어요. 하지만 당신은 그동안 단 한 번도 내게 고맙다고 말한 적 없었죠. 젊었을 때나 지금이나 당신에게서 고작 1년에 500루블의 봉급을 받았을 뿐이야. 거지가 1년 동안 적선 받는 돈도 그거보다는 많을 거야. 그런데도 당신은 단 1루블이라도 올려줄 생각조차 한 적 없죠!

세레브랴코프 이반 페트로비치, 내가 어찌 알았겠나? 난 실생활에 어두운 사람이라서 아는 게 없다니까. 지네 스스로 올릴 수도 있잖나. 원하는 만큼 말이야.

바냐 왜 훔치지 않았느냐는 얘긴가요? 정의를 지키려 한 나를 바보라 비웃는 겁니까? 그래요, 그랬다면 지금처럼 거지꼴을 하고 있지는 않겠죠!

마리야 (엄격하게) 쟌!

텔레긴 (안절부절못하며) 이보게, 바냐. 그만두게, 그만둬…… 어째서 좋은 관계를 망치려고 그래? (그를 껴안는다) 그러지 말게.

바냐 25년 동안 나와 어머니는 두더지 굴 속 두더지마냥 이곳에서 썩어 지냈어. 우리는 당신만을 생각하며 당신에게 모든 희망을 걸었어. 낮에는 당신과 당신의 연구에 대해 자랑스럽게 이야기했고, 경의를 담아 당신의 이름을 불렀지. 밤에는 당신이 쓴 책과 논문을 읽으며 보냈어. 그 역겨운 것들을 말이야.

텔레긴 그러지 말게, 바냐. 그러지 말라고…… 더 이상 들을 수가 없군…….

세레브랴코프 (분노하면서) 알 수가 없군. 대체 바라는 게 뭔가?

바냐 우리는 당신을 거의 신과 같은 존재로 생각했었지. 하지만 내 눈에 씌어 있던 가리개가 벗겨졌고, 이젠 당신이 어떤 인간인지 똑똑히 알게 됐어! 당신은 예술에 관해 글을 쓰지만, 예술에 대해 아는 게 아무것도 없어! 내가 그토록 우러러 보았던 당신의 모든 저작은 동전 한 닢의 가치도 없다고! 당신은 우릴 속였어!

세레브랴코프 누가 제발 저 사람을 진정시켜요! 난 가겠소!

엘레나 바냐, 알겠으니 이제 그만해요!

바냐 못 해! (세레브랴코프의 길을 막아서면서) 기다려, 아직 내 말 끝나지 않았어! 당신은 내 일생을 망쳤어! 난 산 게 아니야, 산 게 아니라고! 당신 때문에 인생의 가장 좋은 시기를 허송한 거야! 당신은 나의 철천지원수야!

텔레긴 난 못 참겠어…… 못 참겠어……. 가야겠어. (몹시 흥분하여 나간다)

세레브랴코프 나한테 원하는 게 뭔가? 그리고 그런 말투로 말할 권리가 자네한테 있나? 쓸모없는 인간 같으니! 만일 영지가 자네 것이라면, 가져가. 난 필요 없으니까!

엘레나 당장 이 지옥에서 떠날 거예요! (고함을 지른다) 더 이상 못 견디겠어요!

바냐 내 인생은 실패로 끝나 버렸어! 나는 강하고 현명하며 용감했어. ……만일 내가 정상적으로 살았다면 쇼펜하우어나 도스토옙스키가 되었을지도 몰라…… 쓸데없는 말을 지껄였어. 내가 점점 미쳐가는군. 어머니, 절망스러워요! 어머니!

마리야 (엄격하게) 알렉산드르의 말을 잘 들어라!

소냐 (유모 앞에 무릎을 꿇고 바싹 기댄다) 유모! 유모!

바냐 어머니! 어떻게 해야 좋죠? 아니, 말하지 마세요! 어떻게 해야 하는지는 내가 알아요! (세레브랴코프에게) 당신도 곧 알게 될걸. (가운데 문으로 나간다)

마리야가 그의 뒤를 따라간다.

세레브랴코프 대체 이게 무슨 일이야? 저 미치광이를 데리고 나가! 저 인간과는 더 이상 한 지붕 아래서 살 수 없어! 저 인간의 방이 (가운데 문을 가리킨다) 내 바로 옆방이라고. 당장 마을로 나가든지 별채로 옮기든지 하라고 해. 안 그러면 내가 여길 떠나겠어. 저 인간과는 절대 한 집에서 살 수 없다고.

엘레나 (남편에게) 오늘 여길 떠나요! 지금 당장 그렇게 해요.

세레브랴코프 못난 인간이야!

소냐 (무릎을 꿇은 채 아버지를 향해서, 초조하게 울먹이는 소리로) 자비심을 가지세요, 아버지! 저와 바냐 아저씨는 정말로 불행해요! (눈물을 참으면서) 자비심을 베풀어 주세요! 아버지가 조금 더 젊었을 때를 생각해 보세요. 그때 바냐 아저씨와 할머니는 밤마다 아버지를 위해서 책을 옮겨 적고 아버지의 논문을 정서하셨어요……. 매일 밤마다! 저와 바냐 아저씨는 쉬지 않고 일했어요. 우리 자신을 위해서는 한 푼도 쓰지 않고 전부 아버지한테 보내드렸어요……. 우린 공짜로 밥을 먹은 게 아니에요! 말하려고 한 건 이게 아닌데, 이걸 말하려고 한 게 아닌데. 그래도 아버지는 저희를 이해하셔야 해요!

엘레나 (흥분하면서 남편에게) 알렉산드르, 제발 가서 오해를 풀어요……. 부탁이에요.

세레브랴코프 알겠소, 오해를 풀도록 해 보겠소……. 저 사람을 비난하는 것도 아니고 화를 내는 것도 아니야. 하지만 보다시피 그 친구 행동이 이상하다는 것은 당신도 동의하지. 좋아, 내가 다녀오겠소. (가운데 문으로 나간다)

엘레나 그 사람 화기 풀리도록 좀 너그럽게 대해주세요. (그의 뒤를 따라 나간다)

소냐 (유모에게 매달리면서) 유모! 유모!

마리나 괜찮아요. 거위들은 요란스럽게 울어 대다가도 곧 그쳐요…… 요란스럽게 울다가도 곧 그친다니까요…….

소냐 유모!

마리나 (그녀의 머리를 쓰다듬는다) 사시나무 떨듯이 떨고 있군요! 자, 자, 어린 아가씨. 걱정마세요. 하느님은 자비로우시니까요. 보리수 차를 마시면 좀 나을 거예요……. 울지 말아요, 예쁜 아가씨. (가운데 문을 바라보고 분노하면서) 저런.

거위들이 또 울어대는군. 망조가 들었어!

무대 뒤에서 총소리. 엘레나의 비명이 들린다. 소냐가 몸을 떤다.

마리나 으응, 정말 왜들 저러는 거야?
세레브랴코프 (공포에 질려 비틀거리면서 달려 들어온다) 저 녀석을 막아 줘! 막으라고! 미쳤어!

엘레나와 바냐가 문 앞에서 다툰다.

엘레나 (그의 손에서 권총을 빼앗으려고 애쓰면서) 내놔요! 이리 달라고 하잖아요!
바냐 이거 놔, 엘레나! 놓으란 말이오! (그녀를 뿌리치고 달려 들어와 눈으로 세레브랴코프를 찾는다) 어디 있어? 아, 저기 있군! (그를 향해 총을 쏜다) 탕!

사이.

바냐 안 맞았나? 또 빗나갔어? (화가 나서) 빌어먹을…… 제기랄……. (권총을 마룻바닥에 내팽개치고 기진맥진해서 의자에 앉는다. 세레브랴코프는 너무 놀라 하얗게 질리고, 엘레나는 현기증이 나서 벽에 기댄다)
엘레나 여기서 날 데려가 줘요! 데려가 줘요! 더 이상은 여기 있을 수 없어요!
바냐 (절망적으로) 오, 내가 무슨 짓을 하고 있나! 무슨 짓을 하는 거지?
소냐 (나지막하게) 유모! 유모!

—막—

4막

바냐의 방. 그의 침실 겸 사무실이다. 창가에 회계 장부와 각종 서류가 놓여 있는 커다란 탁자와 사무용 책상, 장롱, 저울이 있다. 아스트로프 전용의 작은 탁자 위에는 도면 그리는 데 필요한 도구와 물감이 있고, 그 옆에는 캔버스가 있다. 체크무늬 담요. 벽에는 여기 있는 누구에게도 필요 없을 것같은 아프리카 지도. 방수포로 덮인 커다란 소파. 왼쪽에는 침실로 통하는 문, 오른쪽에는 현관으로 통하는 문. 오른쪽 문 앞에는 농부들이 더럽히지 못하도록 깔개가 깔려 있다. 가을 저녁. 깊은 정적이 감돈다.

텔레긴과 마리나는 서로 마주 보고 앉아서 양말 짜는 털실을 감고 있다.

텔레긴 마리나, 서둘러요, 곧 작별 인사하러 오라고 할 테니. 벌써 마차 준비를 하라고 지시가 내려졌다니까.
마리나 (빨리 감으려고 애쓰면서) 조금 피곤하네요.
텔레긴 하리코프로 가신다는군. 거기서 사신대.
마리나 그게 더 나아요.
텔레긴 두 분 다 많이 놀라셨던가 봐. 엘레나는 "한 시도 이곳에 있기가 싫어요······. 기요, 가자고요······. 하리코프에서 좀 살다가 형편 봐서 그때 짐을 찾으러 사람을 보내요." 하고 말했다네. 짐도 없이 떠나는 거지. 그러니까 그분들은 여기서 살 팔자가 아닌 거야. 이것도 다 타고난 운명이겠지.
마리나 그게 낫죠. 조금 전의 그 소동을 보셨지요. 권총을 쏘아대고······ 정말 창피해요!
텔레긴 가관이었지. 아이바좁스키[2]에게 그리라고 했더라면 멋진 그림이 되었

---
2) 이반 아이바좁스키(1817~1900). 러시아 유일의 해양 화가로서 당대에 세계적인 명성을 날렸다.

을 거야.

마리나 두 번 다시 그런 꼴은 보기 싫어요.

　사이.

마리나 이제 다시 예전처럼 살게 됐네요. 아침 8시 전에 차를 마시고, 12시 지나서 점심을 먹고, 저녁에는 식탁에 앉아 저녁을 먹고요. 모든 게 원래대로 돌아갈 거예요. 올바른 그리스도 교인의 생활로 말이예요. (한숨을 쉬면서) 국수를 먹어본 게 언제였는지 기억도 안 나요.

텔레긴 그러게 말이네, 이 집안에서 국수 구경 못해본 지가 수십 년은 된 것 같아. (사이) 뭐, 좀 부풀리자면 그렇다는 말이지. 마리나, 오늘 아침에 마을에 갔는데, 구멍가게 주인이 등 뒤에서 "어이, 식객 양반!" 그러는 거야. 기분이 씁쓸하더군!

마리나 남들이 뭐라건 상관하지 말아요. 우리 모두가 하느님의 식객이니까요. 당신도, 소냐도, 바냐도 말이죠. 일하지 않고 앉아 있는 사람은 아무도 없어요. 모두 일하고 있어요! 모두가…… 소냐는 어디 있죠?

텔레긴 정원에 있네. 의사와 함께 바냐를 찾고 있어. 자살이나 하지 않을까 걱정되는가 보지.

마리나 권총은 어디에 있어요?

텔레긴 (속삭이는 목소리로) 내가 지하실에 숨겨 놓았지!

　바냐와 아스트로프가 들어온다.

바냐 날 내버려 둬. (마리나와 텔레긴에게) 여기서 나가. 한 시간만이라도 날 혼자 있게 해달라고! 남의 뒤만 쫓아다니니 견딜 수가 있어야지.

텔레긴 알았네, 바냐. (살금살금 나간다)

마리나 거위가 우네. 꽥~꽥~꽥! (털실을 챙겨 나간다)

바냐 날 내버려 둬!

아스트로프 정말이지 그러고 싶네. 난 오래전에 여길 떠나야 했어. 다시 말하지만, 자네가 훔쳐 간 걸 돌려줄 때까지는 떠나지 않겠네.

바냐 자네한테서 아무것도 가져오지 않았어.

아스트로프 진지하게 말하는데, 시간 끌지 말게. 난 이미 오래전에 떠나야 했다니까.

바냐 난 아무것도 훔친 게 없다니까.

두 사람은 앉는다.

아스트로프 그래? 그렇다면, 조금 더 기다릴 수밖에. 그러나 그 뒤엔 미안하지만 완력을 쓸 수밖에 없어. 자넬 묶고 샅샅이 찾을 걸세. 농담이 아니야.

바냐 맘대로 해.

사이.

바냐 그렇게 바보짓을 하다니, 두 번을 쏘고도 한 번도 맞추지 못했으니! 나 자신을 용서할 수가 없어.

아스트로프 그렇게 쏘고 싶으면 자네 이마에다 쏴.

바냐 (어깨를 움츠리며) 이상해. 살인미수인데도 체포하지도 않고, 재판에 넘기지도 않다니 말이야. 날 미친놈으로 생각하는가보군. (악의적인 웃음) 그래 나는 미친놈이고, 교수라는 가면 아래 자신의 어리석음과 무정함을 숨기고 있는 인간은 제 정신이란 말이지. 모두가 보는 데서 늙은 남편을 속이는 여자는 제 정신이라는 거야. 난 봤어, 봤다니까. 자네가 그 여잘 껴안고 있는걸!

아스트로프 그래, 껴안았네. 그래서 자넨 이렇게 됐지. (그의 코를 찝어 보인다—채였다는 시늉으로)

바냐 (문을 바라보면서) 아니, 이런 우리를 품어주는 저 대지야말로 진짜로 미친 거지.

아스트로프 그런 바보 같은 소리 말아.

바냐 그래, 난 미친놈이라 책임질 일도 없으니 바보 같은 소리를 지껄여도 괜찮아.

아스트로프 웃기는 소리 말게. 자넨 미친 게 아니라, 그저 우스꽝스러운 바보일 뿐이야. 난 바보는 지각없는 인간이라고 생각해 왔지. 그런데 그건 보통 사람들의 일반적인 특성이더라고. 그러니 자넨 아주 정상인 거야.

바냐 (두 손으로 얼굴을 감싼다) 아아, 내가 지금 얼마나 수치스러운지 자넨 모를 거야! 가슴을 후벼 파는 것처럼 고통스러워. (괴로워하면서) 부끄러워 견딜 수가 없어! (탁자쪽으로 몸을 숙인다) 무엇을 해야 하지? 뭘 해야 하냐고?

아스트로프 아무것도 할 게 없어.

바냐 뭐라고 얘기 좀 해보게. 오 맙소사……. 난 마흔일곱 살이야. 예순 살까지 산다고 하면 아직도 13년이나 남았어. 긴 세월이야! 13년을 어떻게 살아가지? 무엇을 하고, 무엇으로 채울 거냐고? 오, 이보게……. (경련하듯 아스트로프의 손을 잡는다) 만일 여생을 어떻게든 새롭게 살 수 있다면. 맑고 고요한 아침에 잠에서 깨어났을 때, 과거는 연기처럼 사라지고 새로운 삶이 시작된 것을 느낄 수 있다면. (운다) 새로운 삶을 시작할 수 있다면…… 어떻게 시작해야 하는지 가르쳐주게.

아스트로프 (짜증을 내면서) 에이, 이런 못난 사람 같으니라고! 새로운 삶이 다 뭐야! 자네나 나는 이젠 희망이라곤 없어.

바냐 정말 그런가?

아스트로프 확실해.

바냐 어떻게든 좀 해주게……. (가슴을 가리킨다) 여기가 타는 것 같아.

아스트로프 (화를 내며 소리친다) 그런 소린 집어치우게! (누그러지면서) 우리보다 100년이나 200년 뒤에 살 사람들은, 우리가 그토록 어리석고 무미건조하게 살았다는 이유로 우리를 경멸하게 될 사람들은 틀림없이 행복해질 방법을 찾을지도 모르지만, 우리는…… 나와 자네한테는 딱 한 가지 희망밖엔 없어. 우리가 관 속에 누워 있을 때, 유쾌한 환상이 찾아와 우리를 위로해 주리라는 희망 말일세. (한숨을 쉬고서) 그래, 이 사람아, 이 고장을 통틀어서 성실하고 지적인 인간은 자네와 나, 단 둘뿐이었어. 그런데 십여 년 동안의 비참하고 속된 생활이 우리를 삼켜 버린 거야. 그 썩은 기운이 우리의 피를 오염시켰고, 그래서 우리는 다른 사람들처럼 속물이 되어 버린 거라고. (다시 힘을 내서) 어쨌거나, 다른 얘기로 내 관심을 돌리려 하지 말게. 내게서 가져간 걸 내놓게.

바냐 난 아무것도 가져가지 않았다니까.
아스트로프 휴대용 약상자에서 모르핀 병을 가져갔잖아.

사이.

아스트로프 이봐. 만일 어떻게 해서라도 자살하고 싶다면, 숲으로 가서 자네 머리에 총을 대고 방아쇠를 당기면 되는 거야. 제발 그 모르핀은 내게 돌려주게. 안 그러면 내가 그걸 자네한테 준 것처럼 온갖 소문이 생겨날 거야. 자네가 죽으면 내가 자네의 몸을 해부하게 될 걸세. 난 그것만으로도 충분해…… 이게 재미있다고 생각하나?

소냐가 들어온다.

바냐 날 혼자 있게 내버려둬!
아스트로프 (소냐에게) 소냐, 네 삼촌이 약상자에서 모르핀 병을 훔쳐가서 돌려주지 않는구나. 네가 얘길 좀 해 보거라, 이건…… 결코 현명한 행동이 아니라고 말이다. 시간이 없어. 난 곧 가봐야 해.
소냐 바냐 아저씨, 모르핀을 가져가셨어요?

사이.

아스트로프 분명히 저 친구가 가져갔어.
소냐 돌려주세요. 사람 놀라게 하는 게 좋으세요? (부드럽게) 돌려주세요, 바냐 아저씨! 어쩌면 제가 아저씨보다 더 불행할지도 몰라요. 하지만 저는 절망하지 않아요. 저는 참고 있고, 제 목숨이 스스로 다하는 그때까지 참을 거예요……. 아저씨도 참으세요.

사이.

소냐 돌려주세요! (그의 손에 키스한다) 아저씨는 착하고 훌륭하신 분이세요. 아저씨, 돌려주세요! (운다) 아저씨는 착하시니까 우릴 가엾게 여기시고 돌려주세요. 참으셔야 해요, 아저씨! 참아요!

바냐 (탁자 서랍에서 병을 꺼내 아스트로페에게 넘겨준다) 자, 받게! (소냐에게) 서둘러 일을 해야겠다. 서둘러서 뭔가 해야겠어. 안 그러면 견딜 수 없어……. 견딜 수 없다고…….

소냐 네, 네, 알았어요, 일을 해요. 식구들을 보내고 나면 바로 일을 시작해요……. (탁자 위에 있는 서류를 신경질적으로 넘기면서 살핀다) 집안 꼴이 엉망이에요.

아스트로페 (병을 약상자에 넣고 가죽끈을 맨다) 이제 떠날 수 있겠군.

엘레나 (들어온다) 바냐, 여기 계세요? 이제 우린 떠나요……. 알렉산드르에게 가보세요. 그이가 당신께 하고 싶은 말이 있대요.

소냐 가 보세요, 바냐 아저씨. (바냐의 손을 잡는다) 같이 가요. 아버지와 아저씨는 화해하셔야 해요. 꼭 그렇게 하셔야 해요.

소냐와 바냐가 나간다.

엘레나 전 떠나요. (아스트로페에게 손을 내민다) 안녕히 계세요.
아스트로페 벌써 가십니까?
엘레나 마차 준비가 다 됐어요.
아스트로페 안녕히 가세요.
엘레나 당신도 오늘 이곳을 떠나시겠다고 약속하셨지요.
아스트로페 알고 있습니다. 곧 떠날 겁니다.

사이.

아스트로페 나 때문에 놀랐나요? (그녀의 손을 잡으며) 그게 그렇게도 끔찍했어요?
엘레나 네.
아스트로페 떠나지 않으면 안 됩니까! 네? 내일 숲에서…….

엘레나 안 돼요……. 이미 결정했어요……. 출발이 결정되었으니까, 이렇게 용기를 내어 당신을 볼 수 있는 거예요…… 한 가지만 부탁드릴게요. 저에 대해 너무 나쁘게 생각지 말아 주세요. 저는 당신의 존경을 받고 싶어요.

아스트로프 아, (초조한 몸짓으로) 제발 떠나지 말아요, 부탁입니다. 이 세상에 당신이 할 일은 없습니다. 당신에겐 인생의 목적도, 관심을 기울일 만한 대상도 없어요. 그러니 머지않아 당신은 그때그때의 기분에 따라 사고하고 행동하게 될 겁니다. 그렇게 될 수밖에 없어요. 그럴 거라면 하리코프나 쿠르스크에 있을 때보다 이곳 자연의 품속에 있는 것이 더 나아요. 적어도 자연은 시적이고 아름다우니까요. 이곳엔 숲도 있고, 투르게네프의 작품에 나오는 반쯤 허물어진 옛집도 있어요.

엘레나 당신은 정말로 재밌는 분이에요……. 당신에게 화가 나 있긴 하지만, 그래도…… 당신을 그리워할 겁니다. 당신은 재미있고 독특한 사람이에요. 우린 더 이상 만나지 못할 테니까…… 왜 숨기겠어요? 저도 얼마간 당신한테 끌렸답니다. 자, 우리 서로 악수하고 친구로 헤어지기로 해요. 안 좋았던 일은 모두 잊고요.

아스트로프 (악수한다) 그래요, 떠나세요……. (생각에 잠겨서) 당신은 솔직하고 친절한 사람이지만 어딘가 불안정하고 기묘한 면이 있어요. 늘 바쁘고 활기차게 일하던 사람들이 당신과 당신의 남편이 이곳에 온 다음부터는 일을 내팽개치고 여름 내내 당신과 당신 남편의 통풍에만 매달렸어요. 당신 부부는 우리에게 게으름을 전염시켰지요. 내가 정신이 나가 아무것도 하지 않은 한 달 동안, 병자가 속출하고 농부들은 나의 숲과 어린 묘목이 자라는 곳에 소들을 풀어놓았어요. 어디를 가든, 당신 부부는 그곳에 어김없이 파괴를 가져 올 겁니다. 물론 농담으로 하는 얘깁니다만, 당신 부부가 이곳에 계속 머물게 된다면 마을은 돌이킬 수 없을 만큼 황폐해질 거라고 확신합니다. 근거 없는 확신이지요. 나도 파멸할 테지만, 당신도…… 그것을 피하지 못할 겁니다. 그러니 떠나세요. '희극은 끝났도다!'[3]

엘레나 (그의 탁자에서 연필을 집어 들더니 재빨리 감춘다) 이 연필은 기념으로 제가

---
[3] 'Finita la comedia!'.

가져가겠어요.

아스트로프 사는 건 참 이상하지요. 이렇게 우리가 만나고, 또 이렇게 갑자기 영원히 이별해야 한다니. 세상 모든 일이 그렇겠죠……. 여기 아무도 없을 때, 바냐가 꽃다발을 가지고 들어오기 전에, 당신에게 키스하게 해주십시오…… 작별 인사로…… (그녀의 뺨에 키스한다) 자, 이젠 됐습니다.

엘레나 모든 일이 잘 되기를 빌어요. 안녕히 계세요. (주위를 둘러본다) 아무려면 어때, 내 인생에 단 한 번일 뿐이야! (갑작스럽게 그에게 키스한다. 두 사람은 재빨리 떨어진다) 가야겠어요.

아스트로프 서둘러 가세요, 말이 준비되었으면 나도 떠나야지요.

엘레나 사람들이 이리로 오는 것 같아요.

두 사람이 귀를 기울인다.

아스트로프 '끝났도다!'

세레브랴코프, 바냐, 책을 든 마리야, 텔레긴 그리고 소냐가 들어온다.

세레브랴코프 (바냐에게) 지난 일에 얽매여 꽁해 있는 건 부끄러운 일이지. 그 일이 일어난 몇 시간 동안 나는 너무나 많은 것을 겪었고, 그래서 생각하고 또 생각했다네. 그랬더니 어떻게 살아야 할 것인지 후손들에게 교훈이 될 만한 완전한 논문을 쓸 수 있겠다는 생각이 들더군. 기꺼이 자네의 사과를 받아들이고, 나 또한 용서를 비네. 잘 있게! (바냐와 세 번 키스한다)

엘레나가 소냐를 껴안는다.

세레브랴코프 (마리야 바실리예브나의 손에 키스한다) 장모님!
마리야 (그에게 키스하면서) 알렉산드르, 사진을 한 장 찍어서 보내주게. 자네가 내게 얼마나 소중한 사람인지 알 거라 믿네.
텔레긴 안녕히 가십시오, 각하! 저희를 잊지 마십시오!

세레브랴코프 (딸에게 키스하고 나서) 잘 있어라…… 모두들 안녕히 계십시오! (아스트로프에게 손을 내밀면서) 함께 해줘서 정말 고마웠네. 선생의 사고 방식과 관심사, 그리고 그 열정을 높게 평가하는 바일세. 작별 인사로 이 늙은이가 한 마디만 하겠네. 여러분, 일을 하시오! 부지런히 몸을 놀리시오! (모두에게 인사한다) 그럼 안녕히. (나간다. 마리야와 소냐가 그의 뒤를 따른다)

바냐 (엘레나의 손에 힘차게 키스한다) 잘 가오…… 날 용서해줘……. 다시는 만나지 못하겠군.

엘레나 (감동해서) 안녕히 계세요. (그의 머리에 키스하고 나간다)

아스트로프 (텔레긴에게) 이봐, 와플. 내 마차도 내달라고 말해 주게.

텔레긴 알았네. (나간다)

아스트로프와 바냐만 남는다.

아스트로프 (탁자에서 물감을 정리해서 가방에 넣는다) 자넨 왜 배웅하러 가지 않나?

바냐 이대로 떠나 보내는 게 좋아. 난…… 난 그들을 볼 수가 없네. 괴로워. 무슨 일이든 서둘러서 해야만 해…… 일해야지, 일을 해야 해! (탁자 위의 서류를 뒤적거린다)

사이.
마차 방울 소리가 들린다.

아스트로프 떠났군. 교수는 마음이 후련할 테지! 이곳에 다시는 오고 싶지 않겠지.

마리나 (들어온다) 가셨어요. (소파에 앉아서 양말을 뜬다)

소냐 (들어온다) 가셨어요. (눈물을 닦으면서) 하느님의 은총이 함께 하시기를. (아저씨에게) 자, 바냐 아저씨. 무슨 일이건 시작해요.

바냐 일을 해야지, 일을…….

소냐 함께 이 탁자 앞에 앉는 것도 참 오랜만이네요. (탁자 위 램프에 불을 붙인다)

잉크가 없는 것 같아요……. (잉크병을 들고 찬장으로 걸어가서 잉크를 따른다) 떠나는 모습을 지켜보는 건 너무나 슬퍼요.

마리야   (천천히 들어온다) 다들 떠났다. (앉아서 독서에 몰두한다)

소냐   (탁자에 앉아서 장부를 넘긴다) 바냐 아저씨, 출납 장부부터 정리해야겠어요. 그동안 일이 얼마나 밀렸는지 몰라요. 회계 때문에 오늘도 사람을 보냈더라고요. 아저씨는 이쪽을 쓰세요, 제가 저쪽을 쓸 테니…….

바냐   (쓴다) 어디 보자, '거래인 이름…….' (함께 말없이 장부를 기록한다)

마리나   (하품을 한다) 잠귀신이 오는가 보다.

아스트로프   고요하군. 펜이 사각거리는 소리와 귀뚜라미 소리밖에 들리지 않아. 따뜻하고 아늑해…… 여길 떠나고 싶지 않아.

마차 방울 소리가 들린다.

아스트로프   마차가 준비되었나보군…… 자, 이제 남은 일은 여러분과 내 책상과 작별하는 일이군요. 가야겠어요! (도면을 종이 끼우개 속에 넣는다)

마리나   서두를 게 뭐 있어요. 좀 더 있다 가세요.

아스트로프   그럴 수가 없군.

바냐   (쓴다) "이전의 부채가 2루블 75코페이카 남았고…….."

일꾼   선생님, 마차가 준비됐습니다.

아스트로프   알았네. (그에게 약상자, 가방 그리고 도면을 넘겨준다) 자, 이걸 가지고 가게. 도면은 구기지 않도록 조심하고.

일꾼   알겠습니다. (나간다)

소냐   언제 다시 볼 수 있을까요?

아스트로프   여름 전에는 힘들겠다. 아마 올 겨울엔 못 볼 거야. 그래도 무슨 일 있으면 언제든 연락다오. (모두와 악수를 나눈다) 모두들, 고마웠어. (유모에게 가서 그녀의 머리에 키스한다) 잘 있어요, 유모.

마리나   차도 안 마시고 떠나시겠어요?

아스트로프   생각이 없어, 유모.

마리나   그럼, 보드카는 드실 테죠?

아스트로프   (머뭇거리면서) 음, 그럴까…….

마리나가 나간다.

아스트로프   (잠시 사이를 두고) 말이 다리를 절뚝거리더군. 어제 페트루쉬카가 물을 먹이러 데리고 갈 때 알았어.
바냐   편자를 갈아야겠군.
아스트로프   가는 길에 대장간에 들러야겠어. 할 수 없지. (아프리카 지도 쪽으로 다가가더니 들여다본다) 지금 아프리카는 찌는 듯이 덥겠지.
바냐   그래, 그럴 테지.
마리나   (보드카 잔과 빵 조각이 담긴 쟁반을 들고 돌아온다) 드세요.

아스트로프가 보드카를 마신다.

마리나   건강하시길 빌어요. (공손하게 절한다) 빵도 좀 드세요.
아스트로프   아니, 빵은 됐네. 그럼…… 잘 있게. (마리나에게) 나올 필요 없어, 유모.

아스트로프 퇴장. 소냐가 배웅하러 양초를 들고 그의 뒤를 따른다. 마리나는 소파에 앉는다.

바냐   (쓴다) "2월 2일 버터 20파운드…… 2월 16일 다시 버터 20파운드…… 메밀가루……."

사이.

마차 방울 소리가 들린다.

마리나   가셨어요.

사이.

소냐 (돌아와서 촛불을 탁자 위에 세워 놓는다) 가셨어요…….
바냐 (주판으로 계산해서 기록한다) 합계는…… 15…… 25…….

소냐가 앉아서 쓴다.

마리나 (하품한다) 주여, 불쌍히 여기소서.

텔레긴이 살금살금 들어와서 문가에 앉아 조용히 기타 줄을 맞춘다.

바냐 (소냐의 머리를 쓰다듬으면서) 얘야, 난 너무나 괴로워. 내 마음이 얼마나 비참한지 넌 모를 게다.
소냐 하지만 어쩌겠어요. 살아야죠!

사이.

소냐 바냐 아저씨, 우린 살아야 해요. 길고도 긴 낮과 밤들을 끝까지 살아가요. 운명이 우리에게 보내 주는 시련을 꾹 참아 나가는 거예요. 우리, 남들을 위해 쉬지 않고 일하기로 해요. 앞으로도, 늙어서도. 그러다가 우리의 마지막 순간이 오면 우리의 죽음을 겸허히 받아들여요. 그리고 무덤 너머 저세상으로 가서 말하기로 해요. 우리의 삶이 얼마나 괴로웠는지, 우리가 얼마나 울었고 슬퍼했는지 말이에요. 그러면 하느님은 우리를 불쌍히 여겨주실 테죠. 아, 그날이 오면, 사랑하는 아저씨, 우리는 밝고 아름다운 세상을 보게 될 거예요. 기쁜 마음으로, 이 세상에서 겪었던 우리의 슬픔을 돌아보며 따스한 미소를 짓게 될 거예요. 그리고 마침내 우린 쉴 수 있을 거예요. 나는 믿어요, 간절하게 정말 간절하게. (그의 앞에 무릎을 꿇고, 머리를 그의 두 손에 얹는 지친 목소리로) 그곳에서 우린 쉴 수 있어요.

텔레긴이 나직하게 기타를 연주한다.

소냐 평화롭게 쉴 수 있을 거예요. 천사들의 날갯짓 소리를 들으며, 보석처럼 반짝이는 천상의 세계를 바라보면서요. 모든 악과 고통은 온 세상을 감싸는 위대한 자비의 빛 속으로 가라앉게 될 거예요. 그날은 평화롭고 순수하고 따스할 거예요. 난 믿어요. 굳게 믿어요. (눈물을 닦는다) 불쌍한 바냐 아저씨, 울고 계시군요. (흐느낀다) 아저씨는 평생 행복이 뭔지 모르고 살아오셨죠. 하지만 기다려요, 바냐 아저씨, 기다려야 해요. 우리는 쉴 수 있을 거예요. (그를 껴안는다) 쉴 수 있어요.

야경꾼의 딱따기 소리가 들린다.
텔레긴이 나직하게 기타를 연주한다. 마리야는 소책자 여백에 무언가를 적고 있다. 마리나는 양말을 뜨고 있다.

소냐 쉴 수 있어요.

―막―

Вишнёвый сад
벚꽃 동산

등장인물

라네프스카야(류보피 안드레예브나) 여지주, 애칭 류바
아냐 라네프스카야의 딸 17세
바랴 라네프스카야의 수양딸 24세
가예프(레오니드 안드레예비치) 라네프스카야의 오빠
로파힌(예르몰라이 알렉세예비치) 상인
트로피모프(표트르 세르게예비치) 대학생
피쉬크(보리스 보리소비치 시메오노프) 지주
샤를로타(이바노브나) 가정교사
에피호도프(세묜 판텔레예비치) 사무원
두냐샤 하녀
피르스 하인, 87세 늙은이
야샤 젊은 하인
떠돌이
역장
우체국 관리
손님들, 하인들

장소는 라네프스카야의 영지.

1막

지금도 어린이방이라 불리는 방. 문 하나는 아냐의 방으로 통한다. 곧 해가 뜰 무렵이다. 5월. 벚꽃이 피어 있지만 정원은 춥고 서리가 내렸다. 방 안의 창문은 닫혀 있다.
두냐샤가 촛불을 들고, 로파힌이 책을 들고 들어온다.

로파힌   이제야 기차가 도착했군. 지금 몇 시나 됐지?
두냐샤   곧 2시예요, (촛불을 끈다) 벌써 날이 밝았네요.
로파힌   도대체 기차가 얼마나 연착한 거야? 적어도 두 시간은 될 거야. (하품하더니 기지개를 켠다) 나도 참, 바보짓을 하다니! 역까지 마중 나가겠다고 여기까지 왔는데, 깜빡 잠들어 버리다니……. 앉아 있는 사이에 잠들고 말았어. 정말이지…… 좀 깨워주지 않고.
두냐샤   이미 떠나신 줄 알았어요. (귀를 기울인다) 어머, 오시나 봐요.
로파힌   (귀를 기울인다) 아냐…… 짐을 찾고 이것저것 하다 보면 시간이 걸릴 테니까……. (사이) 라네프스카야는 5년이나 외국에서 사셨으니, 지금은 어떻게 변하셨을지 짐작도 안 가는군…… 좋은 분이야. 소탈하고 솔직한 분이지. 내가 열다섯 살 소년이었을 때가 생각나네. 돌아가신 아버지는 그때 여기 이 마을에 가게를 차리고 장사를 하셨는데, 어느 날 내 얼굴을 주먹으로 때리는 바람에 코피가 터졌지 뭐야…… 우린 그때 뭣 때문이었는지 이 저택에 오게 됐지, 아버지는 술을 한잔 걸친 상태셨고. 지금도 바로 얼마 전 일처럼 눈에 선하군. 라네프스카야는 아직 젊고 날씬한 분이셨는데, 나를 세면대가 있는 곳으로 데려가셨어. 그래, 바로 이 방, 어린이방이었어. 그리고 이렇게 말씀하셨지. "울지 마라, 꼬마 농부야. 장가가기 전까지는 나을 테니까……."[1] (사

---
1) 다친 사람을 위로할 때 쓰는 관용구.

이) 꼬마 농부라……. 사실 아버지는 농부였지. 보시다시피 나는 흰 조끼에 노란 구두까지 신고 있지만, 돼지목에 진주목걸이 격이지……. 지금은 부자들과 어울리고 돈도 많지만, 그래봤자 농부는 결국 농부일 수밖에 없어……. (책장을 넘긴다) 아까도 책을 읽긴 읽었는데 아무것도 모르겠어. 읽다가 잠들어 버렸네 그려.

사이.

두냐샤 개들이 밤새 잠을 안 자던 데요. 주인이 오는 걸 아는가 봐요.
로파힌 넌 왜 그래, 두냐샤…….
두냐샤 손이 떨려요. 정신도 흐려지고 쓰러질 것 같아요.
로파힌 넌 지나치게 신경이 예민해, 두냐샤. 게다가 옷도 귀족 아가씨처럼 입었구나. 머리 모양도 그렇고. 그러면 못쓴다. 자기 분수를 알아야지.

꽃다발을 든 에피호도프가 들어온다. 신사복을 입고, 잘 닦아 번쩍거리는 장화를 신고 있다. 걸음을 옮길 때마다 찌익찌익 소리가 난다. 들어오다가 꽃다발을 떨어뜨린다.

에피호도프 (꽃다발을 주워 들면서) 식당에 꽂아놓으라고 정원사가 보내왔습니다. (두냐샤에게 꽃다발을 준다)
로파힌 크바스[2]를 좀 내오려무나.
두냐샤 알겠습니다. (나간다)
에피호도프 오늘 아침은 서리가 내리고 기온이 영하 3도까지 떨어졌지만, 벚꽃은 활짝 피었습니다. 러시아의 날씨는 어째서 이 모양일까요. (한숨 쉰다) 정말이지, 이 계절에 이런 날씨가 어울리기나 합니까. 그런데 예르몰라이 알렉세예비치, 한 가지 더 말씀드리자면, 사흘 전에 장화를 샀는데, 걸을 때마다 찌익찌익 소리가 나서 참을 수가 없습니다. 칠을 새로 해 볼까요?
로파힌 나가 보게. 시시한 소린 집어치우고.

---

2) 러시아의 호밀맥주.

에피호도프　제겐 매일같이 불행한 일이 일어나곤 한답니다. 하지만 전 불평 같은 건 하지 않지요. 이제는 익숙해져서 오히려 웃어넘길 정도랍니다.

두냐샤가 들어와서 로파힌에게 크바스를 건넨다.

에피호도프　그럼 이만 가보겠습니다. (의자에 부딪친다. 의자가 쓰러진다) 이런…… (의기양양하게) 자, 보셨죠, 제 팔자가 이렇다니까요……. 놀라운 일이죠. (나간다)
두냐샤　예르몰라이 알렉세예비치, 사실 에피호도프가 저한테 청혼을 했어요.
로파힌　호오!
두냐샤　어찌 해야 할지 모르겠어요……. 평소에는 온순한 사람인데, 가끔씩 무슨 이야기를 시작하면 대체 무얼 말하고 싶은 건지 알 수 없을 때가 있어요. 저도 그 사람을 좋아하는 것 같긴 해요. 그 사람은 저를 끔찍이 사랑해요. 운이 없는 사람이에요. 매일같이 무슨 일이 벌어진다니까요. 그래서 사람들이 그를 걸어 다니는 불행이라고 놀린답니다…….
로파힌　(귀를 기울인다) 이제 오시는 것 같구나…….
두냐샤　오셨다고요! 내가 왜 이러지…… 오한이 나는 것 같아요…….
로파힌　정말 도착하셨어. 마중하러 가자. 부인이 나를 만나면 알아보실까? 5년이나 보질 못했으니.
두냐샤　(흥분해서) 당장이라도 쓰러질 것 같아요…… 아아, 쓰러질 것 같아요!

두 대의 마차가 집으로 다가오는 소리가 들린다. 로파힌과 두냐샤가 서둘러 나간다. 무대가 빈다. 옆방에서 떠들썩한 소리가 들려오기 시작한다. 라네프스카야를 마중 나갔던 피르스가 지팡이에 몸을 의지하고 바삐 무대를 가로질러 지나간다. 그는 낡은 하인 옷을 입고 차양이 높은 모자를 쓰고 있다. 혼잣말로 무언가를 중얼거리지만 한마디도 알아들을 수 없다. 무대 뒤의 소음이 커진다. "이쪽으로 가요……" 하는 목소리. 라네프스카야, 아냐, 그리고 샤를로타가 줄에 묶인 개를 데리고 등장한다. 모두 여행복 차림이다. 외투를 입고 스카프를 두른 바랴, 가예프, 피쉬크, 로파힌, 짐꾸러미와 우산을 든 두냐샤, 짐을 든 또 한 명의 하인, 모두가 방을 가로질러 걸어간다.

아냐　이쪽으로 가요. 어머니, 이 방이 어떤 방인지 기억나세요?

라네프스카야　(기쁨에 넘쳐, 눈물을 글썽이며) 어린이방!

바랴　얼마나 추운지 두 손이 꽁꽁 얼었네. (라네프스카야에게) 어머니 방은 흰색 방도 보라색 방도 그대로 남겨뒀어요.

라네프스카야　오, 사랑스러운 어린이방……. 나도 어렸을 때 이 방을 썼었지……. (운다) 지금도 난 어린애나 다름없어……. (오빠와 바랴에게 그리고 다시 오빠에게 키스한다) 바랴는 조금도 변함이 없구나. 옛날 그대로야. 마치 수녀 같아. 두냐샤도 알아보겠어……. (두냐샤에게 키스한다)

가예프　기차가 두 시간이나 연착했어. 어떻게 이럴 수가 있나, 원.

샤를로타　(피쉬크에게) 우리 개는 호두도 먹는 답니다.

피쉬크　(놀라서) 대단하군요!

　　　아냐와 두냐샤만 빼고 모두 퇴장한다.

두냐샤　언제 오시나 애태우며 기다렸어요……. (아냐의 외투와 모자를 벗긴다)

아냐　오는 동안 나흘 밤이나 잠을 못 잤어……. 으, 너무 추워.

두냐샤　아가씨가 떠나실 때가 사순절이었지요. 그땐 눈도 오고 엄청 추웠는데, 지금은 어떤가요? 귀여운 아가씨! (웃으며 아냐에게 키스한다) 정말 얼마나 기다렸는지 몰라요, 우리 귀염둥이 아가씨……. 말씀드리고 싶은 것이 있어요. 지금 꼭 얘기해야 돼요…….

아냐　(맥 빠진 표정으로) 또 무슨 일인데…….

두냐샤　사무원 에피호도프가 부활절 지나서 저한테 청혼을 했답니다.

아냐　늘 똑같은 소리만 하는구나……. (머리 모양을 고치면서) 머리핀을 몽땅 잃어버렸지 뭐야……. (너무 지친 나머지 비틀거리기까지 한다)

두냐샤　어떻게 생각해야 좋을지 모르겠어요. 그 사람은 저를 사랑해요. 너무나도 사랑해요!

아냐　(자신의 방 안을 들여다보면서 부드러운 목소리로) 내 방과 창문들. 지금껏 이곳을 떠나 있었다는 게 거짓말인 것만 같아. 드디어 집에 돌아온 거야! 내일 아침 눈을 뜨면 정원으로 달려가야지……. 아, 오늘만은 푹 잘 수 있었으면!

여행 중엔 제대로 잠을 못자서 너무 괴로웠어.

두냐샤 그저께 표트르 세르게이치가 오셨어요.

아냐 (기뻐하며) 페챠가!

두냐샤 욕실에서 주무시고 계세요. 거기서 지내시거든요. 이곳 사람들에게 방해가 되고 싶지 않다면서요. (회중시계를 보고 나서) 그분을 깨워야 하는데. 하지만 바랴 아가씨께서 그러지 말라고 명령하셨어요. 그분을 깨우지 말라고요.

허리띠에 열쇠꾸러미를 찬 바랴가 들어온다.

바랴 두냐샤, 어서 커피를……. 어머니가 커피를 달라셔.

두냐샤 네, 곧 가져갈게요. (나간다)

바랴 마침내 돌아왔구나. (다정스럽게) 내 귀여운 동생! 우리 귀염둥이가 드디어 돌아왔어!

아냐 그동안 너무 힘들었어.

바랴 그래, 정말 그랬을 거야!

아냐 내가 떠났을 때가 수난주간(사순절 다섯 번째 주—역자)이었지. 그땐 정말 어찌나 춥던지. 샤를로타는 여행 내내 쉬지도 않고 떠들어댔어. 툭하면 마술을 보여준다면서 귀찮게 굴지를 않나. 왜 내게 샤를로타를 딸려 보낸 거야?

바랴 널 혼자 보낼 수는 없잖아. 동생아, 넌 이제 겨우 열일곱 살이라고!

아냐 파리에 도착했더니, 거기도 춥고 눈이 내렸어. 내 프랑스어 실력은 형편없어. 어머니는 5층에서 살고 계셨어. 그리로 가보니 어머니는 어떤 프랑스 남자들과 귀부인들, 그리고 작은 책을 들고 있는 어떤 늙은 사제와 함께 계시더라고. 방 안은 담배 연기로 자욱하고 아주 끔찍했어. 난 갑자기 어머니가 불쌍해졌어. 너무나 불쌍해서 어머니의 머리를 두 팔로 끌어안은 채 놓을 수가 없었어. 그러니까 어머니도 나를 껴안으면서 우셨어…….

바랴 (눈물을 글썽이며) 더 이상 말하지 마, 그만해…….

아냐 어머니는 망통[3] 근교의 별장도 벌써 팔아버리셨어. 이젠 남은 게 아무

---

3) 프랑스 동남부, 지중해에 면한 휴양 도시.

것도 없더라고, 아무것도. 내게도 돈 한 푼 남아 있지 않아. 여기까지도 겨우 겨우 올 수 있었어. 그런데도 어머니는 아무것도 몰라! 역 근처 식당에서 식사를 하는데, 가장 비싼 요리를 주문하고는 보이들에게도 1루블씩 팁을 척척 주시는 거야. 샤를로타도 그렇고. 야샤까지도 따로 1인분 요리를 주문하더라니까. 정말 최악이야. 아, 야샤는 어머니가 고용한 하인이야, 여기로 데리고 왔어…….

바랴 나도 봤어, 그 뻔뻔한 인간.

아냐 요즘은 어때? 이자는 갚았어?

바랴 아니, 힘들 것 같아.

아냐 아아, 하느님…….

바랴 8월이면 이 영지도 넘어갈 거야…….

아냐 맙소사…….

로파힌 (문틈으로 들여다보면서 송아지 울음소리를 낸다) 음매—……. (나간다)

바랴 (눈물을 글썽이며) 저 인간을 그냥……. (주먹을 쥐고 흔든다)

아냐 (바랴를 끌어안으면서 부드럽게) 바랴, 저 사람이 청혼했어? (바랴가 고개를 흔든다) 저 사람은 언닐 사랑하잖아……. 어째서 둘 다 결정을 미루고만 있는 거지? 뭘 기다리는 거야?

바랴 우린 결국 어찌 해도 안 될 거야. 그 사람은 바빠서 나한테 신경 쓸 겨를이 없어……. 관심도 없는 것 같고. 마음대로 하라고 해, 나도 보고 싶지 않아……. 다들 우리가 결혼할 거라고, 축하한다고 그러지만 결국은 아무것도 없어. 그냥 꿈같은 얘기일 뿐이야……. (어조가 변하며) 브로치가 꼭 꿀벌 같이 생겼네.

아냐 (슬픈 표정으로) 어머니가 사 주셨어. (자기 방으로 걸어가면서 어린애처럼 쾌활하게) 나, 파리에서 기구를 타 봤어!

바랴 내 동생, 우리 귀염둥이 아가씨가 돌아왔어!

두냐샤는 어느새 커피 주전자를 가지고 돌아와서 커피를 끓이고 있다.

바랴 (문 옆에 서서) 집안일로 온종일 동분서주하면서도 늘 맘속으론 이런 생각을 하곤 해, 네가 돈 많은 사람한테 시집을 가면, 난 기쁜 마음으로 어디든 갈 수 있을 텐데, 키예프로……모스크바로, 그렇게 계속해서 성지를 순례했으면……이렇게 걷고 또 걸으며 순례를 할 수 있다면 얼마나 좋을까 하고 말이야!

아냐 정원에서 새가 울고 있어. 지금 몇 시지?

바랴 세 시가 다 됐을걸. 이제 자야지, 아냐. (아냐의 방으로 들어가면서) 정말 얼마나 멋질까!

야샤가 격자무늬 숄과 여행가방을 들고 들어온다.

야샤 (무대를 지나가면서 정중하게) 이리로 지나가도 될까요?

두냐샤 못 알아볼 뻔 했어요, 야샤. 외국에 다녀오더니 정말 많이 변했군요.

야샤 흐음……. 근데 누구지?

두냐샤 당신이 떠났을 무렵에 저는 요만 했었죠……. (손을 아래로 내려 보인다) 표도르 코조예도프의 딸 두냐샤에요. 기억 못하시는군요!

야샤 아, 그 어린 새침때기로군! (주위를 둘러보더니 그녀를 덥석 끌어안는다. 두냐샤는 비명을 지르며 찻잔 받침을 떨어뜨린다. 야샤가 재빨리 나간다)

바랴 (문가에서, 화난 목소리로) 무슨 일이야?

두냐샤 (눈물을 글썽이며) 찻잔 받침을 깨뜨렸어요…….

바랴 좋은 징조로구나.

아냐 (자기 방에서 나오면서) 어머니한테 말씀드려야 돼. 페챠가 여기 있다고…….

바랴 내가 깨우지 말라고 일러두었어.

아냐 (생각에 잠겨서) 6년 전에 아버지가 돌아가시고, 한 달 뒤에 남동생 그리샤가 강에 빠져 죽었어. 일곱 살밖에 안 된 착한 아이였는데. 어머니는 그걸 견디지 못하고 집을 나가 버리셨지. 뒤도 돌아보지 않고 나가셨어…… (몸을 부르르 떤다) 나도 어머니 심정을 이해해. 어머니가 내 마음을 알아주신다면 좋으련만! (사이) 페챠 트로피모프는 그리샤의 가정교사였으니, 어머니를 보면 또 옛날 일을 꺼낼지도 몰라…….

쇼트 재킷에 흰 조끼 차림의 피르스가 들어온다.

피르스 (커피 주전자 쪽으로 가서 근심스런 표정으로) 마님께서 여기서 드시겠다고 하십니다……. (흰 장갑을 낀다) 커피는 준비됐니? (두냐샤에게 엄격한 말투로) 두냐샤, 크림은 어디 있지?

두냐샤 어머, 이를 어째……. (재빨리 나간다)

피르스 (커피 주전자 옆에서 서성이며) 저런, 덜렁이 같으니……. (혼잣말로 중얼거린다) 파리에서 돌아오셨어……. 언젠가, 주인 나리께서도 파리에 다녀오신 적이 있었지……. 마차를 타고……. (웃는다)

바랴 피르스, 뭘 그리 중얼거려요?

피르스 네? 뭐라고 하셨죠? (기쁜 얼굴로) 마님께서 돌아오셨어요! 살아생전에 마님을 다시 뵙는군요! 이제는 죽어도 여한이 없어요……. (기쁨에 겨워 흐느낀다)

라네프스카야, 가예프, 로파힌, 피쉬크가 들어온다. 피쉬크는 얇은 천으로 지은 롱 재킷과 헐렁한 바지를 입고 있다. 들어오면서 가예프는 두 팔과 몸을 움직여 당구 치는 동작을 흉내 낸다.

라네프스카야 그거 어떻게 하는 거였죠? 기억이 날 것도 같은데……. 노란 공은 구석으로! 원 쿠션은 가운데로!

가예프 구멍에 정확하게 집어넣어야지! 옛날에는 우리 둘이 이 방에서 함께 자기도 했는데, 이제 내 나이 벌써 쉰 살이라니, 거참, 믿기지가 않아…….

로파힌 그래요, 세월은 계속 흘러가니까요.

가예프 뭐라고?

로파힌 세월이 빠르다고 했어요.

가예프 그런데 이 방에서는 파출리[4] 냄새가 나는구나.

아냐 전 이만 자러 갈게요. 편히 주무세요, 어머니. (어머니에게 키스한다)

라네프스카야 사랑스런 우리 딸. (아냐의 손에 키스한다) 집에 와서 기쁘니? 나는

---

[4] 인도 및 동남아시아 지역에 널리 분포하는 식물로 잎을 증류하여 얻은 정유를 향료로 쓴다.

아직도 실감이 안 나는구나.

아냐 안녕히 주무세요, 외삼촌.

가예프 (아냐의 얼굴과 두 손에 키스한다) 하느님이 함께 하실 게다. 어쩌면 이렇게 제 어미를 꼭 빼닮았는지! (누이에게) 류바,[5] 지금의 아냐하고 네 어릴 때 모습이 정말로 꼭 닮았구나.

아냐는 로파힌과 피쉬크에게 손을 내민 뒤, 자기 방으로 들어가 문을 닫는다.

라네프스카야 저 애가 많이 지쳤나 봐요.

피쉬크 긴 여행이었으니까요.

바랴 (로파힌과 피쉬크에게) 벌써 3시가 다 됐어요, 이제 그만 주무셔야지요.

라네프스카야 (웃는다) 넌 정말 예전이나 지금이나 똑같구나, 바랴. (바랴를 끌어 당겨 키스한다) 커피만 마시고 일어날 거야.

피르스가 그녀의 발밑에 쿠션을 깔아준다.

라네프스카야 고마워요, 할아범. 커피 마시는 게 습관이 됐지 뭐야. 밤낮을 안 가리고 마신다니까. 정말 고마워요, 할아범. (피르스에게 키스한다)

바랴 나가서 짐이 모두 잘 도착했는지 살펴봐야겠어요……. (나간다)

라네프스카야 정말 여기 앉아 있는 게 나일까요? (웃는다) 펄쩍펄쩍 뛰고 어깨춤이라도 추고 싶은 심정이에요. (두 손으로 얼굴을 감싼다) 설마 꿈은 아니겠지! 내가 고향을 얼마나 사랑하는지는 하느님도 아세요. 너무나, 너무나 사랑해요. 기차에서 차마 밖을 내다보지도 못하고 내내 울기만 했답니다. (눈물을 글썽이며) 아, 커피. 커피를 마셔야지. 고마워요, 피르스. 할아범이 아직 살아 있어서 정말로 기뻐.

피르스 그저께였지요.

가예프 피르스는 귀가 어두워졌어.

---

5) 라네프스카야의 애칭.

로파힌 새벽 5시에 하리코프 행 기차로 떠나야 합니다. 정말 안타까워요! 부인을 뵙고 이야기를 나누고 싶었습니다만……. 부인은 여전히 아름다우시군요.

피쉬크 (무겁게 숨을 몰아쉬며) 오히려 더 아름다워지셨지요……. 옷차림도 파리풍이시고…… 넋이 나갈 정도예요…….

로파힌 부인의 오라버니 되시는 레오니드 안드레예비치 씨는 저 보고 비천한 놈이니 구두쇠니 하시지만 그런 건 아무래도 좋습니다. 뭐라고 하시든 상관 없어요. 저는 단지 예전처럼 부인께서 저를 믿어주시고, 부인의 그 마음을 뒤흔드는 아름다운 눈으로 저를 봐주시는 것만으로도 충분합니다. 자비로우신 하느님! 제 아버지는 부인의 할아버님과 아버님의 농노였지요. 하지만 부인께서는 지난 시절, 저에게 그 누구보다 많은 것을 베풀어 주셨지요. 부인을 사모합니다……가족처럼, 아니, 가족 이상으로요.

라네프스카야 도저히 가만히 앉아 있을 수가 없어요. (갑자기 일어나서 몹시 흥분한 채로 돌아다닌다) 너무 기뻐서 어쩌면 좋을지 모르겠어요…… 비웃어도 상관 없어요, 나는 어리석은 여자니까…… 내 그리운 책장…… (책장에 입을 맞춘다) 내 작은 탁자…….

가예프 네가 없는 동안 유모가 죽었어.

라네프스카야 (다시 자리에 앉아 커피를 마신다) 네, 천국에서 고이 잠드시기를. 편지 받았어요.

가예프 그리고 아나스타 씨도 죽었어. 사팔뜨기 페트루쉬카는 우리 집을 떠나, 지금은 시내에 있는 경찰서장 댁에서 살고 있어. (주머니에서 알사탕이 든 작은 상자를 꺼내더니 한 조각을 입에 넣고 빨아먹는다)

피쉬크 제 딸 다셴카가 부인께 안부 인사를 전해달라더군요…….

로파힌 부인께 뭔가 기쁘고 즐거운 얘기를 해드리고 싶지만 (시계를 들여다본 다음) 이제 곧 떠날 시간이라, 그럴 여유가 없을 것 같군요. 뭐, 짧게 말씀드리겠습니다. 아시다시피 부인의 벚꽃 동산은 부채를 해결하기 위해 매각할 예정입니다. 8월 22일로 경매 일이 정해졌습니다. 하지만 부인, 걱정하지 마시고 편안히 주무시기 바랍니다. 방법이 있으니까요……. 제 제안은 이렇습니다. 부디 잘 들어 주십시오! 부인의 영지는 도시에서 20킬로미터 거리에 있고, 옆으로는 철로가 지나가고 있습니다. 그러니 만약 벚꽃 동산과 강가 땅을 나누어서 별장 건설부지로 임대한다면, 부인께서는 아무리 적게 잡아도 연간 2만 5천 루블의 수입을 올리실 수 있을 겁니다.

가예프 잠깐, 그 무슨 터무니없는 말을 하는 거야!

라네프스카야 나도 무슨 말인지 전혀 모르겠군요, 예르몰라이 알렉세이치.

로파힌 부인께서는 임대인들로부터 1년에 1데시아티네(약 11㎢)당 최소 25루블을 받게 되실 겁니다. 곧바로 광고를 시작하시면, 가을까지 노는 땅뙈기 하나 없이 전부 임대될 거라고 제가 장담합니다. 한마디로 말해서, 모든 문제가 해결되는 셈이지요. 축하드립니다. 물론 그러려면, 우선 영지를 정돈하고 정리하는 작업이 필요하겠지만요. 낡은 건물들, 이를테면 아무 쓸모도 없는 이런 집을 철거하고, 오래된 벚꽃 나무도 다 잘라내야겠죠…….

라네프스카야 잘라내다니요? 실례지만, 당신은 아무것도 모르고 계시는군요. 이 지방 전체를 통틀어 무언가 흥미롭고 훌륭한 것이 있다면, 그건 오직 우리 벚꽃 동산뿐이랍니다.

로파힌 이 벚꽃 동산의 훌륭한 점은 오직 하나, 아주 넓다는 것뿐입니다. 버찌는 2년에 한 번밖에 열리지 않는 데다, 열린다 해도 팔 데도 없지 않습니까. 살 사람도 없으니 말이죠.

가예프 이 동산은 백과사전에도 실려 있네.

로파힌 (시계를 잠깐 들여다본 다음) 이대로 아무런 대책도 없이 결정을 미루고만 있으면, 8월 22일에는 벚꽃 동산만이 아니라 영지 전체가 경매에 붙여지고 말 겁니다. 어서 결단을 내리시길! 다른 방법은 없을 거라고 장담할 수 있습니다. 없고말고요.

피르스 옛날에, 4~50년쯤 전에는 버찌를 말려서 설탕이나 식초에 절이기도 하고, 잼을 만들기도 했지요. 그리고 또…….

가예프 잠자코 있게, 피르스.

피르스 그리고 말린 버찌를 싣고 모스크바나 하리코프로 나가곤 했지요. 돈도 잔뜩 벌었어요! 말린 버찌는 정말 부드럽고 촉촉한 데다, 달콤하고 향기도 너무나 좋았거든요……. 그때는 만드는 비결을 알고 있었으니까…….

라네프스카야 그 비결이 뭔데요?

피르스 잊어버렸습니다. 이제는 아는 사람이 아무도 없어요.

피쉬크 (라네프스카야에게) 파리는 어땠습니까? 개구리 요리를 드셔보셨습니까?

라네프스카야 악어도 먹었어요.

피쉬크 아이구, 저런…….

로파힌 지금까지 시골에는 지주와 농사꾼밖에 없었습니다만, 지금은 그 밖에도 별장 거주자들이 생겨났습니다. 모든 도시가, 별 볼일 없는 작은 도시까지도 이제는 별장에 둘러싸여 있습니다. 대략 20년 뒤에는 별장 거주자 수효가 엄청나게 늘어날 거라고 말씀드릴 수 있어요. 별장 거주자들은 지금은 발코니에서 차나 마시고 있지만, 머지않아 자기 땅에다 농작물을 기르기 시작할 테지요. 그렇게 되면 부인의 벚꽃 동산은 행복하고 풍요롭고 낙원처럼 아름다운 곳이 될 겁니다…….

가예프 (분개하면서) 무슨 잠꼬대 같은 소리!

바랴와 야샤가 들어온다.

바랴 어머니, 전보 두 장이 와 있어요. (열쇠를 꺼내어 철커덕거리는 소리를 내며 낡은 책장 문을 연다) 여기 있어요.

라네프스카야 파리에서 온 거야. (읽지 않고 전보를 찢어버린다) 파리하고는 이제 끝이야…….

가예프 류바, 이 책장이 몇 년이나 됐는지 아니? 일주일 전에 아래 서랍을 열다 보니까 거기 날짜가 찍혀 있더구나. 이 책장은 정확히 100년 전에 만들어진 거야. 어떠냐? 응? 기념식이라도 열어 줄 만하지. 생명 없는 물건이긴 하지만, 어쨌든 정말 훌륭한 책장이 아니냐.

피쉬크 (놀라면서) 100년이라…… 대단하군…….

가예프 암……. 대단하고 말구……. (책장을 만져 보고) 친애하고 존경하는 책장이여! 100년이 넘게 선과 정의의 밝은 이상을 지향한 네 존재를 환영하노라. 보람 있는 노동에 대한 너의 말 없는 호소는 100년 동안 변함이 없었고, (눈물을 글썽이며) 몇 세대에 걸쳐 미덕과 보다 나은 미래에 대한 믿음을 지탱해 왔으며, 선과 사회적 공동체의 이념을 우리에게 심어 주었노라.

사이.

로파힌 옳은 말씀입니다…….
라네프스카야 오빠도 참 여전하시네요.
가예프 (다소 겸연쩍은 듯이) 흰색 공을 오른쪽 구석으로! 빨간 공은 가운데 포켓으로!
로파힌 (시계를 보며) 전 이만 가봐야겠네요.
야샤 (라네프스카야에게 알약을 준다) 지금 약을 드시겠습니까?
피쉬크 이런 걸 뭐하려고 드십니까, 부인……. 해로울 건 없지만 이로울 것도 없는 걸……. 자, 이리 주십시오, 부인. (약을 받아 손바닥에 올리더니 입으로 후후 불고는 입에 넣고 크바스와 함께 삼켜 버린다) 자, 됐지요!
라네프스카야 (놀라서) 아니, 당신 제정신인가요?
피쉬크 제가 처리했습니다.
로파힌 먹보 나셨군요.

모두가 웃는다.

피르스 부활절에 그분들이 오셔서 오이절임을 반 통이나 드셨지요……. (중얼거린다)
라네프스카야 할아범은 무슨 말을 중얼거리는 거야?
바랴 벌써 3년째 저러는 걸요. 우리는 이미 익숙해졌어요.
야샤 노망기가 있어요.

샤를로타가 무대를 가로질러 걸어온다. 깡마른 몸에 꽉 조이는 하얀색 옷을 입고 있으며, 허리에는 로니에트[6]를 매달고 있다.

---

6) 손잡이가 달린 멋내기용 안경.

로파힌   이런, 미안합니다, 샤를로타 이바노브나. 당신과는 아직 인사를 나누
        지도 못했군요. (그녀의 손에 키스하려고 한다)
샤를로타 (손을 빼면서) 손에 키스하는 걸 허락했다가는 다음에는 팔꿈치를, 그
        다음에는 어깨를 내어달라고 덤벼들걸요…….
로파힌   어째 오늘은 운이 없군요.

모두가 웃는다.

로파힌   샤를로타 이바노브나, 마술을 보여주세요!
라네프스카야   그래, 샤를로타, 한번 해봐요!
샤를로타   안 되겠어요. 이만 자러 가야겠어요. (나간다)
로파힌   그럼 3주 뒤에 뵙지요. (라네프스카야의 손에 키스한다) 그때까지 안녕히
        계십시오. 전 이만 가봐야겠습니다. (가예프에게) 그럼 또 뵙죠. (피쉬크와 키스한
        다) 안녕히 계세요. (바랴에게, 이어서 피르스와 야샤에게 손을 내민다) 정말 떠나고
        싶지 않군요. (라네프스카야에게) 별장에 대해 잘 생각해 보시고 결심이 서면
        알려 주십시오. 제가 5만 루블쯤 마련해 보겠습니다. 신중하게 생각하세요.
바랴   (화를 내면서) 자, 이제 그만 좀 가 보세요!
로파힌   갑니다, 가요……. (나간다)
가예프   속물이야. 아, 미안하구나……. 바랴는 저 친구와 결혼할 거니까, 바
        랴의 신랑감이잖아.
바랴   쓸데없는 소리 하지 마세요, 외삼촌.
라네프스카야   왜 그러니, 바랴. 나는 무척 기쁠 것 같은데. 좋은 사람이잖니.
피쉬크   그냥 하는 말이 아니라…… 확실히 괜찮은 사람이죠……. 우리 다셴
        카도 같은 말을 하더군요…… 이런저런 칭찬을 늘어놓으면서. (코를 골더니 금세
        깨어난다) 어쨌거나 부인, 돈을 좀 빌려 주실 수 있을까요…… 240루블만…….
        내일 담보이자를 갚아야 해서…….
바랴   (놀라면서) 안 돼요. 없어요!
라네프스카야   정말이에요. 정말 아무것도 가진 게 없어요.
피쉬크   뭐 어디서든 곧 구할 수 있을 겁니다. (웃는다) 저는 한 번도 희망을 잃

은 적이 없지요. 지난번에도 모든 게 끝장이다, 나는 이제 파멸이다 생각했는데요. 글쎄, 철도가 우리 땅을 지나가지 뭡니까……. 그래서 배상금을 주더라고요. 그러니까 두고 보시라고요. 오늘이나 내일쯤 또 무슨 일이 일어날 겁니다……. 다센카가 20만 루블짜리 복권에 당첨될지도 모르지요……. 그 애가 복권을 사놓았거든요.

라네프스카야 커피도 다 마셨고, 이제 그만 자러 가야겠네요.

피르스 (가예프의 바지에 묻은 먼지를 솔로 털면서 훈계하듯) 또 바지를 잘못 바꾸어 입으셨군요. 못 말린다니까.

바랴 (나직하게) 아냐가 자고 있어요. (조용히 창문을 연다) 벌써 해가 떴네, 이제 춥지 않은데요. 보세요, 어머니. 나무가 정말 장관이에요! 아, 공기가 너무 상쾌해요! 찌르레기가 울고 있네요!

가예프 (다른 창문을 연다) 동산이 온통 새하얗구나. 잊지는 않았겠지, 류바? 저 허리띠를 잡아 늘인 것처럼 똑바로 길게 뻗은 가로수길 말이다. 달이 뜨는 밤에는 달빛을 받아 하얗게 빛나지. 알고 있지? 설마 잊지는 않았겠지?

라네프스카야 (창을 통해 동산을 내다본다) 아, 순수했던 유년 시절! 그 시절엔 이 어린이방에서 잠을 자고, 또 여기서 벚꽃 동산을 내다보곤 했지요. 아침에 눈을 뜨면 행복도 함께 깨어났어요. 그 시절에도 동산은 지금과 마찬가지였어요. 아무것도 변하지 않아. (기쁨에 겨워 웃는다) 정말, 온 세상이 하얗네! 오, 나의 벚꽃 동산! 어두운 가을과 추운 겨울이 지나고 나니 넌 다시 젊어지고 넘치는 행복으로 환히 빛나는구나. 하늘의 천사들도 너를 버리지는 않을 거야……. 내 마음과 어깨를 짓누르는 이 무거운 짐을 치워버릴 수만 있다면. 지난 과걸랑 모두 잊어버릴 수 있다면!

가예프 빚 때문에 여길 팔아야 하다니, 어쩌다 이렇게 됐을까…….

라네프스카야 저기를 좀 봐요. 돌아가신 어머니가 동산을 거닐고 계세요…… 흰 옷을 입고! (기쁨에 겨워 웃는다) 어머니가 틀림없어요.

가예프 어디 말이냐?

바랴 진정하세요, 어머니.

라네프스카야 아무도 없구나. 착각일까? 저기 오른쪽 정자로 가는 길모퉁이에 있는 고개 숙인 흰 나무, 그게 여인처럼 보였나봐…….

낡은 대학생 제복 차림에, 안경을 낀 트로피모프가 들어온다.

라네프스카야 이 얼마나 아름다운 동산인가! 눈부신 흰 꽃들과 푸르른 하늘……
트로피모프 라네프스카야! (그녀가 그를 돌아본다) 그저 인사만 드리고 가겠습니다. (손에 뜨겁게 키스한다) 아침까지 기다리라는 말을 들었지만, 도저히 참을 수가 없어서요…….

라네프스카야가 놀란 듯이 그를 바라본다.

바랴 (눈물을 글썽이며) 페챠 트로피모프예요…….
트로피모프 예전에 그리샤의 가정교사였던 페챠 트로피모프입니다……. 제가 그렇게 많이 변했나요?

라네프스카야가 그를 끌어안으며 조용히 흐느낀다.

가예프 (당황하면서) 됐다, 이제 그만 하렴, 류바.
바랴 (눈물을 흘리며) 페챠, 내가 아침까지 기다려달라고 말했잖아요.
라네프스카야 그리샤…… 내 아기…… 그리샤…… 내 아들…….
바랴 어쩔 수 없는 일이에요, 어머니. 하느님의 뜻인걸요.
트로피모프 (부드럽게, 눈물을 글썽이며) 진정하세요, 이제 그만요…….
라네프스카야 (여전히 울면서) 내 아들은 죽었어, 물에 빠져서……. 대체 왜? 어째서 이런 일이 생겼을까요, 선생님? (목소리를 낮추어) 아냐가 자고 있지. 내 목소리가 너무 컸지요. 이렇게 시끄럽게 굴다니……. 그런데 페챠, 왜 이리 얼굴이 상했어요? 이리도 늙어버리다니.
트로피모프 한번은 기차 안에서 어떤 노파가 저를 보고 늙은 신사양반이라고 부르더군요.
라네프스카야 예전에 당신은 소년티도 채 가시지 않은 어린 대학생이었는데, 지금은 머리숱도 빠지고 안경까지 쓰고 있으니. 정말 아직도 대학생인가요?

(문 쪽으로 간다)

트로피모프　아마 전 만년 대학생일 겁니다.

라네프스카야　(오빠에게, 이어서 바랴에게 키스한다) 자, 이만 자러들 가요……. 오빠도 이제 늙으셨네요.

피쉬크　(그녀의 뒤를 따라간다) 네, 이제 잘 때가 됐지요……. 아아, 이놈의 관절염. 그럼 저는 댁에서 신세를 좀 지겠습니다……. 라네프스카야, 내일 아침에 제게…… 240루블만…….

가예프　또 그 소리군.

피쉬크　240루블……. 담보이자를 갚아야 하거든요.

라네프스카야　제겐 돈이 없답니다.

피쉬크　곧 갚겠습니다, 부인……. 큰돈도 아니잖습니까…….

라네프스카야　할 수 없군요. 레오니드 오빠가 줄 거예요……. 오빠가 내줘요.

가예프　그래, 그래, 줄 테니까 손이나 내밀게.

라네프스카야　그럼 어떻게 해요. 빌려 주세요……. 필요하다잖아요……. 곧 갚는다고 하잖아요.

라네프스카야, 트로피모프, 피쉬크, 피르스가 나간다. 가예프와 바랴, 야샤는 남는다.

가예프　내 동생은 아직도 돈 낭비하는 버릇을 고치지 못했어. (야샤에게) 저리 좀 떨어져 있어. 네놈한테서 닭냄새가 진동을 하잖아.

야샤　(씨익 웃으며) 레오니드 안드레이치 나리, 나리는 예전 그대로시군요.

가예프　뭐라고? (바랴에게) 저놈이 뭐라고 그랬냐?

바랴　(야샤에게) 네 어머니가 시골에서 찾아오셨어. 어제부터 하인방에 계시는데, 널 만나겠다면서…….

야샤　그 노친네, 그냥 내버려 두세요.

바랴　세상에, 부끄럽지도 않니!

야샤　정말 귀찮아 죽겠네. 오려면 내일 올 것이지! (나간다)

바랴　어머니는 변한 게 없으세요. 예전과 달라진 게 하나도 없다고요. 그냥 내버려뒀다간 몽땅 다 남한테 퍼주고 말 거예요.

가예프　그래…….

　　사이.

가예프　어떤 질병에 대해서 사람들이 제시하는 치료법이 오만 가지나 된다면, 그건 불치병이란 소리다. 나는 머리를 쥐어짜내어 온갖 방법들을 찾아냈다. 그 말은 다시 말해서, 사실은 어찌할 도리가 없다는 뜻이야. 누군가에게서 유산을 받는다거나, 우리 아냐를 돈 많은 사람한테 시집을 보낸다거나, 야로슬라블에 계시는 백작부인이신 숙모님을 찾아뵙고 행운을 기대해 보는 것도 좋을 테지. 숙모님은 대단한 부자시니까.
바랴　(운다) 하느님이 도와주시기를.
가예프　울지 마라. 숙모님은 대단한 부자지만, 우릴 좋아하지 않으셔. 가장 큰 이유는 동생이 귀족이 아닌 변호사와 결혼했다는 사실 때문이지.

　　아냐가 문가에 나타난다.

가예프　귀족도 아닌 사람과 결혼한 데다가, 몸가짐도 그다지 단정한 편은 못 되었으니 말이야. 물론 동생은 훌륭한 사람이고, 선량하고 매력적이야. 난 동생을 무척 사랑한단다. 하지만 아무리 호의적으로 본다 해도 역시 행실이 좋지 않다는 사실을 인정할 수밖에 없구나. 아주 사소한 행동 하나에서도 느껴지거든.
바랴　(속삭이며) 아냐가 문가에 서 있어요.
가예프　뭐라고?

　　사이.

가예프　이런, 오른쪽 눈에 뭐가 들어갔나……. 잘 보이질 않는구나. 그건 그렇고, 목요일에 지방재판소에 갔었는데 말이다…….

아냐가 들어온다.

바랴 왜 안 자고 나왔어, 아냐?

아냐 잘 수가 없어. 마음이 안 좋아.

가예프 우리 귀염둥이. (아냐의 얼굴과 두 손에 키스한다) 사랑하는 내 자식……. (눈물을 글썽이며) 넌 내 조카가 아니라, 나의 천사야. 네가 나의 전부란다. 내 말을 믿어다오, 믿어 줘…….

아냐 외삼촌을 믿어요. 모두가 외삼촌을 좋아하고 존경해요……. 하지만 외삼촌, 말씀을 좀 조심하시는 게 좋을 것 같아요. 그냥 잠자코 계세요. 방금 전에 어머니에 대해서, 외삼촌의 동생에 대해서 뭐라고 하신 거죠? 왜 그런 말씀을 하시는 거예요?

가예프 그래, 그래……. (아냐의 손으로 자신의 얼굴을 감싼다) 정말 한심한 짓이었어. 오, 하느님, 제발 저를 구원하소서! 오늘도 나는 책장 앞에서 연설을 했지……. 아, 정말 그런 어리석은 짓을! 말을 뱉고 나서야 내가 또 바보짓을 했다는 걸 알게 된단다.

바랴 그래요, 외삼촌. 그냥 잠자코 계시는 게 좋겠어요. 그것으로 충분해요.

아냐 조용히 지내시면 외삼촌도 훨씬 더 편안하실 거예요.

가예프 그렇게 하마. (아냐와 바랴의 손에 키스한다) 잠자코 있겠다. 하지만 한 가지만, 중요한 이야기를 좀 하마. 목요일에 지방재판소에 갔는데, 친구들을 만나게 돼서 이런저런 얘기를 하게 됐지 뭐냐. 그런데 어쩌면 대부를 받아서 은행이자를 갚을 수도 있을 것 같구나.

바랴 하느님이 도와 주셨으면!

가예프 화요일에 가서 다시 한 번 이야기를 해 보마. (바랴에게) 울지 마라. (아냐에게) 네 엄마가 로파힌에게 얘기를 해볼 게다. 물론 그 친구는 네 엄마의 청을 거절하지 못할 테지……. 너는 좀 쉬고 나서 야로슬라블에 사시는 네 할머니, 백작부인께 다녀오너라. 세 가지 방법을 함께 써보는 거야. 틀림없이 일이 잘 풀릴 거다. 이자를 갚을 수 있을 거야, 분명히……. (알사탕을 입에 넣는다) 내 명예를 걸고, 내 모든 걸 걸고 맹세할 수 있어! 영지는 절대로 팔려나가지 않을 게다! (흥분하면서) 내 행복을 걸고 맹세하지! 약속할 수 있어. 만약

1막 243

이 집이 경매에 넘어가는 일이 생긴다면, 그때는 나를 아무 짝에도 쓸모없는 비열한 놈이라고 불러도 좋아! 내 이렇게 맹세하마!

아냐 (평온을 되찾고 즐거워한다) 외삼촌은 정말 현명하고 좋은 분이에요! (외삼촌을 포옹한다) 이제야 마음이 놓여요! 다행이야! 다 잘 될 거야!

　　피르스가 들어온다.

피르스 (나무라듯이) 레오니드 안드레이치, 하느님이 두렵지도 않으십니까! 대체 언제 주무실 겁니까?

가예프 이제 잘 걸세, 잔다고. 자네는 그만 가 보게, 피르스. 옷은 혼자 갈아입을 테니까. 얘들아, 잘 자렴……. 자세한 건 내일 이야기하고, 지금은 가서 자거라. (아냐와 바랴에게 키스한다) 나는 80년대 인간이야…… 사람들은 그 시절을 나쁘게 말하지만, 적어도 난 내 신념을 지키기 위해 그동안 많은 고통을 견디며 살아왔다고 말할 수 있어. 농부들이 나를 따르는 데는 다 이유가 있는 법이란다. 농부들을 이해해야지! 아무것도 모르면서 어떻게…….

아냐 외삼촌, 또!

바랴 외삼촌, 잠자코 있기로 하셨잖아요.

피르스 (화를 내면서) 레오니드 안드레이치!

가예프 간다, 간다니까…… 너희도 그만 쉬려무나. 투 쿠션으로 가운데로! 난 새로운 마음가짐으로……. (나간다. 그의 뒤를 피르스가 종종 걸음으로 따라간다)

아냐 이제 안심이야. 난 할머니를 좋아하지 않으니 야로슬라블에는 가고 싶지 않지만, 그래도 일단은 마음이 놓여. 외삼촌 덕분이야. (앉는다)

바랴 이젠 자야 해. 가야겠어. 참, 네가 집을 떠나 있는 동안에 기분 나쁜 일이 있었어. 너도 알다시피 오래된 하인 방에는 나이든 하인들만 살고 있잖아. 예피미유쉬카, 폴랴, 예브스타그네이, 그리고 카르프 말이야. 그들이 몇몇 부랑자들을 데려다 재워주기 시작했는데, 나는 그냥 잠자코 있었어. 그런데 듣자니까, 내가 그들에게 완두콩만 먹이라고 했다는 소문이 퍼지고 있다는 거야. 나보고 구두쇠라고……. 알고 보니 모두 예브스티그네이가 꾸며낸 얘기였어. '좋아, 두고 보자' 나는 생각했지. 그래서 예브스티그네이를 불렀어…….

(하품을 한다) 그가 왔고……. 내가 말했지, "예브스티그네이…… 이 멍청한 늙은이……" (아냐를 보고는) 아니츠카!

사이.

바랴 잠들었네……. (아냐의 팔을 잡는다) 침대로 가자……. 얼른…… (그녀를 데리고 간다) 우리 귀염둥이가 잠이 들었어! 자, 어서 가자…….

나간다. 멀리 동산 너머에서 목동이 피리를 분다. 트로피모프가 무대를 가로질러 가다가 바랴와 아냐를 보고 멈춰 선다.

바랴 쉿…… 이제야 겨우 잠들었어요……. 잠들었어……. 가자, 우리 귀염둥이.
아냐 (나직하게, 잠에 취해서) 너무 피곤해……. 사방에서 종소리가 들려……. 사랑하는 외삼촌…… 엄마…… 외삼촌…….
바랴 가자, 얼른 가자……. (아냐의 방으로 간다)
트로피모프 (감동하여) 나의 태양! 나의 청춘이여!

—막—

2막

들판. 오랫동안 버려져 낡고 기울어진 작은 예배당. 그 옆에는 우물과 오래된 묘비인 듯이 보이는 커다란 돌들과 낡은 벤치. 가예프의 저택으로 가는 길이 보인다. 길가 한쪽으로 어두운 빛깔의 포플러 나무들이 높이 솟아 있고, 그 뒤쪽에서부터 벚꽃 동산이 시작된다. 멀리 전신주들이 줄지어 서 있고, 그 너머 아득한 지평선 위로는 아주 맑은 날씨에만 보이는 대도시의 모습이 어렴풋이 가물거린다. 곧 해가 지려고 한다. 샤를로타, 야샤 그리고 두냐샤가 벤치에 앉아 있다. 에피호도프는 그 옆에 서서 기타를 연주한다. 모두 생각에 잠긴 채 앉아 있다. 샤를로타는 낡은 차양이 달린 모자를 쓰고 있다. 그녀가 어깨에서 장총을 내리더니 멜빵 고리를 조절한다.

샤를로타 (생각에 잠겨) 나는 정식 호적이 없어서 내가 몇 살인지도 몰라. 그래서인지 지금도 어린 처녀인 것 같다니까. 내가 어린 계집애였을 때 아빠와 엄마는 장터에서 장터로 돌아다니면서 아주 기막힌 공연을 하셨지. 나도 살토 모탈레[7]도 하고 이런저런 재주를 부릴 줄 알았어. 아빠와 엄마가 돌아가시자, 어떤 독일인 부인이 날 거두어서 공부를 시켜 줬어. 감사한 일이야. 나는 커서 마침내 가정교사가 됐지. 하지만 난 내가 누구인지, 어디서 왔는지도 몰라....... 부모가 어떤 사람들이었는지도 말이야. 어쩌면 정식으로 결혼한 부부가 아니었는지도 몰라....... 모르겠어. (주머니에서 오이를 꺼내 먹는다) 난 아는 게 아무것도 없어. (사이) 얘기를 하고 싶은데, 들어줄 사람이 아무도 없어....... 내 곁에는 아무도 없어.

에피호도프 (기타를 치면서 노래한다)
 "소란스런 세상 무슨 의미 있으랴

---

7) Salto Mortale : 죽음의 무도. 공중 곡예를 의미.

친구니 원수니 부질없어라······."
난 만돌린을 연주하는 게 정말 좋아!

두냐샤 그건 만돌린이 아니라 기타예요. (손거울을 들여다보며 분을 바른다)
에피호도프 사랑에 빠진 미친 사람에게는 만돌린이지······. (노래한다)
"오, 되돌아온 사랑의 불길로
이 가슴 따뜻하게 데워준다면······."

야샤가 따라 부른다.

샤를로타 어휴, 어쩜 저리도 노래를 못 한담······. 꼭 들개가 짖는 소리 같아.
두냐샤 (야샤에게) 외국에서 살면 정말 근사할 것 같아요.
야샤 정말 그래. 절대 아니라고는 못하지. (하품을 하고는 시가에 불을 붙인다)
에피호도프 당연한 거야. 외국에는 모든 게 다 세련되게 갖춰져 있으니까.
야샤 그렇고말고요.
에피호도프 나는 지식인이고 여러 가지 수준 높은 책들을 읽었지만, 내 자신이 어떤 길을 걸어야 좋을지 도무지 모르겠어. 이대로 살아야 할지 아니면 자살을 해야 할지조차도 모르겠다고. 사실 난 늘 권총을 갖고 다니지. 자, 이거야······ (권총을 꺼내 보인다)
샤를로타 난 그만 하고 가겠어. (총을 멘다) 에피호도프, 당신은 영리하고 끔찍한 인간이야. 여자들이 당신에게 줄줄이 목을 맬 테지. 아아, 소름끼쳐! (그 자리를 떠난다) 똑똑하다는 인간들은 너나할 것 없이 바보들뿐이야. 이야기 나눌 사람이 없어······. 언제나 난 외톨이, 외톨이일 뿐이야······ 내가 누구인지, 무엇을 위해 사는지도 모르겠어······. (천천히 퇴장)
에피호도프 사실, 다른 건 다 제쳐놓고 보더라도, 내 심정은 이렇게밖에 표현할 길이 없어. 즉 나에게 운명이란, 조각배를 희롱하는 폭풍우와도 같이 무자비한 존재라고 말이지. 그렇지 않다고? 그럼 대체 왜 이런 일이 벌어지는 걸까? 오늘 아침에도 눈을 떠보니, 내 가슴 위에 무시무시하게 커다란 거미가 올라앉아 있지 뭐야······. (양손으로 크기를 어림해 보인다) 매사가 이런 식이지. 꼭 크바스를 마시려고 보면 잔에 바퀴벌레가 들어가 있거나 그런다고. (사이)

혹시 버클리[8] 읽어 봤나?

사이.

에피로도프 두냐샤 양, 당신에게 하고 싶은 이야기가 있어.
두냐샤 말씀하세요.
에피호도프 당신과 단 둘이서만 이야기했으면 좋겠는데……. (한숨을 쉰다)
두냐샤 (수줍어하면서) 좋아요……. 하지만 먼저 제 외투를 좀 가져다 주세요……. 옷장 문 옆에 있어요……. 여긴 조금 습기가 있어서…….
에피호도프 그래, 그래. 가져오고말고…… 이제야 이 권총으로 뭘 하면 좋을지 알 것 같군……(기타를 튕기며 퇴장한다)
야샤 그야말로 걸어 다니는 불행이라니까. 우리끼리 하는 얘기지만, 정말 바보 같은 인간이지. (하품한다)
두냐샤 제발 권총 자살 같은 건 하지 말았으면. (사이) 마음이 불안하고 걱정돼요. 어렸을 때 하녀로 들어와 쭉 저택에서 살아왔기 때문에, 이제는 평범한 서민 생활을 모조리 잊어버렸어요. 보세요, 손이 이렇게나 희잖아요. 꼭 귀족 아가씨 같죠. 이렇게나 부드럽고, 섬세하고, 품위 있는 여자가 되어서 무슨 일만 생기면 겁이 나요……. 정말 너무나 무서워요. 그러니 야샤, 당신이 날 속인다면 내 신경이 어떻게 될지 몰라요.
야샤 (그녀에게 키스한다) 순진한 아가씨라니까! 그럼, 모름지기 여자는 자신을 아낄 줄 알아야 해. 행실 나쁜 여자는 질색이라니까.
두냐샤 당신을 너무나 사랑해요. 당신은 많이 배워서 어떤 주제에 대해서든 말할 수 있죠.

사이.

야샤 (하품한다) 뭐, 그렇지…… 내 생각은 이래. 처녀가 어떤 사내에게 반했다

---

8) 조지 버클리(1685~1753). 로크·흄과 더불어 영국 경험주의 철학을 대표하는 철학자.

면, 그건 행실이 바르지 못하다는 증거지. (사이) 이렇게 탁 트인 곳에서 피우는 시가는 맛이 좋아……. (귀를 기울인다) 이리로 누가 오고 있군……. 주인 나리들이네…….

두냐샤가 갑자기 그를 껴안는다.

야샤 집으로 돌아가. 강에 멱이라도 감으러 갔다 온 사람처럼, 이 오솔길을 따라 가도록 해. 행여나 저들과 마주치기라도 했다가는, 우리가 밀회라도 한 것처럼 비춰질 것 아냐. 그런 건 딱 질색이야.
두냐샤 (작게 기침을 한다) 시가 연기 때문에 머리가 아파요……. (퇴장)

야샤는 그대로 남아 예배당 근처에 앉는다. 라네프스카야, 가예프, 로파힌이 등장한다.

로파힌 자, 이제 결정을 내리셔야 합니다. 우물쭈물 허비할 시간이 없어요. 문제는 간단합니다. 이 땅을 별장지로 내놓으실 겁니까, 아닙니까? 한마디라도 좋으니 대답해 주세요. 예입니까, 아니오입니까? 딱 한마디만 하시면 됩니다!
라네프스카야 어머, 누가 여기서 고약한 시가를 피웠담……? (자리에 앉는다)
가예프 철도가 생긴 뒤로 교통이 편리해졌어. (걸터앉는다) 시내로 나가서 점심 식사도 하고 올 수도 있고…… 빨간 공을 가운데로! 집으로 돌아가서 한 판 하고 싶군…….
라네프스카야 시간은 많아요.
로파힌 한마디만 해 주세요! (간청하듯이) 제발 대답해 주십시오!
가예프 (하품하면서) 그래, 그렇지.
라네프스카야 (자기 돈주머니를 들여다보며) 어제는 돈이 가득 들어 있었는데, 지금은 거의 없네. 불쌍한 우리 바랴는 절약한다고 우리에게는 우유 수프를 주고, 부엌의 노인들한테는 완두콩만 준다는데, 나는 이렇게 생각 없이 돈을 낭비하고 있어요. (돈주머니를 떨어뜨려 금화가 흩어진다) 저런, 흩어져 버렸네. (화나는 표정)
야샤 가만 계세요, 제가 주워드리죠. (금화를 줍는다)

라네프스카야 고마워, 야샤. 도대체 나는 왜 시내까지 나가서 식사를 하고 왔는지……. 끔찍한 레스토랑이었어. 식탁보에서 비누 냄새가 나더라니까……. 오빠는 왜 그리 술을 많이 마셔요? 먹기도 엄청나게 먹고. 말은 또 왜 그리 많아요? 오늘도 엉뚱한 소리만 잔뜩 지껄였잖아요. 70년대니 데카당이니. 누구한테 얘기한 줄 알아요? 글쎄 웨이터들을 붙잡고 데카당에 대해 논했다니까요!

로파힌 정말입니다.

가예프 (손사래를 친다) 아무래도 내 버릇은 고칠 수 없나봐……(야샤를 향해 신경질적으로) 넌 왜 계속 내 눈앞에서 알짱거리는 거야…….

야샤 (웃는다) 저는 나리 목소리만 들어도 웃음이 나오거든요.

가예프 (여동생에게) 이 녀석 좀 치워줘. 아니면 내가 일어날까?

라네프스카야 그만 가봐, 야샤. 어서…….

야샤 (라네프스카야에게 돈주머니를 준다) 갑니다. (웃음을 겨우 참는다) 지금 바로요.
 (나간다)

로파힌 데리가노프라는 부자가 부인의 영지를 사려고 합니다. 직접 경매에 참가할 거라고들 하더군요.

라네프스카야 어디서 그런 소리를 들었나요?

로파힌 시내에서 그렇게 수군거리더군요.

가예프 야로슬라블의 숙모님이 돈을 보내 주시겠다고 약속하셨지만 언제 얼마나 보내 주실지, 그건 모르겠다…….

로파힌 얼마쯤 보내 주신다고 하셨죠? 10만 루블입니까? 20만?

라네프스카야 글쎄요……. 1만이나 1만 5천 루블 정도만 돼도 고마울 거예요.

로파힌 이런 말씀드리긴 뭣하지만, 당신들처럼 경솔하고 세상물정 모르는 별난 사람은 정말 처음 봅니다. 영지가 팔려나갈 상황에 처했다고 하지 않습니까! 전 지금 외국말도 아니고 러시아어로 말하고 있다고요! 그런데도 전혀 이해를 못 하시니.

라네프스카야 그럼 어떻게 하면 좋죠? 가르쳐 주세요. 무슨 방법이 있을까요?

로파힌 전 매일같이 말씀드렸습니다. 날마다 똑같은 말을 되풀이했다고요.

벚꽃 동산의 토지를 전부 별장용으로 임대하는 겁니다. 그것도 지금 당장 말입니다. 한시라도 빨리 움직이지 않으면 안 돼요. 경매가 눈앞으로 다가왔다고요! 이제 정신을 좀 차리세요! 여기서 당장 결단을 내리셔야 합니다. 별장을 짓겠다고 하면 얼마든지 돈을 내겠다는 사람이 나올 겁니다. 그러면 이 위기도 해결할 수 있어요.

라네프스카야 별장이니 별장주인이니 하는 건, 미안하지만, 너무 천박한 느낌이 드는군요.

가예프 나도 전적으로 동감이다.

로파힌 전 이제 목 놓아 울든가, 소리를 지르든가, 아니면 졸도해 버릴 지경입니다. 두 손 두 발 다 들었어요. (가예프에게) 늙은 할망구 같이 구시니!

가예프 뭐라고?

로파힌 할망구 같다고요! (떠나려 한다)

라네프스카야 (놀라면서) 아니, 가지 마세요. 여기 있어 줘요. 부탁이에요. 어쩌면 무슨 좋은 생각이 떠오를지도 모르잖아요!

로파힌 생각해본다고 무슨 뾰족한 수가 있겠어요!

라네프스카야 가지 마세요, 부탁이에요. 당신이 있으면 그래도 마음이 편해요…….

사이.

라네프스카야 어떤 일이 일어나기를 마냥 기다리고 있는 기분이에요. 마치 우리 머리 위로 집이 무너져 내리는 게 예정된 일이고, 그 순간을 각오하고 있는 것 같은.

가예프 (깊은 생각에 잠겨) 구석에 투 쿠션……. 중앙을 가로질러…….

라네프스카야 우리는 너무 많은 죄를 지었어요…….

로파힌 무슨 죄를 지으셨다는 거죠?

가예프 (알사탕을 입에 넣는다) 다들 내가 전 재산을 사탕으로 바꾸어 먹어 버렸다고 하더군……. (웃는다)

라네프스카야 아, 나의 죄……. 나는 언제나 돈을 물 쓰듯 썼어요. 꼭 미친 여자처럼요. 그리고 허구한 날 빚이나 질 줄밖에 모르는 한 남자와 결혼했죠. 남편은 술 때문에 죽었고요. 그 사람은 엄청난 술고래였거든요. 그리고 불행하게도, 딴 사람을 사랑하게 되어 그와 함께 살게 되었답니다. 그런데 얼마 지나지 않아서, 그게 내가 처음으로 받은 천벌이었지요, 날벼락 같은 일이 벌어졌어요. 저 강을 보세요……. 내 아들이 저 강에 빠져 죽은 거예요. 그래서 나는 외국으로 떠난 거예요. 다시는 돌아오지 않을 생각으로, 두 번 다시 이 강을 보고 싶지 않아서……. 나는 눈을 가린 채 오직 그 생각만 하면서 정신없이 도망쳤던 거예요. 하지만 남편은 나를 쫓아왔어요……. 그는 동정심도 배려도 없었죠. 나는 망통 부근의 별장을 사들였는데, 그건 그 사람이 병에 걸렸기 때문이었어요. 그리고 3년 동안이나 나는 밤낮으로 편히 쉴 수가 없었답니다. 병자는 나를 계속 괴롭혔고, 내 마음까지 바짝 말라 버리고 말았어요. 그러다 작년에는 빚 때문에 별장을 팔아야 했고, 파리로 떠나게 됐죠. 그곳에서 그 사람은 우려먹을 대로 우려먹은 나를 버리고 다른 여자와 살림을 차렸어요. 나는 독약을 마실 뻔했어요……. 정말 어리석고 부끄러운 일이죠……. 그러다 문득 러시아로, 고향으로, 내 딸들에게로 마음이 이끌렸어요……. (눈물을 닦는다) 하느님, 자비로우신 하느님. 제 죄를 사하여 주소서! 더 이상 저를 벌하지 마소서! (주머니에서 전보를 꺼낸다) 오늘 파리에서 온 거예요……. 그 사람이 용서를 빌면서 돌아와 달라고 애원하고 있어요……. (전보를 찢는다) 어머, 누구지? 어디서 음악을 연주하나 봐요. (귀를 기울인다)

가예프 우리 고장의 유명한 유대인 악단이야. 생각나지? 네 대의 바이올린과 플루트, 그리고 콘트라베이스.

라네프스카야 그 악단이 아직도 있어요? 그럼, 어느 저녁에 저들을 꼭 한번 불러서 야회를 열었으면 좋겠네요.

로파힌 (귀를 기울인다) 내 귀에는 안 들리는데요……. (나직하게 노래한다) "돈을 위해서라면 독일 사람들은 러시아를 프랑스처럼 만든다네." (웃는다) 어제 극장에서 연극을 봤는데, 무척 웃기더군요.

라네프스카야 글쎄요, 그다지 웃길만한 건 없었을 거라 장담해요. 당신은 연극을 볼 게 아니라, 자기 자신을 들여다봐야 해요. 당신이 얼마나 우울하게 살아가는지, 당신이 얼마나 쓸데없는 말을 많이 하는지 생각해 보세요.

로파힌 맞는 말씀입니다. 솔직히 말씀드려서 우리 인생은 어리석기 짝이 없지요……. (사이) 제 아버지는 농사꾼에 바보였습니다. 그 자신이 아무것도 몰랐고, 나를 가르칠 생각도 하지 않았어요. 매일 술에 취해서 나를 때리는 게 고작이었죠. 몽둥이로 말입니다. 사실은 저도 아버지처럼 얼간이에다 바보에 지나지 않습니다. 배운 게 없어서 글씨체도 엉망이에요. 남들 앞에 보이기 부끄러울 지경이지요.

라네프스카야 당신은 어서 결혼해야 해요.

로파힌 네…… 그건 그렇죠.

라네프스카야 우리 바랴는 어때요? 참 착한 아이예요.

로파힌 그렇죠.

라네프스카야 그 아인 마음씨가 곱고 무척 부지런해요. 가장 중요한 점은 당신을 사랑한다는 거예요. 당신도 오래 전부터 그 아일 좋아했죠.

로파힌 글쎄요, 물론 싫지는 않습니다만……. 네, 참 좋은 아가씨지요.

사이.

가예프 나보고 은행에서 일을 해보지 않겠냐고 하는 사람이 있는데. 연봉 6천 루블에……. 너도 들었지?

라네프스카야 오빠가 어떻게! 그냥 잠자코 계셔만 주세요…….

피르스가 외투를 가지고 들어온다.

피르스 (가예프에게) 나리, 어서 입으세요. 날이 습해요.

가예프 (외투를 입는다) 정말 할아범은 질리게도 하는구먼.

피르스 무슨 말씀이십니까……. 오늘 아침에도 말도 없이 나가셔놓고선. (그를 살펴본다)

라네프스카야 할아범도 많이 늙었어.

피르스 뭐라 하셨어요?

로파힌 할아범도 많이 늙었다고 말씀하셨네.

피르스　오래 살았지요. 제가 장가들 무렵엔 마님의 아버님께서는 아직 세상에 태어나지도 않으셨을 때니까요……. (웃는다) 농노해방령이 나왔을 때, 저는 이미 시종장이었답니다. 그때 저는 해방령에 찬성하지 않았기 때문에 주인님 댁에 남아 있게 된 거지요……. (사이) 지금도 기억이 새롭습니다만, 그땐 모두가 행복했었지요. 어째서 그리 행복한지는 아무도 몰랐지만 말이지요.

로파힌　예전에는 꽤 괜찮았죠. 어쨌든 매질은 할 수 있었으니까.

피르스　(제대로 알아듣지 못한 채) 그러게 말입니다. 전에는 농군들하고 나리님들하고 구분이 엄격했는데, 지금은 모든 것이 뒤죽박죽이라 뭐가 뭔지 모르겠어요.

가예프　그만하게, 피르스. 난 내일 시내에 가야 해. 어떤 장군을 소개받기로 했거든. 그 장군이 어음으로 돈을 빌려 주겠다는 거야.

로파힌　헛수고일 겁니다. 이자도 못 갚을 텐데, 그저 가만히 계세요.

라네프스카야　그냥 해보는 소리예요. 장군은 무슨 장군.

　　　트로피모프, 아냐 그리고 바랴가 들어온다.

가예프　저기 우리 애들이 오는구나.

아냐　어머니가 계시네.

라네프스카야　(상냥하게) 어서 오렴……. 우리 딸들……. (아냐와 바랴를 포옹한다) 내가 얼마나 너희들을 사랑하는지, 너희가 알아줬으면 좋겠구나. 여기, 내 곁에 앉으렴.

　　　모두 앉는다.

로파힌　우리 만년 대학생께서는 여전히 아가씨들과 함께 다니시는군.

트로피모프　참견 말아요.

로파힌　이제 자네도 내일모레면 쉰 살인데, 아직도 대학생이라니.

트로피모프　그런 바보 같은 농담은 집어치워요.

로파힌　화가 나셨나? 바보 같다니.

트로피모프 그냥 좀 닥치고 있으란 말입니다.

로파힌 (웃는다) 하나 물어보고 싶은 게 있는데, 대학생께서는 나를 어떻게 생각하시오?

트로피모프 예르몰라이 알렉세이치, 당신은 이미 부자고 곧 백만장자가 될 테지요. 당신 같은 인간도 이 세상에 필요하긴 할 겁니다. 자연의 신진대사를 위해서는 아무거나 닥치는 대로 먹어치우는 맹수도 필요한 것처럼 말이지요.

모두가 웃는다.

바랴 페챠, 떠돌이별에 관한 이야기나 해보시는 게 어때요?

라네프스카야 아니, 그보다 어제 하던 얘기를 계속해 봐요.

트로피모프 어떤?

가예프 긍지 높은 인간에 대해서 얘기했었잖나.

트로피모프 어제도 오랫동안 토론을 나눴지만, 어떤 결론에도 이르지 못했지요. 당신은 긍지 높은 인간에게는 무언가 신비로운 점이 있다고 주장하셨습니다. 그 이야기에도 일리는 있습니다. 하지만 좀 더 단순하게 생각해보자면, 생리학적으로 불완전하고 대다수가 천박하고 어리석고 불행한 이 인간이라는 종족에게 과연 무슨 긍지가 있을 것이며, 또 있다 하더라도 그런 긍지에 무슨 의미가 있겠습니까? 자화자찬에 빠져서는 안 됩니다. 그저 열심히 무언가를 하려고 노력해야 합니다.

가예프 어차피 죽기는 매한가지지.

트로피모프 그걸 누가 알겠습니까? 죽는다는 건 과연 어떤 의미일까요? 어쩌면 사람에게는 백 가지 감각이 있는데, 죽음과 더불어 사라지는 것은 우리가 알고 있는 오감뿐이고, 나머지 아흔다섯 가지 감각은 여전히 남아있는 건지도 모르지요.

라네프스카야 정말 기발한 생각이네요, 페챠!

로파힌 (비꼬듯) 오, 그렇다마다요!

트로피모프 인류는 능력을 키우며 나날이 진보하고 있습니다. 현재는 이해할 수 없는 것도 언젠가는 이해 가능한 것이 될 것입니다. 하지만 이를 위해 우리는 일을 해야 하고, 미래의 운명을 알고자 하는 이들을 있는 힘껏 도와야 합니다. 그런데 지금 우리 러시아에서 노동하는 사람은 극소수에 지나지 않습니다. 내가 알고 있는 대부분의 지식인들은 아무것도 탐구하지 않고, 아무 일도 하지 않으며, 고된 노동을 감당할 능력도 없습니다. 지성인이라고 자처하면서도 하인들한테는 그대, 당신이라 부르면서 농부들에겐 짐승 대하듯 하질 않나, 공부는커녕 책 한 권 제대로 읽지 않으면서, 잘 알지도 못하는 과학이 어떻다느니, 예술이 어떻다느니 말로만 떠들어 댑니다. 심각하고 엄숙한 얼굴로 무게 잡으며 철학적인 얘기를 늘어놓지요. 하지만 실제로 우리네 인간들이 살아가는 모습은 열이면 아홉, 마치 야만인과 다를 것이 없습니다. 조그만 기회라도 잡아보려 서로 싸우고 악다구니를 퍼붓고, 더러운 음식에, 좁아터진 먼지구덩이에서 뒹굴며, 빈대, 악취, 도덕적 타락 등등……. 그러니 우리가 나누는 번지르르한 대화는 결국 우리 자신과 다른 이들을 속이기 위한 방편일 뿐입니다. 말씀해 보십시오, 세간을 떠들썩하게 했던 탁아소가 실제로 세상 어디에 있습니까? 도서관은요? 그런 건 소설에나 나오는 이야기일 뿐입니다. 우리가 실제로 맞닥뜨리고 있는 현실은 진흙탕, 천박한 생활, 아시아에서 건너온 전염병과 같은 것들이지요. 난 심각한 표정도, 진지한 대화도 질색입니다. 차라리 입을 다물고 있는 편이 났죠.

로파힌 알다시피 난 매일 새벽 5시에 일어나, 아침부터 밤까지 일합니다. 하는 일이 내 돈뿐 아니라 남의 돈도 다루는 일이다 보니 사람들을 볼 기회가 많죠. 무슨 일이든 시작해 보면 세상에 정직하고 명예를 아는 사람이 얼마나 드문지 알게 될 겁니다. 가끔 잠이 안 올 때면 생각하죠. "오 하느님, 당신은 저희에게 거대한 숲과 끝없는 광야와 머나먼 지평선을 주셨습니다. 그러니 그곳에서 살아가는 우리 자신도 현실에 맞게 거인이 돼야 할 것입니다……."라고 말이죠.

라네프스카야 거인이 되고 싶으세요?……. 거인은 동화에서나 멋져 보이죠. 어떨 땐 동화에서조차 무섭게 나오는데.

무대 안쪽으로 에피호도프가 기타를 치며 등장한다.

라네프스카야 (생각에 잠겨서) 에피호도프가 저기 있네…….

아냐 (생각에 잠겨서) 에피호도프가 저기 있네요…….

가예프 해가 졌어요, 여러분.

트로피모프 그렇군요.

가예프 (크지 않은 목소리로 낭독하듯이) 오, 영원의 빛으로 빛나는 경이로운 자연이여. 우리의 어머니여. 그대, 아름답고 무심한 그대 안에 삶과 죽음이 함께하도다. 창조하며 파괴하는 자여…….

바랴 (간청하듯) 외삼촌!

아냐 외삼촌, 또 시작이시네!

트로피모프 빨간 공을 투 쿠션으로 가운데에 넣는 편이 나을 것 같은데요.

가예프 알았다, 알았어. 입 다물고 있으마.

모두 생각에 잠긴 채 앉아 있다. 정적. 피르스가 나직하게 웅얼거리는 소리만 들린다. 갑자기 먼 하늘에서 소리가 들린다. 줄 끊어지는 소리를 연상시키는 소리가 구슬픈 여운을 남기며 잦아든다.

라네프스카야 저게 무슨 소리죠?

로파힌 모르겠습니다. 어디 먼 광산에서 승강기 줄이 끊어졌나 보죠. 그런데 아주 먼 곳인 것 같은데요.

가예프 새일지도 모르지……. 해오라기 같은.

트로피모프 큰 부엉이일지도 몰라요…….

라네프스카야 (몸을 부르르 떨며) 어쩐지 기분이 좋지 않군요.

사이.

피르스 그 불행이 닥치기 전에도 이와 같은 일이 있었답니다. 부엉이가 울부짖고, 주전자도 끊임없이 덜거덕거렸지요.

가예프 어떤 불행 말인가?

피르스 농노해방령 말입니다.

사이.

라네프스카야 여러분, 그만 돌아가지요. 벌써 어두워졌어요. (아냐에게) 눈에 눈물이 고였구나…… 왜 그러니, 얘야? (그녀를 포옹한다)
아냐 아무것도 아니에요, 어머니.
트로피모프 누가 오고 있군요.

낡고 흰 차양 모자를 쓰고 외투를 입은 떠돌이가 나타난다. 조금 취해 있다.

떠돌이 말씀 좀 여쭙겠습니다. 이 길로 똑바로 가면 역이 나옵니까?
가예프 그렇소. 이 길을 따라 쭉 가시오.
떠돌이 아, 감사드립니다. (딸꾹질을 한다) 날씨가 정말 좋습니다……. (낭송조로) 나의 형제여, 고뇌하는 형제여……. 볼가강으로 가라. 누군가의 신음소리가…….[9] (바랴에게) 마드무아젤, 배고픈 러시아인에게 30코페이카만 적선해 주십시오…….

바랴가 깜짝 놀라서 소리를 지른다.

로파힌 (화를 내면서) 무례하기 짝이 없군!
라네프스카야 (넋을 놓고) 받으세요……. 여기 있어요……. (돈주머니를 뒤적거린다) 은화가 없네……. 어쩔 수 없네. 자, 여기 금화 받아요…….
떠돌이 정말 감사합니다! (나간다. 웃음소리)
바랴 (놀라서) 갈래요, 이만 가야겠어요……. 아아, 어머니. 집에는 하인들이 먹을 것이 없어 배를 곯고 있는데, 어떻게 금화를 내줄 수가 있어요.
라네프스카야 나는 정말 구제불능의 멍청이야! 집에 가서 내가 가진 전부를 네게 주마. 예르몰라이 알렉세예비치, 돈을 좀 더 빌려 주세요!
로파힌 네, 알겠습니다.

---

[9] 네크라소프의 시 〈현관 포치(porch)에 서서 생각하다〉(1858)의 한 구절.

라네프스카야 이만 돌아갈까요. 시간이 됐어요. 그런데 바랴, 네 혼담이 결정되었단다. 축하한다.

바랴 (눈물을 글썽이며) 어머니, 그런 농담은 하지 마세요.

로파힌 오필리아여, 수녀원으로 가시오…….

가예프 오랫동안 당구를 치지 않았더니 손이 떨리는구나.

로파힌 오, 님프여. 너의 기도 속에서 나를 떠올려다오!

라네프스카야 갑시다, 여러분. 곧 저녁 식사 시간이에요.

바랴 그 사람 때문에 몹시 놀랐어요. 가슴이 아직도 쿵쿵 뛰어요.

로파힌 다시 한 번 말씀드리겠습니다. 8월 22일이면 벚꽃 동산이 경매에 붙여지게 됩니다. 이 점을 잘 생각해 보세요! 잘 생각하셔야 합니다!

트로피모프와 아냐를 제외하고 모두 퇴장한다.

아냐 (웃으면서) 그 떠돌이에게 감사해야겠어요. 바랴를 놀라게 해 준 덕분에 단 둘이 있게 됐잖아요.

트로피모프 바랴는 우리가 사랑에라도 빠지게 될까 봐 두려워하고 있어. 그래서 하루 종일 우리 곁을 떠나지 못하는 거지. 그녀의 좁은 소견으로는 우리가 사랑 따위를 초월했다는 사실을 이해할 수 없을 거야. 인간의 자유와 행복을 가로막는 편협하고 기만적인 관념들로부터 벗어나는 것이야말로 우리 인생의 목표이자 의미라고 할 수 있지. 앞으로 나아가야 해! 불굴의 의지로 저 멀리 밝게 타오르는 별을 향해 나아가는 거야! 뒤처져선 안 돼, 동지!

아냐 (손뼉을 치면서) 정말 멋진 말이에요!

사이.

아냐 오늘따라 이곳 경치가 참 아름답네요.

트로피모프 그래, 날씨가 참 좋군.

아냐 페챠, 내게 무슨 짓을 한 거예요? 이젠 예전만큼 벚꽃 동산이 좋지 않아요. 이 세상에 우리 동산보다 좋은 곳은 없을 거라고 생각할 만큼 끔찍이도 좋아했었는데.

트로피모프 러시아 전체가 우리 동산인걸. 러시아의 대지는 광활하고 아름다우니 이곳만큼 경치가 빼어난 곳이야 얼마든지 있지. (사이) 생각해 봐, 아냐. 네 할아버지도, 증조할아버지도, 다른 모든 조상들도 농노를 부리는 지주였어. 살아있는 영혼을 재산으로 소유하고 있었다는 말이야. 그러니 동산의 벚나무 하나하나, 잎사귀 하나하나, 나무줄기 하나하나마다 그들의 존재가 깃들어 널 지켜보고 있지는 않을까? 그 사람들의 목소리가 들리지 않아……? 살아 있는 영혼을 소유함으로써 인간은 변질되었어. 그래서 너는, 네 어머니나 외삼촌은 자신들이 남들의 희생을 대가로 살아가고 있다는 걸 전혀 모르고 있어. 그들이 살아갈 수 있는 건 말하자면, 그들의 저택 현관까지만 출입이 허락된 이들, 바로 그런 이들의 피와 땀 덕분이라는 걸 말이야……. 우리는 최소한 200년은 뒤떨어져 있어. 이제까지 우리가 얻은 건 아무것도 없어. 과거가 우리에게 어떤 의미를 갖는지도 아직 몰라. 우리는 그저 관념적인 이야기만 늘어놓고 있을 뿐이야. 인생이 따분하다며 투덜거리거나, 보드카나 퍼마시고 있을 뿐이지. 새로운 오늘을 시작하기 위해서는 먼저 과거부터 청산해야 해. 하지만 그건 오직 고통을 통해서만, 비상한 노력과 중단 없는 노동에 의해서만 가능한 일이야. 이 점을 깨달아야 해, 아냐.

아냐 지금 살고 있는 이 집은 이미 오래 전부터 우리 집이 아니었어요. 나는 집을 나올 거예요. 맹세할 수 있어요.

트로피모프 집 열쇠들은 우물에 던져버려. 바람처럼 자유로워져야 해.

아냐 (감격하며) 정말 멋진 말이에요!

트로피모프 날 믿어, 아냐, 날 믿으라고! 나는 아직 서른이 안됐고, 여전히 젊어. 비록 아직도 학생이지만 난 이미 수많은 일들을 경험해 왔어! 난 배가 고프고, 아프고, 불안해. 난 거지나 다를 것 없는 빈털터리야. 난 운명이 내모는 데로 온갖 곳을 떠돌아다녔지! 그럼에도 내 영혼은 언제나 내 것으로 남아있어. 밤이나 낮이나 무어라 설명할 수 없는 어떤 예감이 내 영혼을 가득 채우고 있어. 행복이 다가오고 있다는 걸 난 알아. 아냐, 내 눈에는 이미 그것이 보여…….

아냐 (생각에 잠긴 채) 달이 떠오르고 있어요.

에피호도프가 기타로 아까와 같은 구슬픈 노래를 연주하는 소리가 들린다. 달이 떠오른다. 포플러 나무 근처에서 바랴가 아냐를 찾으며 이름을 부르고 있다. "아냐? 어디 있니?"

트로피모프 그래, 달이 떴군. (사이) 행복이야. 행복이 다가오고 있어. 점점 더 가까이 다가오고 있다니까. 내 귀에는 벌써 그 발소리가 들려. 설령 우리가 끝끝내 행복을 찾지 못한다고 해도, 그게 뭐가 문제겠어? 우리가 아니더라도 다른 이들이 반드시 찾아낼 거야!

"아냐? 어디 있니?" 바랴의 목소리.

트로피모프 바랴가 돌아왔어. (화를 내면서) 수치스럽군!
아냐 신경 쓸 것 없어요. 강가로 가요. 거긴 괜찮을 테니까요.
트로피모프 갑시다. (두 사람이 걸어간다)

"아냐! 아냐!" 바랴의 목소리.

—막—

3막

아치로 홀과 구분된 응접실. 샹들리에가 빛나고 있다. 다른 방에서는 2막에서 언급된 그 유대인 악단이 연주하는 소리가 들려온다. 저녁. 홀에서는 사람들이 대원무(Grand rond)를 추고 있다. "Promenade à une Paire!"[10] 피쉬크의 목소리가 들린다. 춤추는 사람들이 응접실로 나온다. 첫 번째 쌍은 피쉬크와 샤를로타, 두 번째 쌍은 트로피모프와 라네프스카야, 세 번째 쌍은 아냐와 우체국 관리, 네 번째 쌍은 바랴와 역장이다. 바랴는 조용히 울며, 춤을 추면서 연신 눈물을 훔친다. 마지막 한 쌍에 두냐샤가 있다. 모든 커플들이 홀을 한 바퀴 돌고 응접실로 향한다. 피쉬크가 소리친다. "Grand-rond, balancez! Les cavaliers à genoux et remerciez vos dames!"[11]

연미복 차림의 피르스가 셀처 탄산수를 담은 쟁반을 들고 온다. 피쉬크와 트로피모프가 응접실로 들어선다.

피쉬크 고혈압이라 벌써 두 번이나 졸도한 적이 있지요. 그래서 춤은 좀 곤란하지만, 그래도 '로마에 가면 로마법을 따르라'고 하지 않습니까. 힘만큼은 내가 말(馬)처럼 세지. 돌아가신 아버지가—부디 편히 잠드시기를—우스갯소리를 잘 하셨는데, 우리 집안에 대해서 이렇게 말씀하시곤 했답니다. 유서 깊은 우리 시메오노프—피쉬크 가문은 칼리굴라가 원로원 자리에 앉혔다는 그 말에게서 비롯되었다고 말이지요…… (자리에 앉는다) 하지만 문제는 돈이 없다는 거지! 굶주린 개는 고기만 믿는다고 하지 않습니까…… (코를 골다가 얼른 눈을 뜬다) 그래서 나도…… 믿을 건 돈밖에 없다, 그런 생각입니다…….

트로피모프 네, 그러고 보니 생김새가 약간 말상이시긴 합니다.

---

10) 한 쌍씩 앞으로!(프랑스어)
11) 대원무, 제자리로! 기사들은 숙녀들에게 감사의 인사를!(프랑스어)

피쉬크   뭐…… 말은 좋은 짐승이지……. 말은 팔 수도 있고…….

옆방에서 당구 치는 소리가 들린다. 아치 아래로 바랴가 모습을 드러낸다.

트로피모프   (놀리듯이) 로파힌 부인! 로파힌 부인!
바랴   (화를 내면서) 중늙은이 총각!
트로피모프   그래, 나는 중늙은이 총각이고, 그게 자랑스럽다고!
바랴   (슬픈 표정으로 생각에 잠겨서) 악단까지 불러놓고, 돈은 무슨 수로 치르지? (나간다)
트로피모프   (피쉬크에게) 당신이 평생 이자 갚을 돈을 구하러 다니느라 허비한 기력을 다른 일에 쏟았더라면, 분명히 세상을 한 번 뒤엎고도 남았을 겁니다.
피쉬크   니체가…… 그 철학자…… 엄청나게 대단하고 유명한…… 그 똑똑한 인간이 자기 책에다 썼지, 위조지폐는 만들어도 된다고.
트로피모프   니체를 읽으셨습니까?
피쉬크   그게…… 다셴카한테서 들은 얘기지요. 내가 지금 당장 위조지폐라도 찍어내야 할 그런 처지라오……. 모레 310루블을 갚아야 하거든……. 130루블은 구했는데……. (주머니를 만져본다. 불안해 하면서) 돈이 없어졌네! 돈을 잃어버렸어! (눈물을 글썽이며) 돈이 어디 갔지? (기쁨에 넘쳐서) 여기 있었구나! 안감 뒤에……. 아아, 식은땀이 다 나는군…….

라네프스카야와 샤를로타가 들어온다.

라네프스카야   (레즈긴카[12]를 흥얼거린다) 레오니드는 왜 이렇게 늦는 걸까요? 시내에서 뭘 하고 있는지 모르겠네. (두냐샤에게) 두냐샤, 악사들에게 차를 좀 내주렴……
트로피모프   일이 잘 안됐나 봅니다.
라네프스카야   그럼 이렇게 악사를 부르고 무도회를 열 필요도 없었잖아…….

---

12) 캅카스의 민속 무용 음악.

뭐, 아무렴 어때……. (앉아서 나직하게 노래한다)

샤를로타 (피쉬크에게 한 벌의 카드를 준다) 자, 여기 카드가 있어요. 맘속으로 아무거나 한 장만 고르세요.

피쉬크 골랐소.

샤를로타 그럼, 이제 카드를 섞으세요. 그 정도면 충분해요. 이리 주세요, 친애하는 피쉬크 씨. Eins, zwei, drei!¹³⁾ 자, 아까 고른 카드가 있나 찾아보세요. 당신 외투 주머니 안에 있을 거예요…….

피쉬크 (외투 주머니에서 카드를 꺼낸다) 스페이드 8. 정답이오! (놀라면서) 아니, 이럴 수가!

샤를로타 (한 벌의 카드를 손바닥 위에 올려놓고 트로피모프에게) 빨리 대답해 주세요. 맨 위에 있는 카드가 뭐죠?

트로피모프 뭐라고요? 으음, 스페이드 퀸.

샤를로타 맞았어요! (피쉬크에게) 자, 다시. 맨 위에 있는 카드가 뭐죠?

피쉬크 하트 에이스.

샤를로타 맞았어요! (손뼉을 친다. 카드 한 벌이 사라진다) 오늘 날씨는 정말 좋군요! (바닥에서 들려오는 듯한 신비로운 여자의 음성이 답한다. "네, 그래요, 날씨가 참 좋네요, 아가씨.) 당신은 너무나 아름다워요. 내 이상형이에요……. (목소리, "아가씨, 저도 당신이 참 마음에 든답니다.")

역장 (손뼉을 친다) 복화술이로군요, 브라보!

피쉬크 (놀라면서) 이야! 정말 재밌군요, 샤를로타……. 난 완전히 반해버렸소…….

샤를로타 반했다고요? (어깨를 으쓱하더니) 누군가에게 반할 줄도 아세요? "Guter Mensch, aber schlecter Musikant."¹⁴⁾

트로피모프 (피쉬크의 어깨를 툭툭 친다) 오, 진짜 말상이시라니까!

샤를로타 주목해주세요. 하나 더 보여드릴게요. (의자에 걸쳐놓은 숄을 집어 든다) 보시다시피 아주 근사한 숄이지요. 이걸 팔고 싶은데요……. (흔든다) 누구 사실 분 없으세요?

---

13) 하나, 둘, 셋.(독일어)
14) "사람은 좋지만 연주 실력은 꽝이신 분."(독일어)

피쉬크 (놀라면서) 아니, 이럴 수가!

샤를로타 Eins, zwei, drei! (공중에 늘어뜨린 숄을 재빨리 들어올린다)

숄 뒤에 아냐가 서 있다. 그녀는 무릎을 구부려 인사하고는 어머니에게 달려가 포옹한다. 사람들이 박수를 치는 동안 아냐는 그곳을 떠나 홀로 들어간다.

라네프스카야 (박수를 치며) 브라보, 브라보!

샤를로타 자, 다시 한 번! Eins, zwei, drei! (숄을 들어올린다)

숄 뒤에 바랴가 서 있다가 인사한다

피쉬크 (놀라면서) 아니, 이럴 수가!

샤를로타 끝이에요! (숄을 피쉬크에게 던지고 무릎을 굽혀 인사하더니 홀로 달려 나간다)

피쉬크 (그녀를 쫓아 달리며) 요런 작은 마녀 같으니……. 뭐라고? 이것 봐! (나간다)

라네프스카야 오빠는 아직도 안 돌아왔네. 도대체 뭘 하고 있기에! 지금쯤이면 결과가 나왔을 텐데. 영지는 팔렸을 거야. 혹시 경매가 아예 성사되지 않았다면? 아니야, 그랬다면 오빠가 이렇게 늦을 리 없어.

바랴 (그녀를 진정시키려고 애쓰면서) 외삼촌이 사셨을 거예요. 확실해요.

트로피모프 (비웃듯이) 그렇겠죠.

바랴 할머니께서 빚을 당신 명의로 이전하시고, 외삼촌께 벚꽃 동산을 사도록 위임장을 보내셨잖아요. 아냐를 위해 그렇게 하신 거예요. 저는 믿어요. 하느님이 도우셔서 외삼촌이 사셨을 거예요.

라네프스카야 야로슬라블에서 할머니가 당신 명의로 동산을 사라고 1만 5천 루블을 보내셨어. 그분은 우리를 믿지 않으시는 거야. 하지만 그 돈으로는 이자를 갚기에도 모자라. (두 손으로 얼굴을 감싼다) 오늘로 내 운명이 결정될 거야, 내 운명이…….

트로피모프 (놀리듯이 바랴에게) 로파힌 부인!

바랴 (화를 내면서) 만년 대학생! 벌써 두 번이나 대학에서 쫓겨난 주제에.

라네프스카야　왜 그렇게 화를 내니, 바랴? 저 사람이 널 로파힌 부인이라고 놀린다고 해서 그게 뭐 어떻다고? 원한다면 로파힌에게 시집가렴. 그는 유쾌하고 좋은 사람이야. 원하지 않는다면 가지 않아도 돼. 네게 강요하는 사람은 아무도 없으니.

바랴　저에겐 진지하게 고민해야 할 문제에요, 어머니. 솔직히 말씀드리면, 그 분은 좋은 사람이고 저도 좋아하고 있어요.

라네프스카야　그러면 결혼하려무나. 무엇 때문에 망설이는 건지 모르겠구나!

바랴　어머니, 그렇다고 제가 그 사람한테 청혼할 수는 없잖아요. 벌써 2년 동안 다들 제게 그 사람 이야기를 하고 있어요. 하지만 그 사람은 잠자코 있거나 농담으로 돌리고 말 뿐이에요. 저도 알아요. 그는 점점 더 부자가 될 거고, 일이 바빠서 저 같은 건 관심도 없을 거라고요. 돈이 조금만 있었으면, 하다못해 100루블만 있다면 전부 다 내려놓고 멀리 떠나고 싶어요. 수도원에나 들어갔으면 좋겠어요.

트로피모프　거참 좋은 생각이군!

바랴　(트로피모프에게) 대학생이면 분별력이 있어야죠! (부드러운 말투로 눈물을 흘리면서) 페챠, 당신은 어느새 너무 추해졌어. 어쩌다 이렇게 늙어 버린 거지! (눈물을 그치고 라네프스카야에게) 일을 하지 않으면 견딜 수가 없어요, 어머니, 무슨 일이든 하지 않으면 잠시도 못 버틸 것 같아요.

야샤가 들어온다.

야샤　(가까스로 웃음을 참으면서) 에피호도프가 당구 큐를 부러뜨렸어요!…… (나간다)

바랴　에피호도프가 왜 여기에? 누가 그 사람에게 당구를 치라고 허락한 거지? 도대체 이해할 수가 없어……. (나간다)

라네프스카야　페챠, 바랴를 놀리지 말아요. 그렇지 않아도 그 일로 얼마나 힘들어 하는지 알잖아요.

트로피모프　바랴는 스스로에게 지나치게 많은 짐을 지우려고 해요. 언제나 남의 일까지 사사건건 참견을 하거든요. 여름 내내 바랴가 저와 아냐 사이에 끼어들어서 한시도 마음 편할 날이 없었어요. 우리 사이에 무슨 로맨스라도 생길까 봐 걱정이 되나 봅니다. 하지만 그건 자기가 상관할 바가 아니지 않습니까? 더구나 제가 그런 천박한 연애놀음을 벌일 거라 믿을 만한 어떠한 행동도 한 적이 없는데도 말입니다. 우리는 연애 감정 같은 건 이미 초월했어요.

라네프스카야 그러면 난 연애 감정 이하로 사는 사람이 틀림없군요. (초조해하며) 레오니드는 어째서 이렇게 늦는 걸까? 영지가 팔렸는지 아닌지, 그것만이라도 알았으면 좋겠어! 이제부터 다가올 불행이 도저히 실감이 나질 않아요. 무슨 생각을 하면 좋을지도 모르겠고, 그저 망망대해에 혼자 떠있는 기분이에요……. 당장이라도 비명을 지르거나 바보 같은 짓을 저지를 것만 같아요. 도와줘요, 페챠. 무슨 말이든 좀 해 봐요. 무슨 말이라도…….

트로피모프 오늘 영지가 팔리든 안 팔리든 마찬가지 아닙니까? 결말은 이미 오래전에 났어요. 예전으로 돌아갈 방법은 없습니다. 그 길은 이미 잡초로 뒤덮여 사라지고 말았으니까요. 마음을 가라앉히세요, 부인. 자신을 속이려고 하지 마세요. 평생에 단 한 번만이라도 똑바로 진실을 바라보셔야 해요.

라네프스카야 진실이라니요? 당신 눈에는 어디에 진실이 있고 거짓이 있는지 다 보이는 모양이군요. 하지만 나는 눈이라도 먼 것처럼 아무것도 보이지 않아요. 당신은 어떤 중대한 문제가 닥쳐도 용감하게 해결할 수 있는 사람이에요. 하지만 그건 당신이 아직 젊어서 자신의 문제로 고뇌한 적이 없었기 때문일 수도 있잖아요? 당신은 담대하게 앞을 똑바로 바라보지만, 그것도 불행한 앞날이 예상되는 그런 상황을 아직 겪어본 적이 없기 때문이 아닌가요? 아직은 인생의 참모습이 젊은 당신의 눈에 보이지 않을 테니까요. 물론 당신은 나 같은 사람보다 용감하고 정직하고 생각이 깊어요. 하지만 조금만 더 너그러워지려 노력해 보세요. 그래서 날 좀 이해해 주세요. 나는 여기서 태어났어요. 당신의 부모님도, 나의 할아버지도 모두 이곳에서 사셨지요. 나는 이 집을 사랑해요. 벚꽃 동산 없는 생활이란 상상도 할 수 없을 정도로 말이에요. 그러니 꼭 팔아야만 한다면, 나도 이 동산과 함께 팔아 줬으면 좋겠어요……. (트로피모프를 끌어안고 그의 이마에 입을 맞춘다) 내 아들은 이곳에서 물에 빠져 죽었어요……. (눈물을 흘린다) 나를 가엾게 여겨 줘요, 착한 페챠.

트로피모프 제가 얼마나 걱정하고 염려하는지 부인도 아시잖아요.

라네프스카야 알아요, 하지만 그걸 좀 다른 방식으로 표현해 줬으면 좋겠어요……. (손수건을 꺼내든다. 바닥으로 전보 한 장이 떨어진다) 오늘 내 마음이 얼마나 무거운지 당신은 상상도 할 수 없을 거예요. 여기는 너무 시끄럽고, 무슨 소리가 들릴 때마다 내 영혼이 떨리는 느낌이에요. 그렇다고 방으로 돌아갈 수도 없어요. 조용한 곳에 혼자 있으면 더 무서우니까요. 나를 비난하지 말아요, 페챠……. 난 당신을 피붙이처럼 사랑해요. 당신이라면 기꺼이 아냐와의 결혼을 허락할 거예요. 진심으로요. 하지만 우선 공부를 마치고 졸업하지 않으면 안 돼요. 지금 당신은 아무것도 하지 않으면서 그저 운명이 잡아끄는 대로 이리저리 떠돌아다니고 있어요. 그건 너무 이상한 짓이에요…… 그렇지 않아요? 아닌가요? 그리고 턱수염이라도 보기 좋게 손질해야지……. (웃는다) 아무튼 당신은 참 재밌는 사람이에요!

트로피모프 (전보를 주워든다) 저는 멋쟁이 흉내는 내고 싶지 않아요.

라네프스카야 파리에서 온 전보에요. 매일같이 오고 있어요. 어제도 왔고, 오늘도 왔죠. 야만인 같은 그 인간이 또 병에 걸렸는데, 상태가 그리 좋지 않다네요…… 용서를 빌면서 제발 돌아와 달라고 간청하고 있어요. 사실 내가 파리로 가서 그 사람 곁에 있어 주는 게 옳은 일일 거예요. 페챠, 당신 얼굴이 심각해졌네요. 하지만 어쩌면 좋단 말인가요. 내가 어떻게 하면 좋겠어요? 그 사람은 병에 걸렸고, 외톨이인데다가 불행해요. 그이를 돌봐주고 잘못된 길로 빠지지 않게 막아주고, 시간에 맞춰 약을 먹여 줄 사람이 누가 있겠어요? 내 마음을 감출 생각은 없어요. 나는 그이를 사랑해요. 그것만은 분명해요. 그이를 사랑해요…… 이건 내 목에 걸린 바위덩이와 같아요. 난 그걸 안고 밑바닥까지 가라앉게 되겠죠. 하지만 나는 그 돌을 사랑하니까, 그것 없이는 살아갈 수가 없어요. (트로피모프의 손을 잡는다) 날 나쁘게 여기지 말아요, 페챠. 아무 말도 하지 말아요, 아무 말도…….

트로피모프 (눈물을 글썽이며) 제 무례한 표현을 용서하십시오, 그 사람은 부인에게서 모든 걸 빼앗아 가고 있어요!

라네프스카야 아니에요, 그렇지 않아요. 아니라고요. 그런 식으로 말하지 말

아요……. (귀를 막는다)

트로피모프 그 사람은 비열한 인간이에요. 부인만 그걸 모르시는 겁니다! 하찮은 건달에 불과하다고요…….

라네프스카야 (화를 꾹 참으면서) 당신은 올해 스물여섯, 아니면 스물일곱일 테죠. 그런데도 여전히 중학교 2학년 학생 같아요!

트로피모프 뭐라 하시든 상관없습니다!

라네프스카야 이젠 어른이 될 때도 되지 않았나요? 당신 나이면 사랑하는 사람들의 심정을 이해할 줄 알아야지요. 당신 스스로도 사랑을 해야 하고……. 진심으로 사랑을 해 봐야 해요! (화를 내면서) 그럼, 그렇고말고! 당신은 순수한 게 아니라, 결벽증에다 우스꽝스러운 괴짜일 뿐이에요…….

트로피모프 (경악하여) 무슨 말씀을 하시는 겁니까!

라네프스카야 연애를 초월했다고요? 당신은 사랑을 초월한 게 아니라, 피르스 말대로 그저 얼간이에 불과해요. 그 나이 되도록 연인도 없다니!

트로피모프 (경악하여) 맙소사! 지금 무슨 소리를 하시는 겁니까? (머리를 감싸 쥔 채 서둘러 홀로 걸어 나간다) 어떻게 그런 말을…… 도저히 못 참아, 가야겠어……. (나갔다가 곧바로 돌아온다) 우리 관계는 이걸로 완전히 끝났습니다! (현관으로 나간다)

라네프스카야 (뒤에서 소리친다) 페챠, 기다려요! 이런 바보, 내가 농담한 거예요! 페챠!

누군가 계단을 내려가다가 요란한 소리를 내면서 굴러 떨어지는 소리가 들린다. 아냐와 바랴가 비명을 지른다. 하지만 비명은 이내 웃음소리로 바뀐다.

라네프스카야 대체 무슨 일이니?

아냐가 웃으며 뛰어 들어온다.

아냐 (웃으면서) 페챠가 계단에서 굴러 떨어졌어요! (다시 달려 나간다)
라네프스카야 정말이지 괴짜라니까…….

역장이 홀 가운데 서서 톨스토이의 시 '죄 지은 여인'[15]을 낭독한다. 사람들은 낭독에 귀를 기울이고 있다. 몇 줄 읽지 않았을 때, 대기실에서 왈츠 연주가 들려온다. 낭독은 중단되고, 모두 춤추기 시작한다. 트로피모프, 아냐, 바랴와 라네프스카야가 거실에서 나와 걸어온다.

라네프스카야   자, 페챠…… 이런 순진한 사람…… 내가 사과할 게요……. 함께 춤 춰요……. (페챠와 춤춘다)

아냐와 바랴도 춤을 춘다. 피르스가 들어와서 옆문 근처에 지팡이를 기대어 놓는다. 야샤도 응접실에서 건너와 춤추는 모습을 바라본다.

야샤   왜 그래, 할아범?
피르스   기분이 좋지 않아. 옛날에는 무도회를 열면 장군이니, 남작이니, 제독이니 하는 분들이 와서 춤추곤 했어. 그런데 이제는 우체국 관리와 역장조차 부르러 사람을 보내야 되고, 그것도 썩 내켜서 오는 게 아니야. 나도 이제 아주 쇠약해졌어. 마님의 조부님 되시는 돌아가신 큰 나리께서는 병이 난 사람에게 봉랍을 주시곤 하셨지. 나는 20년 동안 매일 봉랍을 먹고 있어. 아니, 더 되든가. 그 덕분에 지금까지 살아 있는 건지도 몰라.
야샤   할아범한텐 지쳐 버렸어. (하품한다) 이제 그만 세상 하직할 때도 되지 않았수?
피르스   이런 망할 녀석 같으니……. (혼자 중얼중얼한다)

홀에서 춤추던 트로피모프와 라네프스카야가 객실로 건너온다.

라네프스카야   Merci. 좀 앉을 게요……. (앉는다) 난 지쳤어요.

아냐가 들어온다.

---

15) 소설가 레오 톨스토이가 아니라 알렉세이 톨스토이(1817~1875)의 시이다.

아냐 (흥분해서) 방금 부엌에서 어떤 사람이 그러는데, 벚꽃 동산이 이미 팔렸대요.

라네프스카야 누구한테 팔렸대?

아냐 누구라고는 말하지 않고 그냥 가 버렸어요. (춤추기 위해 트로피모프와 함께 홀로 나간다)

야샤 아까 한참 전에, 어떤 노인이 그런 소리를 하던데요. 처음 보는 사람이었어요.

피르스 레오니드 안드레예비치 나리는 아직 안 돌아오셨군요. 얇은 봄 외투를 입고 나가셨는데, 감기나 걸리지 않으실지 걱정입니다. 정말이지, 요즘 젊은 사람들이란!

라네프스카야 금방이라도 숨이 멎을 것 같아. 야샤, 가서 누구한테 팔렸는지 알아봐.

야샤 그 노인이라면 한참 전에 가 버렸는데요. (웃는다)

라네프스카야 (약간 짜증스러운 표정으로) 왜 웃는 거지? 뭐가 그리 우스워?

야샤 에피호도프, 그 사람 생각이 나서요. 얼간이에요. '걸어 다니는 불행'이죠.

라네프스카야 피르스, 만일 영지가 팔리면 할아범은 어디로 갈 거죠?

피르스 어디든 가라는 곳으로 가야지요.

라네프스카야 할아범, 왜 이리 얼굴빛이 안 좋아요? 어디 아픈가요? 그만 가서 쉬도록 해요······.

피르스 네······. (빙긋 웃으며) 하지만 제가 쉬러 가면, 누가 여기서 시중을 들고 관리를 하겠습니까? 저 혼자 이 집을 도맡고 있는데요.

야샤 (라네프스카야에게) 마님, 한 가지 청을 드릴 게 있습니다. 부디 친절을 베풀어 주세요. 혹시 파리로 돌아가시게 되면 제발 저도 함께 데려가 주세요. 전 죽어도 이곳에 남고 싶지 않습니다. (주위를 둘러보면서 작은 목소리로) 무슨 말이 더 필요할까요. 마님께서도 아시듯이, 이 마을엔 교양 없고 파렴치한 인간들밖에 없어요. 게다가 따분하고, 음식은 끔찍하고, 피르스는 온 집안을 돌아다니며 말도 안 되는 소리를 중얼대고요. 제발 자비를 베푸시어 저를 데려가 주세요!

피쉬크가 들어온다.

피쉬크 부인, 저와 왈츠 한 곡 추실까요……. (라네프스카야가 그에게 걸어간다) 부인, 아무래도 제게 딱 180루블만 빌려주셔야겠습니다……. 빌려주셔야 돼요……. (춤춘다) 180루블을…….

두 사람이 홀로 걸어간다.

야샤 (나직하게 흥얼거린다)
 "오, 그대는 아는가
  내 영혼이 깊이 흔들리고 있음을……."

홀에서 잿빛 모자를 쓰고 격자무늬 바지를 입은 사람이 두 팔을 흔들며 뛰어오른다. 외침 소리. "브라보, 샤를로타 이바노브나!"

두냐샤 (멈춰 서서 분을 바른다) 아가씨가 나보고 춤을 추랬어요. 신사들은 많은데 숙녀가 적다시면서요. 그런데 춤을 너무 춰서 그런지 현기증이 나고 가슴이 뛰어요. 피르스 니콜라예비치, 방금 전에 우체국 관리가 저한테 한 말 때문에 숨이 멎는 줄 알았어요.

음악이 잦아든다.

피르스 그 사람이 뭐라고 말하더냐?
두냐샤 제가 한 송이 작은 꽃을 닮았대요.
야샤 (하품한다) 천박해……. (나간다)
두냐샤 날 보고 꽃 같다고……. 저는 예민한 여자라서 감미로운 말을 들으면 무척이나 기뻐요.
피르스 아예 넋이 나갔구나.

에피호도프가 들어온다.

에피호도프 두냐샤, 넌 날 무슨 벌레 보듯 하는구나. (한숨 쉰다) 아아, 정말 인생이란!

두냐샤 무슨 볼 일이죠?

에피호도프 그래, 어쩌면 네 말이 옳을지도 몰라. (한숨 쉰다) 하지만 물론, 네가 그런 측면으로 그 문제를 본다면, 이건 너무 노골적인 표현일지도 모르지만, 말하자면 네가 날 그런 마음 상태로 몰고 간 거야. 난 내 운명을 알아. 내게는 매일같이 불행한 일이 일어나지. 하지만 그런 것에는 이미 익숙해진지 오래라, 이제는 내 운명을 웃으며 지켜볼 수 있을 정도야. 네가 내게 약속했지, 비록 내가······.

두냐샤 제발 부탁이니, 나중에 이야기해요. 지금은 나를 좀 내버려 두세요. 지금 난 공상에 빠져 있거든요. (부채를 흔들어 댄다)

에피호도프 매일 안 좋은 일이 일어난다고. 하지만 난, 굳이 말하자면, 그저 미소 짓거나 웃어넘기고 만다니까.

홀에서 바랴가 들어온다.

바랴 아직도 안 가고 여기 있었군요, 세묜? 정말 안하무인이군요. (두냐샤에게) 너도 나가 봐, 두냐샤. (에피호도프에게) 허락도 없이 당구를 치질 않나, 당구 큐를 부러뜨리질 않나, 이제는 마치 초대 받은 손님처럼 뻔뻔하게 홀을 어슬렁거리는군요.

에피호도프 실례지만, 당신이 내게 이래라 저래라 명령할 권리는 없습니다.

바랴 이래라 저래라 하는 게 아니라 사실을 말하는 거예요. 자기 일은 내팽개쳐두고 이리 기웃 저리 기웃하고만 있잖아요. 당신을 왜 여태껏 고용하고 있는지 모르겠어요.

에피호도프 (울컥해서) 내가 일을 하든, 돌아다니든, 밥을 먹든, 당구를 치든, 그에 대해 뭐라 할 수 있는 사람은, 오직 분별 있는 웃어른들뿐입니다.

바랴 감히 나한테 그런 말을 하다니! (격노하며) 당신이 감히? 당신 말은 내가 아무것도 모른다는 거야? 나가! 당장 여기서 나가!
에피호도프 (겁을 먹으며) 좀 점잖게 말씀해 주시길 바랍니다.
바랴 (이성을 잃고) 당장 나가! 나가라니까!

그가 문 쪽으로 간다. 그녀가 그의 뒤를 따라간다.

바랴 '걸어 다니는 불행' 같은 놈! 너 같은 녀석은 꼴도 보기 싫어! 내 눈앞에 얼씬도 하지 마!

에피호도프가 나간다. 문 뒤에서 그의 목소리가 들린다 "당신을 고소하겠어."

바랴 아니, 또 돌아온다는 거야? (문 옆에 세워둔 피르스의 지팡이를 집어 든다) 그래, 와 봐라……. 올 테면 와봐…… 본때를 보여 줄 테니…… 이래도? 이래도 올 테냐? (지팡이를 휘두르는 순간 로파힌이 들어온다)
로파힌 거참, 대단한 환영이로군요.
바랴 (화를 내면서도 피식 웃으며) 미안해요!
로파힌 뭘요, 이렇게 즐겁게 맞아 주시니 내가 감사드려야죠.
바랴 감사할 것까지는 없어요. (물러선다. 뒤를 돌아보고 부드러운 목소리로 묻는다) 다치지는 않으셨나요?
로파힌 아니, 괜찮아요. 커다란 혹이 하나 생길 테지만요.

홀에서 목소리가 들려온다. "로파힌이 왔어! 예르몰라이 알렉세예비치!"

피쉬크 마침 잘 왔군……. (로파힌과 키스한다) 이보게, 코냑 냄새가 나는군그래. 우리도 여기서 흥겹게 놀고 있다네.

라네프스카야가 들어온다.

라네프스카야 당신이었군요, 예르몰라이 알렉세예비치. 왜 그렇게 오래 걸렸어요? 레오니드는 어디 있어요?

로파힌　저와 함께 오셨습니다. 곧 이쪽으로 오실 겁니다·······.

라네프스카야　(흥분해서) 그런데 어떻게 됐죠? 영지가 팔렸나요? 말 좀 해 봐요!

로파힌　(당황스러운 듯이, 기쁨을 숨기려 애쓰며) 경매는 4시쯤에 끝났습니다······. 그런데 기차를 놓쳐서 9시 반까지 기다려야 했습니다. (무거운 한숨을 쉬며) 휴우! 머리가 조금 어질어질하군요······.

가예프가 들어온다. 오른손으로는 사온 물건들을 들고 있고, 왼손으로는 눈물을 닦는다.

라네프스카야　레냐, 어떻게 됐어요? 레냐? (초조하게 울먹이며) 어서 말해 줘요, 제발······.

가예프　(아무 대답도 하지 않고 그저 한 손을 흔든다. 눈물을 흘리며 피르스에게) 이걸 좀 받아 주게······ 안초비하고 케르치산 청어야······. 하루 종일 아무것도 먹지 못했어······. 얼마나 고생했는지 몰라.

당구대가 있는 방의 문이 열려 있고, 공 부딪치는 소리와 야샤의 목소리가 들린다. "7, 18!" 가예프의 표정이 달라진다. 그는 더 이상 울지 않는다.

가예프　완전히 녹초가 됐어. 피르스, 옷 갈아입는 걸 도와주게. (홀을 가로질러 나간다. 피르스가 그 뒤를 따른다)

피쉬크　경매는 어떻게 됐지? 말 좀 해 주게!

라네프스카야　벚꽃 동산이 팔렸나요?

로파힌　팔렸습니다.

라네프스카야　누가 샀나요?

로파힌　제가 샀습니다.

라네프스카야는 망연자실하여 안락의자와 탁자에 의지하여 금방이라도 쓰러질 듯 서있다. 바랴는 허리띠에서 열쇠꾸러미를 빼내어 응접실 가운데 바닥에 내던지고 나가 버린다.

로파힌 제가 샀습니다! 기다려 주십시오, 여러분, 부탁입니다. 머릿속이 혼란스러워서 말이 나오지를 않는군요. (웃는다) 우리가 경매장에 갔을 때, 데리가노프 쪽은 벌써 도착해 있었습니다. 가예프 씨는 고작 1만 5천 루블밖에 없었는데, 데리가노프는 빚을 제하고도 3만을 불렀습니다. 나는 상황이 돌아가는 것을 보고 그와 맞붙어 4만을 불렀죠. 이어서 그자는 4만 5천, 나는 5만 5천, 이런 식으로 그가 5천씩 올려 부를 때마다 나는 1만씩 올려 불렀습니다. 그리고 마침내 결판이 났습니다. 부채를 제외하고 9만 루블을 부른 끝에 제가 낙찰을 받게 된 겁니다. 벚꽃 동산은 이제 내 것입니다! 내 것이라고요! (큰 소리로 웃는다) 오, 하느님, 하느님! 벚꽃 동산은 내 것입니다! 어디 한 번 말씀해 보시죠. 제가 술에 취해서 머리가 이상해진 거라고, 이 모든 일이 단순히 내 착각일 뿐이라고 말입니다……. (발을 구른다) 비웃지 마세요! 만약 우리 아버지와 할아버지가 무덤 속에서 나와 이 사실을 알게 된다면, 이 예르몰라이가, 그토록 얻어맞고 다니면서 읽기 쓰기도 제대로 못하던 예르몰라이가, 겨울에도 맨발로 뛰어다녀야 했던 그 예르몰라이가! 세상에서 둘도 없이 아름다운 영지를 사들였다, 이 말입니다! 우리 할아버지와 아버지가 농노로 있었고, 부엌에도 들여보내주지 않았던 그 영지를 내가 사들인 겁니다. 어쩌면 나는 지금 꿈을 꾸고 있는지도 모르겠습니다……. 이 모든 일이 단순한 환상에 지나지 않고, 그저 내가 그렇게 생각하는 것일 뿐…… 허황된 상상의 산물일지도……(열쇠꾸러미를 주워들고 부드럽게 미소 짓는다) 열쇠를 내던졌다는 건, 자신이 이제 더 이상 이곳 안주인이 아니라는 사실을 말하려는 것이었겠지……(열쇠꾸러미를 흔들어 짤랑짤랑 소리를 낸다) 까짓 거, 아무려면 어때.

악단이 악기를 조율하는 소리가 들린다.

로파힌 이봐요, 악사들. 연주하시오. 나는 음악을 듣고 싶소! 모두들 와서 보시오. 예르몰라이 로파힌이 벚꽃 동산에 도끼를 들이미는 모습을! 나무가 땅 위로 쓰러지는 꼴을 보란 말이오! 우리는 이곳에 별장을 잔뜩 세울 겁니다.

그래서 우리 손자, 증손자들이 이곳에서 시작되는 새로운 인생을 보게 할 겁니다……. 어서, 음악을 연주하시오!

음악이 연주된다. 라네프스카야가 의자에 주저앉아서 슬프게 운다.

로파힌　(비난하듯이) 도대체 왜 내 말을 듣지 않으셨습니까? 가련하고 선량하신 부인, 이젠 돌이킬 수 없습니다. (눈물을 흘리며) 아, 어서 모든 게 끝나버렸으면, 불행하고 굴곡진 우리 인생이 달라질 수만 있다면.

피쉬크　(그의 팔을 잡으며 낮은 목소리로) 부인이 울고 계시네. 지금은 혼자 두는 편이 낫겠네……. 자, 가세나……. (그의 팔을 붙잡고 홀로 데리고 나간다)

로파힌　어떻게 된 거야? 악사, 시원시원하게 연주해! 뭐든지 내가 원하는 대로 하란 말이야! (비꼬듯) 새 지주, 벚꽃 동산의 영주께서 납신다! (탁자와 부딪쳐서 촛대를 쓰러뜨릴 뻔한다) 돈은 얼마든지 내겠어! (피쉬크와 함께 퇴장한다)

홀과 응접실이 텅 빈다. 라네프스카야만이 홀로 남아, 몸을 잔뜩 웅크리고 앉은 채 서럽게 울고 있다. 나직하게 음악이 연주된다. 아냐와 트로피모프가 서둘러 들어온다. 아냐는 어머니에게 다가가 그 앞에 무릎을 꿇는다. 트로피모프는 홀 입구에 멈춰 선다.

아냐　어머니! 어머니, 울고 계시는군요? 사랑하는 어머니, 착하고 다정하고 아름다운 우리 어머니. 어머니를 사랑해요……. 어머니를 축복해요. 벚꽃 동산은 팔렸고, 이제 더 이상 우리 것이 아니에요. 그건…… 그건…… 어쩔 수 없는 사실이에요. 하지만 울지 마세요, 어머니. 어머니에게는 앞으로의 인생이 남아 있어요. 어머니의 상냥하고 순수한 영혼이 남아 있잖아요……. 저와 함께 가요, 어머니. 여기서 떠나요! 우리, 여기보다 훨씬 더 아름다운 새 정원을 만들어요. 어머니도 보시게 될 거예요. 기쁨, 그토록 고요하고 깊은 기쁨이 마치 황혼 무렵의 햇살처럼 영혼 위로 내려앉는 것을요. 그러면 어머니도 미소 지으실 거예요. 가요, 어머니! 함께 떠나요!

—막—

4막

1막과 같은 무대. 창문 커튼도, 그림도 없다. 단지 가구 몇 가지만이 팔려고 내놓은 듯 한쪽 구석에 쌓여 있다. 공허함이 느껴진다. 출입문 주변과 무대 안쪽에는 여행 가방과 꾸러미가 쌓여 있다. 왼쪽 문이 열려 있고, 그곳을 통해 바랴와 아냐의 목소리가 들린다. 로파힌은 서서 기다리고 있다. 야샤는 샴페인이 담긴 잔들을 쟁반으로 받쳐 들고 있다. 옆방에서는 에피호도프가 상자를 묶고 있다. 무대 뒤에서는 부산스러운 소리가 들린다. 농부들이 작별 인사를 위해 찾아온 것이다. 가예프의 목소리가 들린다. "고맙네, 이보게들. 고마워."

야샤 마을 사람들이 작별 인사하러 왔군요. 로파힌, 제 생각으로는, 저들은 선량하긴 하지만 말귀를 잘 못 알아듣는 인간들이지요.

시끄럽게 떠드는 소리가 잦아든다. 옆방에서 라네프스카야와 가예프가 들어온다. 그녀는 울고 있지는 않지만 안색이 창백하고, 얼굴에 경련이 일어나 말을 거의 하지 못한다.

가예프 아예 돈지갑 채로 내주더구나, 류바. 그래서는 안 돼! 그러면 안 돼!
라네프스카야 나도 어쩔 수 없었어요, 어쩔 수 없었다고요!

두 사람이 나간다.

로파힌 (문 앞에서 그들 뒤로) 자, 이렇게 부탁드립니다. 이별주 한잔씩만 하십시오. 시내에서 물건을 구해온다는 걸 깜빡해서, 역에서 겨우 한 병 구해 왔습니다. 어서들 오세요! (사이) 왜들 그러십니까, 안 드시겠어요? (문에서 물러난다) 이럴 줄 알았으면 사오지 않는 건데. 그럼 나도 마시지 않겠어.

야샤가 쟁반을 조심스럽게 탁자 위에 놓는다.

로파힌 야샤, 자네라도 마시지 그래.
야샤 떠나시는 분들을 위하여! 그리고 남는 분들의 행운을 빌며! (마신다) 이 샴페인 진품이 아니에요. 장담합니다.
로파힌 한 병에 8루블짜린데. (사이) 지독하게도 춥군.
야샤 어차피 떠나실 테니까, 오늘은 난롯불을 피우지 않았어요. (웃는다)
로파힌 뭐가 그렇게 우스운가?
야샤 좋아서 그럽니다.
로파힌 벌써 10월인데, 바깥은 햇볕이 나고 조용한 게 꼭 여름 같군. 일하기에 딱 좋은 날씨야. (시계를 들여다보고 문을 향해서) 여러분, 잊지 마십시오, 기차 시각까지 겨우 47분 남았습니다! 그러니까 20분 뒤에는 정거장으로 떠나야 합니다. 슬슬 서두르세요.

외투 차림의 트로피모프가 마당에서 들어온다.

트로피모프 벌써 떠날 때가 된 것 같군요. 말도 준비됐어요. 대체 덧신이 어디로 갔는지 모르겠어요. (문을 향해서) 아냐, 내 덧신이 없어! 못 찾겠어!
로파힌 나는 일 때문에 하리코프로 간다네. 당신들과 같은 기차를 타고 갈 거야. 하리코프에서 이번 겨울을 보낼 생각이거든. 요새 아무것도 하는 일 없이 이 집 사람들과 어울리며 보냈더니 몸이 녹슨 것 같아. 나는 일 없이는 못 사는데 말이야. 우선 뭐라도 이 손을 놀릴 만한 일을 찾아야겠어. 일 없이 빈둥거리는 꼴이 꼭 남의 손 같다니까.
트로피모프 우리가 떠나가면, 당신도 그전처럼 유익한 사업에 착수하게 되겠군요.
로파힌 자, 한잔 하게나.
트로피모프 사양하겠습니다.
로파힌 자네는 이제 모스크바로 가려나?
트로피모프 네. 저분들을 시내까지 전송해 드리고, 나는 내일 모스크바로 떠날 겁니다.

로파힌 그렇군……. 교수들은 강의를 쉬고 있을 걸세. 자네 오기를 줄곧 기다리면서 말이야.

트로피모프 당신이 상관할 일이 아닙니다.

로파힌 대학에서 공부한 지 몇 년이나 됐나?

트로피모프 좀 새로운 얘길 해보시죠. 식상한 소리는 그만두고. (이리저리 덧신을 찾는다) 아마 다시는 만날 일이 없을 겁니다. 작별하는 마당에 충고 하나만 하지요. 어디서든 휘젓고 다니려 하지 마세요. 그런 버릇은 버려요. 별장 짓는 것도 그렇고, 별장 거주인들이 시간이 지나면 독립된 농장 경영자가 될 거라고 기대하는 것도 다 똑같은 짓이에요…… 어쨌든, 난 당신을 좋아했어요. 당신은 예술가처럼 가늘고 부드러운 손가락을 가졌어요. 당신 마음도 꼭 그렇지요……

로파힌 (그를 포옹한다) 잘 가게, 페챠. 여러모로 고마웠어. 필요하다면 여비로 돈을 좀 가져가게나.

트로피모프 내가 왜요? 필요 없어요.

로파힌 하지만 자네는 돈이 없잖나!

트로피모프 마음은 고맙지만, 돈 있어요, 번역료를 좀 받았거든요. 이 주머니 안에 들어있죠. (초조하게) 대체 내 덧신은 어디 있는 거야!

바랴 (옆방에서) 이 다 떨어진 당신 물건 가지고 가세요! (무대로 덧신 한 켤레를 던진다)

트로피모프 왜 그리 화를 내는 거야, 바랴? 음…… 이건 내 덧신이 아닌데!

로파힌 지난봄에 3천 에이커쯤 되는 땅에 양귀비를 심어서 4만 루블의 순수입을 얻었지. 양귀비꽃이 피었을 때는 정말 장관이었어! 그래, 4만 루블을 벌었다니까. 그러니까 자네한테 돈을 빌려 줄 수 있다는 거야, 그럴 만한 여유가 되니까. 뭘 그리 고집을 부리나? 난 그저 평범한 농부에 지나지 않네.

트로피모프 당신 아버지가 농부였고, 내 아버지는 약사였죠. 그리고 그런 건 전혀 아무런 의미도 없는 거예요.

로파힌이 돈지갑을 꺼낸다.

트로피모프 그만, 그만둬요……. 2만 루블을 준대도 난 받을 생각 없어요. 난 자유로운 인간이에요. 당신들이, 부자든 가난뱅이든 하나같이 높이 평가하고 애지중지하는 그 모든 것들이 내게는 바람에 나부끼는 저 솜털만큼이나 하찮아요. 당신들 없이도 나는 잘 지낼 수 있고, 당신들 옆을 당당히 지나갈 수 있어요. 그만큼 난 강하고 긍지 있는 인간입니다. 인류는 이 지상에서 이를 수 있는 최고의 진리, 최상의 행복을 향해 나아가고 있어요. 그리고 나는 그 맨 앞줄에 있지요!

로파힌 그곳에 다다를 수 있겠나?

트로피모프 할 수 있어요. (사이) 반드시 성공해서 사람들에게 내가 다다른 그 길을 가르쳐 줄 거예요.

멀리서 도끼로 나무 찍는 소리가 들린다.

로파힌 그럼 잘 가게, 친구. 떠날 시간이야. 우리는 서로 잘난 척 고집을 부리고 있지만, 지금 이 순간에도 인생은 제 나름대로 흘러가고 있다네. 오래도록 지치는 줄도 모르고 일에 열중하다 보면, 생각이 단순해지면서 내가 왜 이 세상에 존재하는지 깨닫게 된다네. 그런데 러시아에는 자신이 무엇 때문에 사는지 모르는 사람들이 얼마나 많은지 몰라. 뭐 그런 거 모른다 해도 세상은 잘만 돌아가지만 말이야. 레오니드 안드레예비치 씨가 은행에 자리를 얻으셨다던데, 연봉이 6만 루블이라나……. 하지만 오래 버티지 못하실 거야. 여간 게을러야 말이지…….

아냐 (문가에서) 떠나기 전까지는 동산의 나무를 베지 말아달라고 어머니가 부탁하셨어요.

트로피모프 맞아요, 정말 인부들에게 확실히 지시를 해놓아야 합니다…….
(나간다)

로파힌 그래, 알았네, 자네 말이 맞아. (그의 뒤를 따라 나간다)

아냐 피르스는 병원에 보냈어?

야샤 아침에 말해 두었으니, 갔을 겁니다.

아냐 (홀을 지나가는 에피호도프에게) 세묜 판텔레예비치, 피르스를 병원에 보냈는지 좀 알아보세요.

야샤 (화를 내면서) 아침에 예고르한테 말해 놨다니까요. 벌써 열 번은 물어보셨어요!

에피호도프 제 생각을 말씀드리자면, 피르스는 충분히 오래 살았으니 병원에 보내기보다 조상들한테 보내는 쪽이 나을 것 같습니다. 저는 그 사람이 오히려 부럽군요. (여행 가방을 모자 상자 위에 놓는 바람에 상자가 찌그러진다) 그럼, 그렇지. 이렇다니까요. (나간다)

야샤 (조롱하듯이) 걸어 다니는 불행 같은 놈…….

바랴 (문 뒤에서) 피르스를 병원에 보냈대?

아냐 보냈대.

바랴 어째서 의사 앞으로 쓴 편지를 안 가져갔지?

아냐 그럼 쫓아가서 전해 줘야지……. (나간다)

바랴 (옆방에서) 야샤는 어디 있지? 어머니가 작별 인사를 하고 싶어 하신다고 전해 줘.

야샤 (손을 내저으며) 내 인내심을 시험하시는군.

두냐샤는 짐 꾸러미 옆에서 내내 바삐 움직이다가 야샤가 드디어 혼자 남게 되자 그에게 다가간다.

두냐샤 한 번만이라도 날 돌아봐 줄 수 없나요, 야샤. 당신이 떠난다니……. 나를 버리고……. (울면서 그의 목에 매달린다)

야샤 운다고 무슨 소용이 있어? (샴페인을 마신다) 엿새 뒤면 난 다시 파리에 있을 거야. 내일이면 급행열차를 타고 떠나. 어쩐지 실감이 나질 않는군. Vive la France!16) 이곳은 나와 맞지 않아. 더는 못 살겠어…… 이런 미개한 동네에서 사는 건 이제 신물이 나. (샴페인을 마신다) 왜 우는 거야? 좀 더 양식 있게 행동해. 그럼 울지 않을걸.

---

16) 프랑스 만세(프랑스어).

두냐샤 (손거울을 보면서 얼굴에 분을 바른다) 파리에 가면 편지 보내줘요. 야샤, 알죠? 난 당신을 사랑했어요, 정말 많이! 저는 예민한 여자에요, 야샤!

야샤 사람들이 오는군. (여행 짐을 부지런히 꾸리며 나직하게 콧노래를 흥얼거린다)

라네프스카야, 가예프, 아냐 그리고 샤를로타 이바노브나가 들어온다.

가예프 그만 떠나야지. 이제 시간이 얼마 안 남았어. (야샤를 보면서) 누가 이렇게 청어 냄새를 풀풀 풍기는 거지?

라네프스카야 마차를 타기 전까지 아직 10분쯤은 시간이 있어요······. (방을 둘러본다) 안녕, 사랑하는 늙은 영감, 나의 집아. 겨울이 지나고 봄이 오면 넌 더 이상 이 세상에 없겠지. 사람들이 널 허물 테니까. 이 벽들은 그동안 얼마나 많은 일들을 지켜보았던가! (딸에게 뜨겁게 키스한다) 나의 보물, 눈부시기도 해라, 다이아몬드 같은 두 눈이 영롱하게 빛나는구나. 기분은 괜찮니? 정말로?

아냐 네, 좋아요! 새로운 삶이 시작되는 거예요, 어머니!

가예프 (유쾌하게) 그래, 이제야 모든 일이 잘 풀리는 것 같구나. 벚꽃 동산이 팔리기 전에는 다들 흥분하고 괴로워했었지. 하지만 모든 문제가 확실하게 마무리되고 나니 마음도 차분해지고 예전의 활기를 되찾은 것 같구나······ 나는 은행에 나가게 됐다. 이제 난 금융가라고. 노란 공을 가운데로. 류바, 너도 얼굴빛이 좋아 보이는구나. 확실히 그래.

라네프스카야 그래요. 마음이 좀 편해졌어요. 사실이에요. (모자와 외투를 받아 든다) 이제는 잠도 잘 자요. 내 짐을 밖으로 내가 줘, 야샤. 시간이 됐어요. (아냐에게) 우리 딸, 곧 다시 만날 수 있을 거다······. 나는 파리로 가서 야로슬라블에 계신 할머니가 영지를 사라고 보내 주신 돈으로 생활할 거야. 할머니께서 평안하시기를! 하지만 그 돈도 오래 가지는 못할 거야.

아냐 어머니, 곧 돌아오시는 거죠, 그렇죠? 저도 대학입학자격시험만 통과하고 나면 일해서 어머니를 돕겠어요. 나중에 저랑 같이 좋아하는 책도 마음껏 읽어요······. 그러실 거죠? (어머니의 손에 키스한다) 가을밤에 함께 책을 읽는 거예요. 아주 많은 책을······ 그러다 보면 어느 순간 우리 앞에 새롭고 놀라운 세계가 펼쳐지겠죠……. (공상에 잠긴다) 어머니, 꼭 돌아오셔야 해요…….
라네프스카야 그렇게 하마, 사랑하는 아냐. (딸을 포옹한다)

로파힌이 들어온다. 샤를로타가 조용히 노래를 흥얼거린다.

가예프 샤를로타도 기분이 좋은가 보구나. 노래까지 부르는 걸 보니.
샤를로타 (강보에 싸인 아기와 비슷하게 생긴 꾸러미를 집어 든다) 우리 아기, 자장자장…….

"응애, 응애!" 복화술로 갓난아기 울음소리를 흉내 낸다.

샤를로타 쉿! 뚝! 착하지, 우리 아가!

"응애, 응애!"

샤를로타 가엾기도 해라! (꾸러미를 원래 있던 자리로 내던진다) 제발 제 일자리 좀 찾아주세요. 이렇게 살 수는 없어요.
로파힌 곧 구할 거요.
샤를로타 이바노브나. 걱정 말아요.
가예프 다들 우리를 버리고 떠나는군. 바랴도 떠날 테고……. 우린 한순간에 쓸모없는 인간이 돼버렸어.
샤를로타 시내에는 제가 살만한 곳이 없어요. 떠날 수밖에요……. (콧노래를 흥얼거린다) 뭐 사실 어떻게 되든 상관없어요…….

피쉬크가 들어온다.

로파힌 오, 맙소사.
피쉬크 (숨을 헐떡이면서) 아아, 우선 숨 좀 돌리고……. 죽는 줄 알았어……. 여러분……. 물 좀 주세요…….

가예프 뭐야, 또 돈을 빌리러 왔나? 하느님, 당신의 충실한 종복을 악에서 구하옵소서……. (나간다)

피쉬크 오랫동안 찾아뵙지 못했습니다……. 부인……. (로파힌에게) 자네도 있었나…… 이거 잘됐군……. 똑똑한 양반…… 받게나…… 받으라고……. (로파힌에게 돈을 준다) 400루블이야……. 아직 840루블이 남았군.

로파힌 (어리둥절해서 어깨를 으쓱한다) 설마 꿈은 아니겠지…… 돈이 어디서 난 겁니까?

피쉬크 잠깐 기다려…… 덥군…… 정말 생각지도 못한 일이 일어났다네. 영국인들이 나를 찾아와서는 우리 땅에 백점토가 매장돼 있다지 뭐야…… (라네프스카야를 향해) 부인께도 4백 루블…… (돈을 건넨다) 남은 돈은 다음에 갚겠습니다. (물을 마신다) 방금 전 기차 안에서 어떤 젊은이가 이런 소리를 하더군. 어떤 위대한 철학자는 사람들보고 지붕에서 뛰어내리라고 권한다는 거야……"뛰어내려!" 하고 말이지. 그러면 만사가 해결된다고. (놀랍다는 듯) 놀랍지 않은가? 아, 물 좀 더 주세요!

로파힌 그 영국인들은 대체 뭐 하는 사람인데요?

피쉬크 점토가 묻혀 있는 땅을 24년 동안 그들에게 빌려 주기로 했네…… 그건 그렇고, 미안하지만 지금은 시간이 없어서…… 아직 찾아가야 할 곳이 많이 남았거든…… 즈노이코프한테도, 카르다모노프한테도 가봐야 해…… 여러 사람한테 빚을 져서…… (물을 마신다) 그럼 건강하시길…… 목요일에 다시 들르겠습니다.

라네프스카야 이제 곧 시내로 떠날 참이었어요. 난 내일 외국으로 떠난답니다…….

피쉬크 네? (놀란다) 왜 시내로 가시죠? 아, 그래서 가구며…… 여행 가방이며…… 뭐, 괜찮습니다……. (눈물을 글썽거린다) 괜찮아요……. 그 영국인들…… 아주 영리한 사람들이더라고요…… 아 그래요……. 행복하시길……. 하느님이 지켜주실 겁니다……. 아, 괜찮습니다……. 세상 모든 일에는 끝이 있기 마련이니까요……. (라네프스카야의 손에 입을 맞춘다) 만약 제가 끝을 맞이했다는 소문이 여러분 귀에까지 들어가거든, 이…… 늙은 말을 떠올리면서 이렇게 말씀해 주세요. "시메오노프 피쉬크…… 그래, 그런 사람도 있었지…… 부디 편히 잠들기를." ……날씨가 참 좋군요……. 그래요……. (큰 충격을 받은 채 나간다. 그러나 곧바로 되돌아와 문가에 서서 말한다) 다센카가 안부를 전해달라는군요! (퇴장)

라네프스카야 이제 떠날 수 있겠네요. 그런데 마음에 걸리는 게 두 가지 있어요. 첫째, 피르스가 아픈 거예요. (잠깐 시계를 보고) 아직 5분쯤 시간이 있어…….

아냐 엄마, 피르스는 벌써 병원에 갔어요. 야샤가 아침에 보냈다고 그랬어요.

라네프스카야 두 번째로, 바랴가 걱정이에요. 그 아이는 아침 일찍부터 일을 하는 게 몸에 밴 아인데 지금은 할 일이 없어지는 바람에 물 밖으로 나온 물고기 신세가 되고 말았어요. 몸도 야위고 얼굴빛도 나빠지고, 가엾게도 자꾸 울고만 있으니…….

사이.

라네프스카야 로파힌, 당신도 잘 알고 있을 거예요. 나는…… 그 아이를 당신과 결혼시켰으면 했어요. 당신도 결혼은 해야 할 테니까요. (아냐에게 귓속말을 한다. 아냐는 샤를로타에게 고개를 끄덕인다. 두 사람이 나간다) 바랴는 당신을 사랑해요. 당신에게 딱 어울리는 배필이죠. 그런데 난 도무지 모르겠어요, 어째서 두 사람은 서로를 피하려고만 드는 건가요? 정말 이해가 안 가요!

로파힌 솔직히 말씀드리면, 저도 그 이유를 모르겠습니다. 어쩐지 모든 게 어색하기만 해서…… 만약 아직 시간이 있다면 당장이라도 결심을…… 네, 이 기회에 당장 마무리를 지어야겠습니다. 부인이 떠나시고 나면 도저히 청혼할 자신이 없을 것 같아서요.

라네프스카야 좋아요. 1분이면 충분해요. 곧바로 바랴를 부르겠어요…….

로파힌 마침 샴페인도 있군요. (술잔을 보고는) 비었잖아! 누군가 다 마셔버렸어.

야샤가 기침을 한다.

로파힌 이런 걸 두고 염치가 없다고 하는 거야.

라네프스카야 (활기차게) 좋아요. 이제 나가보죠……. 야샤, *allez!*[17] 바랴를 부르겠어요……. (문가에서) 바랴, 거긴 놔두고 이리 오렴. 어서! (야샤와 함께 나간다)
로파힌 (시계를 들여다보고는) 좋았어…….

사이. 문 뒤에서 억누른 듯한 웃음소리와 속삭임. 이어서 바랴가 들어온다.

바랴 (말없이 짐을 살핀다) 이상해요, 도저히 찾을 수가 없네요…….
로파힌 뭘 찾고 있습니까?
바랴 내가 직접 짐을 꾸렸는데, 기억이 나질 않아요.

사이.

로파힌 이제 어디로 갈 생각이죠, 바르바라 미하일로브나 양?
바랴 저요? 라굴린 댁으로 가요……. 그 집안 살림을 돌봐 주기로 했거든요……. 가정부 같은 거죠.
로파힌 야쉬네보로 가겠군요? 여기서 70마일쯤 될 겁니다. (사이) 마침내 이 집에서의 생활도 끝이 났군요…….
바랴 (물건들을 살펴보면서) 대체 어디 있지……. 혹시 트렁크에 넣어뒀을지도 몰라……. 그래요. 이제 이 집 생활도 마지막이에요……. 다시 돌아올 일은 없겠죠…….
로파힌 이제 곧 하리코프로 떠납니다……. 부인 일행과 같은 기차를 탑니다. 일이 많거든요. 하지만 이곳엔 에피호도프를 남겨둘 겁니다……. 그 친구를 고용했어요.
바랴 그래요, 그렇군요.
로파힌 기억나나요, 작년 이맘때는 눈이 내렸었죠. 그런데 올해는 날이 맑고 화창하군요. 조금 쌀쌀할 뿐……. 영하 3도쯤 되겠어요.
바랴 그런가요, 몰랐어요. (사이) 우리 집 온도계가 깨졌거든요.

---
17) 가자(프랑스어).

사이. 마당에서 부르는 소리. "예르몰라이 알렉세이치!"

로파힌 (마치 오래 전부터 부름을 기다렸다는 듯이) 지금 나갑니다! (서둘러 나간다)

바랴는 마룻바닥에 털썩 주저앉아 옷 보따리에 머리를 묻고 나직하게 흐느낀다. 문이 열리고 라네프스카야가 조심스럽게 들어온다.

라네프스카야 얘야. (사이) 우린 이제 떠난다.
바랴 (울음을 그치고 눈물을 닦는다) 네. 시간이 됐네요, 어머니. 전 오늘 중으로 라굴린 댁으로 가도록 하겠어요. 기차를 놓치지 말아야 할 텐데…….
라네프스카야 (문을 향해서) 아냐, 어서 옷 입고 나오렴.

아냐, 이어서 가예프, 샤를로타가 들어온다. 가예프는 방한용 모자가 달린 따뜻한 외투를 입고 있다. 하인과 마부들이 모여든다. 짐들 주위에서 에피호도프가 바쁘게 움직인다.

라네프스카야 자, 이제 떠나요.
아냐 (즐거운 목소리로) 출발!
가예프 벗이여, 친애하는 나의 벗들이여! 이 집을 영원히 떠나는 지금, 내 어찌 한마디 하지 않을 수 있겠소! 고별인사를 전하는 이런 순간에, 내 존재를 가득 채우고 있는 이 감정을…… 내 어찌 피력하지 않을 수 있으리오.
아냐 (간청하듯) 외삼촌!
바랴 외삼촌, 제발 그만두세요!
가예프 (의기소침해서) 원 쿠션으로 빨간 공을 가운데로……. 그래, 잠자코 있으마…….

트로피모프, 이어서 로파힌이 들어온다.

트로피모프 뭘 하십니까, 여러분. 떠날 시간입니다!
로파힌 에피호도프, 내 외투를 가져오게!

라네프스카야 1분만 더 앉아 있을 게요. 그동안 이 집 벽과 천장이 어떻게 생겼는지 제대로 본 적이 한 번도 없었던 것 같아요. 그래서 지금이라도 애정을 담아서 꼼꼼히 보려고요…….

가예프 내가 여섯 살 때, 오순절 첫날에 이 창가에 앉아서 아버지께서 교회에 가시는 걸 지켜본 기억이 나는군…….

라네프스카야 짐은 모두 가져갔나요?

로파힌 그럴 겁니다. (외투를 입으면서 에피호도프에게) 에피호도프, 모두 제대로 정리가 됐는지 잘 살펴보게.

에피호도프 (쉰 목소리로) 안심하시고 제게 맡기십시오, 예르몰라이 알렉세예비치!

로파힌 목소리가 왜 그러나?

에피호도프 방금 뭘 삼켜서요. 물을 마시고 있었습니다.

야샤 (미심쩍다는 듯이) 바보 같으니…….

라네프스카야 우리가 떠나면 여기엔 아무도 남지 않겠군요…….

로파힌 봄이 오기 전까지는 그렇겠지요.

바랴 (짐 꾸러미에서 우산을 꺼내어 마치 누군가에게 휘두를 듯이 높이 치켜 올린다. 로파힌이 놀란 척 시늉을 한다) 무슨 짓입니까. 내가 무슨 잘못을 했다고…….

트로피모프 여러분, 마차를 타시죠……. 시간이 없어요! 곧 기차가 도착할 겁니다!

바랴 페챠, 여기 트렁크 옆에 당신 덧신이 있군요! (눈물을 글썽거리며) 어쩜 이렇게 다 헤지고 더러울까…….

트로피모프 (덧신을 신으면서) 자 갑시다, 여러분!

가예프 (감정이 북받쳐 올라 금방이라도 울음을 터트릴 것처럼) 기차…… 역은……. 가운데를 가로질러, 흰 공을 투 쿠션으로 구석으로!

라네프스카야 어서 가요!

로파힌 모두 나오셨습니까? 안에 아무도 없지요? (왼편의 옆문을 잠근다) 물건을 쌓아두고 있으니 문을 잠가야 합니다. 그럼 갑시다!

아냐 안녕, 우리 집아! 안녕, 낡은 생활이여!

트로피모프 어서 오라, 새로운 인생이여! (아냐와 함께 나간다)

바랴는 집안을 둘러보며 천천히 걸어 나간다. 이어서 야샤와 자기 개를 데리고 샤를로타가 나간다.

로파힌 그럼 봄이 와서 다시 만날 때까지 안녕이다! (나간다)

무대엔 라네프스카야와 가예프 두 사람만 남아 있다. 그들은 마치 이 순간을 기다렸다는 듯이 서로 부둥켜안은 채 다른 사람에게 들리지 않도록 숨죽여 흐느낀다.

가예프 (절망적으로) 류바…… 내 동생…….
라네프스카야 이제는 죽어버린, 다정하고 아름다운 나의 동산이여! 나의 인생, 나의 청춘, 나의 행복이여, 안녕! 잘 있거라!
아냐의 목소리 (쾌활하게 재촉하듯이) 엄마!
트로피모프의 들뜬 목소리 (쾌활하게) 어서 나오십시오!
라네프스카야 저 벽과 창문을 보는 것도 이제 마지막이야……. 돌아가신 어머니는 이 방 안을 거니는 것을 좋아하셨어요…….
가예프 류바…….
아냐의 목소리 엄마!
트로피모프의 목소리 어서요!
라네프스카야 지금 나가마!

무대는 텅 빈다. 문마다 자물쇠를 채우는 소리가 나고, 뒤이어 마차들이 떠나는 소리가 들리고 곧 잠잠해진다. 정적 속에서 나무를 찍는 둔탁한 도끼 소리가 쓸쓸하게 울려 퍼진다. 발소리가 들린다. 오른쪽 문에서 피르스가 모습을 드러낸다. 평소와 마찬가지로 정장에 하얀 조끼를 입고, 단화를 신고 있다. 병색이 완연하다.

피르스 (문으로 다가가 손잡이를 돌려본다) 잠겼군. 모두 떠났어……. (소파에 앉는다) 나에 대해서는 잊어버렸군…… 뭐, 괜찮아……. 여기 좀 앉아야겠군……. 레오니드 안드레이비치 나리는 또 모피 외투를 입지 않고 코트만 입고 가셨을 거야……. (근심스럽게 한숨 쉰다) 내가 보살펴 드렸어야 하는데……. 요즘 젊은 것들은 정말! (알아들을 수 없는 소리를 웅얼거린다) 거짓말처럼 한평생이 다 지나가버렸어. (눕는다) 조금만 누워 있어야겠어……. 기운이 하나도 없군. 아무것도 남지 않았어. 아무것도……. 에이, 이런…… 얼간이 같으니라고! (누운 채 움직이지 않는다)

마치 하늘 위에서 들려오는 듯, 현이 끊어지는 소리가 아득히 울리다 구슬프게 잦아든다. 정적. 뒤이어 벚꽃 동산 안의 어느 먼 곳에서 도끼로 나무를 찍는 소리만이 은은히 들려온다.

―막―

Медведь
곰

N.N. 솔로프소프에게 바칩니다.

등장인물

포포바(엘레나 이바노브나)   뺨에 보조개가 있는 젊은 과부, 여지주
스미르노프(그리고리 스테파노비치)   중년의 지주
루카   포포바의 하인, 노인

포포바 저택의 객실

포포바는 깊은 슬픔에 잠겨 사진만을 골똘히 바라보고 있다. 그 옆에서 루카가 장황하게 긴말을 늘어놓고 있다.

루카 이러시면 안 됩니다, 마님……. 이러다간 몸만 상하신다고요……. 하녀와 요리사는 딸기를 따러 갔고, 살아 있는 모든 것들이 환희에 차 있답니다. 심지어 저 고양이도 즐거움을 알아 마당에서 벌레를 잡으러 다니고 있다고요. 오로지 마님만 수도원에라도 있는 것처럼 아무 즐거움도 없이 온종일 방 안에만 앉아 계십니다. 아이고, 정말 어쩌시려고! 한 해를 꼬박 집 안에만 틀어박혀 계시다니!

포포바 절대 나가지 않을 거야……. 내가 왜 나가? 내 인생은 이미 끝났어. 그이는 무덤에 누워 있고, 나는 사방을 벽으로 둘러싼 곳에 날 묻었어……. 우린 둘 다 죽은 거야.

루카 마님, 정신 좀 차리세요! 니콜라이 미하일로비치 나리는 돌아가셨어요. 하느님의 부름을 받으셨다고요. 그분의 영혼이 편히 쉬시기를……. 이제 애도는 충분히 하셨어요. 충분하다마다요. 우리 할멈도 저세상으로 갔지요. 다 때가 돼서 간 걸 어쩝니까. 저도 한 달 내내 슬픔에 잠겼답니다. 그거면 됐지요. 그렇다고 평생 울 수는 없는 노릇이잖습니까. 뭐 그 정도로 울만 한 가치가 있는 여편네도 아니었고요. (한숨 쉰다) 이웃도 만나고 하셔야지요. 아무데도 가질 않고, 아무도 만나질 않으시니. 이렇게 살고 있으니 어둠 속에 사는 거미 꼴이지 뭔가요. 소인의 제복은 쥐가 다 갉아먹었답니다. 만날 만한 사람이 없다면 또 몰라도, 우리 마을에만도 훌륭한 나리들이 얼마나 많으신데요. 르이블로보에 있는 연대 장교들은 하나같이 미남들이라 아무리 봐도 질리지 않으실걸요. 병영에서는 금요일마다 무도회가 열리고 군악대는 매일 연

곰 295

주를 하지요……. 아, 우리 마님! 젊고 아름답고 빰도 이토록 장밋빛으로 어여쁘신데 인생의 즐거움을 좀 누리셨으면……. 아름다움은 오래 가지 않는답니다. 10년만 지나보라지요. 마님께서 아무리 공작처럼 우아하게 걸어가도 어느 장교 하나 쳐다보나요. 그때면 너무 늦는다고요.

포포바 (단호하게) 다시는 그런 말 마! 니콜라이 미하일로비치가 죽은 이후로 삶은 내게 아무런 의미도 없다는 걸 영감도 알잖아. 영감한테는 내가 살아 있는 걸로 보일지 모르겠지만, 그냥 그렇게 보이는 것뿐이야! 나는 죽을 때까지 이 상복을 벗지 않을 것이고, 다시는 빛을 보지 않겠노라고 스스로에게 맹세했어……. 듣고 있어? 그의 망령이 내가 얼마나 그를 사랑하는지 보게 할 거야……. 그래, 영감이 다 알고 있다는 거 알아. 그는 자주 날 부당하게 대했지. 잔인할 때도 있었고……심지어는 날 배신한 적도 있었어. 하지만 난 죽을 때까지 그한테 충실할 거고, 내가 얼마나 그를 사랑할 수 있는지 보여줄 거야. 저기, 무덤 너머에서 그는 살았을 때 본 내 모습과 똑같은 나를 보게 될 거야…….

루카 그런 말씀일랑 그만 두시고 정원 산책을 하시거나, 토비나 벨리칸을 마차에 매고 이웃 나들이나 다녀오시는 게 좋겠어요…….

포포바 아아! (운다)

루카 마님! 아이고 마님……! 왜 그러세요? 딱하기도 해라.

포포바 그이는 토비를 무척 아꼈어! 언제나 토비를 타고 코르차긴 댁과 블라소프 댁을 다니곤 했지. 말을 얼마나 잘 탔는지! 힘껏 고삐를 당길 때 모습이 얼마나 우아했는지 몰라! 기억나, 영감? 토비, 토비! 토비에게 오늘 귀리를 좀 더 주라고 해.

루카 그럽죠, 마님.

시끄러운 종소리.

포포바 (몸을 떤다) 누구지? 아무도 들이지 않겠다고 전해!

루카 네, 마님. (나간다)

포포바 (사진을 보면서) 니콜라스, 두고 봐요. 내가 얼마나 사랑할 수 있고, 용서할 수 있는지……. 가련한 내 심장이 멈추는 날까지 내 사랑은 죽지 않을 거예요. (눈물을 글썽이며 웃는다) 당신은 부끄럽지도 않아요? 나는 이렇게 착하고 정숙한 아내예요. 난 스스로에게 자물쇠를 채웠고, 죽을 때까지 당신한테 충실할 거예요. 그런데 당신은…… 부끄럽지도 않나요? 이 나쁜 사람. 날 속이고, 날 함부로 대하고, 날 몇 주일씩이나 혼자 내버려두고…….

루카 (놀란 얼굴로 들어온다) 마님, 어떤 분이 마님을 청하시는뎁쇼. 마님을 뵈어야겠다고…….

포포바 바깥주인이 세상을 뜨신 뒤로 어느 누구도 만나지 않는다고 전하라고 했잖아?

루카 말씀드렸지만, 막무가냅뎁쇼. 아주 급한 일이라고요.

포포바 난 안 만난다고 했어!

루카 그렇게 말씀드렸는데…… 아이고 망할…… 투덜거리며 곧바로 안으로 밀고 들어와서는…… 이미 식당에 와 계십니다…….

포포바 (짜증을 내며) 좋아, 들어오라고 해…… 교양 없는 인간 같으니라고!

루카, 나간다.

포포바 짜증나는 인간들! 나한테 뭘 바라는 거야? 어째서 나의 평온을 깨뜨리는 거지? (한숨 쉰다) 아니야, 정말 수녀원으로 가야할까 봐……. (생각에 잠긴다) 그래, 수녀원으로…….

스미르노프 (들어오면서 루카에게) 이런 어리석은 영감탱이, 수다스럽기는…… 멍청이! (포포바를 보고는 품위 있게) 부인, 인사드리겠습니다. 지주이자 퇴역 육군 포병 중위인 그리고리 스테파노비치 스미르노프입니다! 사정이 급해 부득이하게 이렇게 찾아오게 되었습니다…….

포포바 (악수를 청하지 않고서) 무슨 일이신가요?

스미르노프 영광스럽게도 고인이 되신 부군과 알고 지내던 사이랍니다. 그런데 부군께서 제게 어음 두 장으로 1200루블 채무를 지셨답니다. 내일 토지은행에 이자를 지불해야 해서 그러니 부탁하건대 오늘 그 돈을 돌려 주셨으면 합니다.

포포바   1200루블이라고요? 남편이 무슨 일로 빚을 졌나요?

스미르노프   제게서 귀리를 구입하셨습니다.

포포바   (한숨 쉬며 루카에게) 그러니까 루카, 잊지 말고 토비에게 귀리를 더 주라고 얘기해 둬. (루카 퇴장) (스미르노프에게) 니콜라이 미하일로비치가 당신께 빚을 졌다면, 제가 갚는 게 마땅하겠지요. 하지만 오늘은 여윳돈이 없어요. 모레 시내에 나가 있는 집사가 돌아오면 채무를 해결해드리라고 말해놓겠어요. 어쨌든 지금 당장은 곤란해요……. 게다가 오늘은 남편이 세상을 떠난 지 꼭 일곱 달이 되는 날이라 돈 문제에 신경 쓸 기분이 아니랍니다.

스미르노프   하지만 내일까지 이자를 갚지 못하면, 전 망합니다. 영지를 차압당할 테니까요!

포포바   모레 받으실 수 있을 겁니다.

스미르노프   돈이 필요한 건 모레가 아니라 오늘입니다.

포포바   죄송합니다만 오늘은 드릴 수 없습니다.

스미르노프   모레까지 기다릴 수 없습니다.

포포바   그럼 어떡해요, 당장 돈이 없는데!

스미르노프   그러니까 돈을 주실 수 없다는 겁니까?

포포바   그래요.

스미르노프   흐음! 그게 마지막으로 하실 말씀입니까?

포포바   네, 그래요.

스미르노프   마지막이라? 정말입니까?

포포바   정말이에요.

스미르노프   대단히 감사합니다. 그렇게 적어두지요. (어깨를 으쓱하며) 이런데도 나보고 진정하라고! 아까 길에서 마주친 어떤 사람이 내게 묻더군요. "그리고리 스테파노비치 씨, 어째서 하루 종일 그렇게 화가 나 있으십니까?" 어떻게 화를 안 낼 수 있습니까? 돈이 절박하게 필요한데…… 어제 아침 동트기가 무섭게 집에서 나와 채무자란 채무자는 모두 찾아갔습니다. 한 사람만이라도 빚을 갚지 않을까 해서 말이죠! 결국 거지꼴을 하고선 유대인이 운영하는 어느 망할 여관에서 잠들었지요. 보드카 술통 옆에서 말입니다…… 그리고 마침내 집에서 70베르스타나 떨어진 이곳에 오게 된 겁니다. 돈을 받을 수 있을 거란 희망을 품고서 말이에요. 그런데 당신은 '기분'이 그러니 돈 얘기는 싫다고 하시는군요! 어떻게 화가 나지 않겠습니까?

포포바 분명히 말씀드린 것 같은데요. 집사가 돌아오면 처리해 줄 거라고 말이죠.

스미르노프 전 집사가 아니라 당신을 만나러 온 겁니다! 당신의 그, 이런 표현을 써서 미안하지만, 그 빌어먹을 집사가 내게 무슨 소용이 있겠습니까!

포포바 실례하겠어요. 그런 식의 표현이나 말투에는 익숙지 않아서요. 더 이상 듣고 싶지 않군요. (빠른 걸음으로 나간다)

스미르노프 아, 그래! '기분'이 안 좋으시다 이거지……. '일곱 달 전에' 남편이 죽었기 때문에 말이야. 이자를 갚아야 하나, 말아야 하나? 물어나 봅시다. 내가 이자를 갚아야겠습니까, 말아야겠습니까? 당신 남편이 죽었다 칩시다. 그래서 당신 기분이 안 좋다고 치자고…… 거기다 집사는—지옥에나 떨어져라—어딘가로 내빼고 없단 말이지요. 그럼 이제 난 어떻게 해야 합니까? 채권자들을 피해 풍선기구라도 타고 도망쳐야 하나? 벽에다 머리를 처박을까? 그루즈데프는 집에 없고, 야로셰비치는 숨어 버렸고, 쿠리쓰인하고는 대판 싸웠고—그 작자를 창밖으로 내던져버리려다 내 참았지—마주고는 배탈이 났다나 어쨌다나, 그리고 이 집 여자는 상대할 기분이 아니라는군. 돈을 갚는 놈이 단 한 명도 없다니! 이게 다 내가 너무 너그러워서 그런 거라고. 그래서 날 물러터진 호구 보듯 하는 거야! 내가 너무 너그러워서! 아니, 기다려! 내가 어떤 인간인지 보여주겠어! 더 이상은 날 갖고 놀지 못할걸. 빌어먹을! 여자가 돈을 갚을 때까지 이곳에 버티고 있겠어! 으, 울화통이 터져서 못 살겠군! 폭발하기 일보 직전이야. 제기랄, 몸살기도 있는 것 같아. (소리친다) 어이, 시종!

루카 (들어온다) 무슨 일이십니까?

스미르노프 크바스나 물 가져와!

루카, 나간다.

스미르노프 이런 법이 어디 있냐고! 절박한 사정 때문에 내 돈 좀 돌려받겠다는데, 못 주겠다니. 그것도 단지, 돈 문제를 생각할 기분이 아니라는 이유 때문에! 정말이지 여자들의 논리란! 이래서 내가 예나 지금이나 여자들과 말 섞는 걸 싫어하는 거야. 여자와 말하느니 화약통 위에 앉아 있는 편이 낫지. 으으, 몸이 으슬으슬해. 이게 다 이 집 아가씨 때문이야! 멀리서 여자가 보이기만 해도 화가 치밀어 올라 식은땀이 난다니까. 아무튼 여자와는 상종을 할 수가 없어.

루카 (들어와서 물을 건넨다) 마님이 편찮으셔서 아무도 안 만나겠다 하시는데요.
스미르노프 꺼져!

루카, 나간다.

스미르노프 몸이 안 좋으니 만날 수 없다? 날 안 만나시겠다고? 그래, 맘대로 하라고 해. 돈 줄 때까지 여기서 죽치고 있을 테니까. 일주일 아프면, 나도 여기서 일주일 있을 거고…… 1년 아프면, 나도 1년 있을 테니까. 내 돈은 꼭 받아내야겠다고, 부인! 미망인의 상복과 그 뺨에 떠오르는 보조개만으로는 내 맘을 흔들지 못할걸……. 아, 그런 보조개라면 내가 알지! (창문을 향해 소리친다) 시메온, 말을 풀어줘라! 금방 떠나지 않을 테니! 난 여기 머물겠다! 말들한테 귀리를 주라고 거기 마구간에 가서 말해! 이 멍청한 놈, 말 다리가 고삐에 또 걸렸잖아! (놀리듯이) 그래, 괜찮아…… 알아들어? 괜찮다고. (창문에서 물러난다) 아, 끔찍해. 열이 나고, 빚 갚는 놈 하나 없고, 잠도 제대로 못 잤어. 무엇보다 기분 타령하는 저 상복 입은 여자…… 아이고 머리야……. 보드카나 마실까? 그래, 그러는 게 좋겠어. (소리친다) 이봐!

루카 (들어온다) 무슨 일이십니까?
스미르노프 보드카 한 잔 줘. (루카, 나간다) 으윽! (자리에 앉으며 자신의 몸을 살핀다) 이런 꼬락서니라니! 온몸이 먼지투성이에, 장화는 더럽고, 세수도 안 한데다 머리는 마구 헝클어져 있고, 조끼에는 지푸라기가 달라붙어 있군…… 부인이 날 강도로 생각한다 해도 할 말이 없지 뭐야. (하품한다) 이런 몰골로 객실에 나타난 건 예의가 아니었어. 하지만 나보고 어떡하라고…… 난 손님이 아니라 채권자야. 이 세상에 채권자를 위한 정장 따위는 없다고…….

루카　(보드카를 들고 들어온다) 마치 자기 집인 양 구시는군요, 나리…….

스미르노프　(화를 내며) 뭐라고?

루카　아……그게…… 아무것도 아닙니다……. 소인은 그냥…….

스미르노프　지금 누구와 얘기하는 거야? 입 닥쳐!

루카　(방백으로) 고약한 놈이 들러붙었어……. 재수 없는 인간 같으니.

루카, 나간다.

스미르노프　아아, 화가 나 못 참겠어! 이 망할 놈의 세상……. 어째 몸살기도 있는 것 같고…….(소리친다) 이봐!

포포바　(들어온다. 눈길을 내리깔고서) 나리, 고독하게 사느라 시끄러운 목소리에는 익숙지 않아요. 부탁이니 저의 평온을 깨뜨리지 말아줘요.

스미르노프　돈을 주시면 떠나지요.

포포바　분명히 말씀드렸어요. 지금은 여윳돈이 없으니 모레까지 기다리시라고요.

스미르노프　저도 분명히 말씀드렸습니다. 돈이 필요한 건 모레가 아니라 오늘이라고 말입니다. 오늘 돈을 안 갚으시면 전 내일이라도 목매달고 죽어야 합니다.

포포바　그럼 돈이 없는데 어떡해요? 참 이상한 분이시네!

스미르노프　그러니까 지금 돈을 갚지 않으시겠다는 겁니까? 그렇습니까?

포포바　갚을 수 없어요…….

스미르노프　그렇다면 전 돈을 받을 때까지 여기 있을 수밖에 없습니다……. (앉는다) 모레 갚으시겠어요? 좋습니다! 모레까지 이렇게 앉아 있겠습니다. 여기서 단 한 발짝도 안 움직일 겁니다……. (벌떡 일어난다) 하나 묻지요. 내일 제가 이자를 갚아야 할까요, 갚지 말아야 할까요? 혹시 제 말이 농담처럼 들립니까?

포포바　제발 소리 지르지 마세요! 여긴 마구간이 아니에요!

스미르노프　마구간에 대해서 물어본 것이 아니라, 내일 제가 이자를 갚아야 하는지, 갚지 말아야 하는지를 물었는데요?

포포바   당신은 여자 앞에서 어떻게 처신해야 하는지를 모르시는군요!

스미르노프   아니요, 나도 여자 앞에서 어떻게 굴어야 하는지 잘 압니다!

포포바   아니, 당신은 몰라요! 당신은 교양도 없고 무례해요! 교양 있는 사람은 여자에게 이런 식으로 말하지 않아요!

스미르노프   아이고, 이를 어쩌나? 그럼 어떻게 말해드릴까요? 프랑스어로 할까요? (화를 내며 혀짤배기소리로) 마담, 부탁드립니다(Madame, Je vous pris)……. 당신이 돈을 갚지 않아서 난 얼마나 좋은지 몰라요……. 아, 용서하십시오. 오늘 날씨가 기가 막히지요! 그건 그렇고 상복이 부인과 아주 잘 어울리는군요!

(고개 숙여 절한다)

포포바   이런 어리석고 무례한…….

스미르노프   (놀리는 듯이) 어리석고 무례하다고요? 여자 앞에서 제대로 처신할 줄 모른다고요? 부인, 나도 한창 땐 부인이 평생 본 참새보다 더 많은 여자를 만났습니다! 여자 때문에 결투를 세 번이나 했고, 열두 명의 여자를 버렸고, 아홉 명의 여자에게 버림받았지요! 네, 그럼요! 내게도 얼간이 흉내를 내던 시절이 있었죠. 몸에 향수를 뿌리고, 옷은 보석으로 치장하고, 달콤한 말을 늘어놓으며 우아하게 인사할 줄도 알았죠……. 사랑도 해보고, 사랑 때문에 괴로워도 보고, 달 보며 한숨 쉴 때도, 시큰둥해질 때도, 기분이 풀어질 때도, 얼음처럼 차가워질 때도 있었답니다…… 나는 늘 뜨겁게, 미친 듯이 사랑했지요. 빌어먹을, 그 시절엔 해방이니 뭐니 잘도 떠들어대고 다니며, 그깟 말랑말랑한 감정을 위해 내 재산의 절반을 쏟아 부었답니다. 미안하지만 이제 그런 건 질색입니다! 암, 그렇고말고! 검은 눈동자, 열정적인 두 눈, 루비처럼 붉은 입술, 보조개 파인 뺨, 달, 속삭임, 수줍은 숨결―부인, 이제 난 이런 것들에 대해 단 한 푼도 쓸 생각이 없습니다! 뭐 꼭 부인이 그렇다는 얘기는 아닙니다만 아무튼 여자들이란 나이가 많든 적든 새침데기에, 가식적이고, 남 험담하기 좋아하고, 질투심 강하고, 뼛속까지 거짓말쟁이인 데다, 허영심 강하고, 속 좁고, 무자비하고, 제멋대로지요. (자기 이마를 두드리며) 치마 두른 철학자라니, 차라리 재잘거리는 참새를 보는 게 낫지! 모슬린 천이니, 천상의 반신반인이니, 시적 창조물이니 해도 겉으로 볼 때야 즐겁지, 그 영혼을 들여다보면 그저 징그러운 악어에 지나지 않습니다! (의자 등받이를 움켜쥐자 의자가 삐걱거리더니 부서진다) 하지만 무엇보다 가장 불쾌한 건 이 악어가 무슨 이유에선지 부드러운 감정을 자신만의 걸작이자 특권이라고 생각한다는 겁니다! 제 말이 틀리면 절 십자가에 거꾸로 매달아도 좋아요, 부인은 삽살개 말고 다른 누군가를 사랑할 줄 아는 여자를 본 적이 있습니까? 사랑에 빠진 여자들이 하는 거라곤 그저 질질 짜며 칭얼거리는 것뿐이지요! 남자들이 괴로움을 견디며 희생할 때 여자들이 표현하는 사랑이란 기껏해야 스카프를 매만지거나, 조금이라도 더 단단히 남자 코를 꿰려고 애쓰는 것뿐이란 말입니다. 부인도 불행하게도 여자로 태어나셨으니, 여자의 본성이 어떤지는 잘 알고 있을 겁니다. 양심적으로 말씀해보십시오. 지금껏 살아오면서 진실 되고, 신의 있고, 한결같은 여자를 본 적이 있습니까? 못 보셨을 겁니다! 만일 있다 해도 못생긴 여자나 노파들이나 그렇지요! 절개 있는 여자를 만나는 것보다는 머리에 뿔 달린 고양이나 흰색 멧도요를 만나는 게 더 빠를 겁니다!

포포바 그럼 당신 생각엔 사랑에 충실하고 한결같은 게 누구라고 생각하세요? 남자인가요?

스미르노프 그렇습니다, 남자죠!

포포바 남자라고요! (쓴웃음을 지으며) 남자가 사랑에 충실하고 한결같으시다! 별 소리 다 듣겠네요! (흥분하여) 무슨 자격으로 그런 말씀을 하시는 거죠? 남자들이 충실하고 한결같다고요! 얘기가 나왔으니 말씀드리죠. 제가 지금까지 알아왔던 모든 남자들 가운데 가장 훌륭했던 남자는 고인이 된 남편이에요……. 어리고 상상력이 풍부한 여자가 그렇듯이 저도 제 모든 걸 다 바쳐서 열정적으로 그이를 사랑했지요. 젊음도, 행복도, 인생도, 재산도 그이에게 모두 주었어요. 그이는 제게 이 세상의 전부였고, 저는 그이를 신처럼 숭배했지요. 그런데 어땠는지 아세요? 제가 아는 가장 훌륭한 남자인 그이는 부끄러움도 모르고 매순간 나를 속였다고요! 그이가 죽은 뒤 그이 책상에서 서랍 한가득 들어 있는 연애편지를 찾아냈어요. 게다가 생전에도—아, 다시 떠올리고 싶지도 않아요—몇 주일이고 날 집에 혼자 두고 바깥으로 나돌질 않나 내가 보는 앞에서 뻔뻔하게 다른 여자 꽁무니를 쫓질 않나, 함부로 내 돈을 쓰고 내 감정을 조롱하질 않나……. 이 모든 걸 당하고도 전 그이를 사랑했고, 그이에게 진실했어요……. 뿐인가요, 그이가 세상을 떠난 지금도 전 여전히 그이에게 충실하고 한결같은 아내로 살고 있어요. 사면의 벽에 스스로를 가둔 채 이렇게 평생 상복을 입고서 살 거라고요.

스미르노프　(비웃으며) 상복이라! 대체 날 어떻게 보고 그런 말씀을? 당신이 왜 검은 옷을 입고서 이렇게 벽속에 갇혀 지내는지 정말 모를 거라 생각하십니까? 미안하지만, 다 알고 있습니다. 아, 얼마나 신비롭고 시적입니까! 어느 사관생도 나부랭이나 덜떨어진 시인 놈이 이 집 곁을 지나가다가 창문을 들여다보며 생각할 테지요. "남편에 대한 사랑 때문에 벽속에 스스로를 가둔 신비로운 여인이 이곳에 살고 있다지." 그런 뻔한 속임수에는 안 속습니다.

포포바　(격분하며) 뭐라고요? 어떻게 감히 그런 말을!

스미르노프　벽속에 자기 자신을 매장한 건 맞지 모르지만, 어쩐지 얼굴에 분칠하는 걸 잊지는 않으셨군요!

포포바　어떻게, 내게 그런…….

스미르노프　제발 소리는 지르지 마십시오. 난 당신 청지기가 아니니까. 솔직하게 말하는 건 이해해주십시오. 여자가 아니라서 직설적으로 말하는 습관이 있어서요! 그러니 소리는 지르지 맙시다!

포포바　소리 지르는 건 내가 아니라 당신이에요! 이제 그만 절 혼자 있게 해주세요!

스미르노프　돈을 주시면 떠날 겁니다.

포포바　드리지 않겠어요!

스미르노프　안 됩니다, 주십시오!

포포바　안됐지만 단 한 푼도 받지 못하실 거예요. 그러니 이제 그만 날 내버려둬요!

스미르노프　유감이지만 난 당신의 남편이나 약혼자가 되는 데는 관심이 없습니다. 그러니 연극은 집어치우십시오. (앉는다) 그런 건 달갑지 않아요.

포포바　(분노로 숨을 헐떡이면서) 그래서 다시 앉으셨군요?

스미르노프　그렇습니다.

포포바　제발 부탁이니 나가주세요!

스미르노프　제 돈을 갚으십시오……. (방백으로) 아아, 화가 난다, 화가 나서 못 참겠어!

포포바   철면피 인간과는 더 이상 말하고 싶지 않아요! 당장 나가세요!

사이.

포포바   안 나갈 거예요? 정말로?
스미르노프   안 갑니다.
포포바   그래요?
스미르노프   네!
포포바   그럼 좋아요! (종을 울린다)

루카가 들어온다.

포포바   루카, 이분을 밖으로 안내해 드려!
루카   (스미르노프에게 다가간다) 나리, 이제 나가주시겠습니까? 마님 분부도 있으신데…… 여기서 이러실…….
스미르노프   (벌떡 일어나면서) 닥쳐! 누구한테 지껄이는 거냐? 아주 요절을 내줄까 보다!
루카   (가슴을 움켜쥔다) 아이고 나 죽네! (안락의자에 쓰러진다) 아아, 몸이, 몸이 아파! 숨이 안 쉬어져!
포포바   다샤, 어디 있느냐? 다샤! (소리친다) 다샤! 펠라게야! 다샤! (종을 친다)
루카   아아! 모두 딸기 따러 갔어요……. 집에는 아무도 없습니다요…… 나 죽네! 물!
포포바   나가라니까요!
스미르노프   좀 더 예의를 갖춰주시면 안되겠습니까?
포포바   (두 주먹을 쥐고 발을 구르면서) 무례한 인간! 난폭한 곰! 고집불통! 괴물!
스미르노프   뭐요? 뭐라고 했소?
포포바   곰, 괴물이라고 했어요!
스미르노프   (다가서면서) 당신이 대체 무슨 자격으로 날 모욕하는지 물어봐도 되겠소?

포포바 내가 지금 모욕하고 있다고요? 그래서요, 그런다고 내가 무서워할 줄 알아요?

스미르노프 여자는 제멋대로 다른 사람을 모욕해도 된다고 생각합니까? 그래요? 결투합시다!

루카 아이고 하느님…… 나 죽네! 물 좀!

스미르노프 총으로 합시다!

포포바 큼직한 주먹에 황소 같은 목을 가졌다고 해서 내가 당신을 두려워할 거라고 생각하세요? 네? 이런 쇠심줄 같은 인간!

스미르노프 결투합시다! 나를 모욕하는 사람은 누구도 용서하지 않겠소. 당신이 설령 연약한 존재인 여자라도 상관없소!

포포바 (그의 말을 방해하려 애쓰며) 곰! 곰! 곰!

스미르노프 오직 남자에게만 모욕의 대가를 요구할 수 있다는 편견을 드디어 버릴 때가 되었군! 남녀평등이라면 남녀평등이니까, 빌어먹을! 결투합시다!

포포바 총으로요? 좋아요!

스미르노프 지금 당장.

포포바 그래요, 당장! 죽은 남편이 쓰던 권총이 있는데……그걸 가져오겠어요…….(가다가 뒤돌아보며) 당신의 그 두꺼운 머리통에 총알을 박아 넣을 생각을 하니 아주 즐겁네요. 악마에게나 잡혀가길! (나간다)

스미르노프 닭 잡듯이 쏘아버리겠어! 난 어린애도 아니고, 감상적인 풋내기도 아니야. 연약한 여자라고 봐주지 않겠어!

루카 하느님 부디 자비를 베푸소서. (무릎을 꿇는다) 제발 이 늙은 것을 불쌍히 여기시고 그만 떠나주시기 바랍니다! 마님을 그렇게 놀라게 하더니, 이제는 총까지 쏘겠다니요!

스미르노프 (그의 말을 듣지 않고서) 그녀가 나와 정말 결투를 한다면, 이거야말로 남녀평등이고 여성해방이지! 진정한 양성평등이라 이 말씀이야. 그러니까 난 원칙에 따라 저 여잘 쏘겠어! 하지만 어떻게 된 여자지? (그녀의 목소리를 흉내 내어) "악마에게나 잡혀가길……. 당신의 두꺼운 머리통에 총알을 박아 넣을 거예요……." 얼굴을 붉히면서 그렇게 말했지. 그 뺨이 어찌나 빛나던지…… 아무리 그래도 결투 신청을 받아들이다니! 살다 살다 저런 여자는 처음 보는군.

루카 나리, 제발 떠나주십시오! 떠나만 주시면 평생 나리를 위해 기도하겠습니다!

스미르노프 진짜 여자야! 이제 알겠어! 그녀는 진짜 여자야! 새침 떠는 보통 여자들과는 달라. 불, 화약, 불꽃 같은 여자야! 이런 여자를 죽여야 한다니 유감스럽군!

루카 (운다) 나리…… 제발, 제발 떠나주십시오!

스미르노프 정말 마음에 드는 여자야! 정말로! 보조개가 있긴 하지만, 그래도 좋아! 이제 빚 따윈 아무래도 상관없어……. 더 이상 화도 안 나…… 정말 아름다운 여자야!

포포바 (권총을 들고 들어온다) 여기 있어요……. 하지만 시작하기 전에 어떻게 쏘는지 알려 주세요…… 평생 권총을 쥐어본 적이 없거든요.

루카 오, 하느님, 자비를 베푸시어 우리 마님을 살려 주소서……. 나가서 정원사와 마부를 찾아봐야겠어…… 이게 웬 날벼락이람……. (나간다)

스미르노프 (권총을 살펴보면서) 권총에도 여러 종류가 있답니다……. 결투 전용으로 제작된 걸로는 모티머 권총이 있는데, 뇌관격발식이지요. 부인이 가지고 있는 권총은 탄피추출장치가 달린 삼연발 리볼버로군요……. 멋진 물건입니다. 두 자루에 최소 90루블은 나갈 겁니다……. 자, 총은 이렇게 잡아야 합니다……. (방백으로) 저 눈, 저 눈을 좀 봐! 마음을 설레게 하는 여자야!

포포바 이렇게요?

스미르노프 네, 그렇게…… 이제 공이치기를 뒤로 당기고…… 이런 식으로 겨냥하는 겁니다…… 머리는 조금 뒤로! 팔을 적당히 뻗고…… 이렇게…… 그 다음에 손가락으로 이걸 누르면 됩니다. 그게 답니다……. 가장 중요한 건 평정을 유지하면서 천천히 겨냥해야 한다는 겁니다. 팔이 비틀리지 않도록 주의해야 합니다.

포포바 알겠어요……. 방 안에서 총을 쏘기는 불편하니 정원으로 나가요.

스미르노프 그러시죠. 미리 말해두는데, 저는 공중에다 쏠 겁니다.

포포바 그건 말도 안 돼요! 왜죠?

스미르노프 왜냐하면…… 왜냐하면……그건 내 문젭니다, 어쨌든!

포포바 겁이 나시나요? 그래요? 아, 그건 안 돼요, 빠져나갈 생각 마세요! 저를 따라 오세요! 나는 꼭 당신의 이마…… 내가 그토록 증오하는 그 이마에 구멍을 뚫어놓고야 말겠어요! 겁나세요?

스미르노프 그래요, 겁이 납니다.

포포바 거짓말! 왜 싸우려 하지 않는 거죠?

스미르노프 왜냐하면…… 왜냐하면…… 당신이 좋기 때문입니다.

포포바 (웃는다) 내가 좋다고요! 감히 지금 내가 좋다고 말한 건가요! (문을 가리킨다) 정원으로 나가는 문은 이쪽이에요!

스미르노프 (말없이 권총을 장전한다. 그러고는 모자를 집어 들고 걸어가다 문가에 멈춰 선다. 잠시 말없이 서로를 바라본다. 그가 망설이는 걸음걸이로 포포바에게 다가간다) 들어 보세요……. 아직도 화가 나나요? 아까는 나도 못 견디게 화가 나서……하지만 어떻게 말씀드려야 할지…… 이런 종류의 이야기는, 그러니까 사실대로 말하면……. (소리친다) 그래, 당신이 좋아진 게 내 잘못입니까? (의자 등받이를 잡는다. 의자가 삐걱거리더니 부서진다) 이런 젠장, 당신네 가구는 정말 잘 부서지는군요! 당신을 좋아합니다! 무슨 말인지 알겠어요? 내가…… 아무래도 당신과 사랑에 빠진 것 같다고요!

포포바 물러서요. 당신을 증오해요!

스미르노프 오 하느님, 정말 대단한 여자야! 평생 이런 여자는 본 적이 없어! 난 망했어! 망했다고! 쥐덫에 걸린 생쥐 꼴이야!

포포바 물러나라고요. 안 그럼 쏴버릴 거예요!

스미르노프 그럼 쏘십시오! 이렇게 아름다운 눈을 바라보며, 이렇게 작고 비단처럼 고운 손에 들린 총에 맞아 죽음을 맞는다는 게 얼마나 큰 행복인지 당신은 모릅니다……. 난 미쳤습니다! 생각해 보고 당장 결정하세요. 여기서 나가게 되면 우리는 다시는 만나지 못할 테니까! 결정해요…… 나는 지주이며 반듯한 인간이고, 연 수입은 1만 루블 정도 됩니다. 난 총을 쏴서 공중에서 떨어지는 동전에 구멍을 낼 수 있습니다…… 또 내겐 멋진 말이 있고…… 내 아내가 돼주시겠습니까?

포포바 (성을 내며 권총을 휘두른다) 결투해요! 어서 밖으로 나가자고요!

스미르노프 난 미쳤어……. 나도 뭐가 뭔지 모르겠군……. (소리친다) 이봐, 시종!

포포바 (소리친다) 결투하자고요!

스미르노프 정말 제정신이 아니야. 풋내기처럼, 바보처럼 사랑에 빠지고 말았어! (그녀의 손을 와락 낚아챈다. 포포바가 아파서 비명을 지른다) 사랑합니다! (무릎을 꿇는다) 평생 이렇게 사랑해 본 적이 없습니다! 열두 명의 여자에게 퇴짜를 놓았고, 또 아홉 명의 여자에게 차여봤지만, 그 가운데 당신만큼 사랑한 여자는 없었습니다……. 난 늙고 약해졌어. 이렇게 맥이 풀려버리다니…… 바보처럼 무릎을 꿇고 청혼을 하다니…… 아아, 부끄럽고 창피하군! 5년 동안 사랑에 빠지지 않았고, 다시는 사랑에 빠지지 않겠다고 스스로 맹세했었지. 그런데 이렇게 느닷없이 사랑에 빠지다니, 마치 물 밖에 나온 물고기처럼! 당신께 청혼합니다. 예인가요, 아닌가요? 내가 싫은가요? 좋습니다! (일어나서 빠른 걸음으로 문 쪽으로 걸어간다)

포포바 잠깐만요…….

스미르노프 (멈춰 선다) 네?

포포바 아니에요, 가세요……. 아니, 잠깐만요……. 아니에요, 가세요, 가시라고요! 당신을 증오해요! 아니, 아니에요…… 가지 마세요! 아아, 내가 얼마나 화가 났는지 당신이 아신다면, 얼마나 화가 났는지! (탁자 위로 권총을 던진다) 저것 때문에 손가락이 다 퉁퉁 부었네……. (화가 나서 손수건을 찢어버린다) 뭘 기다리고 계세요? 나가세요!

스미르노프 그럼 안녕히.

포포바 네, 네, 가세요! (소리친다) 어디 가요? 잠깐만요…… 아니, 가세요. 아아, 정말 화가 나! 가까이 오지 말아요! 가까이 오지 말래두요!

스미르노프 (그녀에게 다가가면서) 정말 나 자신한테 화가 나는군! 풋내기처럼 사랑에 빠져 무릎을 꿇다니……. (거칠게) 당신을 사랑합니다! 나라고 이렇게 되기를 바란 건 아니었어요! 내일까지 이자를 갚고, 풀베기를 시작해야 하는데, 그런데 여기 당신이……. (그녀의 허리를 팔로 감는다) 절대로 날 용서하지 않겠어…….

포포바 저리 물러서요! 손 치워! 당신을 증오해! 당신과 결투하겠어요!

길게 이어지는 키스.

도끼를 든 루카, 쇠스랑을 든 정원사, 갈퀴를 든 마부 그리고 몽둥이를 든 일꾼들이 들어온다.

루카 (키스하고 있는 두 사람을 본 다음) 아이고 하느님!

사이.

포포바 (눈을 내리깔고서) 루카, 마구간에 가서 말해. 토비한테 오늘 귀리를 조금도 주지 말라고.

—막—

Нредложение

청혼

등장인물

추부코프(스테판 스테파노비치) 지주
나탈리야(스테파노브나) 추부코프의 딸, 25세
로모프(이반 바실리예비치) 추부코프의 이웃, 크고 통통한 몸집과는 달리 매우 소심한 지주

무대는 추부코프의 시골 저택 응접실.

1장

로모프가 연미복에 하얀 장갑을 끼고 들어온다.

추부코프 (그를 맞으려 일어서면서) 아니, 이게 누군가! 이반 바실리예비치! 정말 기쁘군! (손을 잡는다) 이렇게 불쑥 찾아오다니. 그래 어떻게 지내나?

로모프 감사합니다. 어떻게 지내십니까?

추부코프 자네의 기도와 염려 덕분에 그럭저럭 지낸다네. 좀 앉게. 아무렴, 이웃을 잊고 살면 못쓰는 법이지. 그런데 어째서 이렇게 격식을 차린 옷차림으로 오셨나? 연미복에 장갑하며. 분명 어딜 가는 모양이로구먼, 내 소중한 친구 양반?

로모프 아닙니다. 당신을 뵈러 왔습니다, 존경하는 스테판 스테파노비치.

추부코프 그런데 어째서 연미복을 입은 겐가? 꼭 신년 파티에 가는 사람처럼 말이네!

로모프 그게 사실은……. (그의 팔을 잡는다) 존경하는 스테판 스테파노비치, 당신께 한 가지 청을 드릴 게 있어서 이렇게 찾아왔습니다. 이미 여러 차례 당신께 도움을 구하는 영광을 입은 바 있지만, 그러니까 말하자면…… 아, 죄송합니다. 조금 흥분이 되는군요. 물을 좀 마시겠습니다, 존경하는 스테판 스테파노비치. (물을 마신다)

추부코프 (방백으로) 돈을 빌리러 온 거로구먼! 빌려주나 봐라! (로모프에게) 그래, 무슨 일인가, 잘생긴 양반?

로모프 아시겠지만, 존경하는 스테파노비치……. 죄송합니다, 존경하는 스테파노…… 그러니까, 아 너무 흥분이 돼서, 보시는 것처럼…… 한마디로 당신만이 유일하게 저를 도와주실 수 있습니다. 물론 제게는 그런 호의를 받을 자격도, 기대할 권리도 없습니다만…….

추부코프 아아, 그렇게 돌려 말할 것 없네! 그냥 털어놓아 보게, 어서!

로모프 그……그게, 사실은 당신의 따님이신 나탈리야 스테파노브나를 제 아내로 주십사 청하고자 이렇게 찾아뵈었습니다.

추부코프 (기뻐하며) 저런! 이반 바실리예비치! 다시 한 번 말해보게나. 제대로 듣지 못했어!

로모프 그러니까 따님께 청혼을…….

추부코프 (말을 가로채면서) 이 사람……. 정말 기쁘네……. 정말 기쁘다마다. (끌어안고 키스한다) 오래전부터 기다려 왔던 일이네. 이런 날이 오기를 늘 바라왔다니까. (눈물을 흘리며) 난 언제나 자네를 친아들처럼 사랑했다네. 하느님의 가호와 은총이 자네에게 있기를. 진심으로 바라던 일이야. 이런, 내 꼴 좀 보라지. 너무 기뻐서 내가 잠시 넋이 나갔었네. 아아, 진심으로……. 가서 나타샤를 불러와야겠어.

로모프 (감동하여) 존경하는 스테판 스테파노비치, 제가 따님의 동의를 받아낼 수 있을 거라고 생각하십니까?

추부코프 그야 물론이지, 그리고…… 싫다고 한들 무에 대순가! 곧 좋아하게 될 걸세. 그럼, 상사병 앓는 고양이 꼴일걸…… 머지않아 그렇게 될 걸세! (나간다)

2장

로모프 춥군……. 시험을 앞둔 것처럼 온몸이 덜덜 떨려. 중요한 건 결심해야 한다는 거야. 막연히 생각만 하고 이상형이니, 진정한 사랑이니 찾으며 우물쭈물대고 있다간 절대 결혼하지 못할 테니까……. 으으, 왜 이렇게 춥지. 나탈리야 스테파노브나는 뛰어난 살림꾼이고, 생김새도 나쁘지 않은 데다, 교양도 있어……. 더 이상 뭘 바라겠어? 긴장해서 그런지 귀에서 소리가 나는 것 같아. (물을 마신다) 난 반드시 결혼해야 돼……. 첫째, 나는 벌써 서른다섯 살이야. 말하자면 위험한 나이지. 둘째, 조용하고 규칙적인 생활이 필요해……. 심장 질환이 있는 데다가, 쉽게 흥분하고 긴장하니까……. 지금도 입술이 떨리고, 오른쪽 눈꺼풀이 바르르 떨린단 말이야……. 하지만 잘 때가 제일 문제야. 막 잠이 들려고만 하면 무언가가 갑자기 왼쪽 옆구리를 잡아당긴단 말이야. 그러곤 어깨에도, 머리에도 그런 느낌이 들지…… 난 미친 사람처럼 벌떡 일어나서 잠시 돌아다니다가 다시 자리에 누워. 하지만 잠들려고 하자마자 또 옆구리를 뭔가가 잡아당기는 거야! 그렇게 스무 번도 더 그래…….

3장

나탈리야 (들어온다) 아니, 저런! 당신이군요. 아빠가 물건 때문에 상인이 왔으니 가보라고 하셨거든요. 안녕하세요, 이반 바실리예비치!

로모프 안녕하십니까, 존경하는 나탈리야 스테파노브나!

나탈리야 용서하세요, 이런 차림이라서……완두콩을 말리려고 껍질을 까고 있었답니다. 왜 그리 오랫동안 안 오셨어요? 앉으세요……. (둘 다 자리에 앉는다) 점심 식사 하시겠어요?

로모프 아닙니다. 감사합니다. 벌써 먹었습니다.

나탈리야 그럼 담배 피우시겠어요? 여기 성냥 있어요……. 날씨가 참 좋네요. 어제는 비가 오는 바람에 일꾼들이 온종일 아무 일도 못했답니다. 건초는 얼마나 해두셨나요? 저는 욕심을 부려서 목초지를 전부 다 베었어요. 그런데 전혀 기쁘지 않아요, 건초가 썩지나 않을까 걱정이 돼서요. 좀 더 기다리는 게 나을 뻔했어요. 그런데 무슨 일이죠? 연미복을 다 입으시고! 어떻게 이런 일이! 무도회라도 가시나요? 어쨌든 멋져 보이네요. 말해보세요, 무슨 일로 이렇게 차려 입으셨어요?

로모프 (흥분하면서) 음, 그게…… 존경하는 나탈리야 스테파노브나…… 사실은 당신에게 꼭 드릴 말씀이 있습니다. 물론 제 얘길 듣고 놀라시거나 심지어 화를 내실지도 모르지만, 하지만 저는…… (방백으로) 으으, 왜 이렇게 춥지!

나탈리야 무슨 일인데요? (사이) 네?

로모프 간단히 말씀드리겠습니다. 존경하는 나탈리야 스테파노브나, 아시다시피 저는 아주 오래전부터, 그러니까 어린 시절부터 당신 가족을 아는 영광을 누렸습니다. 돌아가신 제 큰고모님과 큰고모부님께서는, 당신도 잘 아시겠지만, 언제나 깊은 존경심을 가지고 당신 아버님과 고인이 되신 어머님을 대하셨습니다. 저는 그분들에게서 유산으로 땅을 받았습니다. 로모프 가문과 추부코프 가문은 언제나 친밀하게 지내왔으니 친척 관계나 다름없다고도 할 수 있겠습니다. 더구나 당신도 잘 아시다시피, 제 땅은 당신의 땅과 가까이 붙어 있습니다. 저의 볼로비 초지가 당신의 자작나무 숲에 이웃해 있다는 걸 아실 겁니다.

나탈리야 말씀 중에 끼어들어서 죄송해요. '나의 볼로비 초지'라고 말씀하셨는데…… 그게 당신 땅이라고요?

로모프 네, 저의 소유입니다.

나탈리야 아니, 무슨 말씀을 하시는 거예요? 볼로비 초지는 우리 땅이에요, 당신 땅이 아니라!

로모프 아니, 저의 땅입니다, 존경하는 나탈리야 스테파노브나.

나탈리야 저는 처음 듣는 얘기네요. 어째서 당신 땅이죠?

로모프 어째서라뇨? 당신의 자작나무 숲과 고렐로예 습지 사이에 있는 그 볼로비 초지 말입니다.

나탈리야 네, 그 땅이요……. 그건 우리 땅이에요.

로모프 아니, 잘못 알고 계신 것 같습니다, 존경하는 나탈리야 스테파노브나, 그건 제 땅입니다.

나탈리야 잘 생각해 보세요, 이반 바실리예비치! 언제부터 그 땅이 당신 소유가 됐죠?

로모프 언제부터냐고요? 제가 기억하는 한 그 땅은 언제나 우리 땅이었습니다.

나탈리야 글쎄요, 전 도저히 못 믿겠는걸요!

로모프 서류상으로도 확인할 수 있습니다, 존경하는 나탈리야 스테파노브나. 예전에 한 번 볼로비 초지를 두고 분쟁이 일어난 적이 있죠. 그건 사실입니다. 하지만 이제는 그곳이 제 영지라는 걸 모르는 사람이 없습니다. 논쟁의 여지가 없지요. 제 큰고모님의 할머니께서 당신 증조할아버지의 농부들에게 이 초지를 무상으로 쓰도록 빌려주신 겁니다. 농부들이 구운 벽돌을 받는 대가로 말이지요. 당신 아버님의 할아버지의 농부들은 그 초지를 40년 동안 무상으로 이용했고, 그러다보니 그 땅을 마치 자기네 땅이라고 착각하게 된 것이지요. 그래서 그 이후에…….

나탈리야   아니, 전혀 엉뚱한 소리 하시네요! 나의 할아버지도, 증조할아버지도 우리 영지가 고렐로예 습지까지라고 알고 계셨어요. 그러면 당연히 그 중간에 있는 볼로비 초지는 우리 땅인 거죠. 간단한 얘기 아닌가요? 어처구니가 없군요.

로모프   정 그러시면 그 서류를 보여드리지요, 나탈리야 스테파노브나!

나탈리야   지금 농담하시는 게 아니라면 절 놀리고 계시는 거지요? 깜짝 놀랐어요! 거의 300년을 갖고 있던 땅이, 갑자기 우리 땅이 아니라니! 미안합니다, 이반 바실리예비치. 도저히 제가 들은 얘기를 믿을 수 없군요…… 그 초지가 저한테 소중한 건 아니에요. 거기 땅이라고 해봐야 5헥타르 남짓한 크기에 땅값도 300루블 정도밖에 안 되니까요. 하지만 부당한 처사를 보고도 그냥 넘어갈 수는 없지요. 무슨 말씀을 하시든, 부당한 건 부당한 거니까요.

로모프   제 말씀을 들어주세요, 부탁드립니다! 영광스럽게도 제가 이미 당신께 설명해드릴 기회를 가졌던 것처럼, 당신 증조할아버지의 농부들은 제 큰고모님의 할머니께 벽돌을 구워주었습니다. 그래서 큰고모님의 할머니는 그 사람들에게 고마움을 표시하시려고…….

나탈리야   큰고모니 할아버지 할머니니 그런 거 전 몰라요! 초지는 우리 땅이에요, 그게 다예요.

로모프   제 땅입니다.

나탈리야   우리 거예요! 설령 당신이 이틀 동안 증거를 대고, 연미복을 열다섯 번 갈아입는데도 전 그 땅이 우리 땅이라고 말할 거예요, 우리 땅, 우리 땅이라고요! 전 당신이 가진 땅에는 아무 관심 없어요. 마찬가지로 제 땅을 포기하고 싶지도 않고요.

로모프   나탈리야 스테파노브나, 저도 그 땅을 꼭 원해서 이러는 건 아닙니다. 다만 원칙상 제 땅이니 이런 말씀을 드리는 겁니다. 당신께 선물로 그 땅을 드릴 수도 있습니다.

나탈리야   저야말로 그 땅을 당신께 선물로 드리고 싶군요. 왜냐하면 그 땅은 우리 땅이니까요! 정말 알 수가 없네요, 이반 바실리예비치! 지금까지 우리는 당신을 선량한 이웃이자 친구로 여겼고, 작년에는 탈곡기까지 빌려드렸어요. 그 탓에 우리는 11월에야 타작을 끝낼 수 있었답니다. 그런데도 당신은 우릴 마치 남의 땅을 불법 점거한 집시 대하듯 하시는군요. 그냥 제 땅은 제 땅으로 내버려둬 주세요. 이건 이웃끼리의 도리가 아니잖아요. 제 생각에 이건, 굳이 말하자면…… 파렴치한 일이에요.

로모프 그러면, 당신 생각에는, 제가 땅을 도둑질하려 한다는 겁니까? 아가씨, 나는 결코 남의 땅을 가로챈 적도 없고, 어느 누구든 내게 그런 비난을 하도록 놔두지도 않을 겁니다……. (빠른 걸음으로 유리병 쪽으로 걸어가 물을 마신다) 볼로비 초지는 제 땅입니다!

나탈리야 그렇지 않아요, 우리 땅이에요!

로모프 제 땅입니다!

나탈리야 아니에요! 제가 증명해드리죠! 오늘 당장 풀 베는 사람들을 그 초지로 보내겠어요!

로모프 뭐라고요?

나탈리야 당장 그곳으로 풀 베는 사람들을 보내겠다고요!

로모프 그놈들을 가만 두지 않을 겁니다!

나탈리야 그렇게는 못 할걸요!

로모프 (가슴을 움켜잡으며) 볼로비 초지는 제 땅입니다! 알겠어요? 내 거라고!

나탈리야 소리 지르지 마세요! 당신 집에서라면 소리를 지르건 말건 당신 자유지만, 여기서는 부디 자제해주세요!

로모프 아가씨, 내 심장이 지금처럼 고통스럽게 뛰지만 않았어도, 기분이 이렇게 끔찍하지만 않았어도, 다른 방식으로 말할 수 있었겠죠! (소리 지른다) 볼로비 초지는 제 땅입니다!

나틸리아 우리 땅이에요!

로모프 내 거라니까!

나탈리야 우리 거야!

로모프 내 거라고!

4장

추부코프가 들어온다.

추부코프 (들어오면서) 무슨 일이지? 왜 이리 소리를 지르는 게야?

나탈리야 아빠, 이 신사 분께 제발 말씀 좀 해주세요. 볼로비 초지가 누구네 땅이죠? 우리 거예요, 저분 거예요?

추부코프 (로모프에게) 이보게, 그 땅은 우리 것일세!

로모프 하지만, 제발, 스테판 스테파노비치, 그 땅이 어떻게 당신들 겁니까? 이성적으로 생각해 보십시오! 제 큰고모님의 할머니가 초지를 한때 당신 할아버지의 농부들에게 무상으로 빌려주셨습니다. 농부들은 40년 동안 초지를 이용하다보니 그 땅이 자기네 것인 줄 알게 됐지요. 하지만 그 뒤로……

추부코프 이보게, 잠깐만……. 한 가지 잊은 모양이군……. 농부들이 자네 할머니에게 돈을 내지 않은 건 초지가 당시 시비에 휘말렸기 때문이라네…… 하지만 지금은 그 땅이 우리 거란 사실을 모르는 사람이 없지. 자네는 지도도 본 적 없는가 보군.

로모프 그 땅이 제 소유라는 걸 입증해 보이겠습니다!

추부코프 그럴 순 없을 걸세.

로모프 아닙니다, 입증해 보이겠어요!

추부코프 이 사람아, 왜 소리는 지르고 그러는가? 그렇게 소리 지른다고 그 땅이 자네 땅이 되지는 않아. 난 자네의 땅을 바라지도 않거니와 내 땅을 빼앗길 생각도 없네. 그럴 이유가 있겠나? 이보게, 자네가 계속 이렇게 시비를 걸 작정이라면, 차라리 그 땅을 농부들에게 줘버리고 말겠네, 아무렴!

로모프 말도 안 됩니다! 도대체 무슨 권리로 남의 재산을 함부로 하신단 말입니까?

추부코프 내게 권리가 있는지 없는지는 내 자신이 더 잘 알고 있다네. 그리고 젊은이, 그렇게 목소리를 높이다니, 듣기가 그렇군. 내가 자네보다 나이가 갑절은 많아. 그러니 너무 안달하지 말고 차분히 말해주기를 바라네.

로모프 지금 절 바보 취급하고 계시지 않습니까! 당신은 제 땅을 당신 땅이라 우기고 계십니다. 그러면서 저보고 차분해지라뇨! 이건 선량한 이웃이 할 행동이 아닙니다, 스테판 스테파노비치! 당신은 이웃이 아니라 날강도입니다!

추부코프 뭐라고? 뭐라고 그랬나?

나탈리야 아빠, 초지에 당장 풀 베는 사람들을 보내세요!

추부코프 (로모프에게) 젊은 양반, 지금 뭐라고 그랬냐고 물었소.

나탈리야 볼로비 초지는 우리 땅이에요. 난 포기 못해요. 절대 포기하지 않아, 포기하지 않을 거라고!

로모프 두고 봅시다, 재판을 해서 그것이 내 땅이란 걸 입증할 테니!

추부코프 재판? 재판을 해보시겠다 이건가? 아무렴, 맘대로 해보게! 내가 모를 줄 알았나. 자넨 그저 어떻게든 소송 걸 기회만 엿보고 있었던 거야…… 이런 모략꾼 같으니! 자네 집안사람들은 다들 소송을 좋아했지! 하나같이다!

로모프 우리 집안을 모욕하지 마십시오! 로모프 가문 사람들은 명예를 아는 사람들입니다. 당신 할아버지처럼 횡령죄로 기소되거나 그런 적은 없지요!

추부코프 자네 집안사람들은 전부 미치광이야!

나탈리야 전부 다, 전부 다!

추부코프 자네 할아버지는 주정뱅이였고, 자네 작은고모, 그래, 나스타시아 미하일로브나는 어떤 건축가와 눈이 맞아 달아났지.

로모프 그리고 당신 어머니는 꼽추였고요. (가슴을 움켜쥔다) 뭔가가 옆구리를 잡아당겨…… 아이고 머리도…… 나 살려! 물!

추부코프 자네 아버진 도박에 미쳤었지.

나탈리야 당신 고모는 날 헐뜯는 데 일가견이 있는 분이죠!

로모프 왼쪽 다리가 마비됐나 봐…… 당신은 음모가입니다…… 윽, 내 심장이! ……아는 사람은 다 압니다, 당신이 지난 선거 때 무슨 일을 했는지…….

눈앞에 별이 보이는 것 같군…… 모자는 어디 있지?

나탈리야 천박해! 더러워! 비열해!

추부코프 자넨 사악하고, 위선적인 음모가야. 그렇고말고!

로모프 모자는 여기 있군……. 윽, 내 심장! 어느 쪽일까, 문이 어디 있지? 아아, 죽을 것 같아…… 걷기도 힘들군……. (문 쪽으로 걸어간다)

추부코프 (그의 뒤를 따라가서) 다시는 이 집에 얼씬댈 생각 말게!

나탈리야 재판하자고 해요! 두고 보자고요!

로모프가 비틀거리면서 나간다.

5장

추부코프 빌어먹을! (흥분해서 서성댄다)
나탈리야 정말 못된 인간이에요! 이래서야 이웃을 어떻게 믿겠어요!
추부코프 무뢰배! 허수아비!
나탈리야 괴물 같은 놈! 남의 땅을 슬쩍하려는 걸로도 모자라서 욕까지 하다니.
추부코프 눈 먼 닭 같은 놈. 그래, 할로윈 호박같이 생긴 놈이 감히 청혼을 하려고 해? 제까짓 게 감히 청혼이라니!
나탈리야 청혼이요?
추부코프 그렇다니까! 너한테 청혼하러 온 거였단다.
나탈리야 청혼이요? 나한테? 왜 미리 말씀하시지 않았어요?
추부코프 그래서 연미복을 차려입고 온 거야! 소시지 같은 놈! 못생긴 촌놈!
나탈리야 나한테? 청혼을? 아아! (소파에 쓰러져 신음한다) 그 사람을 도로 데려와요! 데려와! 아아! 지금 당장요!
추부코프 누굴 데려오라는 거냐?
나탈리야 빨리, 빨리요! 아아, 죽을 것 같아. 어서 데려오세요! (히스테리를 일으킨다)
추부코프 무슨 일이냐? 왜 이러는 거야? (자기 머리를 움켜쥔다) 아이고 내 팔자야! 권총으로 자살해버리는 게 낫겠어! 목을 맬 거야! 결국 내가 일을 망쳐놓은 셈이군!
나탈리야 나 죽어요! 데려오세요!
추부코프 휴우, 그래 당장 가마. 소리 좀 그만 질러라! (달려 나간다)
나탈리야 (혼자서 신음한다) 어쩌다 이렇게 된 거지? 데려와요! 데려와! (사이)
추부코프 (달려 들어온다) 곧 올 거다. 빌어먹을! 아아! 네가 직접 그 사람과 말하렴. 나는 끼어들고 싶지 않으니까…….
나탈리야 (신음한다) 데려와요!
추부코프 (소리친다) 오고 있다니까. 오, 하느님! 다 큰 딸의 아비 노릇 하는 게 이다지도 힘들다니. 목매고 죽어버릴 거야! 진심이야! 방금 전에 욕을 퍼부어 쫓아냈는데…… 이게 다 너 때문이다. 너 때문이라고!
나탈리야 아니에요, 아빠 때문이에요!
추부코프 분명히 말해 두는데, 나는 잘못 없다. (로모프가 문 앞에 나타난다) 자, 네가 직접 얘기하거라. (나간다)

6장

로모프 (들어온다. 기진맥진해서) 심장이 미친 듯이 두근거리고…… 다리가 마비 됐어……. 뭔가가 자꾸만 옆구리를 잡아당기고 있어…….
나탈리야 용서하세요, 이반 바실리예비치. 우리가 조금 흥분했던 것 같아요……. 이제야 기억나요. 볼로비 초지는 당신 땅이 맞아요.
로모프 심장이 미친 듯이 뛰고 있어…… 초지는 내 땅…… 양쪽 눈꺼풀이 파르르 떨려오는군….
나탈리야 당신, 당신 거예요, 초지는…… 앉으세요…….

둘 다 앉는다.

나탈리야 우리가 틀렸어요.
로모프 저는 원칙을 따르고자 했을 뿐입니다. 그 땅이 중요한 게 아니에요. 다만 원칙에 따라……
나탈리야 그래요, 원칙이죠……. 자, 이제 다른 이야길 하도록 해요.
로모프 더욱이 제겐 증거도 있습니다. 제 큰고모님의 할머니가 당신 아버지의 할아버지의 농부들에게 주셨는데…….
나탈리야 됐어요, 그 문젠 됐어요……. (방백으로) 어떻게 하면 그 말을 꺼내게 할 수 있을까……. (큰 목소리로) 이제 곧 사냥철이 시작되겠군요.
로모프 수확을 마치면 멧닭 사냥을 갈까 생각 중입니다, 존경하는 나탈리야 스테파노브나. 아아, 소식 들으셨나요? 제가 얼마나 큰 불운을 당했는지 생각해보세요! 당신도 아시겠지만, 제 애견 우가다이가 다리를 절뚝거린답니다.
나탈리야 어머 가여워라! 어쩌다 그런 거죠?
로모프 모르겠습니다…… 다리를 접질렸거나 다른 개들에게 물렸을 수도 있죠……. (한숨을 쉰다) 비싸기도 비싸지만, 정말이지 제가 가진 개 가운데 가장 뛰어난 놈입니다! 미로노프에게 125루블을 주고 샀지요.

나탈리야 너무 많이 주셨네요, 이반 바실리예비치!

로모프 제가 보기엔 무척 싼 가격입니다. 놀라운 개니까요.

나탈리야 아빠는 오트카타이를 85루블 주고 사셨는데, 오트카타이가 당신의 우가다이보다 낫잖아요!

로모프 오트카타이가 우가다이보다 낫다고요? 무슨 말씀이세요! (웃는다) 오트카타이가 우가다이보다 낫다니요!

나탈리야 낫고말고요! 오트카타이는 아직 어리니까 더더욱 성장할 거예요. 혈통으로 보나 다른 면으로 보나 볼차네쓰코예 마을 전체에서 최고라니까요.

로모프 잠깐만요, 나탈리야 스테파노브나. 그 개는 위턱이 나왔잖습니까, 위턱이 나온 개는 사냥을 잘 못한다는 걸 잊으셨군요!

나탈리야 위턱이 나왔다고요? 처음 듣는 소리군요!

로모프 분명 아래턱이 위턱보다 짧습니다.

나탈리야 재보셨나요?

로모프 그렇습니다. 사냥감 몰이로 쓸 때는 물론 괜찮지만, 사냥감을 잡을 때는…….

나탈리야 우리 오트카타이는 자프랴가이와 스타메스카 사이에서 태어난 순종 혈통이에요. 그런데 당신의 적갈색 반점이 있는 그 개는 족보고 뭐고 없잖아요…… 게다가 마차를 끄는 여윈 말처럼 늙고 볼품도 없죠…….

로모프 늙은 건 맞습니다. 그래도 당신네 오트카타이 같은 개를 다섯 마리 준다 해도 이 녀석과는 바꾸지 않을 겁니다……. 당연하지요……. 우가다이는 개지만, 오트카타이는…… 뭐 당연한 걸 굳이 따져보자는 것도 우습군요……. 당신의 오트카타이 같은 개는 어디든 널렸어요. 25루블 정도만 쳐줘도 잘 쳐준 편이지요.

나탈리야 이반 바실리예비치, 오늘 당신 안에 무엇에든 사사건건 반대하는 악마가 자리를 잡았나 보군요. 처음엔 초지가 당신 땅이라고 우기시더니, 이제는 우가다이가 오트카타이보다 낫다고 하시니까요. 실제 자기 생각과는 다른 말을 하는 사람을 좋아하지 않아요. 오트카타이가 당신의 그 멍청한 우가다이보다 백배는 더 뛰어나다는 걸 당신도 잘 아시잖아요. 그러면서 왜 반대로 말씀하시는 거죠?

로모프 제가 보기에 나탈리야 스테파노브나, 당신은 저를 장님이나 바보로 생각하시는군요. 오트카타이는 아래턱이 위턱보다 짧다는 걸 아셔야 합니다!

나탈리야 아니에요!

로모프 아래턱이 위턱보다 짧아요!

나탈리야 (소리친다) 아니라니까요!

로모프 왜 소리를 지르는 겁니까, 아가씨?

나탈리야 왜 당신은 말도 안 되는 소리를 하는 거죠? 이건 너무 심해요! 안락사시킬 때가 다 된 개를 오트카타이와 비교하다니요!

로모프 미안합니다만, 이 논쟁을 계속할 수가 없군요. 심장이 뛰어서 말입니다.

나탈리야 가장 아는 게 없는 사냥꾼이 가장 말이 많은 법이지요.

로모프 아가씨, 부탁합니다, 이제 그만하지요…… 심장이 터질 것만 같아요……. (소리친다) 제발 그만해요!

나탈리야 그만두지 않겠어요, 오트카타이가 당신의 우가다이보다 백배는 더 낫다는 걸 당신이 인정하기 전까지는.

로모프 백배는 더 못하지! 오트카타이, 이 망할 놈의 개를 확 매달아버렸으면! 머리가…… 두 눈이…… 어깨가……

나탈리야 당신의 바보 같은 우가다이는 굳이 내달 필요도 없죠. 이미 반쯤 죽은 거나 마찬가지니까!

로모프 (운다) 그만! 심장이 터진다니까!

나탈리야 그럴 수 없죠!

7장

추부코프 (들어온다) 또 무슨 일이냐?

나탈리야 아빠, 양심적으로 말씀해 보세요. 어떤 개가 낫죠? 우리 오트카타이예요, 아니면 저 사람의 우가다이예요?

로모프 스테판 스테파노비치, 제발 한 가지만 말씀해주십시오. 당신의 오트카타이가 아래턱이 위턱보다 짧은가요, 아닌가요? 그래요 안 그래요?

추부코프 아래턱이 위턱보다 짧다고? 그게 뭐가 중요한가? 어쨌거나 우리 개가 현 전체를 통틀어 가장 뛰어난데.

로모프 하지만 나의 우가다이가 더 낫지 않습니까? 솔직히 말해서!

추부코프 이 사람, 흥분하지 말게……. 물론 자네의 우가다이도 나름 좋은 개일세……. 순종이고, 다리도 튼튼하고, 갈비뼈도 탄탄하고 말이지. 하지만 이놈한테는 본질적인 결함이 두 가지 있네. 첫째, 너무 늙었고 둘째, 주둥이가 짧아.

로모프 미안합니다만, 심장이 뛰어서……. 실제 있었던 일을 생각해보지요……. 마루시킨 사냥터에서 우가다이는 백작의 라즈마하이와 나란히 달렸지만, 당신네 오트카타이는 1베르스타나 뒤처졌다는 걸 떠올려보십시오.

추부코프 그때 뒤처졌던 건 백작의 사냥개 감독이 채찍으로 우리 개를 때렸기 때문이지.

로모프 그건 이유가 있었죠. 모든 개가 여우를 뒤쫓고 있는데, 당신의 오트카타이만 양을 쫓아다녔거든요!

추부코프 그게 아니야! 이보게, 난 성미가 불같은 사람이라네. 그러니 이쯤에서 논쟁은 그만두세. 사람들은 누구나 다른 사람의 개를 질투하기 마련이지. 지금의 말다툼도 그래서 시작된 것 아닌가. 정말 그래, 다들 똑같다니까. 그리고 자네도 잘못이 없지만은 않아. 자네는 어떤 개가 자네 개보다 낫다는 걸 알게 되자마자 이런저런 지식을 늘어놓으며 말싸움을 시작하지⋯⋯에 그리고 또⋯⋯ 어쨌든 난 다 기억하고 있네!

로모프 저도 다 기억합니다!

추부코프 (그의 목소리를 흉내 내어) 저도 기억합니다⋯⋯. 대체 뭘 기억한다는 겐가?

로모프 아아, 심장이⋯⋯ 다리가 움직이질 않아⋯⋯ 안 움직여⋯⋯.

나탈리야 (그의 목소리를 흉내 내어) 아아, 심장이⋯⋯ 무슨 사냥꾼이 그래요? 여우를 쫓을 게 아니라, 부엌 오븐 위에 누워 바퀴벌레나 잡으시는 게 좋지 않겠어요? 아아, 내 심장!

추부코프 그래, 말 잘했다. 자네가 무슨 사냥꾼인가? 그렇게 심장이 약해서야 그냥 집에나 들어앉아 있는 게 낫지, 사냥이라니 안 될 말이지. 사냥에 나간다 해도 또 남의 개에 대해서 시비나 걸겠지. 그러니 내 성미 그만 돋우고 대화 주제를 바꾸세. 어쨌든 자네는 사냥꾼도 아니지 않나!

로모프 그런 당신은 사냥꾼입니까? 그저 백작에게 아부하고 음모나 꾸미려고 사냥터에 나가는 거 아닙니까⋯⋯. 아아, 내 심장⋯⋯ 당신은 음모가예요!

추부코프 뭐라고? 음모가라고? (소리친다) 입 닥치게!

로모프 음모가!

추부코프 풋내기! 애송이!

로모프 늙은 쥐! 교활한 인간!

추부코프 닥쳐, 그렇지 않으면 네놈을 자고새 쏘듯 쏴버릴 테다. 이 멍청이!

로모프 온 세상 사람들이 다 알아요—아이고 내 심장!—당신의 죽은 아내가 당신을 때렸다는 걸⋯⋯. 다리가⋯⋯. 관자놀이가⋯⋯. 불꽃이 튀는 것 같아⋯⋯. 아아, 기절한다, 기절한다!

추부코프 하녀 궁둥이 밑에 깔려 사는 주제에!

로모프 아아, 아아⋯⋯. 가슴이 터질 것 같아! 어깨가 떨어져나간 것처럼 감각이 없어⋯⋯. 내 어깨가 어떻게 된 거지? 나 죽는가 봐! (소파에 쓰러진다) 의사를! (실신한다)

추부코프 풋내기! 젖비린내 나는 놈! 멍청이! 기분이 더럽군! (물을 마신다) 기분이 더럽다고!

나탈리야 당신이 무슨 사냥꾼이야? 말 위에 앉지도 못하면서! (아버지에게) 아빠! 저 사람 왜 저러죠? 아빠! 좀 보세요, 아빠! (비명을 지른다) 이반 바실리예비치! 그가 죽었어요!

추부코프 기분이 더러워…… 숨이 막혀! 공기를!

나탈리야 죽었어요! (로모프의 옷소매를 잡아당긴다) 이반 바실리예비치! 이반 바실리예비치! 우리가 무슨 짓을 한 거야? 이 사람 죽었어요! (소파에 쓰러진다) 의사, 의사를! (극도의 흥분상태)

추부코프 아아! 무슨 일이야? 왜 그러냐?

나탈리야 (신음한다) 그가 죽었어요……! 죽었어!

추부코프 누가 죽어? (로모프를 보고나서) 정말 죽었네! 오 맙소사! 물! 의사! (로모프의 입에 컵을 가져다 댄다) 이걸 마셔! 아니, 마시질 않아……. 그러니까, 정말 죽은 거야……. 난 세상에서 제일 불행한 인간이야! 이런 꼴로 사느니 머리에 총알 박고 죽어버리는 건데……. 일찌감치 목을 그어 죽어버리는 건데……. 칼을 가져 와! 권총을 가져 와!

로모프가 살짝 움직인다.

추부코프 깨어나는 것 같은데……. 물을 마시게! 됐어…….

로모프 별이 보여…… 그리고 안개가……. 여기가 어디지?

추부코프 어서 결혼식을 올리자고, 빌어먹을! 딸도 승낙했네! (로모프의 손과 딸의 손을 포갠다) 딸이 동의했다니까. 자, 내 축복을 받게. 이제 나도 좀 맘 편히 살게 해 주게.

로모프 예? 뭐라고요? (일어나면서) 누구라고요?

추부코프 딸이 동의했다니까! 젠장, 그러니까 이제 키스하게!

나탈리야 (흐느낀다) 그가 살아났어……. 네, 네 동의해요……

추부코프 자, 서로 키스해!

로모프 네? 누구하고요? (나탈리야 스테파노브나와 키스한다) 정말 좋군요……. 실례지만, 이게 어떻게 된 거죠? 아아, 이제 알겠습니다……. 내 가슴이…… 별들이…… 전 행복합니다. 나탈리야 스테파노브나…… (손에 키스한다) 다리가 말을 듣지 않아요…….
나탈리야 저…… 저도 행복하답니다…….
추부코프 이제야 무거운 짐을 벗었군……. 아아!
나탈리야 하지만……이제 동의하세요, 우가다이가 오트카타이보다 못하다는 걸.
로모프 더 낫지요!
나탈리야 못해요!
추부코프 자, 가정의 행복이 시작되는군! 샴페인을!
로모프 낫다니까!
나탈리야 못해요! 못해! 못하다고!
추부코프 (그녀의 말을 막으려 목소리를 더욱 높여) 샴페인! 샴페인을!

—막—

Трагик поневоле
싫든 좋든 비극 배우

등장인물

톨카초프(이반 이바노비치)   집안의 가장
무라쉬킨(알렉세이 알렉세예비치)   톨카초프의 친구

상트 페테르부르크에 있는 무라쉬킨의 아파트.

무라쉬킨의 서재. 안락한 가구들. 무라쉬킨이 책상에 앉아 있다. 램프용 유리전구, 장난감 자전거, 모자 상자 세 개, 커다란 옷 꾸러미, 맥주통, 그리고 이런저런 작은 꾸러미 여러 개를 양팔 가득 안아 들고서 톨카초프가 들어온다. 그는 멍하니 주위를 둘러보고는 기진맥진한 듯 소파에 앉는다.

무라쉬킨 어서 오게, 이반 이바노비치! 정말 반갑네! 그래 무슨 일로 왔는가?

톨카초프 (힘들게 숨쉬며) 이보게, 친구…… 부탁이 있네……. 내일까지 권총을 좀 빌려주게. 부탁이야.

무라쉬킨 권총은 뭐하려고?

톨카초프 꼭 써야 할 데가 있네…… 아아, 하느님! 물 좀 주게…… 어서 물 좀! 총이 꼭 있어야 해…… 오늘밤 어느 어두운 숲을 통과해야 하네. 거기서 무슨 일이라도 생기면…… 그러니 제발 빌려주게!

무라쉬킨 거짓말 말게, 이반 이바노비치! 자네가 무슨 할 일이 있다고 어두운 숲속을 들어간다는 건가? 뭔가 다른 꿍꿍이가 있는 거지? 자네 표정을 보자니까 뭔가 일이 있구먼? 그래, 무슨 일인가? 자네 몸이 안 좋은가?

톨카초프 잠깐, 숨 좀 돌리세…… 휴우, 맙소사, 피곤해서 죽을 지경이군. 머리도 그렇고 온몸이 다 욱신거리는 게 불에 구운 꼬챙이구이가 된 기분이야. 아, 더는 안 되겠어. 제발 아무것도 묻지 말고 아무것도 알려 하지 말게…… 그냥 아무 말 말고 권총을 빌려주게! 부탁이야!

무라쉬킨 아니, 정말! 이반 이바노비치, 이 무슨 비열한 행동인가? 한 집안의 가장이자 정부 관료인 자네가 말이야! 부끄럽지도 않나.

톨카초프 내가 무슨 가장인가? 난 수난자야. 짐 나르는 가축, 깜둥이, 아직도 무언가를 기다리며 죽지도 못하는 비열한 악당이야! 쓰레기, 바보, 천치! 나는 왜 살고 있지? 어디 쓸 데가 있다고? (벌떡 일어난다) 자, 말해보게. 난 무엇 때문에 살고 있는 것일까? 이 끝도 없이 이어지는 정신적 육체적 고통은 무엇 때문일까? 이상을 위한 순교자라면 나도 이해하겠네, 그래! 하지만 빌어먹을, 여자 치마와 램프 전구를 위한 순교자 노릇을 하는 건 못 참겠어! 안 돼, 안 돼, 더는 못해! 지금까지만으로도 충분해! 충분하다고!

무라쉬킨 소리 지르지 말게. 옆집까지 들리겠어!

톨카초프 들으라고 해. 나야 상관없으니까! 자네가 권총을 주지 않으면 다른 누군가가 줄 거야. 어쨌든 난 이제 죽은 사람이니까! 이미 결심을 굳혔네!

무라쉬킨 이봐 잠깐, 자네 감정이 너무 격해져 있네. 차분히 마음을 가라앉히고 말해보게. 난 아직 자네 인생이 어디가 어떻게 잘못됐다는 건지 도무지 모르겠네.

톨카초프 어디가 잘못됐냐고? 내 인생이 어디가 잘못됐냐고 묻는 건가? 좋아, 내 말해 주지! 좋다고! 자네에게 모든 걸 털어놓으면 내 영혼도 조금은 더 가벼워지겠지. 앉자고. 자, 들어봐……. 아아, 하느님, 숨이 막힐 것 같아! 예컨대 오늘만 해도 그렇다네. 자네도 알다시피, 난 10시부터 4시까지 재무부에서 일하지. 무덥고 후덥지근하고 파리는 들끓고, 빌어먹을, 말 그대로 지옥이 따로 없다네. 비서는 휴가 중이고, 흐라포프는 신혼여행을 떠났고, 어린 사환 놈은 툭하면 사무실을 비우고 연애며 아마추어 연극에 온통 정신이 팔려 있어. 다른 직원들은 다들 잠이 덜 깼는지 축 처지고 다 죽어가는 송장 꼴이니 도무지 요령부득이라네. 비서 업무는 왼쪽 귀가 먹은, 최근 연애 중인 어떤 놈이 대신하고 있네. 민원인들은 하나같이 기억상실증 환자 같아. 무턱대고 화를 내고 고함을 지르고 이리저리 뛰어다니지. 얼마나 시끄러운지 내가 내 목소리를 못 듣는다니까. 또 어찌나 담배 연기로 가득한지, 그야말로 아수라장일세. 업무는 더 끔찍해. 늘 똑같은 일의 반복, 반복뿐이야. 문서수정, 역참조문서, 다시 문서수정, 역참조문서. 밀려왔다 밀려가는 잔물결처럼 언제나 따분하기 짝이 없지. 그러고 있다 보면 정말 눈알이 빠져나올 것만 같다니까. 물 좀 더 주게…….

그렇게 업무를 마치고 사무실을 나서면 완전히 녹초가 돼지. 그저 얼른 저녁을 먹고 잠자리에 들고 싶은 마음뿐인데, 그게 그럴 수가 없다네! 그래, 내 집은 교외에 있어, 말하자면 난 퇴근하고 나서도 여기저기 심부름하러 뛰어다녀야 하는 노예, 끈 쪼가리, 흐물흐물한 살덩어리일 뿐이야. 왜냐하면 우리 동네에는 시내에 나가는 사람이 있으면, 그의 아내는 물론이고 온 동네 부인들이 그에게 당연한 듯이 온갖 심부름을 시키는 아주 아름다운 풍속이 있거든. 아내는 나더러 양장점에 달려가 주문한 옷이 허리품은 너무 넓고 어깨품은 너무 좁다고 욕을 하고 오라는 거야. 어린 소네츠카는 새 구두를 사오라고 하고, 처제는 선홍색 비단을 20코페이카어치 사오라느니, 3아르신만큼 끊어오라느니 하고……

잠깐, 기다려 보게. 내 써 온 그대로 읽어주지. (주머니에서 쪽지를 꺼내 읽는다) 램프용 전구, 햄 소시지 1푼트, 5코페이카어치 정향과 계피, 미샤가 부탁한 피마자기름, 굵은 설탕 10푼트. 자, 다음은 집에서 가지고 나와야 할 것들이네. 설탕 담는 청동단지, 10코페이카어치 석탄산과 구충제, 맥주 20병, 식초, 아가씨용 코르셋, 그리고…… 미샤의 가을 외투와 덧신. 자, 여기까지가 아내와 가족들이 부탁한 것들이네. 이제부터는 친구와 이웃들 심부름일세. 빌어먹을. 내일이 볼로디아 볼로쟈의 명명일(命名日)이어서 자전거를 사줘야 해. 비흐리나 중령부인은 임신 중인데, 내가 매일 산파한테 들러서 와주십사고 청을 넣어야 하지. 그리고 기타 등등, 기타 등등.

내 주머니에는 이런 쪽지가 다섯 장 있고, 내 손수건은 온통 매듭 투성이야. 알겠나, 친구. 이런 식으로 퇴근하고 나서 집에 가는 열차시간이 되기 전까지 혀 빼문 개처럼 온 시내를 바삐 싸돌아다녀야 한다네. 달리고 달리면서, 인생을 저주하면서. 상점에서 약국으로, 약국에서 양장점으로, 양장점에서 식료품 가게로, 다시 약국으로. 여기서는 넘어지고, 저기서는 돈을 잃어버리고, 세 번째 가게에서는 돈 내는 걸 깜박하고 나오는 바람에 고함지르는 점원에게 쫓기고, 네 번째 가게에서는 숙녀의 치맛자락을 밟는 바람에…… 휴우! 이 모든 걸 다 해치우고 나면 온몸이 만신창이가 되어 밤새도록 뼈마디가 쑤신다네. 게다가 꿈에는 악어가 나온다니까.

어쨌든, 무사히 부탁받은 대로 모든 물건을 구했다 치면, 이제 또 다른 문제가 기다린다네. 이것들을 다 어떻게 싸들고 간다지? 가령, 자네라면 무거운 청동단지와 램프용 전구와 석탄산과 차를 어떻게 포장해 들고 가겠나?

맥주병과 이 자전거를 어떤 식으로 결합해야겠냐고? 헤라클레스의 시험에 견줄 만한 어려운 수수께끼지! 아무리 용을 써도 꼭 뭔가를 깨뜨리거나 떨어뜨리고 만다니까. 게다가 정거장에서나 열차 안에서 온갖 상자며 꾸러미들을 늘어놓은 채, 또 두 팔 가득 꾸러미를 안고 턱으로 받친 채 버티고 서 있어야 한다고. 열차가 움직이기 시작하면 곳곳에서 승객들이 내 짐을 내던지기 시작하지. 그것들이 그들의 자리를 차지하고 있었거든. 승객들은 소리를 지르고 승무원을 부르고 열차에서 내리게 하겠다고 협박을 하고…… 하지만 어쩌겠나, 난 도리 없이 매질 당하는 당나귀처럼 서서 눈만 꿈벅거리고 있을 뿐이지.

자, 또 들어보게. 그렇게 간신히 집으로 돌아오면, 하루 종일 열심히 일했으니 응당 기분 좋게 한 잔 곁들여가며 푸짐하게 식사를 즐길 만한 권리는 있지 않겠나? 하지만 그것도 내겐 허락되지 않는다네. 여편네가 호시탐탐 지켜보고 있거든. 수프를 다 먹기가 무섭게 아내는 발톱을 드러낸다네, 날 노예로 부려먹으려고 말이야. 아마추어 연극을 보러 가자느니, 무도회에 가자느니. 거절은 꿈도 꿀 수 없네. 이 시골 동네에서 '남편'이란 동물학대방지협회의 간섭을 두려워할 필요 없이 원하는 대로 짐을 실을 수 있는 고분고분한 가축을 가리키는 말이거든.

그래, 결국 극장에 가서 〈가족스캔들〉이니 뭐니 하는 연극을 보고, 아내가 시키는 대로 열심히 손뼉을 치고 있노라면 점점 의식이 혼미해지면서 언제 졸도해도 이상하지 않을 상태가 되지. 무도회는 또 어떻고. 내가 직접 아내의 춤 상대를 찾아줘야 하지. 파트너가 없으면 몸소 카드리유를 춰야 해. 그렇게 자정을 넘겨서야, 더 이상 인간이라고 할 수도 없는 반송장 꼴이 되어 집으로 돌아온다네. 어쨌든 그러면 드디어 원하는 것을 얻게 되지. 옷을 벗고 침대에 들어갈 수 있으니까. 얼마나 좋아? 이제, 눈을 감고 잘 수 있어…… 모든 게 다 정답고, 시적이고 따뜻해 보이지. 이해하겠나? 아이들이 칭얼거리는 소리도 들리지 않고, 아내도 없는 데다, 하루 종일 의무에 충실했으니 양심에 거리낄 것도 없지. 뭘 더 바라겠나? 그렇게 사르르 잠에 빠져드는 거야…….

그런데 갑자기…… 앵앵거리는 소리가 들리는 거지…… 모기다! (벌떡 일어난

다) 모기야! 이 빌어먹을 모기새끼들! (주먹을 휘두른다) 모기! 이집트에서 건너온 전염병! 고문자! 앵앵거리는 저 소리! 양해를 구하는 것처럼 불쌍하게, 애처롭게 앵앵대지만, 이놈한테 물렸다간 별 수 없이 한 시간은 족히 물린 데를 벅벅 긁어대야 하지. 담배도 피워 보고, 모기를 잡으려고 용을 써보고, 이불을 머리부터 발끝까지 뒤집어써도 보지만 아무 소용이 없어! 결국은 될 대로 대라, 망할 모기들이 실컷 피를 빨아먹도록 내버려 두고 말지.

그렇게 얼마쯤 모기에 익숙해질라치면 또 다른 새로운 고통이 시작된다네. 아내가 아래층에서 친구 둘과 같이 구슬픈 노래를 연습하기 시작하는 거야. 낮에는 자고 밤마다 아마추어 음악회 준비를 한다니까. 오, 하느님! 테너 가수, 테너 가수에 비하면 모기 따위는 아무것도 아니야. (노래한다) "청춘이 인생을 망가뜨렸다 말하지 마오······." "나 다시 그대 앞에 넋을 잃고 서 있다오······." 으, 그 끔찍한 소리! 날 아주 죽여 놓을 작정인 거야! 조금이라도 그 소리가 안 들리게 하려고 난 내 귀를 두드리지. 그 짓을 4시까지 계속한다네. 아아, 이보게, 물 좀 더 주게······. 살 수가 없어······. 그렇게 자는 둥 마는 둥 하고서 6시면 일어나 열차를 타러 정거장으로 가야 하네. 늦을까 봐 허둥지둥 달려가지. 길은 온통 질척이는 데다, 안개도 짙고, 춥고······ 으으. 그렇게 시내에 도착하면, 다시 어제와 똑같은 하루가 반복된다네.

알겠나, 친구! 정말이지 끔찍한 인생이야. 아무리 미운 사람한테도 이렇게 살라고는 차마 말 못하겠네. 무슨 말인지 알겠나? 나는 몸이 아프다네! 천식기가 있는 데다 속 쓰림도 생겼어. 무엇이든 다 두렵기만 하고, 소화도 안 되고, 눈도 침침해지고······ 완전히 정신병자가 다 됐다네······. (주위를 둘러본다) 이건 우리끼리니까 하는 얘긴데······ 체초트나 메르제예프스키한테 한번 갔다 왔으면 하네. 내 안에 무슨 악마가 깃든 것 같거든. 모기한테 뜯기거나 테너 가수들의 노래가 들려오는 그 절망스럽고 고통스러운 순간에 갑자기 두 눈이 흐릿해지면서 나도 모르게 벌떡 일어나 미친 사람처럼 온 집안을 뛰어다니며 "피를 다오! 피를!"하고 고래고래 소리를 지른다네. 그러는 내내 칼로 누군가를 찌르거나 그의 머리를 의자로 내려치고 싶은 충동에 휩싸이는 거야.

이게 바로 교외 여름 별장에서의 생활이라는 걸세! 그런데도 어느 한 사람 날 딱하게 여기질 않고 오히려 그렇게 사는 게 당연하다는 듯 생각하는 것 같단 말이야. 심지어는 웃기까지 한다고. 나도 인간이야, 난 살고 싶다고! 이건 익살극이 아니라네. 비극이지! 그래서 말인데, 정 권총을 못 빌려주겠거든, 이런 내 심정이라도 좀 이해해 주게.

무라쉬킨 나도 딱하게 생각하네.

톨카초프 그래, 자네가 날 얼마나 걱정하는지 알겠네……. 잘 있게. 안초비와 소시지를 사러 가야 하거든……. 그 다음엔 치약을 사고, 그 다음엔 정거장으로.

무라쉬킨 자네 집이 어디인가?

톨카초프 도흘랴 강가에 있다네.

무라쉬킨 (기뻐하며) 정말인가? 그럼 혹시 올가 파블로브나 핀베르크라는 사람 모르나? 그 사람도 거기 사는데.

톨카초프 알지. 친분이 있는 사이야.

무라쉬킨 그래? 정말 잘됐군! 아주 잘됐어! 자네 편에서도 기분 좋은 일이고…….

톨카초프 무슨 일인데?

무라쉬킨 이보게, 친구. 작은 부탁 하나만 들어주게! 제발! 자, 그러마고 약속하게!

톨카초프 뭔가?

무라쉬킨 자네가 친절을 베푸는 셈일세. 이보게, 내 이렇게 부탁하네. 우선, 올가 파블로브나에게 내 인사를 전해주게. 나는 건강하게 잘 지내고 있으며, 당신 손에 키스를 보낸다고 말해주게. 둘째로, 그녀에게 작은 물건을 하나 전해주게. 그 여자가 내게 손재봉틀을 구해달라고 했는데, 그걸 대신 전해줄 사람이 없었거든…… 자네가 좀 전해주게! 그리고 말 나온 김에 이 카나리아 새장도 부탁하네……. 새장 문이 부서지지 않도록 조심해야 하네……. 자네, 왜 그런 눈으로 날 보는 건가?

톨카초프 재봉틀…… 카나리아 새장…… 검은방울새…… 되새…….

무라쉬킨 이반 이바노비치, 자네 왜 이러나? 얼굴이 새빨개졌잖아?

톨카초프 (발을 구르며) 재봉틀 이리 가져와! 새장은 어디 있나? 자네가 내 등에 올라타겠나? 날 잡아먹게! 갈기갈기 찢어버리라고! 날 죽여! (주먹을 움켜쥐면서) 피를 다오! 피를! 피를 다오!

무라쉬킨   자네 미쳤나!

톨카초프   (그의 다리를 밟으며) 피를 다오! 피!

무라쉬킨   (겁에 질려서) 진짜 미쳤잖아! (소리친다) 페트루쉬카! 마리야! 어디 있어? 사람 살려!

톨카초프   (그를 쫓아 방 안을 빙빙 돌며) 피를 다오! 피를! 피를 다오!

—막—

Лебединая песня
고니의 노래

등장인물

스베틀로비도프(바실리 바실리이치)　나이 많은 희극 배우, 68세
이바느이치(니키타)　프롬프터, 노인

　사건은 밤, 공연이 끝난 어느 지방 극장 무대에서 일어난다. 중간 수준 극장의 텅 빈 무대. 무대 오른쪽으로는 분장실로 이어지는, 칠도 하지 않은 문들이 있다. 무대 왼편과 안쪽은 폐물로 뒤덮여 있다. 무대 한가운데에 뒤집힌 의자 하나. 밤. 깜깜하다.

1장

스베틀로비도프가 칼하스 의상을 입고, 양초를 한 손에 든 채 분장실에서 나오며 큰소리로 웃는다.

스베틀로비도프   어떻게 이런 일이! 이 화상 좀 봐. 분장실에서 잠이 들다니! 공연은 이미 오래전에 끝났고, 사람들은 모두 극장을 떠났는데, 난 너무도 느긋하게 코를 골면서 잠에 곯아떨어졌군. 아, 늙다리, 늙은 놈! 늙은 개야, 넌! 그러니까. 술에 절은 채 잠들었단 거잖아! 재주도 참 좋아! 칭찬할 만해! (소리친다) 예고르카! 예고르카, 에이 빌어먹을! 페트루쉬카! 악마 같은 놈들, 잠들었구먼. 백 마리 악마와 마녀 하나가 네놈들 아가리에 숨을 내쉬고 있어! 예고르카! (의자를 들더니 거기 앉는다. 그리고 마룻바닥에 양초를 세운다) 아무 것도 들리지 않네……. 오직 메아리만 들려오는군……. 예고르카와 페트루쉬카는 열심히 한다는 이유로 오늘 나한테 3루블씩 받는데, 지금은 그자들을 도저히 찾을 수가 없구먼……. 집에 간 게지. 분명히 문을 걸어 잠갔을 거야, 더러운 놈들……. (고개를 절레절레 흔든다) 취했어! 우후! 후원 흥행이란 이유로 오늘 난 얼마나 많은 포도주와 맥주를 들이부었나, 맙소사! 온몸에서 냄새가 코를 찌르고, 입 안에서는 열두 개나 되는 혓바닥이 밤을 지새우고 있네……. 역겨워…….

사이.

어리석은…… 늙은 바보 녀석이 곤드레만드레 취했군. 무슨 기쁜 일인지 까닭도 모른 채 말이야……. 우후, 맙소사! 허리도 아프고. 머리도 마치 쪼개지는 것 같아. 온몸에 오한이 들어 떨리는데. 마치 무덤 속에 있기라도 한 것처럼 영혼에 한기가 들고 칠흑같이 어둡군. 이바느이치 광대는, 설령 건강에 문제가 없더라도 늙어가는 것은 피하라고…….

사이.

　노년이라…… 아무리 속이고, 아무리 허장성세를 부리거나 바보처럼 굴어도 이미 인생은 다 지나가버렸어……. 이미 68년이 사라진 거야. 잘 가시오! 돌이킬 수 없어……. 이미 거의 다 마셨고, 바닥에 남은 것도 거의 없어……. 찌꺼기만 조금 남았을 뿐이야……. 그래…… 일이 그렇게 된 거야, 바슈샤[1]……. 좋든 싫든 이미 죽은 사람 배역을 연습할 시각이야. 죽음이 멀지 않으니까 말이지……. (자기 앞을 바라본다) 45년을 무대에서 일했지만 밤에 극장을 보는 것은 아마 틀림없이 처음인 듯……. 그래, 처음이야……. 참으로 이상하군, 뒈져버려라……. (각광 쪽으로 다가간다) 아무것도 보이지 않아……. 그런데 프롬프터 박스는 조금 보이는군……. 바로 이것이 문자로 표시된 특별석이고 악보에 있는 대로군……. 나머지 다른 것들은 안 보여! 죽음 자체가 숨겨져 있는 무덤처럼 캄캄하고 바닥 모를 구멍이야……. 부르르! 추워! 난로 파이프에서 그런 것처럼 객석에서도 바람이 불어오네……. 영혼을 불러오는 바로 그 진정한 장소! 기분 나빠. 오싹한데……. 등골이 싸늘해……. (소리친다) 예고르카! 페트루쉬카! 어디 있나, 이 악마 같은 놈들아! 하느님, 제가 악마를 떠올리고 있습니까? 아, 맙소사. 그런 말은 집어치워. 마시는 것도 그만둬. 이미 늙었으니 죽을 때가 된 거라고……. 예순여덟이면 사람들은 새벽예배를 다니고, 죽음을 준비하는데, 너는…… 오, 하느님! 불결한 말과 술에 취한 낯짝, 이런 광대 의상…… 꼴도 보기 싫어! 어서 가서 옷을 갈아입어야겠어……. 기분 나빠! 정말이지 이런 식으로 여기서 밤을 새운다면 무서워서 죽을 수도 있겠어……. (자신의 분장실로 걸음을 옮긴다. 바로 그때 무대 안쪽 가장 먼 분장실에서 니키타 이바느이치가 하얀 실내옷을 입고 나타난다)

---

1) 바실리의 애칭.

2장

스베틀로비도프 (니키타 이바느이치를 보고 나서 두려움에 질려 비명을 지르더니 뒷걸음 질 친다) 누구냐? 왜 그래? 누구냐고? (발을 구른다) 누구냐니까?

이바느이치 저올시다!

스베틀로비도프 누구냐고?

이바느이치 (천천히 그에게 다가가며) 접니다…… 프롬프터 니키타 이바느이 치……. 바실리 바실리이치, 접니다!

스베틀로비도프 (기진맥진해서 겨우 의자에 앉는다. 무겁게 숨을 몰아쉬며 온몸을 떤다) 맙소사! 이게 누구야? 너구나……. 너냐, 니키투쉬카? 왜 여기 있어?

이바느이치 여기 분장실에서 밤을 지새우고 있습죠. 제발 부탁하오니 알렉세 이포미치한테는 말씀하지 말아주십시오……. 밤을 지새울 곳이 더는 없습니 다. 믿어주세요…….

스베틀로비도프 너로구나, 니키투쉬카…… 맙소사. 맙소사! 사람들은 열여섯 번이나 우릴 불러냈어. 꽃다발 세 개와 많은 물건을 가져왔지……. 모두가 기 뻐하고 있었는데, 어느 누구 하나도 술에 절은 늙은이를 깨워서 집으로 데 려가지 않았어……. 난 이제 늙었어, 니키투쉬카……. 예순여덟 살이야……. 아파! 허약한 영혼은 지쳤고……. (프롬프터의 손에 매달려 운다) 가지 마, 니키투 쉬카……. 늙고 병들었고 이제 죽을 때가 됐어……. 무서워, 무섭다니까!

이바느이치 (부드럽고 공손하게) 바실리 바실리이치, 이제 집으로 가실 시각입니 다요!

스베틀로비도프 안 가! 내겐 집이 없어. 없어, 없다고, 없다니까!

이바느이치 하느님! 어디 사시는지조차 잊어버리셨습니까!

스베틀로비도프 거긴 가고 싶지도 않아, 안 가! 거기선 나 혼자야……. 나한 텐 아무도 없어, 니키투쉬카. 친척도, 마누라도, 자식도 없어……. 들판에 불어대는 바람처럼 혼자라니까……. 내가 죽어도 누구 하나 기억하지 않을 거야……. 혼자라는 게 무서워……. 덥혀주고 달래줄 사람 하나 없고, 술 취한 나를 침대에 누일 사람 하나 없어……. 난 누구의 사람일까? 누구한테 내가 필요하지? 누가 날 사랑하느냐고? 아무도 날 사랑하지 않아, 니키투쉬카!

이바느이치 (눈물을 글썽이며) 관객들은 당신을 사랑합니다, 바실리 바실리이치!

스베틀로비도프 관객은 극장을 나가 집에 가서 잠들어 버리면 광대에 대해서는 까맣게 잊어버려! 아니야, 난 누구한테도 쓸모없고, 누구 한 사람 날 사랑하지도 않아……. 아내도 자식도 없어…….

이바느이치 아니, 무엇 때문에 이토록 가슴 아파하시는 건가요…….

스베틀로비도프 난 사람이야, 살아 있는 인간이라고. 혈관에는 물이 아니라, 피가 흐르고 있어. 난 귀족이야, 니키투쉬카. 좋은 혈통의……. 이 구렁텅이에 빠지기 전에는 군대에서 근무했지. 포병으로 말이야……. 나는 정말로 멋지고, 잘 생겼으며, 정말로 순수하고, 대담하며, 열렬했지! 하느님, 그 모든 것이 어디로 갔습니까? 니키투쉬카, 그 다음에 내가 어떤 배우였지, 응? (일어서면서 프롬프터의 손에 의지한다) 그 모든 것이 어디로 간 거야? 그때 그것은 어디 있는 거지? 맙소사! 지금 이 구멍을 들여다보니까 모든 게 기억나. 모든 것이! 이 구멍이 나의 45년 인생을 그냥 먹어치운 거야. 그게 어떤 인생인데, 니키투쉬카! 지금 이 구멍을 들여다보니까 모든 게 속속들이 보여. 마치 자네 얼굴 보는 것처럼. 젊음의 희열, 믿음, 격정, 여자들의 사랑! 여자들 말이야, 니키투쉬카!

이바느이치 주무실 시각입니다요, 바실리 바실리이치.

스베틀로비도프 젊은 배우였을 때, 이제 막 격정 속으로 들어가기 시작했을 때, 어떤 여자가 연기 때문에 날 사랑하게 됐지……. 우아하고, 버드나무처럼 몸매가 좋고, 젊고, 순진무구하고, 순박하며, 여름의 저녁놀처럼 정열적이었어! 그 여자의 푸른 두 눈 아래 그 눈부신 미소를 보노라면 그 어떤 밤도 멈춰 있을 수 없었지. 바다의 파도는 바위에 부서지지만, 절벽과 얼음덩어리, 눈덩어리가 그 여자의 곱슬머리 파도에 부서졌어! 그 여자 앞에 서 있던 게 생각나. 마치 지금 자네 앞에 서 있는 것처럼……. 이번엔 여느 때와는 달리, 그녀는 무덤 속에서조차 그 눈길을 잊을 수 없을 만큼 그렇게 날 바라보

앉지……. 애무, 비단, 깊이, 젊음의 광휘여! 몽롱한 채 행복에 겨워 그녀 앞에 무릎을 꿇고 행복을 빌었어……. (쇠약해지는 목소리로) 그런데 그 여자가…… 그 여자가 말하기를 '무대를 버리세요! 무—대를 버—리—세—요! 알겠나? 그 여잔 배우를 사랑할 수 있었지만, 그의 아내가 될 수는 없었지. 절대로! 그날 연기했던 게 생각나는군……. 배역은 속되고 우스꽝스러운 것이었어……. 연기하면서 난 두 눈이 열리는 것을 느꼈어……. 그때 깨달았지. 그 어떤 예술도 신성하지 않다. 모든 게 헛소리고 속임수다. 난 노예고, 남의 잔치에 낀 장난감이며, 광대이자 익살꾼이란 걸! 그때 관객을 알았지! 그 뒤로 박수갈채도, 화환도, 열광적인 기쁨도 난 믿지 않았어……. 그래, 니키투쉬카! 관객은 내게 박수갈채를 보내고, 1루블에 내 사진을 사지만, 난 그들을 몰라. 관객에게 난 쓰레기이자 창녀나 마찬가지야! 허세를 위해서 그들은 나와 아는 척하지만, 그들의 누나 딸을 내게 아내로 줄 만큼 자기 자신을 낮추지 않아……. 난 그들을 믿지 않아! (의자에 앉는다) 안 믿어!

이바느이치 얼굴빛이 좋지 않으십니다, 바실리 바실리이치! 저까지 두렵게 만드셨어요……. 제발 집으로 가십시오!

스베틀로비도프 그때 깨달았어……. 그리고 그런 깨달음에 비싼 대가를 치렀어. 니키투쉬카! 그 일이 있고 나서…… 그 여자와 헤어진 뒤부터…… 난 괜스레 흔들렸고, 앞을 보지 않으면서 헛되이 살기 시작했어……. 광대와 냉소하는 자를 연기했고, 광대 짓을 했으며, 이성을 망쳤지. 하지만 대단한 예술가에 뛰어난 재주꾼이었지! 재능을 묻어버리고 나의 언어를 속되게 하고 파괴했어. 형상과 모방을 잃었지……. 이 검은 구멍이 날 먹어치우고 집어삼킨 거야! 예전엔 몰랐는데 오늘 잠에서 깨어났을 때 느꼈어……. 과거를 돌아다보니 내 뒤에 68년이 있더라니까. 이제야 비로소 노년을 본 거야! 노래는 끝났어! (흐느낀다) 노래는 끝났다고!

이바느이치 바실리 바실리이치! 정말로 큰일이네……. 자, 진정하세요……. 하느님! (소리친다) 페트루쉬카! 예고르카!

스베틀로비도프 그 얼마나 대단한 재능이며, 힘인가! 자넨 상상하기 어려울걸세. 발성과 감정과 우아함과 그 현함이며……. (자기 가슴을 친다) 이 가슴속에! 질식할 수도 있어! 이보게, 들어봐……. 잠깐만, 숨 좀 돌리세……. 〈보리스 고

두노프〉[2]에서 조금만.

　　이반 뇌제의 그림자가 나를 양자로 삼고,
　　무덤에서 나온 디미트리라고 불렀지.
　　그것은 주위의 민중을 선동했고,
　　보리스를 희생시킬 운명을 내게 부여했어.
　　난 황태자요. 됐소. 거만한 폴란드 여자
　　앞에 스스로를 낮춘 내가 부끄럽소!

　　자, 서툰가? (활기차게) 잠깐만. 〈리어왕〉에서……. 칠흑 같은 하늘, 비, 뇌성이 우르르……! 번개가 지지직……! 하늘 전체를 줄무늬 모양으로 자르고. 자, 들어봐.

　　분노하라, 바람이여! 불어라, 두 뺨이 터질 때까지!
　　그대, 물의 심연이여. 격렬하게 전진하라.
　　탑과 탑 위의 풍향계를 집어삼켜라!
　　그대, 신속한 유황의 불덩어리여,
　　묵묵한 뇌성벽력의 화살의 예언자여.
　　참나무의 파괴지여, 곧바로 날아오라,
　　내 잿빛 머리를 향해! 모든 것을 흔들어대는
　　하늘의 벼락이여. 모든 자연을 파괴하라,
　　지구의 두툼한 구를 단숨에 깨뜨리라.
　　그리고 배은망덕한 인간들을 잉태한
　　종자들을 바람에 날려버려라!

　　(서두르면서) 빨리 광대의 대사를! (발을 구른다) 광대의 대사를 빨리 치도록!

───────────
[2] 알렉산드르 푸시킨(1799~1837)이 1825년 집필한 장막극으로 로마노프 왕조가 시작되기 전 혼란스러운 러시아 궁정 세계와 민중의 태도를, 보리스 고두노프와 참칭자 드미트리를 중심으로 묘사한 비극 작품이다.

시간 없어!

이바느이치 (광대를 연기하면서) "뭐라고, 아저씨? 비를 맞고 돌아다니는 것보단 지붕 아래 앉아 있는 게 더 나을 것 같은데? 그래, 아저씨. 딸들과 이제 그만 화해하는 게 어때. 이런 밤에는 똑똑한 놈이나 바보나 나쁘긴 매한가지거든."

스베틀로비도프

온몸으로 울부짖어라!
불어라, 퍼부어라, 울려 퍼져라, 그리고 불태워라!
무엇 때문에 나를 용서하려 하느냐? 내 딸들이 아니라,
불과 바람, 뇌성벽력과 비여!
너희들이 잔악하다고 비난하지 않으마.
살아 생전에 너희들에게 왕국을 넘겨주지도 않았으며,
너희들을 내 자식이라 부르지도 않았으니 말이다.

힘! 재능! 예술가! 아직도 무엇이…… 무엇이 더 있을…… 옛날을 불러올까……. 〈햄릿〉을 해보세! (행복한 웃음소리가 터져 나온다) 자, 내가 시작하지……. 그게 뭐더라? 아, 바로 그거야……. (햄릿을 연기하면서) "아, 플루트를 부는 병사들이군! 자네 플루트를 줘보게! (이바느이치에게) 내가 보기에 자넨 지나칠 만큼 날 따라다니는 것 같은데."

이바느이치 "왕자님, 그 모든 것이 왕자님에 대한 애정과 전하를 위한 충심이라는 것을 믿어주십시오."

스베틀로비도프 "그런데 어쩐지 조금도 이해가 되지 않는군. 뭐든 연주해보아라!"

이바느이치 "못합니다, 왕자님."

스베틀로비도프 "부탁하네."

이바느이치 "정말 못합니다, 왕자님!"

스베틀로비도프 "제발, 연주해봐!"

이바느이치 "정말로 플루트를 조금도 불 줄 모릅니다."

스베틀로비도프 "거짓말하는 것만큼이나 쉬운 일인데. 플루트를 잡아봐. 입

술을 여기다 대고, 손가락은 거기에. 이제 불어보거라!"

이바느이치 "조금도 배우지 못했습니다."

스베틀로비도프 "이제 네 스스로 판단하라. 날 어떻게 생각하는 게냐? 너는 내 영혼을 놀리려 한다. 하지만 너는 이 피리조차 제대로 불지 못한다. 그런데 내가 이 피리보다 못하고, 더 단순하단 말이냐? 편할 대로 날 생각해도 좋다. 하지만 나를 괴롭힐 수는 있어도, 데리고 놀지는 못해!" (큰 소리로 웃으며 손뼉을 마주 친다) 브라보! 앙코르! 브라보! 빌어먹을, 여기에 무슨 노년이야! 노년은 없어. 모든 게 당찮은 말이고 헛소리야! 모든 혈관에서 힘이 철철 솟아 넘쳐. 이건 젊음, 신선함, 생이야! 니키투쉬카, 재능이 있는 곳엔 노년도 없어! 내가 미쳤나, 니키투쉬카? 취했나? 잠깐만, 정신을 차리게 해줘……. 오, 하느님 맙소사! 자, 들어보게! 얼마나 부드럽고 아름다운 음악인지! 쉿, 조용!

우크라이나의 밤은 고요하다.
하늘은 투명하고. 별은 빛난다.
대기는 밀려드는 잠을
이겨내고 싶지 않다. 아주 조금
은빛의 고리버들 이파리가 흔들린다.
열린 문을 두드리는 소리가 들린다.

이게 무슨 소리지?

이바느이치 분명히 페트루쉬카와 예고르카가 돌아왔을 겁니다……. 대단하세요, 바실리 바실리이치! 멋져요!

스베틀로비도프 (소리 난 쪽을 돌아보면서 소리친다) 송골매들이여, 이리로들 오게! (이바느이치에게) 옷 입으러 가세……. 노년은 없어. 이 모든 게 당찮은 말이고 허튼 소리야……. (쾌활하게 큰 소리로 웃는다) 자넨 왜 우나? 이런 착한 바보 같으니라구. 왜 흐느껴 울고 있나? 어, 좋지 않아! 좋지 않다니까! 자, 자, 이보게. 그런 얼굴 하지 말게! 어째서 그런 표정인가? 자, 자…… (눈물을 글썽이며 그를 끌어안는다) 울지 말게……. 예술이 있는 곳에, 재능이 있는 곳에는 노년도,

고독도, 질병도 없고, 죽음 자체도 절반은…… (운다) 아닐세, 니키투쉬카. 우리 노래는 이미 끝났어. 나한테 무슨 재능? 물이 다 빠진 레몬, 고드름, 녹슨 못이지. 그리고 자넨 극장의 늙은 쥐이자 프롬프터지……. 가세!

두 사람은 걸어간다.

나한테 재능은 무슨 재능? 심각한 희곡에서도 고작 포틴브라스[3]의 종자 역이 고작이었는데……. 그것도 이제 이미 늙어서……. 그래…… 〈오셀로〉에서 이 대목 생각나나, 니키투쉬카?

안녕, 평온이여. 안녕, 나의 만족이여!
안녕히 그대들, 깃털로 장식한 부대여,
야심마저 용기로 생각되는
오만한 전투여, 안녕.
모두, 모두가 안녕히! 나의 울부짖는 말이여, 안녕.
나팔소리도, 북의 요란한 굉음도,
플루트 소리도, 왕의 깃발도,
모든 존경, 온갖 영광, 모든 위엄도,
영광스러운 전쟁의 폭풍우 같은 경보도, 안녕히!

이바느이치 멋져요! 대단합니다!
스베틀로비도프 하나 더.

모스크바를 떠나리다! 앞으로 더 이상 이곳에 오지 않으리.
뒤도 돌아보지 않고 달려가서 세상을 떠돌며 찾으러 가리다.
모욕받은 감정이 쉴 수 있는 작은 모퉁이를!

---

3) 윌리엄 셰익스피어(1564~1616)의 비극 〈햄릿〉에 나오는 인물로 햄릿을 둘러싼 숱한 죽음과 비극을 마무리하는 역할을 한다.

마차, 마차를

그가 이바느이치와 함께 나간다.

—막—

---

4) 스베틀로비도프가 암송하는 이 대목은 러시아 극작가 알렉산드르 그리보예도프(1795~1829)의 사회 세태 희극 〈지혜의 슬픔〉(1824) 마지막 장면에서 주인공 차스키가 분노와 절망, 슬픔을 안고 파무소프와 소피야를 향해 내뱉는 절창이다.

Свадьдьба
결혼 피로연

등장인물

쥐갈로프(예브도킴 자하로비치) 퇴역 14등관

티모페예브나(나스타샤) 쥐갈로프의 아내

다셴카 쥐갈로프와 티모페예브나의 딸

아플롬보프(에파미논트 막시모비치) 다셴카의 신랑

카라울로프(표도르 야코블레비치 레부노프) 퇴역 해군 중령

뉴닌(안드레이 안드레예비치) 보험회사 직원

즈메유키나(안나 마르트이노바) 조산사, 30세, 새빨간 원피스 차림

야치(이반 미하일로비치) 전신기사

드임바(하를람피 스피리도노비치) 그리스인 과자 상인

모즈고보이(드미트리 스테파노비치) 의용 함대 출신 선원

들러리, 여자들의 춤 상대, 하인과 나머지 인물들

무대는 식당 주인 안드로노프의 홀.

휘황찬란한 조명이 설치된 홀. 저녁 식사가 마련된 커다란 식탁. 연미복을 입은 하인들이 식탁 주위를 돌며 바쁘게 일하고 있다. 무대 뒤에서 4인 1조로 추는 춤곡 카드리유의 마지막 경쾌한 선율이 연주되고 있다.

즈메유키나와 야치, 들러리가 무대를 가로질러 걸어간다.

즈메유키나   안 돼요, 안 돼, 안 된다니까요!
야치   (그녀의 뒤를 따라 걸어가면서) 꼭 부탁합니다! 부탁드려요!
즈메유키나   안 돼요, 안 돼, 안 된다니까요!
들러리   (그들의 뒤를 따라 서두르면서) 여러분, 그러시면 안 됩니다! 어디 가십니까? 그랑 롱은요? 그랑 롱, 시—부—플레!

티모페예브나와 아플롬보프가 들어온다.

티모페예브나   이런저런 말로 나를 괴롭히느니 차라리 춤추러 가는 게 나을 걸세.
아플롬보프   저는 갈지자로 걸어 다니는 하찮은 스피노자가 아닙니다. 저는 긍정적이고 올곧은 인간이며, 공허한 오락거리에서 그 어떤 위안도 구하지 않습니다. 그러나 문제는 춤이 아닙니다. 죄송합니다만, 어머님, 어머님의 행동을 도저히 이해할 수가 없습니다. 이를테면 생활필수품 말고도 따님 몫으로 두 장의 복권을 제게 주시겠노라고 약속하셨습니다. 대체 복권은 어디 있습니까?
티모페예브나   왜 그런지 머리가 몹시 아프구먼……. 아무래도 날씨가 안 좋아서…… 눈이 녹는 날씨잖아!

아플롬보프 달콤한 말로 저를 속이지 마세요. 복권이 저당 잡혀 있다는 걸 오늘에야 비로소 알았습니다. 용서하십시오, 어머님. 그러나 이런 건 착취자들에게나 어울리는 행동이에요. 아시다시피 이것은 이기주의 때문이 아닙니다. 저는 복권이 필요없습니다. 하지만 원칙 때문에 그런 것이고, 저는 누구든 절 속이는 걸 받아들이지 않습니다. 따님을 행복하게 했지만, 만일 오늘 저에게 복권을 주시지 않는다면 따님을 그냥 놔두지 않을 겁니다. 저는 고결한 인간입니다!

티모페예브나 (식탁을 쓱 둘러보고 식기를 헤아리면서) 하나, 둘, 셋, 넷, 다섯…….

하인 아이스크림을 어떻게 내놓을지 요리사가 여쭙는데요. 럼주를 넣을지, 마데이라 포도주를 넣을지, 아니면 아무것도 넣지 않을지요.

아플롬보프 럼주를 넣어라. 그리고 집주인께 포도주가 모자란다고 말씀드려라. 소테른¹⁾을 더 주문하시라고 여쭙게. (티모페예브나에게) 오늘 저녁 식사에 장군을 초대하실 거라고 약속하셨죠? 그분은 지금 어디 계시죠?

티모페예브나 이보게, 그건 내 잘못이 아닐세.

아플롬보프 그럼 누구 잘못인가요?

티모페예브나 안드레이 안드레이치 잘못이야……. 어제만 해도 그가 와서는 진짜 장군을 데려오겠다고 약속했거든. (한숨 쉰다) 틀림없이 아무데서도 찾지 못한 게야. 그렇지 않으면 벌써 데려왔을 텐데……. 우리가 아까울 게 뭐 있겠나? 내 딸을 위해서라면 아무것도 아까울 게 없지. 장군이라 해도 마찬가지야…….

아플롬보프 하지만…… 어머님을 포함해서 모든 사람들이 알고 있듯이, 제가 청혼하기 전까지 전신기사 야치가 따님을 쫓아다녔습니다. 무엇 때문에 그자를 초대하셨나요? 제가 불쾌하게 여길 거란 사실을 정말 모르셨습니까?

티모페예브나 아, 어떻게 자네를? 에파미논트 막시므이치, 결혼한 지 하루도 지나지 않았는데 벌써 나와 다셴카를 그런 말로 괴롭힐 수 있나. 그러니 1년 뒤엔 어찌 되겠나? 정말 싫증이 나는군, 싫증 나!

---

1) 프랑스 보르도 부근에 위치한 소테른(Sauternes) 지방에서 생산되는 백포도주.

아플롬보프　진실을 듣고 싶지 않으신 거죠? 그렇죠? 그게 문젭니다. 고상하게 행동하세요. 어머님께 바라는 건 한 가지밖엔 없습니다. 고상해지세요!

그랑 롱을 추는 사람들이 짝을 이루어 홀을 가로질러 한쪽 문에서 나와 다른 쪽 문으로 지나간다. 앞의 짝은 들러리와 다센카, 뒤의 짝은 야치와 즈메유키나. 뒤의 짝은 뒤처져서 홀에 남는다. 쥐갈로프와 드임바가 들어와서 식탁으로 걸어간다.

들러리　(소리친다) 산책합시다! 무슈, 산책합시다! (무대 뒤에서) 산책합시다!

몇몇 사람이 밖으로 나간다.

야치　(즈메유키나에게) 꼭 부탁합니다! 부탁드려요. 매혹적인 안나 마르트이노브나!

즈메유키나　아, 당신 정말로……. 이미 말씀드렸잖아요. 오늘은 목소리가 별로라니까요.

야치　제발 부탁드립니다, 노래 불러 주세요! 딱 한 곡만! 부탁입니다! 딱 한 곡만!

즈메유키나　귀찮아요. (앉아서 부채질을 한다)

야치　안 됩니다. 참 인정머리 없으시네요! 이렇게 말씀드려 죄송합니다만, 그토록 인정머리 없는 사람이 목소리는 그렇게 아름다우시다니요! 이렇게 말씀드려 죄송합니다만, 그런 목소리로 조산사 일을 하실 게 아니라, 관객을 모아서 음악회를 하셔야 합니다! 당신의 그 징식음은 아주 기막히게 흘러나와요……. 바로 이렇게…… (노래한다) "당신을 사랑했어요. 사랑은 아직도 헛되이……." 놀라워요!

즈메유키나　(노래한다) "당신을 사랑했어요. 아마 사랑은 아직도……" 이거요?

야치　바로 그겁니다! 놀라워요!

즈메유키나　아니에요, 오늘은 목소리가 그저 그래요. 자, 부채질 좀 해주세요……. 덥군요! (아플롬보프에게) 에파미논트 막시므이치, 왜 그렇게 우울하세요? 신랑이 그래도 되나요? 부끄럽지도 않으세요! 싫군요. 그런데 무슨 생각을 하셨나요?

아플롬보프 결혼은 신중한 선택입니다! 모든 걸 철저하고 꼼꼼하게 생각해야 합니다.

즈메유키나 당신은 정말로 꺼림칙한 회의주의자예요! 당신 옆에 있으니 숨이 꽉 막히는군요……. 나한테 공기를 주세요! 들으셨어요? 나한테 공기를 달라고요! (노래한다)

야치 놀라워요! 놀랍습니다!

즈메유키나 부채질을 해주세요. 해달라고요. 안 그러면 곧 심장이 터질 것 같아요. 말씀 좀 해주세요. 어째서 이렇게 숨이 꽉 막히는 거죠?

야치 땀을 흘려서 그런 것입니다…….

즈메유키나 흥, 참 저속하군요! 그런 식으로 말하지 말아요!

야치 미안합니다! 이런 표현을 써서 미안합니다만, 당신은 물론 귀족 사회에 익숙하고 그래서…….

즈메유키나 아, 날 내버려둬요! 시와 즐거움을 주세요! 부채질, 부채질 해줘요!

쥐갈로프 (드임바에게) 한잔 더 합시다, 어떠세요? (술을 따른다) 술은 아무 때나 마실 수 있습니다. 하를람피 스피리도느이치, 중요한 것은 자신의 일을 잊어버리지 않는 겁니다. 마셔요. 그러면 일을 이해할 거요……. 왜 안 마시는 거죠? 마실 수 있는데……. 당신의 건강을 위해! (마신다) 그리스에는 호랑이가 있나요?

드임바 있습니다.

쥐갈로프 사자는?

드임바 사자도 있습니다. 러시아에는 아무것도 없지만, 그리스엔 모든 게 다 있어요. 거기엔 아버지도, 삼촌도, 형제들도 있는데, 여긴 아무것도 없어요.

쥐갈로프 흐음…… 그리스에 향유고래가 있나요?

드임바 없는 게 없습니다.

티모페예브나 (남편에게) 왜 쓸데없이 술을 마시고 안주를 먹는 거예요? 모두가 자리에 앉을 때라고요. 포크로 왕새우를 찌르지 말아요……. 장군님을 위해 준비한 거니까. 벌써 오셨을지도 몰라요……

쥐갈로프 그리스에 왕새우도 있나요?

드임바 있어요……. 모든 게 다 있습니다.

쥐갈로프 흐음…… 그러면 14등관도 있나요?

즈메유키나 그리스의 공기가 어떨지 상상해요!

쥐갈로프 그렇다면 분명히 속임수도 많을 거야. 그리스 사람이나 아르메니아 사람이나 집시나 모두 똑같으니까. 해면이나 금붕어를 팔고서는 더 나은 걸 뺏으려고 노릴 테니까. 한잔 합시다, 어떻소?

티모페예브나 쓸데없이 왜 또 마셔? 모두가 자리에 앉을 텐데. 11시가 넘었네…….

쥐갈로프 앉으라면 앉아야지. 여러분, 부탁드립니다! 이리들 오십시오! (소리친다) 저녁 드세요! 젊은분들!

티모페예브나 손님 여러분, 부탁드립니다! 앉으세요!

즈메유키나 (식탁에 앉으면서) 시를 주세요! 격정적인 그는 폭풍을 찾는다네. 폭풍 속에 평안이 있는 것처럼. 폭풍을 주세요!

야치 (방백으로) 기막힌 여자야! 사랑에 빠졌어! 홀딱 반해버렸어!

    다셴카, 모즈고보이, 들러리들, 여자들의 춤 상대들, 아가씨들이 들어온다. 모두가 시끌벅적하게 식탁에 앉는다. 잠시 사이. 음악이 행진곡을 연주한다.

모즈고보이 (일어서면서) 여러분! 다음과 같은 말씀을 드려야겠습니다……. 매우 많은 건배사와 말씀이 마련되어 있습니다. 기다릴 것 없이 곧바로 시작합시다. 여러분, 신혼부부를 위해 선배를 제안합니다!

    음악이 행진곡을 연주한다. 환호성. 술잔 부딪치는 소리.

    고리코![2]

모든 사람들 고리코! 고리코!

---

2) 러시아에서 신랑과 신부가 키스할 것을 재촉하면서 외치는 소리.

아플롬보프와 다셴카가 키스한다.

야치 좋아요! 좋습니다! 여러분, 저는 이 홀과 집이 대단하다는 사실을 인정하지 않을 수 없다는 것을 말씀드리고자 합니다! 아주 뛰어나고 매혹적입니다! 다만, 완전한 승리에 무엇이 모자란지 알고 계십니까? 이렇게 말씀드려 죄송합니다만, 전등입니다! 모든 나라에 전등이 들어왔습니다만, 아직 러시아에는 들어오지 않았습니다.

쥐갈로프 (생각이 깊은 표정으로) 전등이라…… 흐음……. 하지만 내가 보기에 전등은 그저 사기에 지나지 않아……. 저기에 석탄 부스러기를 넣고는 눈속임을 하는 거지! 아니야, 이 사람아. 만일 자네가 조명을 하고 싶다면. 석탄 부스러기가 아니라, 어떤 본질적인 것, 그러니까 붙잡을 수 있는 어떤 특별한 것을 내놓으라고! 불을, 불을 달란 말이야, 알겠나? 머리로 생각해낸 불이 아니라, 자연의 불!

야치 만일 축전지가 무엇으로 만들어져 있는지 보신다면, 달리 생각하실 겁니다.

쥐갈로프 보고 싶지도 않네. 그건 사기라고. 순진한 사람들을 속이다니…… 마지막 한 방울까지 고혈을 짜낸다니까……. 그런 자들을 알아. 바로 그자들을……. 이보시오, 젊은 양반. 사기꾼을 감싸고돌기보다는 한 잔 마시고 다른 분들에게도 따라드리는 것이 더 나을 걸세. 그럼, 그렇다마다!

아플롬보프 아버님, 전적으로 같은 생각입니다. 무엇 때문에 학문적인 이야기를 하는 겁니까? 저 또한 과학적인 의미의 온갖 발견에 대해 말하는 걸 꺼려하지 않습니다. 하지만 지금이 어디 그럴 땐가요! (다셴카에게) 당신 생각은 어때, ma chere?[3]

다셴카 사람들은 교육받은 걸 보여주길 원해서[4] 언제나 알 수 없는 걸 말하는 거예요.

티모페예브나 고맙기도 하시지. 평생 교육을 받지 않고 살았지만 셋째 딸은

---

3) 여보(프랑스어).
4) 본디 '원해서'가 맞지만, 다셴카는 러시아어 맞춤법에 맞지 않는 말을 함으로써 자신의 무지와 무교양을 드러내고 있기에 '원해서'로 표기했다.

벌써 훌륭한 사람과 결혼했어요. 당신 생각에 따르면 우린 교육도 못 받은 사람들인데, 왜 우리 집에 들락거리는 거죠? 교육받은 사람들한테나 가요!

야치 나스타샤 티모페예브나, 저는 늘 당신 가족을 존경해왔습니다. 전등에 관한 이야기라면 그건 제가 거만해서 그런 게 아닙니다. 술을 마실 수도 있습니다. 다리야 예브도키모브나에게 좋은 신랑감이 나타나기를 늘 충심으로 바라고 있었습니다. 나스타샤 티모페예브나, 요즘엔 좋은 사람과 결혼하기 어렵습니다. 누구나 이해관계 때문에, 돈 때문에 결혼하려고 기회를 엿보고 있어서…….

아플롬보프 이건 암시야!

야치 (겁을 먹고서) 어떤 암시도 없습니다……. 이 자리에 계신 분들을 두고 말한 게 아닙니다……. 이건 그러니까…… 말하자면…… 무슨 말씀을! 모두가 알고 있습니다. 당신은 사랑 때문에……. 지참금도 하찮고.

모페예브나 아니, 하찮다니! 나리, 이야기하는 건 좋지만 너무 지껄이지는 말라고. 우리는 현금으로 천 루블, 외투 세 벌, 침대와 가구 모두를 줄 거예요. 다른 곳에서 이런 지참금을 찾을 수 있는 줄 알아요!

야치 저는 다만……. 가구는 정말 좋습니다만…… 그리고 외투도 물론 그렇습니다. 하지만 제가 암시했다고 화를 내는 분들이 있다는 뜻에서 말씀드린 겁니다.

티모페예브나 돌려서 말하시면 안 되죠. 당신 부모님 때문에 우린 당신을 존중하고 결혼 피로연에도 초대했는데, 이런저런 말을 하다니. 에파미논트 막시므이치가 이해관계 때문에 결혼한다는 걸 알았다면, 왜 전에는 아무 말도 하지 않았죠? (눈물을 글썽이며) 서 아일 르고, 젖을 먹이고, 사랑으로 키웠고…… 에메랄드 금강석보다 더 아꼈는데…….

아플롬보프 어머님도 그렇게 생각하셨나요? 정말 감사드립니다! 정말 고맙습니다! (야치에게) 그런데 당신. 야치 씨. 비록 당신과 내가 친분이 있다고 해도 남의 집에서 이런 추태를 부리는 걸 그냥 넘어갈 수는 없소! 나가 주시오!

야치 어떻게 이럴 수가?

아플롬보프 당신이 나처럼 순수한 인간이 되기를 바랍니다! 썩 나가시오!

음악이 행진곡을 연주한다.

여자들의 춤 상대들 (아플롬보프에게) 그냥 놔둬! 그만하면 됐어! 뭐, 꼭 그래야지? 앉아! 놔두라니까!

야치 괜찮습니다······. 저는 다만······ 대체 이해할 수가 없군요······. 좋습니다, 이만 가지요······. 다만 그 전에 5루블을 돌려주세요. 이런 말을 해서 미안합니다만, 작년에 무명 조끼를 산다고 나한테 빌려간 돈 말입니다. 한 잔만 더 마시고······ 그리고 가겠어요. 다만 빚부터 먼저 갚으세요.

여자들의 춤 상대들 자, 됐어. 됐다니까! 충분해! 하찮은 일 때문에 그래야 해?

들러리 (소리친다) 신부의 부모님이신 예브도킴 자하로비치와 나스타샤 티모페예브나의 건강을 위해!

음악이 행진곡을 연주한다. 환호성.

쥐갈로프 (감동해서 사방으로 인사한다) 감사합니다! 귀빈 여러분! 저희를 잊지 않으시고, 싫어하지 않으시고, 사랑해주셔서 정말로 감사드립니다······. 그리고 제가 사기꾼이라거나 사기 친다고 생각하지 마십시오. 그저 느낀 대로 말씀드린 것뿐입니다! 솔직한 마음에서요! 선량한 분들에게 무엇을 아끼겠습니까? 깊이 감사드립니다! (키스한다)

다셴카 (어머니에게) 어머니. 왜 우시는 거예요? 이토록 행복한데!

아플롬보프 어머님은 눈앞의 이별 때문에 가슴 졸이시는 거야. 하지만 조금 전에 우리가 나눈 이야기를 떠올리시는 게 나을 거라고 어머님께 말씀드리고 싶어요.

야치 울지 마세요, 나스타샤 티모페예브나! 인간의 눈물이 뭐라고 생각하시나요? 소심한 정신병이에요. 그 이상은 아닙니다.

쥐갈로프 그리스에도 송이버섯이 있나요?

드임바 있습니다. 거기엔 다 있어요.

쥐갈로프 아마 느타리버섯은 없겠죠.

드임바 느타리버섯도 있습니다. 다 있어요.

모즈고보이 하를람피 스피리도노비치, 당신이 말씀하실 차롑니다! 여러분, 우리도 한마디씩 합시다!

모든 사람들 (드임바에게) 한 말씀! 한 말씀! 당신 차롑니다!

드임바 왜 이러세요? 뭐가 뭔지 모르겠군요……. 대체 이게 뭔지?

즈메유키나 아니, 안 됩니다! 거절하시면 안 됩니다! 당신 차례에요! 일어나세요!

드임바 (당황스러워 하면서 일어난다) 말씀드릴 수 있는 것은 러시아라는 것과 그리스라는 것이……. 지금 러시아 사람들과 그리스 사람들이…… 그리고 바다에는 버가, 그러니까 러시아말로 하면 배가 떠다닙니다. 땅에는 여러 종류의 철도가 있습니다. 잘 알고 있습니다……. 우리는 그리스 사람들이고, 당신들은 러시아 사람들입니다. 그리고 나한텐 아무것도 필요 없어요……. 말씀드릴 수 있는 것은…… 러시아라는 것과 그리스라는 것.

뉴닌이 들어온다.

뉴닌 조금만 기다리세요, 여러분. 드시지 마세요! 기다려 주세요! 나스타샤 티모페예브나, 잠깐만요! 이쪽으로 오세요! (나스타샤 티모페브나를 한쪽으로 데려간다. 숨을 헐떡이면서) 들어보세요……. 지금 장군이 도착할 겁니다……. 드디어 찾아냈습니다, 마침내……. 정말로 지쳐버렸습니다……. 진짜 장군입니다. 위풍이 있고, 나이 드신, 아마 여든 아니면 아흔쯤…….

나스타샤 티모페예브나 언제 오시는 거죠?

뉴닌 곧 도착하실 겁니다. 평생 제게 감사해야 할 겁니다. 그저 장군이 아니라, 대단한 분입니다. 불랑제[5]라니까요! 그 무슨 보병 나부랭이가 아니라 해군입니다! 계급은 중령인데, 그 사람들, 그러니까 해군 방식에 따르면 소장과 같습니다. 문관으로 치면 4등 문관입니다. 그야말로 똑같다니까요. 오히려 더 높습니다.

---

5) 조르주 불랑제(1837~1891). 프랑스 장군이자 대중적 인기를 끈 정치가.

티모페예브나 우릴 속이는 건 아니지, 안드루셴카?[6]

뉴닌 아니 제가 사기꾼이란 말입니까? 안심하십시오!

티모페예브나 (한숨 쉬면서) 헛되이 돈을 마구 쓰고 싶지 않아, 안드루셴카…….

뉴닌 안심하십시오! 장군이 아니라, 대단한 인물입니다! (목소리를 높여서) 말씀드리겠습니다. 제가 이르기를, "저희를 완전히 잊으셨습니다, 각하! 오랜 지기들을 잊어버린다는 것은 좋지 않습니다, 각하! 나스타샤 티모페예브나가 각하께 불만이 이만저만 아닙니다!" 그렇게 말씀드렸어요. (식탁으로 걸어가서 앉는다) 그러자 그분이 말씀하셨지요. "미안하네, 친구. 신랑을 알지도 못하는데 어떻게 가겠나?" 그래서 말씀드렸습니다. "아니 무슨 말씀이십니까, 각하. 뭘 그리 따지십니까? 신랑은 아주 훌륭하고 솔직한 사람입니다. 전당포에서 가격 평가사로 일하고 있습니다. 하지만 각하. 그렇다고 해서 그 사람이 궁핍하다거나 사기꾼이라고 생각하시지 마십시오. 요즘은 고상한 숙녀들도 전당포에서 일하고 있으니까요." 그렇게 말씀드렸습니다. 각하께서 제 어깨를 가볍게 두드리셨고, 우리는 하바나 궐련을 피웠습니다. 이제 곧 그분이 오실 겁니다……. 기다려주세요, 여러분. 드시지 마세요…….

아플롬보프 언제 오신다는 거요?

뉴닌 곧 도착하십니다. 그분께서 떠날 때 이미 덧신을 신으셨거든요. 기다려주세요, 여러분. 잠깐만요.

아플롬보프 그렇다면 행진곡을 연주하라고 일러야 합니다…….

뉴닌 (소리친다) 이봐요, 악사 여러분! 행진곡!

음악이 지체 없이 행진곡을 연주한다.

하인 (알린다) 레부노프 카라울로프 씨가 오셨습니다!

쥐갈로프, 나스타샤 티모페예브나와 뉴닌이 맞이하러 달려간다. 레부노프 카라울로프가 들어온다.

---

6) 안드레이의 애칭.

티모페예브나 (인사하면서) 어서 오세요, 각하! 정말 기쁩니다!

레부노프 매우!

쥐갈로프 각하, 저희는 귀하거나 고상하지 않은 평범한 사람들입니다. 그러나 저희들이 어떤 사기를 친다고는 생각하지 마십시오. 저희는 훌륭한 분들께 최고의 자리를 마련하고 있으며, 아무것도 아끼지 않습니다. 어서 오십시오!

레부노프 매우 기쁩니다!

뉴닌 소개해 올리겠습니다, 각하! 신랑 에파미논트 막시모비치 아플롬보프와 신생아…… 그러니까 신부입니다! 전신국에서 일하는 이반 미하일로비치 야치입니다! 과자와 관계된 일을 하는 그리스 사람 하를람피 스피리도노비치 드임바입니다! 오시프 루키치 자젤만데프스키입니다! 그리고 기타 등등입니다……. 남은 사람들은 모두 보잘것없는 자들입니다. 앉으십시오, 각하!

레부노프 정말 실례합니다만, 여러분. 안드루샤에게 두어 마디 하고 싶군요. (뉴닌을 한쪽으로 데리고 간다) 이보게, 조금 당황스럽네…… 자넨 어째서 나를 각하라고 부르나? 알다시피 난 장군이 아니야! 중령이잖나. 대령보다도 아래야.

뉴닌 (귀가 안 들리는 사람에게 그러는 것처럼 레부노프의 귀에 대고 말한다) 알고 있습니다. 하지만 표도르 야코블레비치, 각하라고 부를 수 있도록 제발 허락해주세요! 여기 있는 가족은 순박하고, 나이 든 분들을 존경하며, 계급이 높은 사람에게 복종하는 걸 좋아합니다.

레부노프 그래. 그렇다면, 물론…… (식탁으로 걸어가면서) 매우!

티모페예브나 앉으세요, 각하! 제발요! 드십시오, 각하! 죄송합니다만, 댁에서야 우아하게 드실 테지만, 저희는 소박해서!

레부노프 (제대로 알아듣지 못하고) 뭐라고요? 흐음…… 그렇습죠. 그렇습니다요……. 옛날에 사람들은 언제나 소박하게 살았고 만족했습니다. 나는 관등을 가진 사람이지만 소박하게 살고 있습니다……. 오늘 안드루샤가 와서 이곳 결혼 피로연에 오라고 초대를 합디다. 그래서 말했지요. 잘 알지도 못하는데 어떻게 가겠나? 거북한 일이다! 그랬더니. 소박하고 순박한 사람들이어서 모든 손님을 환대한다고…… 말하는 겁니다. 물론 그렇다면…… 왜 안 오겠어요? 매우 기쁩니다. 집에서는 혼자 따분한 데다가, 만일 결혼 피로연에서 내가 누군가에게 만족을 줄 수 있다면, 좋다고 말했습니다……

쥐갈로프 그러니까 진심이란 말씀이시죠, 각하? 존경합니다! 저 또한 소박한 인간이고, 어떤 사기도 치지 않습니다. 그래서 그런 분들을 존경합니다. 드십시오, 각하!

아플롬보프 오래전에 퇴역하셨습니까, 각하?

레부노프 예? 네, 네…… 맞습니다. 그렇습니다……. 그런데 미안합니다만, 이게 도대체 어찌 된 일이오? 청어도 빵도 고리코 합니다. 먹을 수가 없군요!

모든 사람들 고리코! 고리코!

아플롬보프와 다셴카가 키스한다.

레부노프 하—하—하…… 여러분의 건강을 위해.

사이.

그렇습니다……. 옛날에는 모든 것이 소박했고 모두가 만족했습니다……. 나는 소박한 걸 좋아합니다……. 나는 이미 늙었고, 1865년에 퇴역했습니다……. 올해 일흔두 살입니다……. 그래요, 물론 그랬을 겁니다. 옛날에도 사람들은 기회가 있으면 호사스러운 걸 보여주고 싶어 했지요. 하지만…… (모즈고보이를 보고 나서) 당신은 그러니까…… 수병인 거요?

모즈고보이 그렇습니다.

레부노프 아하…… 그렇군…… 그래요……. 해상 근무는 언제나 힘들었어요. 무엇인가 궁리하고 골치 아픈 일이 있게 마련이에요. 그러니까 어떤 하찮은 말이라도 특별한 뜻이 있는 겁니다! 예를 들어보죠. 장루 대원들은 앞 돛대의 큰 돛과 중앙 돛에 밧줄을! 이게 무슨 뜻이죠? 수병이라면 아마도 틀림없이 알 거요! 하하! 수학처럼 정확해야 합니다!

뉴닌 표도르 야코블레비치 레부노프 카라울로프 각하의 건강을 위해!

축하 음악을 연주한다. 환호성.

야치 방금 각하께서는 해군 근무의 어려움에 관하여 말씀하셨습니다. 그렇다면 전신국 근무는 쉬울까요? 지금은 각하, 프랑스어나 독일어로 읽고 쓰지 못하면 전신국에 취직할 수도 없습니다. 그러나 무엇보다도 전신국에서 가장 어려운 것은 전보를 보내는 것입니다. 정말로 어렵습니다! 한번 들어보십시오. (전신기를 본뜨면서 포크로 식탁을 두드린다)

레부노프 그게 무슨 뜻이오?

야치 덕행을 베푸시는 각하를 존경한다는 뜻입니다. 쉽다고 생각하십니까? 다시 한번요. (두드린다)

레부노프 좀 더 크게……들리지 않아서…….

야치 이것은 마담, 당신을 끌어안는다면 얼마나 행복할까요라는 뜻입니다!

레부노프 어떤 마담을 말하는 거요? 그렇군요…… (모즈고보이에게) 그래서 말인데, 만일 순풍을 받고 달린다면 마땅히…… 마땅히 중간 돛과 최고 돛을 세워야 해요! 여기서 명령해야 합니다. 돛대 꼭대기 가로장을 중간 돛과 가장 높은 돛 위의 밧줄로…… 그리고 동시에 돛을 활대에 내리면서 밧줄과 밧줄이 중간 돛과 가장 높은 돛 아래에 자리 잡아야…….

들러리 (일어서면서) 여러분, 여러…….

레부노프 (끼어들면서) 그렇습니다…… 여러 가지 명령이 있습니다……. 그래요…… 중간 돛과 가장 높은 돛을 잡아당기라고!! 좋습니까? 하지만 이게 대체 무슨 말이고 어떤 뜻일까요? 무척 단순합니다! 말하자면 중간 돛과 가장 높은 돛을 잡아당기고, 밧줄을 위로 올리는 겁니다……. 한꺼번에! 게다가 끌어올릴 때에는 가장 높은 돛과 가장 높은 돛의 밧줄을 평평하게 해야 합니다. 그리고 동시에 돛에서 밧줄을 늦춰야 합니다. 그래서 돛이 딩겨지고, 밧줄이 필요한 곳까지 모두 끌어올려지면 중간 돛과 가장 높은 곳의 밧줄은 당겨지고, 활대는 바람의 방향에 따라 돌게 됩니다…….

뉴닌 (레부노프에게) 표도르 야코블레비치, 뭔가 다른 것에 대해 말씀해 달라고 안주인이 부탁드립니다. 손님들이 잘 모르는 얘기라 지루해서…….

레부노프 뭐라고? 누가 지루하다는 겁니까? (모즈고보이에게) 젊은이! 만일 배가 돛을 활짝 편 채 왼쪽과 뒤에서 바람을 받고 있는데 순풍의 도움을 받고자 한다고 칩시다. 그럴 땐 어떻게 명령해야 하나요? 바로 이겁니다. 모든 선원을 위로 불러 모으고, 순풍 쪽으로 회전! 하하…….

뉴닌 표도르 야코블레비치, 그만하세요! 드십시오.

레부노프 모두가 달려 나오자마자 곧바로 명령합니다. 제자리에 서서 순풍 쪽으로 회전! 아, 인생이란! 명령을 내리고 보는 겁니다. 수병들이 마치 번개처럼 제자리에서 사방으로 흩어져 밧줄을 여기저기로 가져가도록 말입니다. 그리고 이렇게 고함치는 겁니다. "잘했다. 병사들!" (사레가 들려서 기침한다)

들러리 (계속 지체되는 것을 이용하려고 서두른다) 그러니까 사랑하는 사람을 축하하려고 오늘 우리가 모인 것은…….

레부노프 (끼어들면서) 그렇습니다! 그래서 이 모든 것을 기억해야 해요! 그러니까 앞 돛대의 돛과 중앙 돛을 분리해야 합니다!

들러리 (모욕을 느끼면서) 대체 저분은 왜 끼어드는 거죠? 이러면 우린 한마디도 못할 거예요!

티모페예브나 각하, 저희는 까막눈이어서 아무것도 알아들을 수 없네요. 뭔가 저희들이 관심을 가질 만한 걸로 말씀하시면 좋겠는데요…….

레부노프 (알아듣지 못하고) 벌써 먹었어요. 고마워요. 거위라고 그러셨나요. 고맙습니다……. 그래요. 옛일이 떠올랐어요……. 어쨌든 유쾌하군요, 젊은이! 고통도 잊은 채 바다를 떠돌아 다녔어요, 그리고…… (떨리는 목소리로) 칸막이벽 주위로 돌 때 그 기쁨을 떠올려보세요! 어떤 수병이 이런 기동훈련을 떠올리면서 흥분하지 않겠습니까! 모든 선원을 위로 불러 모으고 칸막이벽 주위를 돌라는 명령이 떨어지자마자 마치 전기불꽃이 모든 사람들을 꿰뚫은 것 같았어요. 함장에서부터 시작해서 마지막 수병에 이르기까지 모두 흥분했다니까…….

즈메유키나 지루해요! 지루해!

모두가 투덜거리는 소리.

레부노프 (듣지 못한 채) 고맙습니다, 먹었어요. (열중하여) 모든 게 준비되면 선임 장교를 뚫어져라 바라보았어요……. 선임 장교는 명령합니다. 앞 돛대의 큰 돛과 중앙 돛의 밧줄은 우현으로, 뒤쪽 돛대 두 번째 돛의 밧줄은 좌현으로,

반대편 밧줄은 좌현으로. 모든 게 순간적으로 이루어집니다……. 앞 돛대의 돛과 삼각돛은 분리하고…… 우현으로! (일어난다) 배는 바람을 향해 달리고, 마침내 돛이 펄럭이기 시작하는 거예요. 선임 장교는 밧줄을 보고 긴장해서 또 보라고 명령합니다. 자신도 상부 돛대의 돛을 뚫어져라 보다가 마침내 돛이 펄럭이기 시작하면. 다시 말해 도는 순간에 천둥 같은 명령이 전달되는 겁니다. 중앙 돛 장루 밧줄을 풀고, 뱃줄을 풀어라! 이쯤 되면 모든 게 날아다니고 소리를 내면서 찢어집니다. 엄청난 혼란입니다! 모든 것이 실수 없이 이뤄집니다. 회전은 성공입니다!

티모페예브나 (얼굴을 붉히고서) 장군님, 이게 무슨 추탭니까……. 나이 먹었으면 부끄러워 하셔야죠!

레부노프 커틀릿 말이오? 아닙니다, 안 먹었어요……. 감사합니다.

티모페예브나 (큰 소리로) 나이 먹었으면 부끄러워 하셔야죠! 그 말입니다. 장군님, 이 무슨 추탭니까.

뉴닌 (당황해서) 여러분, 자…… 이럴 필요가……? 사실은…….

레부노프 첫째, 나는 장군이 아니라 해군 중령입니다. 군대의 계급 서열로 따지면 육군 중령과 같습니다.

티모페예브나 장군이 아니라면 무엇 때문에 돈을 받은 거죠? 그리고 추태나 부리라고 당신한테 돈을 낸 게 아니에요!

레부노프 (어찌할 바를 모르고) 무슨 돈 말입니까?

티모페예브나 아시잖아요, 무슨 돈인지, 안드레이 안드레예비치를 통해서 25루블 받으셨잖아요……. (뉴닌에게) 안드루셴카, 자네 잘못이야! 저런 사람을 불러달라고 부탁한 게 아니잖아!

뉴닌 자, 그러니까…… 그만하세요! 이럴 필요가……?

레부노프 고용했다니…… 돈을 냈다니…… 이게 무슨 일이야?

아플롬보프 하지만, 잠깐만요…… 안드레이 안드레예비치에게서 25루블 받으셨잖아요?

레부노프 무슨 25루블? (생각하고 나서) 바로 그거야! 이제야 모두 알겠군……. 정말로 추악해! 이 얼마나 추악한가!

아플롬보프 돈을 받았잖아요?

레부노프 돈이라곤 한 푼도 받지 않았소, 비키시오! (식탁에서 물러난다) 참으로 추악해! 얼마나 저속한가! 늙은이를, 해군을. 공적이 있는 장교를 이토록 모욕하다니! 여기가 고상한 모임이라면 결투라도 신청할 텐데. 이제 내가 뭘 하겠소? (당황해서) 문이 어디요? 어느 쪽으로 가야 하는 거요? 이보게, 나를 내보내 줘! 이봐! (간다) 얼마나 저속한지! 얼마나 추악한지! (나간다)

티모페예브나 안드루셴카, 25루블은 대체 어디 있나?

뉴닌 그런 하찮은 걸 말할 필요 있습니까? 별거 아닙니다! 모두가 기뻐하고 있는데, 무슨 말인지 알 수가 없네……. (소리친다) 젊은이들의 건강을 위해! 음악, 행진곡을! 음악!

행진곡을 연주한다.

젊은이들의 건강을 위해!

즈메유키나 숨이 막힐 것 같아요! 공기를 주세요! 당신 옆에 있으니 숨이 꽉 막히는군요.

야치 (환희에 차서) 놀라워요! 놀랍습니다!

소음.

들러리 (자기 소리로 남의 소리를 억누르려 애쓰면서) 친애하는 신사 숙녀 여러분! 그러니까, 오늘…….

—막—

체호프의 생애와 작품

체호프의 생애와 작품

안톤 파블로비치 체호프(Антон Павлович Чехов)는 위대한 극작가이자 빼어난 단편소설의 명장으로 꼽히는 19세기 끝무렵 러시아 사실주의를 대표하는 큰 별이다. 1860년 1월 17일(신력인 태양력은 1월 29일) 남러시아의 아조프해와 가까운 항구 도시 타간로크에서 태어났다. '러시아 문학의 아버지' 니콜라이 고골은 그보다 8년 전에 세상을 떠났으니, 체호프는 스스로 '인생의 스승'이라고 한 고골을 직접 만나지는 못했다. 물론 고골이 지은 희극〈검찰관〉의 초연도 보지 못했다. 이때는 도스토옙스키가 시베리아 유형에서 수도로 돌아온 다음 해이며 러시아 역사상 유명한 농노 해방령이 반포되기 전 해에 해당한다.

다시 연표를 살펴보면 투르게네프가 사회의 움직임을 민감하게 포착해 소설《그 전날 밤》을 쓰고 급진적 비평가 도브롤류보프가《암흑의 왕국에 한 줄기의 빛》을 발표한 해이기도 하다. 그리고 이 무렵 이미《유년 시대》《청년 시대》를 써서 작가의 위치를 확립한 레프 톨스토이가 야스나야 폴랴나에서 농민 교육을 시작했고 서부 유럽으로 망명한 사상가 게르첸이 러시아 체제 규탄의 서(書)라고도 할 만한《과거와 사색》을 발표하기 시작했다. 크림 전쟁(1854~56) 뒤 차츰 균열을 보이기 시작한 러시아 사회는 그 뒤 이십 년 동안 체제를 비판하는 젊은 허무주의자들의 활동과, 아버지 아들 세대의 갈등, 황제 암살 사건, '브나로드 운동' 등 격변의 소용돌이에 휩싸였다.

그러나 그러한 격변의 소용돌이는 19세기 러시아 문학의 마지막 위대한 작가로 곧 등장하게 될 안톤 체호프의 젊은 나날에는 별다른 영향을 주지 못한 것 같다. 그것은 체호프가 자라난 공간이 러시아 역사의 표면과는 너무나 동떨어진 세계였기 때문이다. 그의 아버지 파벨은 타간로크에서 식료품 잡화상을 했고, 할아버지는 자신의 힘으로 자유를 찾은 농노 출신이었다. 파벨은 잡화상으로 근근히 살아가면서도 신앙심이 두텁고 엄격했다. 체호프는 7남매 가운데

▲1870년경의 타간로크 광경

◀안톤 체호프의 생가

셋째 아들이었고, 누이인 마리아 체호프는 10월 혁명 뒤 얄타의 체호프 박물관의 관장이 되었다.

체호프는 태어날 때부터 성격이 밝은 소년이었다. 그는 시끄럽게 떠들거나 사람을 놀리거나 익살을 부리기도 하고, 또 사람을 꼼꼼히 살펴 우직한 교회 머슴, 춤추는 연극배우, 치과의사, 경찰서장 등을 우스꽝스럽게 잘 흉내 내어 사람들을 웃겼다고 한다. 이는 나중에 그가 독특한 작품 세계가 살아 있는, 400편에 가까운 유머 단편소설을 쓸 수 있는 원동력이 되었다고 할 수 있다. 그러나 그의 소년 시절, 청년 시절에는 두 가지 불행이 있었다.

그 한 가지는, 체호프의 말을 빌린다면, 가정에서의 아버지의 '전제주의'였다. 그의 아버지 파벨은 어느 날 팔려고 갖다 놓은 올리브유 통 속에 쥐가 빠져 죽은 것을 보고, 일부러 사제(司祭)를 불러 기도를 올리고서 손님에게 팔려고 했을 만큼 지독한 장사꾼이었으며, 집안에서는 자식들을 매질로 다스리는 폭군이었다. 전기 작가들이 전하는 바에 따르면 초등학교 시절 체호프는 친구를 사귀면 처음 처음 묻는 질문이 '집에 가면 매 안 맞니?'였고 맞지 않는다는 대답을 들으면 놀라면서 믿지 않으려 했다고 한다. 체호프 자신도 '나는 소년 시절이 없었다'고 말한 바 있다.

두 번째 불행은 그가 열여섯 살 나던 해에 아버지가 파산을 하고, 모스크바로 야간도주해 집안 식구들이 뿔뿔이 헤어졌던 일이다. 이에 앞서 아버지의 '전제주의'를 피해 모스크바로 유학한 두 형들은 집을 멀리한 채 술과 방탕에 빠져 세월을 보내고 있었으므로, 아버지의 파산 이후 집안을 꾸려가는 책임은 자연히 셋째 아들인 체호프의 몫이었다. 오랜 세월 동생과 누이, 부모를 보살펴야 했음에도 체호프는 역경 속에서도 가정의 든든한 정신적 기둥으로서 따뜻하고 성실한 마음과 희망을 잃지 않았다. 이는 체호프의 인품을 아는 데 있어 기억할 만한 사항이라 할 것이다. 이 시기에 안톤 체호프가 사촌 형에게 쓴 편지에는 다음과 같은 구절이 있다.

"아버지와 어머니는 이 세상에서 내가 무엇을 희생하더라도 아까울 것이 없는 유일한 분들입니다. 앞으로 내가 출세를 한다면 그것은 모두 아버지와 어머니 덕분입니다. 그분들이 당신들의 자식에게 베푼 한량없는 사랑은 온갖 고생으로 인해 생겨났을지도 모를 그분들의 결점을 가리기에 충분할 것입니다."

그는 다 떨어진 덧신을 신고 다니면서 가정교사 노릇을 하여 번 돈을 모스크바 빈민굴에서 기거하는 어머니와 동생들에게 보내주기도 하고 또 가끔 격려하는 편지를 써 보내기도 했다. 그러한 편지 가운데 막내 동생 미하일에게 보낸 편지의 다음과 같은 구절은 젊은 체호프의 됨됨이를 잘 보여 준다.

"자신의 무가치함을 인식하는 것은 신이나 지혜, 미(美)나 자연 앞에서이지 사람 앞에서는 아닐 것이다. 사람 앞에서는 자기의 가치를 인식해야만 하는 거란다. 너는 사기꾼이 아니고 정직한 사람이겠지? 그렇다면, 네 안의 정직한 자를 존중해야 해. '겸허하다'는 것과 자신의 '무가치함을 인식한다'는 것을 혼동해서는 안 돼."

의학 수업과 문학 수업

고학으로 중학교를 졸업하고 대학 입학 자격을 얻은 체호프는 3년 동안 늘 걱정했던 모스크바의 가족들에게로 돌아가 거기서 모스크바 대학 의학부에 입학했다. 한 이야기에 따르면 소년 시절에 병을 앓아, 그때부터 의사를 동경했다고도 하는데, 왜 그가 의학부를 택했는지 그 동기를 정확하게 전하는 기록은 없다. 나이가 들어 의학부 졸업자 앨범에 약력을 남겼는데 자신의 그 무렵 약력을 그는 이렇게 썼다.

"1879년, 모스크바 대학 의학부에 입학. 대체로 학부에 대해서는 그 무렵 뚜렷한 의견이 없었으며, 구체적으로 어떤 생각으로 의학부를 택했는지 기억은 없으나 그 뒤 이 선택을 후회한 일은 없다. 이미 일 학년 때부터 주간지며, 신문에 기고를 시작했고 1880년대 초에는 이러한 글쓰기가 지속적이고 직업적인 성격을 띠었다."

또 그는 의학과 자신의 문학에 대해 이렇게 쓰고 있다.

"나는 의학 공부가 나의 문학에 커다란 영향을 미쳤다는 것을 의심치 않는다. 그것은 나의 관찰 영역을 뚜렷하게 넓혔고 온갖 지식으로 나를 풍요롭게 했다. 또 의학 공부는 내게 지침이 될 만한 영향을 끼쳤다. 내가 많은 시행착오를 피할 수 있었던 것은, 아마도 의학에 접근한 덕분이었을 것이다. 자연과학을 알고 과학의 방법을 알게 된 덕분에 나는 늘 신중한 태도로 가능한 과학적 근거에 따르려고 노력했고, 그것이 불가능할 때에는 차라리 판단을 포기했다. ……나는 과학을 나쁘게 생각하는 소설가에 속하지 않는다. 동시에 자기만의 지식으로 모든 것을 판단하고 해석하는 소설가이고 싶지도 않다."

—로솔리모에게 쓴 편지

체호프는 37세에 심한 객혈로 요양 생활에 들어가기까지 틈틈이 소설을 쓰면서 의사로서의 의무 또한 다하고자 했다. 체호프는 '의학은 나의 본처요, 문학은 나의 정부다'라고 썼다.

초기 단편소설들

의학부에 입학한 체호프는 가족과 자신의 생활비와 학비를 벌기 위해 공부하는 틈틈이 짧은 유머 소설을 쓰기 시작했다. 그 무렵 러시아 사회는 여러 차례에 걸친 '브나로드' 운동이 당국의 탄압과 농민민중의 보수성으로 인해 실패해 좌절감과 위축된 분위기가 팽배했는데, 그 분위기를 타고 저속하고 선정적인 주간지나 신문이 유행하고 있었다. 젊은 체호프는 그러한 주간지와 신문 투고란을 떠올린 것이다. 이것은 그의 25년에 걸친 문필 활동의 시작이기도 했고, 또 그가 가장 자주 쓴 필명—안토샤 체혼테—를 따서 '체혼테 시대'라 불리는 시대이기도 했다.

체호프가 44년의 짧은 생애 동안 쓴 소설은 자그마치 510편에 이른다. 그중 400여 편이 이른바 유머 단편소설인데 다시 그중에서 300편 남짓이 학생 시절과 그 뒤 문단에서 인정받기 전까지의 2년 동안에 쓴 것들이다. 이 단편소설들은 모두 뛰어난 것은 아니지만, 이 작품들만으로도 족히 단편소설 작가로서의 체호프의 특이한 재능을 짐작할 수 있다. 작가 코롤렌코는 체호프가 자신에게 한 말을 회상했다.

"어떤 식으로 내가 조그만 이야기를 쓰는지 알고 싶으시다는 말씀이죠." 책상 위를 둘러보고 처음에 눈에 띈 재떨이를 집어 들더니 체호프가 말을 이었다. "원하신다면 내일까지 이야기를 하나 만들지요…… 제목은 '재떨이'입니다."

《어느 관리의 죽음》과 《우수》

이러한 수백 편의 유머 단편소설을 체호프는 신문기자가 화제 현장의 기사를 쓰듯이 기계적으로 썼다고 이야기했는데, 이 초기 단편소설들 중에서도 이미 훗날의 명작을 방불케 하는 작품이 많이 포함되어 있다. 그것은 주로 인생의 허무함을 배경에 숨긴 일련의 짧은 이야기이다. 체호프에겐 본디 인생의 혹독한 덧없음에 대한 민감한 관조벽(觀照癖)이 있었는데, 어려서부터 삶의 애환을 짊어진 이름 없는 민중들의 잡다하고 사소한 일상을 관찰하고 묘사함으로써 자연스럽게 자리잡은 의식일 것이다.

예컨대 그의 단편소설 《어느 관리의 죽음》(1883)을 보자. 이 짧은 작품은 러시아 문학에 흔히 등장하는 학대받는 소심한 말단관리를 다루었다. 말단관리가 극장에서 재채기를 하는 바람에 앞좌석의 상사 머리에 침이 튀었다는, 어찌 보면 사소하고 평범한 사건이 결국엔 말단관리의 우스꽝스러운 쇼크사(死)로 이어진다. 이 이야기를 읽고서 독자의 가슴에 남는 것은, 이름 없는 인간 운명의 한 단면을 본데서 오는 슬픈 웃음이라 할 수 있을 것이다.

또 《장난》(1886)에서는, 순간적인 충동으로 여자에게 사랑을 속삭이는 '나'와 그 사랑의 말을 중독된 듯이 간절히 바라는 불행한 여자에 대한 능란한 묘사가 펼쳐진 뒤 마지막에는 이러한 장난을 흔적도 없이 지워버리는 인생이라는 거대한 시간의 물결이 짧은 몇 마디로 감동적으로 묘사된다.

단편소설 《우수》(1886)에 이르러서는 뒷날의 체호프의 특징이 뚜렷이 나타난다. 아들을 잃고 슬퍼하는 늙은 마부 이오나는 그 슬픔을 누군가에게 하소연하고 싶어 견딜 수가 없다. 그러나 그의 썰매를 타는 손님도, 숙소에 누워 있는 동료 마부들도, 자신들의 일에 열중해 누구 하나 그의 이야기에 귀 기울이지 않는다. 사람이란 본질적으로 고독하며, 그 고독은 사람들 속에 있을 때 더욱 날카로운 통증으로 파고든다고 이 이야기는 말하는 듯하다.

체호프의 작품은 주로 평범한 일상을 이야기한다. 그의 작품에는 유머와 현실의 경계가 없다. 어디서 웃음이 시작되어 어디서 현실과 뒤섞이는지 알지 못한다. 마치 하나의 투명한 거울을 내밀듯이, 불필요한 장식 없이 직접적으로 이야기한다. 이야기라기보다는 보고라는 표현이 더 정확하리라. 등장인물은 일부러 우스꽝스러운 탈을 쓸 필요가 없으며, 그럴 재주도 없다. 그 존재 자체로 우스꽝스럽고 재미있기 때문이다. 그러나 그들을 보고 마냥 웃을 수만은 없다. 웃다가 무심코 얼굴이 굳어진다. 그가 내민 거울에는 자신의 얼굴이 뚜렷하게 비치고 있기 때문이다.

체호프의 초기 단편 소설로서는 《혼수》《아뉴타》《위험한 손님》《바니카》《입맞춤》《굴》《졸음》 외에 《전속 사냥꾼》《하사관 프리시베예프》《노년》《슬픔》《행복》, 길 잃은 개의 이야기 《카시탄카》 등이 유명하다. 이 이야기들에는 인생에 수없이 일어나는 사소하고 일상적인 사건을 포착해 가볍고 재치 있는 이야기로 만들어 내는 체호프의 재능이 잘 나타나 있는데, 그것을 어느 비평가는 '가볍고 날렵하게 이 가지에서 저 가지로 옮겨 다니는 새'에 비유했다.

유머 주간지 〈단편〉 발행자 레이킨 페테르부르크에서 발행한 〈단편〉은 그 무렵 러시아에서는 최고의 유머 잡지였다. 1883~87년까지 체호프는 100편 가까운 단편과 유머 소설을 이 잡지에 발표했다.

영광과 회의

가족의 생활을 유지하기 위해 많은 단편을 쓰는 동안 그의 필명 '체혼테'에 대한 문학계의 명성은 갈수록 높아져 갔다. 의학부를 졸업한 체호프는 수도 상트페테르부르크의 보수계 신문 〈신시대〉의 사장 스보린으로부터 융숭한 대우를 받았으며, 다음 해 3월에는 그 무렵 문단의 선배인 그리고로비치로부터 격려의 편지를 받았다. 체호프가 그때까지 써 온 주간지나 오락 신문은 시시한 문인이나 탐방 기자의 무대였으므로 여기서 비로소 그는 이른바 러시아 작가로서의 면허증을 손에 넣은 것이다.

그리고로비치는 체호프의 단편에서의 인물 묘사나 자연 묘사의 정확성, 진실성을 온갖 말로 찬양한 뒤, 본격적으로 진지하게 소설을 써 볼 것을 열심히 권했다. 이 말에 체호프는, 자기가 이제까지 스스로의 재능을 소중히 여기지 않았다는 것, 싸구려 작가의 처지를 감수해 왔다는 것, 자기가 '의사'이기에 작가로서의 자의식이 없었다는 것 등을 반성한 뒤 답장에 이렇게 쓰고 있다.

"이제까지 저는 자신의 문학을 경솔하고 무관심하게 분별없이 다루어 왔습니다. 저는 자신이 스물네 시간 이상 걸려서 쓴 단편을 한 편도 기억하고 있지 않으며 귀하께서 마음에 들어 하시는 《전속 사냥꾼》 같은 것은 욕실에서 썼습니다. 마치 신문 기자가 화제 현장의 기사를 쓰듯, 저는 단편을 기계적으로, 반은 무의식적으로, 독자도 저 자신도 생각지 않고 썼던 것입니다. 마구 써 나가면서도, 그래도 제가 소중하다고 생각한 인간상이나 광경은 쓰지 않으려고 노력했습니다……"

스물여섯 살의 체호프는 이렇듯 그 자신의 말에 따르면, '명성에 멱을 감고' 일약 문단의 총아가 되어 본격적인 진지한 소설을 쓰려고 노력했다. 그리고로비치가 권한 진지한 소설이란 러시아 고전 작가들이 좋아했던 장편 소설을 뜻했고 내용면에서 주의주장을 가진, 사상이 있는 소설을 의미하는 것이었다. 러시아 고전 작가들은 누구나 아는 바대로 문학을 사회 개혁의 무기라 생각하고 작품에 악(惡)의 규탄과 자신의 사상을 담는 것을 문학가의 의무로 알고 있었다. 그렇다면 체호프에겐 어떤 주의나 사상이 있었을까.

초기 단편소설들이 그러했듯이 체호프의 수법은 정경의 묘사와 기지를 골자로 삼고 있을 뿐 사회 비판이나 사상이라 부를 만한 것은 거의 없었다. 현실 문제로서 가족의 생활비를 벌기 위해 단편을 썼던 그로서는 사상을 숙성시킬 겨를이 없었으며 초기 단편소설들 가운데 사회를 비판하는 작품이 있었다 할지라도 그것은 허무를 증오하는, 성실하고 인간적인 그의 인품에서 우러난 작품에 지나지 않았던 것이다.

"나에게 가장 신성한 것은 인간의 육체, 건강, 지혜, 재능, 영감, 사랑, 절대적인 자유, 모든 폭력과 거짓으로부터의 자유입니다. 이것이 내가 예술가로

▲멜리호보의 집
1892년 체호프 가족은 모스크바에서 남쪽으로 100km쯤 떨어진 시골마을 멜리호보로 이사를 간다. 이 마을에서 체호프는 《6호실》,《갈매기》 등 40편이 넘는 작품을 집필했다.

▶체호프 동상
멜리호보의 체호프 집 정원에 있다.

▼체호프의 집 입구
정면에 보이는 건물은 '체호프 기념 국립박물관'으로 체호프가 세상을 떠난 뒤 세워졌다.

체호프의 생애와 작품

서 지키고 싶은 강령입니다."

 이렇게 그는 그 무렵의 편지 속에 쓰고 있다. 그러나 사상이 있는 장편소설을 시도했을 때 체호프는 자기에게 아무런 사상도, 주의주장도 없음을 깨달았다. 뿐만 아니라 온갖 세상일을 다 겪은 자신의 사회 지식이, 독선적인 사상이나 주의에 반발을 느낀다는 것을 알게 되었다.

소설 《등불》의 의미

 1888년 1월, 체호프는 '광야의 왕' 고골에 도전할 생각으로 그의 작품으로서는 꽤 긴, '광야의 향기가 감도는' 중편소설 《광야》를 집필한 뒤, 3월엔 중편소설 《등불》을 썼다. 이 소설은 여행 도중 고향에 들른 기사(技師)가 하룻밤 불장난으로 남의 아내가 된 학생 시절의 여자 친구를 정복한다는 추억담 형식으로 쓴 이야기인데, 도입 부분의 기사와 학생 사이의 토론에서, 그리고 소설 끝 무렵에서 되풀이되는 '세상일이란 알 수 없는 거야'라는 한 문장이 의미심장하다. 기사의 입을 빌려 표현되는 인생의 덧없음은 인간의 예지가 이를 수 있는 궁극의 단계이면서 동시에 사유가 정지에 이르는 극점(極點)으로서, 노년의 철학 즉 그 무렵에 유행한 염세사상과 맞닿아 있다.

 또한 이러한 주제의식은 뒷날 희곡 《갈매기》에서 작가 지망생 청년이 왜 자살을 하지 않으면 안 되는가를 푸는 열쇠이기도 한데, 이미 초기 단편 시절에서 언급했듯이 체호프 자신에게 인생에 대한 관조적 태도가 있었다는 것을 상기하면 묘하게도 생생한 울림을 갖는다. '세상일이란 알 수 없다'는 이 한 구절을 에워싸고 작가의 무사상(無思想), 무주의(無主義)가 문단으로부터 공격받았을 때, 체호프는 어느 편지에서 자신의 미학을 이렇게 썼다.

 "나는 신이라든가 염세주의라든가 하는 문제를 해결해야 하는 자가 소설가라고는 생각하지 않습니다. 소설가의 일은 누가 어떤 환경에서, 신 또는 염세주의에 대해 어떻게 이야기하고 고민하는가를 그릴 뿐입니다. 예술가는 자기의 작중인물이나 그들이 말하는 것에 대해 재판관이 되지 말고 오직 공평한 증인이 되어야 합니다…… 글을 쓰는 사람, 특히 예술가는 일찍이 소크

라테스나 볼테르가 고백했 듯이, 세상일은 알 수 없다 는 것을 자백해야 합니다."

사할린 여행

1890년, 만 30세를 맞은 봄, 체호프는 홀로 마차를 몰고 시베리아 대륙을 횡단해 사할 린섬으로 여행을 떠났다. 여 행의 목적은, 그 무렵 죄수 섬 이라 불리던 사할린섬의 수형 (受刑) 사정을 조사하기 위해 서였는데 무엇 때문에 그가 병든 몸으로 이런 큰 여행을 꾀했었는지 그 동기는 알려지 지 않았다. 아마도 풀 길 없는 우울과 회의와 초조감에 빠 져 있던 그가 폭거라 생각할

크니페르와 체호프 체호프는 1898년 그의 희곡이 모스 크바 예술극장에서 상연될 적에 올리가 크니페르를 만 났다. 그때 크니페르는 모스크바 예술극장의 간판 여배 우였다. 두 사람의 관계는 1900년 무렵부터 빠르게 발전 해 이듬해 5월에는 마침내 결혼식을 올렸다. 체호프는 그녀를 염두에 두고 《세 자매》의 마샤, 《벚꽃 동산》의 라 네프스카야를 묘사했다. 1902년 사진.

만한 이 여행에서 어떤 계기를 찾으려 했다고 보는 것이 옳으리라. 작가로서의 영광을 누린 이래 체호프는 영광에 따르기 마련인 분기(奮起)와 불안함으로 자 신을 갉아먹고 있었다.

"……나는 한 5년쯤 어딘가에 몸을 숨긴 채 정성스럽고 진지한 일에 열중 하고 싶습니다."

1889년 연말에 체호프는 이렇게 썼다.

"내겐 공부가 필요합니다. 예전에 탐구했던 것을 처음부터 다시 공부할 필 요가 있습니다. 나는 문학가로서는 너무 무식하니까요. 나는 양심적으로 감

정을 다해 분별을 가지고 써야 되겠습니다. ……정월이면 나는 만 서른 살이 됩니다. 그러나 내 마음은 스물두 살 때와 똑같습니다."

사할린섬 여행은 체호프에게 자기 회복 또는 자기 확립을 이룬 전환점이라고 할 수 있다(그는 이 여행에서 얻은 조사 기록을 바탕으로 《사할린섬》을 썼다).

체호프가 사할린섬 여행을 통해 얻은 첫 번째 소득은 사실의 중요성을 재인식하게 되었다는 점이다.

죄수 섬을 둘러싼 떠들썩한 논쟁과 눈으로 직접 본 실상과의 차이를 깨달았을 때, 체호프는 어떤 이념이나 사상이 사실에 바탕을 두지 않고도 성립될 수 있다는 것, 또 이념이나 사상이 인간 생활이라는 광대무변한 현실의 일부에서는 진실일 수 있을지라도 전체에서는 진실일 수 없음을 알게 되었다. 무주의, 무사상이라는 문단으로부터의 공격은 본질적인 공격이 아니었다. 성실성과 진실을 사랑하는 마음, 그것이 창조의 근원인 것이다. 그는 이렇게 말하고 있다.

"예술이 특별하고 멋있는 것은 예술은 거짓말을 할 수 없기 때문이다. 사랑이나 정치나 의학은 거짓말을 할 수 있다. 사람은 물론이거니와 하느님조차 속일 수 있다. 그러나 예술에서는 기만이 용납되지 않는다."

톨스토이 철학과의 결별

사할린섬 여행에서 얻은 두 번째 소득은, 톨스토이 철학과의 결별이다. 작가로서 체호프는 기성 작가로부터 거의 영향을 받지 않았다. 그러나 가치관적으로는 악에 대한 무저항의 철학이나, 일하지 않는 자는 먹지 않는다는 원칙이나 간음에 대한 비난 등과 같은 톨스토이의 도덕관에 한때 꽤 경도되었다. 하지만 수인(囚人)들이 아무런 저항도 못하고 매를 맞고 있는, 빈곤과 질병이 음산하게 소용돌이치는 사할린섬을 여행한 뒤로는, 그러한 톨스토이적인 사상이 결국 인간은 피와 살로 이루어진 존재임을 무시한 헛된 공론에 지나지 않는다는 것을 깨달았다.

그는 〈신시대(新時代)〉의 사장 스보린에게 이렇게 썼다.

레비탄, 고요한 수도원 체호프가 쓴 《3년》(1895)에서 여주인공은 이 그림을 보고 마음의 안정을 얻는다.

"사할린에 가지 말라고 충고해 주었지만 그건 귀하께서 잘못 생각했던 것입니다. 만약 그대로 집안에만 들어앉아 있었더라면, 나는 지금쯤 어떤 얼굴을 하고 있을까요. 여행을 떠나기 전만 해도 《크로이체르 소나타》는 나에게 하나의 경전이었습니다. 그러나 지금의 나에게는 그저 우스꽝스럽고 무의미한 것으로 여겨질 뿐입니다."

그리고 반(反)톨스토이적인 중편소설 《결투》를 완성했을 때에도 스보린에게 보내는 편지에 다음과 같이 썼다.

"아, 앞으로 나는 두 번 다시 톨스토이주의자가 되지 않겠습니다. 여자에게서 내가 가장 사랑하는 것은 아름다움이며, 인류에게서 가장 아름다운 것은 양탄자나 쿠션이 좋은 마차나 사고의 날카로움이 나타나는 문화입니다."

《6호실》

명작 《6호실》(1892) 또한 체호프의 확고한 반톨스토이주의를 보여준다. 이 작품에서는 재물이나 안락에 대한 무관심", "고통과 죽음에 대한 경멸" 등을 풀이한 스토아 학설이 조롱당하고, 대신 "고통에 대해서는 비명과 눈물로, 비열에 대해서는 분개로, 추행에 대해서는 혐오로 응한다"는 있는 그대로의 인간적 정직성이 강조되었다. 또한 무저항주의 의사 라긴이 수위 니키타의 폭력으로 무참하게 죽임을 당한다는 이야기 결말은 악에 대한 무저항 철학의 부정을 상징한다. 그리고 정신병원 의사가 환자와의 논쟁에 흥미를 느꼈다는 것만으로 모

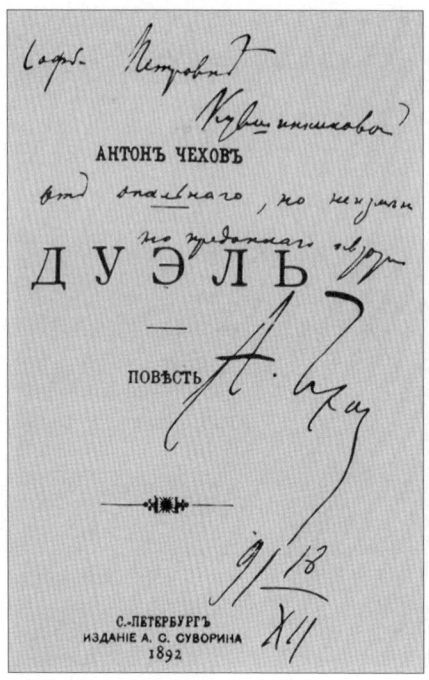

《결투》(1892) 초판본 표지
화가 쿠후지니코프를 위한 헌사 사인이 있다.

략을 받아 미치광이가 되어버린다는 내용은 폐쇄적이고 반동적인 그 무렵 러시아 사회 현실에 대한 풍자이다. 이 작품은 후기 체호프 문학이 어수선한 세기말 러시아에서 어떤 사상에 깊이 공감했는가를 잘 보여준다. 《6호실》을 읽은 젊은 레닌은 "갑자기 무서운 생각이 들어 방을 뛰쳐나갔다. 마치 내가 6호실에 갇혀 있는 듯한 느낌이 들었다"고 누이동생에게 말했다고 한다.

민중 속에서

사할린섬에서 돌아온 체호프는 실생활 면에서도 크게 달라졌다. 먼저 그는 때마침 러시아의 농촌을 휩쓴 대기근(大飢饉 : 1891년 가을~1992년)에 즈음하여 병든 몸을 무릅쓰고 정력적으로 농민 구제 운동에 힘을 다했다. 그리고 오랜 세월의 꿈이었던 모스크바 근교의 땅을 사들여 그곳에 초등학교를 세우고, 농민들을 상대로 무료 진료를 했으며, 콜레라가 널리 퍼졌던 시기에는 군(郡)의

공중보건의로 활동했다.

이는 일상의 무게에 짓눌려 우울과 절망에 빠져 있던 지난날의 체호프에게서는 찾아볼 수 없었던 새로운 삶의 방식이었다. 이러한 사회 활동으로 그는 추악하고 무지하며 슬픈 러시아 민중의 생활과 게으르고 무기력하고 이기적인 러시아 지식인들의 생활을 다시금 인식했다. 체호프의 미학은 이 시기의 생활체험을 통해 새롭게 변모했다. '있는 그대로의 생활 묘사'라는 과거의 미학에서 한 걸음 나아가 '있는 그대로의 생활을 그림으로써 마땅히 되찾아야 할 참된 생활상을 자연스럽게 느끼게 만드는' 것이다.

후기 소설

《다락방이 있는 집》에서 《약혼녀》에 이르는 단편소설 일곱 편은 이렇게 새롭게 변모한 체호프 미학이 담긴, 가장 밀도 높고 예술성이 뛰어난 작품들이라 할 수 있다. 《대학생》(1894)은, 이반 부닌에 따르면, 체호프가 가장 마음에 들어 했던 담백한 단편 작품이다.

《다락방이 있는 집》(1896)에서는 지주들의 생활을 배경으로 민중생활의 향상이라는 시사적인 문제가 서

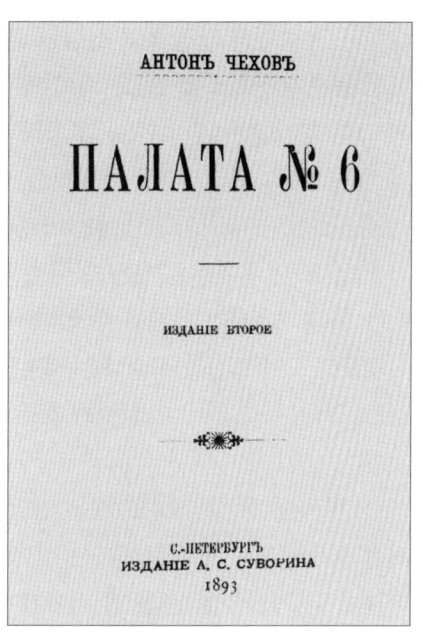

《6호실》 제2판 표지(1893)

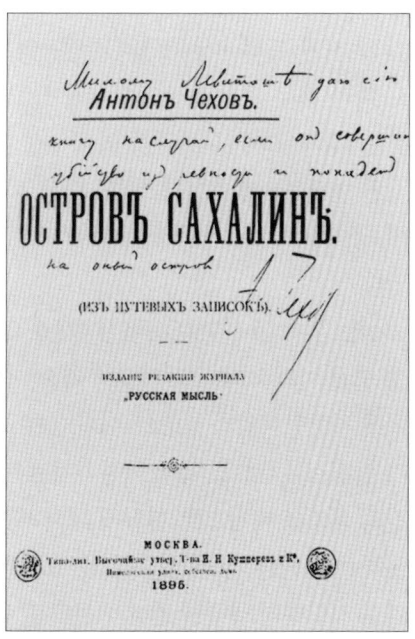

《사할린섬》(1895) 초판본 표지

술된다. '문화인의 가장 높고 신성한 임무는 이웃을 돕는 것'이라는 신념을 품고서 농촌에 진료소를 만들고 농민의 자식들에게 글을 가르치는 맏딸 리이다와 그런 임시방편적인 수단을 우롱하고 근본적으로 농민을 노동에서 해방해야 하며 지성이 필요하다고 주장하는, 항상 문제를 추상화하고 일반화해 논하는 풍경화가인 '나'와의 사이에는, 1860년대 인민주의의 유물이건, 또 풍경화가가 비실제적인 논쟁을 즐기는 그 무렵 러시아 지식인의 전형이건, 이 둘 사이에서는 옳다 그르다가 문제될 수 없다. 선택은 독자에게 맡겨져 있다. 그리하여 논쟁보다도 이 소설을 구성하는 서정적인 분위기에 집중한다면, 끝머리의 '미슈스, 그대는 지금 어디 있는가?'라는 구절에서 독자는 시(詩)를 느끼게 되는 것이다.

《상자 속에 든 사나이》(1898)는 양상이 조금 다른 작품이다. 작가의 중학교 시절 훈육 주임을 모델로 했다는 이 풍자소설은 《구즈베리》, 《사랑에 대해》와 더불어 3부작을 이루는데, 한 이야기에 따르면 체호프가 중기에 쓰려다가 완성하지 못한 본격적인 장편소설의 잔재라고도 한다. 또한 의무와 억압으로 말미암아 인격을 잃어버린 한 하사관을 다룬 초기 단편소설 명작 가운데 하나인 《하사관 프리시베예프》의 주인공과도 성격은 같지만 형태는 다른 인물이기도 하다. 고무 덧신을 신고 우산을 들고 반드시 솜이 든 방한 외투를 입고 외출하는 《상자 속에 든 사나이》의 주인공 베리코프가 대변하는 의지와 생각이 거세된 인간형은 《6호실》과는 또 다른 의미에서 세기말적 러시아 사회를 풍자하며, 궁극적으로는 타성에 지배되기 쉬운 인간 생활의 본성 그 자체를 겨냥하고 있다.

《이보누이치》《귀여운 여인》《개를 데리고 다니는 여인》은 체호프의 날카로운 붓끝 아래서 태어난 간결한 예술 미학의 대표작으로서 오랫동안 많은 이들에게 사랑받아왔다. 《이보누이치》(1898)는 이를테면 초기 단편소설 《혼수》나 중기 단편소설 《아내》 등과 마찬가지로 변천하는 '시간'의 노리개로 살아가는 인간의 운명을 바탕으로 현실에 대해 아무런 적극적인 의미도 행동도 찾아내지 못하는 서글픈 지식인의 생활을 묘사한다. 《귀여운 여인》(1899)은 잠시도 누군가를 사랑하지 못하면 견디지 못하는 올렌카라는 한 여인의 인생을 그린다. 그녀가 사랑을 구하는 것은 방탕이나 육욕 때문이 아니라, 비록 하찮은 것이라 할지라도 자신의 애정을 쏟을 수 있는 대상이 필요했기 때문이다. 그녀가 바라는 사랑은 자신의 모든 것을 바침으로써 그로부터 존재의 의미를, 인생의 방향을 얻을 수 있는 사랑이었다.

고리키의 간곡한 청으로 쓰게 된 《골짜기》(1900)는 체호프의 작품치고는 드라마틱한 이야기이다. 이 이야기는 골짜기에 있는 우클레예보라는 작은 마을의 상인 생활을 배경으로, 한 여인의 변모해가는 모습을 그렸는데, 희곡 《세 자매》 속의 한 드라마인 나타샤의 변모를 떠오르게 한다. 리이파가

《다락방이 있는 집》(1896) 삽화
다락방이 있는 집에 사는 순수하고 사랑스러운 여인 미슈스와 어느 화가의 아련한 사랑 이야기를 그린 작품. 그들은 미슈스의 어머니와 언니 때문에 그만 헤어지고 만다. "미슈스, 그대는 지금 어디에 있는가?"라는 마지막 문장이 슬픔을 불러일으킨다. 도비슨키 작, 모스크바, 트레차코프 미술관.

시내 병원에서 어린아이의 시체를 안고 산길을 돌아오는 제8절은 이야기 전체의 압권이라 할 수 있을 것이다. 은빛 반달, 밤에 우는 새 소리, 광활한 러시아의 대지—슬픔에 찬 리이파는 도중에서 만난 농부에게서 이런 말로 위로를 받는다.

'인생은 길다오. 아직 좋은 일도 궂은일도 많이 남아 있지. 어머니인 러시아는 엄청 크니까 말이오!'

이 대목을 읽은 사람은 체호프라는 명석한 지성의 밑바닥에 러시아 농민의

피가 흐르고 있음을, 또 그가 고생스러운 생애를 거쳐 어떤 인생 철학에 도달해 갔는가를 알게 될 것이다.

《약혼녀》(1902)에서는 '삶의 방향을 바꾸지 않으면 안 된다'는 만년의 체호프적인 주제가 청년 사야사의 입을 통해 강력하게 제기된다. "아아, 하루속히 그 새롭고 밝은 생활이 왔으면! 그러면 자신의 운명을 똑바로 대담하게 지켜보며 자신이 옳다는 자각을 갖고 명랑하고 자유로운 인간이 될 수 있을 텐데. 그런 생활은 머잖아 반드시 찾아오리라!" 이러한 부르짖음은 《죽은 혼》에서 고골이 절규했던 '러시아의 운명'의 예언에 필적하는, 있어야 할 인간 생활의 예언이다.

러시아 문학 공백의 시대

시대로 보면 체호프는 19세기 러시아 문학의 끝 부분에 위치한다. 러시아 문학의 황금시대를 만든 푸시킨, 고골, 투르게네프, 도스토옙스키, 톨스토이 등의 눈부신 활약 뒤에 가만히 자리한 체호프. 그것이 체호프의 이미지다. 그래서 그는 황혼 시대의 작가, 백조의 노래를 부른 작가로 불리는 경우가 많다.

체호프가 문필활동을 시작한 1880년대는 러시아 문학에서 공백의 시대였다. 쟁쟁한 작가는 모두 세상을 떠나거나 창작의 제1선에서 물러났다. 잡지 〈동시대인〉을 편찬하고 1850년대 러시아 문학을 이끈 사회파 시인 네크라소프는 1878년에 세상을 떠났고 1881년에는 도스토옙스키, 1886년에는 극작가 오스트롭스키가 잇달아 세상을 떠났다. 《오블로모프》로 유명한 곤차로프는 아직 살아 있었지만 1869년 《절벽》 뒤로는 거의 작품을 발표하지 않았고 톨스토이는 1881년에 정신적인 전환기를 맞아 문학을 새빨간 거짓말이라 여기며 내버리고 오랜 침묵의 시대로 들어갔다.

체호프는 그런 시대에 샛길을 통해 문학의 세계로 들어왔다. 지식인은 여전히 전통적인 문예지에 새로이 재능을 가진 사람이 등장하기를 기대했지만 체호프는 그런 지식인이 쳐다보지도 않는 경박한 유머 잡지에 《이웃 학자에게 보내는 편지》(1880년)이라는 아주 짧은 작품을 보내 조용히 등장했다. 이 등장 자체가 전통적인 문예지에서 대중 잡지로 옮겨가고 있었던 시대 변화를 나타낸다.

《개를 데리고 있는 여인》(1899) 삽화
쿠크리닉시 작품. 유명한 피서지 얄타에서 주인공 쿠로프가 개한테 뼈다귀를 주면서 안나에게 접근하는 장면. 쿠크리닉시는 러시아 화가 쿠프리야노프, 크릴로프, 소콜로프가 모여서 만든 집단이다. 그들은 1930~40년대에 책 삽화나 풍자화를 그리면서 왕성하게 활동했고, 체호프 외에 고리키나 살티코프 셰드린의 작품 삽화도 맡았다. 모스크바, 트레차코프 미술관.

아버지가 없는 문학

공백의 시대는 아버지의 부재라고도 달리 말할 수 있다. 러시아 소설의 황금기를 이끈 작가들의 죽음은 러시아 문학에서 아버지의 죽음이었으며 또한 이제까지 사회를 움직여온 큰 사상의 종언을 의미하기도 했다. 수많은 체호프의 작품에서 눈에 띄는 공통점도 이 아버지의 부재이다.

실재 그의 작품에서는 완전히 아버지가 사라졌다. 예를 들어 희곡《갈매기》에도《벚꽃 동산》에도 아버지는 등장하지 않는다.《세 자매》는 친절하게도 '아버지가 돌아가신 지 딱 1년이 지났다'며 아버지의 부재를 강조하는 대사로 시작한다.《바냐 아저씨》에서는 교수 세레브랴코프가 소냐의 아버지로 등장하지만 그는 재혼한 젊은 부인 엘레나를 데리고 딸이 있는 전처의 영지로 돌아온 인물로 소냐의 아버지로서 역할을 수행하지 못했다.

그뿐만이 아니다 체호프가 거의 무명이었던 시절에 썼으며 생전에 발표하지 않았던 장대한 희곡이 있다. 남은 원고에는 제목이 없었지만 그 무렵에 보낸 편지에 그 희곡의 제목이 적혀있었다. 바로《아비 없는 자식》이다. 체호프는 아버지의 부재를 처음부터 자각했던 것이다.

장편소설의 종언

체호프는 평생 희곡을 제외하면 단편소설만 썼다. 장편소설을 쓰지 못했던 것이 아니라 쓰지 않았다. 체호프에게는 톨스토이의《전쟁과 평화》에서 볼 수 있는 장대한 역사관도 도스토옙스키의《카라마조프 형제들》에서 펼쳐진 형이상학도, 투르게네프가 동화된 시대사상도 없었다. 아니 그 사상이라는 것을 의심했다.

전환기가 된《지루한 이야기》는 그 사이의 소식을 잘 보여준다. 명성을 떨친 주인공 교수는 늘그막에 이르러 자신의 내면이 완전히 공허하다는 사실을 깨닫고 절망한다. '어떤 사정이 있든 자신이 구상한 모든 사상과 감정, 관념에는 그 모두를 하나로 완전히 묶을 공통점이 하나도 없다. 하나하나의 감정, 하나하나의 이상이 자신의 내부에서 따로따로 떨어져 살아간다'고 말하며 자신에게는 보편적인 이념이 없다고 자기를 한탄하는 주인공의 생각은 그대로 체호프에게도 적용된다.

진실은 늘 선이며 아름다움과 떨어져 존재할 수 없으며 또한 의미가 없으면 성립하지 않는다고 하는 19세기 러시아 소설의 이데올로기는 더는 현실감이 없었다. 1870년대 지식인을 이끈 나로드니키라는 거대한 사상의 붕괴, 도시화로 생활 양식이 바뀌고 그에 따른 사회 이념 변화와 다양화. 이 시대에는 사상 자체도 단편화할 수밖에 없었다. 이런 사상의 결핍 속에서 더 이상 큰 이야기를 쓰는 것은 불

체호프를 찾아온 고리키 1900년 5월 5일

가능하다. 유일하게 현실감을 느낄 수 있는 것은 바뀌어가는 나날의 일상뿐이다. 체호프에게는 평범한 일상을 담담하게 묘사하는 일 밖에 남아있지 않았다.

체호프가 그리는 지루함

이제까지 연극은 보여주는 것이었다. 그리고 오늘날에도 보여주는 연극은 살아 있다. 그러나 100년 전 그러니까 19세기 끝 무렵에 보는 것 또한 연극이라고 세상에 알린 인물이 있었다. 그가 바로 체호프다. 그때부터 연극은 눈에 띄게 풍성해졌다고 할 수 있다.

체호프는 지루한 일상생활을 묘사하고자 했다. 연극에서는 다루지 않았던 것, 언뜻 아무 일도 일어나지 않는 생활 속에 존재하는 드라마에 주목했다. 물

론 희곡을 읽으면 그 안에 다양한 드라마가 숨어 있음은 알 수 있다. 다만 그 숨어 있다는 점이 문제인데 체호프는 일부러 감춘 게 아니다. 예를 들어 그 안에 하나의 드라마가 뚜렷하게 드러나고 그래서 사람들이 헤맨다는 이야기에서 시작하는 드라마의 빈약함을 싫어했다.

이를 좀 더 자세히 살펴보자.

지금 한 인물이 무대 중심에서 뒤쪽으로 지나간다. 그 인물이 가는 길에 예를 들면 죽이고 싶은 사람이 있다. 바로 목적이 있는 것이다. 지금 그 사람을 죽이러 간다.

반대로 무대 중심에서 뒤쪽으로 가기는 하지만 이 인물에게는 사실 아무런 목적이 없다고 하자.

이는 저마다를 연기해보면, 그러니까 배우 입장이 되어보면 확실하게 알 수 있는데 전자는 관객에게 보여줄 것이 있다. 자신은 살인이라는 목적을 이루기 위해 이 속도, 이 표정, 이 동작을 한다는 것 말이다. 그러나 후자는 목적이 없기에 무엇을 보여줘야 하는지 알 수 없다. 다만 목적이 없는 만큼 많은 가능성을 가지고 있다고도 할 수 있다. 아직 뚜렷하게 드러나지 않았지만(본인조차) 언젠가 어떠한 목적이 그 인물에게 생길 거라는 가능성이 있다. 이는 싫든 좋든 거부할 수 없다. 그것이 삶이기 때문이다.

지루한 일상해서 시작하다

이 아직 분명하게 드러나지 않은 시간이야말로 연극을 풍요롭게 만드는 요소라고 생각한 체호프. 어떤 방향성이 주어지고 이를 향해 드라마가 진행되는 것이 아니다. 나아갈 방향이 아직 밝혀지지 않았다. 이를 연극으로 표현하려고 체호프는 생각했다. 그것은 이야기가 시작해버리면서 애초에 시작이 무엇이었는가를 잊어버리는 것에 대한 두려움이라고 말해도 좋다.

지루한 일상생활은 모두 거기서 시작된다. 예를 들어 연극을 하려는 한 젊은이 그조차 지루한 일상에서 탈출하려 했다고 생각하면 체호프는 '연극을 하는 것도 좋지만 애초에 연극을 하려고 생각한 곳까지 거슬러 올라가 보자' 말하는 것 같다.

따라서 앞에서 보는 것 또한 연극이라고 말했는데 이는 정확히 말하면 본다는 자세를 취하면서 사실은 보여주는 연극이라고 말할 수 있다.

체호프 극의 특징

18편에 이르는 체호프의 희곡 작품 가운데에는 그의 대표적인 단막극 《곰》(1888) 《청혼》(1889) 등과 세계 희곡 사상 불후의 명작이라 찬양받는 체호프의 4대 희곡, 《갈매기》(1896) 《바냐 아저씨》(1897) 《세 자매》(1901) 《벚꽃 동산》(1904) 등이 있다. 단막극은 초기 단편소설의 골계미를 이어받은 소극풍의 가벼운 희곡이지만 네 편의 4막극은 후기 체호프가 즐겨 묘사한 암울한 어둠의 기조 위에 절망으로부터의 구원을, 또는 인류의 밝은 미래에의 희망과 확신을 그린 작품들이다.

체호프의 희곡은 분위기 극, 혹은 정극이라고들 한다. 이렇다 할 줄거리도 사건도 없이 작중인물의 일상생활과 그 대화, 인간의 무늬가 아로새겨진 여러 관계들이 무대 분위기를 조금씩 북돋워 가면서 조용히 인생이라는 시(詩)를 펼친다. 체호프의 4막극은 그의 작가 활동 중기에 쓴 희곡 《이바노프》(1887), 《숲의 주인》(《바냐 아저씨》의 원안, 1889)의 두 편을 거쳐 《갈매기》(1896)에 이르러 갑자기 놀랄 만한 경지에 이른다. 이처럼 그의 희곡작품들이 갑작스럽게 황금기를 맞이한 배경에는 이미 보아 왔듯이 작자의 인생관과 예술적인 변모가 있었음을 놓쳐서는 안 된다.

체호프 단막극

체호프의 단막 익살극으로는 《고니의 노래》(1887), 《곰》(1888), 《청혼》(1889), 《싫든 좋든 비극 배우》(1889), 《결혼 피로연》(1889), 《기념식》(1891) 등이 있다. 이 단막극들은 웃음 자체를 지향하는 쉽고 재미있는 작품이다.

체호프의 초기 단막 익살극인 《고니의 노래》(1887)는 1886년 집필된 단편소설 《칼하스》를 개작한 작품이다. '단막 드라마의 습작'으로 규정한 이 작품은 귀족 출신 배우 스베틀로비도프의 회상에 의지해 진행되는데, 이 과정에서 체호프는 종잡을 수 없이 요동치는 스베틀로비도프의 스산한 내면을 간결하게 그리고 있다. 덧없는 세월과 돌이킬 수 없는 사랑의 처연함, 극장과 연극, 배우라는 직업에 대한 사랑이라는 양가감정이 내용의 주조를 이루면서 지난날에 대한 회한과 우수, 등장인물의 처절한 노래가 말없이 흐른다. 또 다른 단막 익살극인 《곰》은 1888년 2월 완성해 그해 8월 신세대 신문에 발표되었다. 이 작품은 그해 10월 모스크바 코르시 극장에서 처음 상연되어 희곡이나 공연 모두에서 큰 성공을 거두었으며, 코르시 극장의 연출가 N. N. 솔로프소프에게 바쳐진 희곡이다.

《곰》에서 젊은 여인 포포바는 몇 달 전에 죽은 남편을 위해 정절을 지키겠다고 맹세한다. 그런데 포포바의 남편이 진 빚을 받기 위해 중년의 지주 스미르노프가 그녀를 찾아온다. 여자를 싫어한다고 자처하는 스미르노프는 여자 때문에 3번 결투를 했고 12명의 여자를 버렸으며 9명의 여자에게 버림받았던 다채로운 경력의 여성 편력자이다. 불같은 성질을 지닌 두 사람은 하인 루카를 사이에 두고 상대를 마구 욕하면서 싸우다가 마침내 포포바가 스미르노프에게 결투를 신청하는 상황에까지 이른다. 이처럼 여자가 남자에게 결투를 신청하는 것은 그즈음 제정 러시아에서는 말도 안 되는 우스꽝스러운 상황이다. 그러나 두 사람은 차츰 서로에게 끌리고, 마지막에는 진한 키스를 나누게 된다. 체호프는 이 단막극으로 그 무렵 제정 러시아 농촌의 일상적인 세태를 정확하게 포착하고 등장인물의 내면 심리변화를 절묘하게 그려내는 기법을 보여주고 있다.

체호프의 단막 익살극 《청혼》은 1888년 10월 완성해 1889년 5월 신세대 신문에 발표된 작품이다. 《청혼》은 극작가 쉐글로프에 의해 무대에 상연되어 커다란 성공을 거두게 된다.

지주 추부코프의 딸 나탈리야가 자신에게 청혼하러 온 이웃의 젊은 지주 로모프와 말싸움을 벌인다는 내용의 희극 작품이다. 등장인물들은 땅을 둘러싸고 한 치의 양보도 없이 말다툼을 거듭하다가 맨 처음 하려던 일들을 까마득히 잊어버린다. 로모프는 나탈리야에게 청혼하러 온 일을, 추부코프는 그 사실을 딸에게 알려주는 일을 잊어버린다. 그 정도로 주인공들은 그들의 땅과 소유물에 집착한다. 땅 문제가 해결되고 나자 다음에는 누구의 개가 더 나은가 하는 하찮은 문제로 다시 입씨름을 벌인다. 체호프는 단막극 《청혼》에서 모든 사람들에게 잠재되어 있는 소유욕과 과시욕을 제정 러시아 당시 지주들의 인물 성격을 통해서 잘 그려내고 있다.

단막극 《곰》(1888)
한 부인이 몇 달 전에 죽은 남편을 위해 정절을 지키겠다고 맹세한다. 그런데 여자를 싫어한다고 자처하는 지수가 그녀를 찾아온다. 죽은 남편에게 빌려 준 돈을 받기 위해서다. 그들은 서로 싸우면서 상대를 마구 욕한다. 그러나 두 사람은 차츰 서로에게 끌리고, 마지막에는 진한 키스를 나누게 된다. 사진은 코르시극장에서 초연할 때의 캐리커쳐.

또 다른 단막 익살극 《싫든 좋든 비극 배우》는 1889년 5월에 완성되었다. 이 작품은 체호프가 그의 단편소설 《여러 사람들 가운데 하나》(1887)를 개작한 단막극이다.

작품의 무대는 상트페테르부르크에 있는 무라쉬킨의 아파트. 작품의 첫머리에서 한 집안의 평범한 가장 톨카초프는 친구 무라쉬킨에게 이유는 묻지도 말

체호프의 생애와 작품   399

고 권총 한 자루만 빌려달라는 예사롭지 않은 부탁을 한다. 교외 여름 별장에서 생활하는 힘없는 가장 톨카초프의 일상사에서 비롯된 사소한 이야기가 이 단막극의 중심사건인 것이다.

19세기 끝 무렵 제정 러시아에서는 교통이 발달하면서 대도시 인근에 여름 별장들이 들어서고, 시민들은 도시 일터와 교외 별장을 오가면서 전원생활의 여유를 즐기게 된다. 이와 같은 여름 별장 생활로 인해 일어나는 크고 작은 서민들 삶의 애환을 작가 체호프는 놓치지 않고 작품화했다. 다시 말해서 날마다 반복되는 일상사의 늪에서 헤어나지 못하는 그 무렵 러시아의 소시민들을 아주 희극적으로 그려낸 것이다.

《결혼 피로연》은 1884년에 썼던 단편소설인 《장군과 함께한 결혼 피로연》을 개작한 작품이다. 결혼 피로연에 참석한 사람들이 신혼부부를 축하하면서 대화를 나누는 전반부와 보험설계사 뉴닌이 데려온 레부노프 카라울로프의 등장으로 뜻밖의 일이 일어나는 후반부의 두 부분으로 이루어진다. 전반부에서는 몇몇 인물들의 우스꽝스러운 모습을 그려내 흥미와 웃음을 이끌어 내고 있으며, 후반부에서는 유명 인사를 초대해 자리를 빛내고자 하는 소시민의 속된 마음과 그것을 이용해 돈을 벌고자 하는 뉴닌의 상술이 장군의 일방적인 연설과 맞물리면서 웃음과 풍자의 절정으로 향한다.

이를 통해 체호프는 시대에 뒤진 어리석은 소시민의 고립무원과 시대착오 및 사회·윤리적 파산 상태를 있는 그대로 드러내고 있다.

희곡 《갈매기》와 《바냐 아저씨》

체호프의 4막극 《갈매기》는 1896년 발표해 알렉산드르 극장에서 첫 상연되었다. 연출가가 희곡의 본질을 잘 이해하지 못한 탓으로 초연에서는 실패했으나 1898년 모스크바 예술극장에서 재상연되어 큰 성공을 거두었다.

《갈매기》에서는 체호프의 중기를 채색하는 출구 없는 절망과 우울이 배우를 지망했다가 좌절한 니나와 작가지망생 트레플료프를 통해 이야기된다. 니나는 체호프의 누이동생 친구로 한때 그를 사랑했지만 이루어지지 못하고 처자가 있는 작가 포타펜코에게 몸을 맡겼다가 버림받은 리자 미지노프를 모델로 그려졌는데, 그녀의 비련은 작가의 중기 대표작 《지루한 이야기》 속 카챠의 비

▶《바냐 아저씨》 초연 포스터

▼《바냐 아저씨》 4막 가운데 제2막 장면
세레브랴코프 : "다들 잠도 못 자고 피곤해서 축 처져 있는데, 나 혼자만 태평하게 지껄이고 있군."

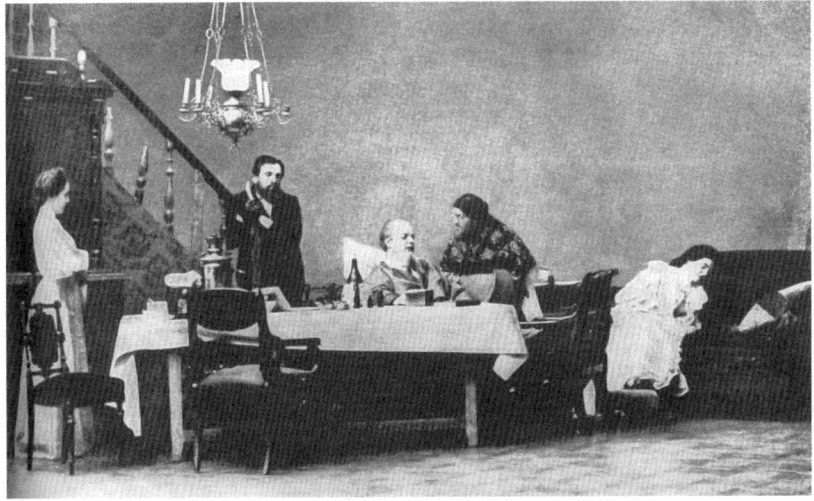

련과 많이 닮았다. 그런데 카챠가 절망에 빠져 '이세 이런 식으로는 살아갈 수 없다'고 외치면서도 앞으로 어떻게 하면 좋을지를 몰랐던데 반해 《갈매기》의 니나는 짐짓 절망하고 좌절하면서도 앞으로 자기가 어떻게 하면 되는가를 알고 있었다. 즉 종막에서 그녀가 말하듯이, 그녀는 자기 일에서 소중한 것이 지난날에 꿈꾸던 화려한 명성이나 영광이 아니고 '인내심'임을 알고 있는 것이다. 니나의 이 새로운 신념은 짧은 대사 몇 마디로 이야기될 뿐이지만 체호프 특유의 우울하고 어두운 분위기 속에서 더욱더 빛을 발한다.

이 절망에서 인내로의 전환이라는 주제는, 희곡 《바냐 아저씨》에서 더욱 또

렷하고 의식적으로 표현된다. 《바냐 아저씨》는 《갈매기》보다 6년 앞서 쓴 전원생활을 다룬 서툰 멜로드라마 《숲의 주인》을 개작해서 만든 작품이다(개작 시기를 뚜렷이 알 수는 없으나 주로 《갈매기》를 집필한 해나 다음 해인 1896년으로 본다). 《숲의 주인》을 개작하면서 체호프는 바냐 아저씨를 자살할 수밖에 없는 절망적인 처지에 내버려둔 채 막을 닫는다.

《바냐 아저씨》의 종막은 이 희곡의 가장 감동적인 부분인데, 이 종막에서 아름다운 처녀에서 못 생긴 처녀로 개작된 인물 소냐는 아스토르프에 대한 실연의 상처를 억누르며 이런 말로 바냐 아저씨를 위로한다.

"바냐 아저씨, 우린 살아야 해요. 길고도 긴 낮과 밤들을 끝까지 살아가요. 운명이 우리에게 보내 주는 시련을 꾹 참아 나가는 거예요. 우리, 남들을 위해 쉬지 않고 일하기로 해요. 앞으로도, 늙어서도. 그러다가 우리의 마지막 순간이 오면 우리의 죽음을 겸허히 받아들여요. 그리고 무덤 너머 저세상으로 가서 말하기로 해요. 우리의 삶이 얼마나 괴로웠는지, 우리가 얼마나 울었고 슬퍼했는지 말이에요. 그러면 하느님은 우리를 불쌍히 여겨주실 테죠. 아, 그날이 오면, 사랑하는 아저씨, 우리는 밝고 아름다운 세상을 보게 될 거예요. 기쁜 마음으로, 이 세상에서 겪었던 우리의 슬픔을 돌아보며 따스한 미소를 짓게 될 거예요. 그리고 마침내 우린 쉴 수 있을 거예요. 나는 믿어요, 간절하게 정말 간절하게. (그의 앞에 무릎을 꿇고, 머리를 그의 두 손에 얹고는 지친 목소리로) 그곳에서 우린 쉴 수 있어요."

희곡 《세 자매》와 《벚꽃 동산》

체호프의 마지막 희곡 《세 자매》(1901)와 《벚꽃 동산》(1904)은 모두 모스크바 예술극장을 위해 쓴 것이다. 그는 작품의 예행연습과 공연에 그리 만족하지 않았다. 자신의 희곡이 비극이라기보다는 희극에 가깝다고 거듭 주장했던 그는 때때로 연출가들이 생(生)의 무상과 권태에 한숨 짓는 주인공들을 지나치게 강조하면서 어둡게 다루는 데 대해 불만이 많았다. 연출가 스타니슬라프스키는 그때까지 과장된 연기를 펼쳤던 러시아 무대에 웅변조를 벗어난 자연스러운 방식을 도입한 혁신가라는 명성을 얻고 있었으나, 될 수 있는 한 자신의 작품을 가볍게 다루기를 바라던 체호프의 눈에는 여전히 자연스럽지도, 웅변조를 벗어나지도 못한 것으로 비쳤다. 체호프의 원숙기 작품은 세계 여러 나라에서 공연되었지만 몇몇 경우를 제외하면 가벼운 연출을 바라는 그의 요구가 충족되었는지는 의문이다.

아무리 괴롭고 절망적일지라도 인간은 인간다운 삶을 위해 살아가지 않으면 안 된다는 체호프 만년의 신념은 그대로 《세 자매》(1900) 종막의 영송(詠誦)이기도 하다. 《세 자매》는 지방도시에 사는 군인 유족 가정을 무대로 인간이 품은 꿈과 현실의 충돌을 극적 갈등으로 삼아 사랑, 삼각 관계 등을 담담한 필치로 이야기하며 서서히 운명에 휘말려드는 인간의 모습을 그린 정적인 희곡인데, 이 희곡의 중

희곡 《세 자매》의 초판본 표지
《세 자매》는 1901년 2월 문예지 러시아 사상에 발표됐는데, 얼마 뒤 마르크스 출판사에서 단행본으로도 나왔다. 그 무렵 모스크바 예술극장에서 공연했던 배우들이 초판본 표지에 실렸다. 위에서부터 올가 역의 사비츠카야, 마샤 역의 크니페르, 이리나 역의 안드레예바.

점적인 대목 또한 종막에 있다. 더 이상은 예전처럼 살아갈 수 없는 세 자매가 주둔부대의 이동을 알리는 군악 소리를 들으면서 차례대로 "살아야 한다", "살자" 되풀이 다짐한다. 인간은 시간의 흐름에 따라 이윽고 이 세상과 작별해 잊히고 만다. 그러나 '우리의 괴로움은 뒤에 남아 사는 사람들의 기쁨으로 변하여 행복과 평화가 이 지상에 찾아올 것'임에 틀림없다.

《세 자매》 무대의 기조는 어둡다. 무대를 통해 인간의 아름다운 꿈이 비속한 현실 속에서 조금씩 위축되어 시들어 가는 모습이 아프도록 그려져 있기 때문이다. 그러나 작가는 작중 인물의 입을 빌려 말했듯이 '바야흐로 시대가 바뀌어 엄청난 물결이 우리 모두들 위에 닥치고 있다'는 것을 알고 있었다. 이러

한 시대 인식, 시대 감각에 유의한다면, 작가가 이 작품을 희극이라 생각했다는 일화도 어느 정도 이해가 갈 법하다. 이 작품의 등장인물 대부분은 확실히 행동도, 행동의 의미도 모르고 있는, 또한 알려고도 하지 않는 세기말 지식인의 약점을 드러내는, 어떤 의미로는 우스꽝스러운 인물들로 그려져 있다. 이를테면 인생을 속속들이 아는 늙은 군의관 체부트이킨은, 인생을 속속들이 알았으므로 인생에 무감동해져 버린, 말하자면 환영 같은 존재에 머문다.

쿨르이긴은 《상자 속에 든 사나이》의 희극적인 주인공과 마찬가지로 그저 형식만을 인생의 의지로 삼는 어리석은 학교 교사이다. 안드레이는 대학 교수가 되려던 꿈이 사라진 뒤부터는, 시의원이 된 것을 자랑하며 유모차를 밀고 다니는 속물로 전락한다. 또 인류의 미래에 대해 고고한 철학을 지껄여 대는 포병대장 베르쉬닌은 현실 생활에서는 자살 충동에 시달리는 아내에게 질려 고민하는 약한 남자이다. 이렇게 보면 《세 자매》는 작가가 주장하듯이 하나의 희극이 된다. 그것은 어둡고 혹독한 덧없음으로 가득 차 있는 인생을 직시하는 체호프 자신의 쓰디쓴 웃음이 아니었을까.

쇠락해가는 러시아 지주계층을 날카롭게 그려낸 희곡 《벚꽃 동산》은 체호프의 주장에 따르면 희극이며 어떤 점에서는 익살극이기도 한데, 등장인물들은 매우 통렬하게 묘사되었음에도 끝까지 희극적이다. 1904년 1월 17일 모스크바 예술극장에서의 작품 첫 상연은 그 자체가 하나의 희비극이었다. 언제나 소란을 혐오하던 작가가 이미 죽음을 눈앞에 두고 발작적으로 기침을 해대는 상태에서 극장으로 실려와, 자신의 등단 25주년을 축하하는 허풍스런 연설들을 들어야 했던 것이다. 그즈음 체호프는 이미 러시아에서 저명한 작가가 되어 있었으나 세계적으로 알려진 것은 1차대전이 끝난 뒤였다. 콘스탄스 가넷 등 여러 작가들이 그의 작품을 보급했고 영어권에서는 그를 숭배하고 모방하는 작가들이 무수히 생겨났다. 그러나 핵심을 교묘히 피해 겉으로는 성실한 문체로 써내려간 그의 작품은 이야기된 것보다 더 중요하게 보이는 내용들이 말해지지 않은 채 남아 있어 난해하기 때문에, 작가들이 모방하거나 비평가들이 분석하기가 쉽지 않다.

체호프의 4대 희곡 가운데 마지막 작품이며 그의 문학 생애를 장식하는 최후의 걸작인 《벚꽃 동산》(1903) 또한 인생의 비극과 희극이 엇갈리는 세계이다.

▲희곡 《벚꽃 동산》 초판본 표지(1904)
▶1904년 《벚꽃 동산》 초연 무렵 체호프

 늘 사탕을 입에 물고 당구치는 시늉을 하며 익살을 부리는 가예프, 내내 불행과 맞닥뜨리는 집사 에피호도프, 프랑스풍에 빠진 하인, 귀한 집 딸인 양 행세하는 하녀, 가정교사 샤를로타…… 이들 인물들이 매 장면마다 희극적인 행위를 되풀이한다. 이들의 무대 밑바닥에 사라져 가는 옛 생활에의 애수가 감돌고 있지 않았던들 이 희곡은 작가가 말한 대로 유쾌한 희극이 되었으리라. 그러나 이 애수는 언제나처럼 몹시 어둡고 심각하다. 라네프스카야 집안의 벚꽃 동산은 오랜 아름다운 생활의 시정(詩情)의 상징이다.
 결국 벚꽃 동산이 경매로 남의 손에 넘어갔을 때 그들은 "새로운 우리들의 정원을 만들자" 다짐하며 미래로 내닫기 시작한다. 현실은 어둡다. 그러나 이러한 생활은 이대로 더 이어질 리가 없다, 진보를 믿는다면 반드시 밝고 빛나는 미래가 찾아오리라. 이것이 병든 만년의 체호프의 간절한 바람과도 비슷한 확신이었고, 그것은 또 절망에서 인내의 필요성으로, 인내에서 더욱 넓은 전 인류적인 행복의 기원으로, 기원에서 인류의 밝은 미래를 믿는 확신으로 옮아가는 '4대극'을 꿰뚫는 정신이었다. 나아가 그것은 인간 체호프의 찬란한 변모이기도 하다.

모스크바 예술극장과 만년

체호프의 만년은 폐결핵과 고독으로 쓸쓸하고 괴로웠다. 그런 그에게 위안을 주고, 그가 오랜 세월 품었던 희곡의 꿈을 이루어 준 것이 스타니슬라브스키와 네미로비치 단첸코가 통솔하는 모스크바 예술극장이었다. 체호프가 죽기 3년 전, 마흔한 살에 결혼한 아내도 이 예술극장의 배우인 올리가 크니페르이다.

모스크바 예술극장과 체호프의 만남은 1898년 가을, 예술극장에서 《갈매기》를 재공연해 역사적인 성공을 거둔 데서부터 시작됐다. 《갈매기》가 1896년 가을, 페테르부르크의 알렉산드린스키 극장에서 처음 공연되었을 땐 비참한 실패로 끝났다. 이 초연의 실패는 명배우가 중심이었던 그 무렵 연극계의 풍조나, 체호프 극의 참뜻을 받아들이지 못했던 연출가, 배우, 나아가 작가에게 호의를 갖지 못했던 관객들 때문이라 여겨지는데, 체호프는 비웃음이 떠도는 극장을 빠져나와 가을밤의 페테르부르크를 홀로 쓸쓸히 헤매며 두 번 다시 희곡은 쓰지 않으리라고 맹세했다. 이러한 체호프를 다시 극작에 몰두하게끔 만든 것이 모스크바 예술극장에 의한 재공연 무대였다. 모스크바 예술극장은 명배우 중심이었던 그 무렵 연극계 풍조를 거스르고 작품의 철저한 이해와 배우가 맡은 바 배역에 충실히 임하게 하는 새로운 연출, 새로운 연기를 신조로 삼고, 조화와 분위기가 요구되는 체호프 극의 참된 가치를 무대에서 표현해 보였던 것이다. 모스크바 예술극장의 휘장인, 갈매기 그림은 이 역사적인 《갈매기》 재공연의 성공을 기념하는 것이다. 《세 자매》 《벚꽃 동산》 두 작품은 모스크바 예술극장을 위해 씌어졌다.

만년의 체호프는 고리키, 부닌, 쿠프린 등 젊은 작가들과 교제하기도 했다. 그는 추운 모스크바를 떠나 '따뜻한 시베리아'라 일컫던 얄타의 흰 벽집에 살기도 하고, 때로는 남프랑스의 니스로 추위를 피해 지내며 병마와 싸웠으며, 젊은 작가들을 늘 소중히 했고 그들에게 조언을 아끼지 않았다. 체호프에게서 가르침을 받은 젊은 작가들이 여러 추억담을 남겼는데, 그 가운데 고리키는 체호프의 인품을 간단하게 이렇게 썼다.

"어떤 사람이라도 안톤 파블로비치 곁에 있으면 자신도 모르게 좀 더 솔직하고 성실해지고 싶어진다. 더욱더 본래의 자신이 되고 싶다는 소망을 느끼게 된다."

모스크바 예술극장 처음으로 상연장소가 된 레스토랑 '에르미타주'

희곡 《갈매기》를 낭독하는 체호프와 그를 둘러싼 모스크바 예술극장 사람들
체호프(중앙) 왼쪽에 있는 사람이 스타니슬라브스키이고, 그 왼쪽의 여성이 올리가 크니페르(뒷날의 체호프 부인)이다.

부닌은 체호프 문체의 비밀에 대해 말했다.
"나는 우리가 쓴 소설의 첫머리와 끝을 삭제해야 한다고 생각한다. 우리 작가들은 거기에서 가장 많이 거짓말을 하고 있으니까. 그리고 될 수 있는 한 간결하게 표현해야 한다. 바다를 묘사하는 건 무척 어렵다. 최근 어떤 학생의 노

체호프의 마지막 숙박지가 된 바덴바일러의 '여름호텔'

트에서 바다를 묘사한 글을 읽었다. 어떻게 묘사했을까? 바다는 크다. 그게 다였다. 아주 잘 썼다고 생각한다."

그러한 가운데서도 체호프의 건강은 나날이 쇠약해져 갔다. 배우이기 때문에 일 년의 태반을 떨어져 지낸 아내에게 그는 450통 가까운 편지를 썼는데, 아내에게 보낸 그 편지 속에 "기침이 나 몸이 죄어드는 것 같다" "매우 심한 기침을 해서 온 몸이 아프다"는 등의 표현이 자주 나온다. 1903년 끝 무렵에 모스크바에 가서 《벚꽃 동산》 연습에 참석했을 때는 몸에 걸친 털외투조차 무거워서 괴로워했다고 한다.

다음 해인 1904년 1월 17일은 《벚꽃 동산》 공연의 첫날이고 체호프의 마흔네 번째 생일이며, 그의 작가생활 25주년을 축하하는 날이었다. 제3막이 끝났을 때, 야위고 쇠잔한 작가는 죽은 사람처럼 창백한 얼굴로 무대 앞에 서서 많은 축사와 선물을 받았다. 그동안 그는 쉴 새 없이 기침을 하고 있었다. 그 모습이 모든 사람들의 마음을 아프게 했다. 관객들은 그에게 앉으라고 외쳤다. 그러나 그는 계속 서 있었다. 체호프의 영광스러운 마지막 모습이었다. 축전은 성대

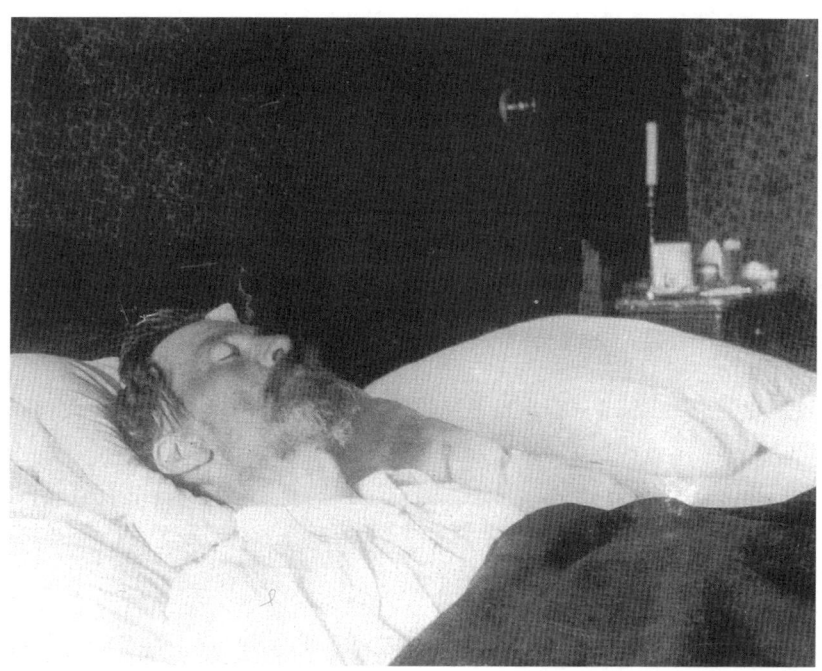

영면 1904년 7월 2일 독일 휴양지 바덴바일러에서 올리가가 지켜보는 가운데 숨을 거두었다.

1904년 7월 모스크바 예술극장 앞으로 운구되는 체호프의 관에 마지막 전송을 하기 위해 모여든 사람들

했으나 무겁고 괴로운 인상을 남겼다. '장례식 냄새가 났다'고 스타니슬라브스키는 썼다.

이 해 7월 2일(신력은 7월 15일) 체호프는 남독일의 휴양지 바덴바일러에서 아내가 지켜보는 가운데 숨을 거두었다. 1904년 4월 20일 임종을 2개월쯤 남겨두었을 때, 체호프가 아내 올리가에게 보낸 편지의 한 구절은 체호프라는 작가의 됨됨이를 다시금 보여 준다.

"당신은 인생이 뭐냐고 물었지만, 그것은 당근이 뭐냐고 묻는 것과 같아. 당근이 당근이듯 그 이상은 모르오."

체호프 사후 40여 년 만인 1944~51년에 전집 《체호프의 작품과 편지 전집》이 발간되어 어느 정도이기는 하지만 비로소 그의 작품들이 러시아 문학에서 학술적 가치를 지니게 되었다. 20권으로 이루어진 이 전집 중 8권에 수천 통에 이르는 그의 편지가 실려 있다. 명랑하고 재치 넘치는 이 편지들은 그가 절망적인 염세주의자라는 생전의 평가를 뒤집었다. 문학사가 D.S. 미르스키에 따르면 이 편지들은 러시아 서간문학의 본보기로서 푸시킨의 편지들에 버금간다. 체호프는 여전히 주로 극작가로 알려져 있지만 현재 비평가들은 단편소설에 더 많은 관심을 쏟고 있으며 특히 1888년 이후 단편들의 문학적 가치를 매우 높게 평가하고 있다.

체호프 연보

1860년   1월 17일(신력인 태양력은 1월 29일), 안톤 체호프(Антон Павдович Чехов) 남러시아, 아조프해의 항구도시 타간로크시(市)에서 태어남. 아버지 파벨 에고로비치는 농노 출신 식료품 잡화상.
1867년(7세)   콘스탄티누스 교회 부설 예비 학급에 들어감.
1868년(8세)   8월, 타간로크 중학 예비학급에 들어감.
1869년(9세)   타간로크 고전과 중학교(8년)에 입학함.
1872년(12세)   수학과 지리 성적이 나빠 낙제함.
1873년(13세)   가을, 처음으로 극장에 가다(오펜바흐의 오페레타 《아름다운 엘렌느》). 이때 이후 이따금 극장에 다니며 연극 《햄릿》《검찰관》 등을 봄.
1875년(15세)   맏형 알렉산드르, 둘째 형 니콜라이 모스크바로 감. 맏형은 모스크바 대학 물리학과에, 둘째 형은 미술학교에 입학함.
1876년(17세)   타간로크의 고독한 생활 이어짐. 봄방학 때 모스크바를 찾다. 희곡 《아버지 없는 아이》, 《보드빌》 등을 썼다고 하는데 현재는 남아 있지 않음.
1879년(19세)   6월, 중학을 졸업하고 대학 입학 자격을 얻음. 8월 시 자지회의 장학금 100루블(4개월분)을 얻어 모스크바로 가서 9월 모스크바 대학 의학부에 입학함. 연말에 유머 주간지에 기고하기 시작함.
1880년(20세)   3월, 최초의 유머 단편소설 《이웃 학자에게 보내는 편지》가 페테르부르크 주간지 〈잠자리〉에 실림. 이후 7년 동안 안토샤 체혼테, 안체발다스토프, 르벨 등의 필명으로 400편 이상의 단편과 스케치 소품, 만문, 재판소 통신 등을 유머 주간지나 신문에 기고함. 연말에 〈잠자리〉 지상에서 편집자로부터 혹평을 받고,

반 년쯤 단편소설 집필을 중단함.

1881년(21세) 6월부터 다시 투고하기 시작함. 4막 희곡《플라토노프》를 써서 '소극장'의 여배우 에르모로와에게 가지고 갔으나 상연을 거절당함.

1882년(22세) 10월, 시인 파리밍의 소개로 페테르부르크의 유머 주간지 단편 발행자 레이킨과 알게 됨. 그 뒤 5년 동안 약 300편의 단편소설, 스케치를 단편에 기고함. "단편이 실리는 것은 증명서를 받는 거나 다름없다"고 그는 형에게 말함. 이때부터 생활이 조금 안정을 찾음.

1883년(23세) 초여름을 가족들과 함께 모스크바 근교 보스크레센스크에서 지냄. 치키노 순회병원에서 임상실습을 함. 많은 단편소설을 씀. 그중에《일그러진 거울》《기쁨》《컬렉션》《어느 관리의 죽음》《혼수》《알비온의 딸》《뚱뚱이와 홀쭉이》《가을에》 등이 있음.

1884년(24세) 6월, 모스크바 대학 의학부를 졸업. 여름을 보스크레센스크에서 지내며 군립 병원을 도움. 가을과 겨울에 걸쳐서 개업함. 12월, 레이코프 공판 보도 때문에 재판소에 다니다가 첫 번째 객혈을 함. 이 해 최초의 유머 단편집《멜리로메 이야기》를 자비로 출판함.《앨범》《카멜레온》등과 장편소설《사냥터의 비극》을 신문에 연재함.

1885년(25세) 5월, 페테르부르크 신문에 기고하기 시작함. 여름을 가족들과 함께 보스크레센스크에서 가까운 키세료프네의 영지 바브키노에서 보냄. 화가 레비탄과 알게 됨. 12월, 처음으로 페테르부르크에 가서 그곳 문단의 큰 환영을 받고 자신의 인기를 알고 뜻밖의 기분을 맛봄. 보수파 신문〈신시대〉지의 사장 스보린, 문단의 중진 그리고로비치 등과 알게 됨. 단편소설《고용 사냥꾼》《하사관 프리시베예프》《너무 짜게 절였다》《노년》《슬픔》등. 체호프의 첫 번째 단막극《큰길에서》를 완성하나, 상연 금지됨. 이 작품은 단편소설《가을에》(1883)를 희곡으로 각색한 것임.

1886년(26세) 2월,〈신시대〉신문에《추선공양(追善供養)》을 본디 이름으로 처음 기고함. 3월, 그리고로비치로부터 격려 편지를 받음. 4월, 두 번째 객혈. 여름을 가족들과 함께 바브키노에서 지냄. 단편소설집 《잡화집》을 내다. 톨스토이주의에 흥미를 느끼기 시작함. 단편 《우수》《곤란한 사람들》《아뉴타》《장난》《진흙의 늪》《바니카》《칼하스》등. 2월, 단막극 《담배의 해독에 관하여》를 완성해 상트페테르부르크 신문에 발표함. 체호프는 이 단막극을 1902년까지 여러 차례 개작함.

1887년(27세) 1월, 단막극 《고니의 노래》를 완성해 코르시 극장에서 상연함. 이 작품은 단편소설 《칼하스》(1886)을 희곡으로 개작한 것임. 4월, 남러시아의 광야를 여행함. 단편소설집 《황혼에》를 신시대신문사에서 출판함. 여름을 가족과 함께 바브키노에서 지냄. 9월, 4막 희곡 《이바노프》를 완성해 11월 코르시 극장에서 상연하고 12월에 출판함. 체호프는 이 희곡을 1889년까지 여러 차례 개작함. 10월, 코롤렌코와 알게 됨. 단편 《적》《행복》《갈잎 피리》《입맞춤》《카시탄카》《어떤 영양의 이야기》 등.

1888년(28세) 1월, 중편 《광야》를 집필. 처음으로 월간잡지 지방 통보에 실림. 봄, 중편소설 《등불》을 쓰다. 이 무렵부터 체호프의 작품에 주의 주장이 없다는 비판이 제기됨. 여름을 가족과 함께 남러시아 스뮈의 린트와료프네 별장에서 지냄. 7월, 훼오도샤의 별장으로 스보린을 방문하고 크리미아를 여행함. 10월, 단편소설집 《황혼》에 대해서 학사원으로부터 푸시킨 상(코롤렌코와 공동 수상)을 받음. 12월에 페테르부르크에서 작곡가 차이코쁘스키를 만나다. 단편소설 《존린다》《이름 있는 날의 축하》《발작》 등. 그밖에 단막 익살극 《곰》을 2월 완성해 8월 신세대 신문에 발표함.

1889년(29세) 1월, 페테르부르크에서 이미 결혼한 작가 리쟈 아비로바와 만남. 그녀의 수기 《나의 생애에서의 체호프》에 따르면, 그녀는 체호프를 사랑했고 체호프 또한 그녀에게 적지 않게 호의를 가지고 있었다고 함. 월말 개작한 《이바노프》가 알렉산드린스키 극장에서 상연되고 호평을 받음. 러시아 문학 애호가 협회의 회원이 됨.

여름을 가족들과 함께 린트와료프네 별장에서 지냄. 6월, 이 별장에서 둘째 형 니콜라이(화가)가 폐결핵으로 죽음. 우울증이 한층 더 심해지다. 7, 8월, 얄타에 머무르며 중편 《지루한 이야기》를 거의 탈고함. 가을, 4막 희곡 《숲의 주인》(《바냐 아저씨》의 원제)을 완성해 12월 모스크바의 아브라모와 극장에서 상연, 심한 혹평을 받음. 단편소설 《내기》《공작부인》 등. 단막 익살극 《청혼》을 1888년 10월 완성해 1889년 5월 신세대 신문에 발표함. 단막 익살극 《싫든 좋든 비극 배우》를 그해 5월 완성하는데, 이 작품은 단편소설 《여러 사람들 가운데 하나》(1887)를 개작한 것임. 또 다른 단막 익살극 《결혼 피로연》을 그해 10월 완성하는데, 이 작품은 단편소설 《장군과 함께 한 결혼 피로연》(1884)을 개작한 것임.

1890년(30세) 3월, 단편소설집 《우울한 사람들》을 펴냄. 4월말, 혼자서 마차로 시베리아를 횡단, 사할린섬으로의 긴 여행을 떠남. 7월, 사할린섬에 도착함. 3개월쯤 머물면서 유형지의 실태를 낱낱이 조사함. 10월, 사할린섬을 떠나 동중국해, 인도양, 수에즈, 흑해를 거쳐 12월 초순 모스크바로 돌아옴. 인상기 《시베리아 여행》 단편소설 《도둑놈들》《구세프》.

1891년(31세) 봄, 스보린과 함께 남유럽 여행을 떠나 빈, 베니스, 피렌체, 로마, 나폴리, 니스, 몬테카를로, 파리 등을 찾음. 여름, 카르기현(縣)의 보기모보 마을에 머무르며, 중편소설 《결투》를 완성하고 사할린섬 여행의 조사 보고인 《사할린섬》을 쓰기 시작함. 가을부터 대기근 시작됨. 난민을 구제하기 위해 모금, 기타 여러 가지 활동을 하고 전담을 물색함. 그밖에 단편소설 《아낙네들》《바람난 여인》, 중편소설 《아내》 등이 있음. 12월, 단막 익살극 《기념식》을 완성, 이듬해 2월 출판함. 이 작품은 단편소설 《의지할 곳 없는 사람》(1887)을 희곡으로 각색한 것임.

1892년(32세) 1월, 페테르부르크에서 아비로바와 재회. 1~2월, 기근을 겪고 있는 니즈니노브고로드, 보로네시 등을 살펴보고 굶주림 때문에 말을 팔려는 농민들을 위해서 말을 사들이는 기관을 만들려고 뛰어다니는 한편 모금운동에 힘씀. 3월, 모스크바 멜리호보의 전답을 사들여 온 가족이 그곳에 이주함. 여름 콜레라가 유행함. 방역을 위해 임시로 군(郡)의 공중보건의로 임명됨. 11월, 명작 《6호실》이 러시아 사상지에 실림. 단편소설 《추방되어서》《이웃 사람들》.

1893년(33세) 여러 가지 공공사업으로 분주함. 이 무렵 병세가 악화될 조짐이 보임. 《사할린섬》이 잡지 러시아 사상 10월호부터 이듬해 7월호까지 실림. 중편소설 《무명씨 이야기》《대 보로쟈와 소 보로쟈》.

1894년(34세) 3월, 얄타에 머묾. 8월, 우크라이나를 거쳐 다시 남유럽(빈, 밀라노, 제노아, 니스, 파리)을 여행하고 10월 귀국하다. 11월, 타간로크 도서관에 도서를 기증함. 단편소설 《검은 옷의 성직자》《여자의 왕국》《로스차일드의 바이올린》《대학생》《문학 교사》《지주 저택에서》 등.

1895년(35세) 2월, 페테르부르크에서 리쟈 아비로바와 만남. 8월, 야스나야 폴랴나로 톨스토이를 찾아감. 《사할린섬》이 잡지 러시아 사상의 별책으로 간행됨. 11월, 희곡 《갈매기》의 초고 완성됨. 단편소설 《부인》《살인》《아리아드나》 중편 《3년》.

1896년(36세) 멜리호보에서 가까운 타레시 마을에 초등학교를 세움. 8월, 코카서스, 크리미아로 두 번째 여행을 떠남. 이듬해에 걸쳐 국세조사원이 되어 활약함. 10월 17일, 상트페테르부르크의 알렉산드린스키 극장에서 《갈매기》 첫 공연됨. 형편없이 실패하다. 12월 수정 작업을 거쳐 러시아 사상에 게재함. 이 작품은 1898년 12월 모스크바 예술극장에서 다시 상연해 큰 성공을 거둠. 단편소설 《다락방이 있는 집》 중편 《나의 인생》.

1897년(38세) 1월, 니스 및 파리에서 드레퓌스 사건의 재심에 비상한 관심을 가지고 에밀 졸라의 활약에 감격함. 2월, 〈신시대〉 신문의 반 드레퓌스적인 입장에 분개, 스보린에게 긴 반박의 편지를 씀. 9월, 신설된 모스크바 예술극장의 무대 연습을 보다. 모스크바 예술극장의 배우로 나중에 아내가 된 올리가 크니페르와 알게 됨. 10월, 아버지 파벨 죽음. 크리미아에 영주할 결심을 하고, 얄타 근교 아우트카에 땅을 사서 건축을 하기 시작함. 체호프는 4막 희곡 《숲의 주인》(1889)을 새롭게 고쳐 써 《바냐 아저씨》를 집필함. 그해 출간된 희곡 모음집 《희곡》에 수록함. 《희곡》이 출간된 뒤 여러 지방 극장에서 상연에 성공함. 연말 막심 고리키와 편지를 주고받기 시작함. 단편소설 《아는 사람의 집에서》《사랑에 대해서》《이보누이치》《상자 속에 들어간 사나이》《구즈베리》《왕진중의 한 사건》.

1899년(39세) 1월, 희곡 상연권을 제외하고 과거 및 앞으로의 전 작품의 판권을 7만 5천 루블로 페테르부르크의 출판자 마르크스에게 매도함. 마르크스 판 작품집의 편집에 몰두함. 3~4월, 얄타에서 고리키와 만남. 5월 1일, 모스크바 역에서 리쟈 아비로바와 결별함. 같은 날 모스크바 예술극장이 체호프를 위해 《갈매기》를 상연함. 8월 말, 얄타의 새 집으로 옮겨와 어머니와 함께 생활함. 10월 26일, 모스크바 예술극장에서 《바냐 아저씨》를 상연하여 크게 성공함. 단편소설 《귀여운 여인》《새로운 별장》《직무상 용무로》《개를 데리고 다니는 여인》.

1900년(40세) 1월, 톨스토이, 코롤렌코 등과 함께 학사원 명예 회원에 선출됨. 건강 상태가 더욱 악화됨. 4월, 모스크바 예술극장 단원 전원이 얄타에 있는 체호프를 위문하고 《바냐 아저씨》 등을 상연함. 여름 배우 크니페르와 매우 가까운 사이가 됨. 4막 희곡 《세 자매》를 쓰기 시작해 10월에 탈고함. 12월, 다시금 뉴욕으로 추위를 피해 감. 단편소설 《크리스마스 주간》 중편 《골짜기》.

1901년(41세) 1월 31일, 모스크바 예술극장에서 《세 자매》를 상연해 성공함. 5월 25일, 배우 올리가 크니페르와 결혼. 마유주(馬乳酒) 요법을 받기 위해 우파현(縣) 아크세노볼로 감. 질환치료와 아내의 일 때문에 결혼 뒤에도 얄타에서 따로 생활함. 가을 톨스토이, 쿠프린, 부닌, 고리키 등과 크리미아에 모여서 지냄.

1902년(42세)	4월, 아내 올리가 크니페르 병듦. 아내 병간호에 지쳐서 객혈함. 모스크바 근교 스타니슬라브스키의 별장 류비모프카에 머무름. 4막 희곡 《벚꽃 동산》의 착상을 얻음. 8월, 당국의 압박에 의한 고리키의 학사원 명예회원 당선 취소에 대한 항의로 코롤렌코와 함께 명예회원을 사퇴함. 가을부터 마지막 단편소설 《약혼녀》를 집필함. 단편소설 《승정(僧正)》.
1903년(43세)	1월, 늑막염을 앓음. 《자선 작품집》(16권) 출간함. 여름부터 《벚꽃 동산》을 집필, 10월에 탈고함. 12월 초, 병든 몸을 이끌고 모스크바에 가서 《벚꽃 동산》의 연습을 보러 다님. 12월, 러시아 문학 애호가협회 임시회장에 선출됨. 단편소설 《약혼녀》.
1904년(44세)	1월 17일, 모스크바 예술극장이 《벚꽃 동산》을 상연함. 그 무대에서 작가생활 25주년 축하를 받음. 기침과 설사로 고생함. 6월 3일, 남독일 쉬바르츠발트의 바덴바일러에 전지 요양함. 7월 2일(신력인 태양력은 7월 15일) 오전 3시, 폐결핵으로 죽음. 9일, 유해가 모스크바에 도착함. 노보데비치 수도원에 매장됨.

동완

러시아어 번역문학가. 만주 국립건국대학 정치과 졸업. 한국외국어대 러시아어과 교수, 소련·동구문제연구소장, 고려대학교 노문학과 교수, 러시아문화연구소장, 한국노어노문학회 고문, 학술원회원 등을 역임. 지은책에 《러시아어》《노한사전》, 논문에 〈소련 청소년과 문학〉〈소련의 정치〉〈소련의 대외문화교류〉 등이 있다. 옮긴책에 톨스토이《안나 카레니나》《부활》도스토옙스키《죄와 벌》《미성년》푸시킨《대위의 딸》솔제니친《암병동》 등이 있다.

Антóн Пáвлович Чéхов
ЧАЙКА/ТРИ СЕСТРЫ
ДЯДЯ ВАНЯ/ВИШНЕВЫЙ САД
갈매기/세 자매/바냐 아저씨/벚꽃 동산
체호프/동완 옮김
1판 1쇄 발행/1978. 6. 10
2판 1쇄 발행/2012. 7. 1
2판 13쇄 발행/2023. 5. 1
발행인 고윤주
발행처 동서문화사
창업 1956. 12. 12. 등록 16-3799
서울 중구 마른내로 144(쌍림동)
☎ 546-0331~2 Fax. 545-0331
www.dongsuhbook.com

*

이 책의 출판권은 동서문화사가 소유합니다.
의장권 제호권 편집권은 저작권법에 의해 보호를 받는 출판물이므로
무단전재와 무단복제를 금합니다.
사업자등록번호 211-87-75330
ISBN 978-89-497-0779-2 04080
ISBN 978-89-497-0382-4 (세트)